中国播音主持史研究基地文库

——百年中国播音系列　（总主编：高国庆）

广播入华史研究

美国广播在中国

1919—1941年技术与通信的国际遭遇

（美）迈克尔·A.克雷斯科（Michael A.Krysko）/著

高国庆　秦　霄　张嘉宇　贾晔雯　董　瑾/译

该译著系浙江省哲学社会科学规划领军人才培育专项课题『百年中国播音史料整理与研究』（批准文号：22YJRC10ZD）阶段成果

九州出版社 JIUZHOUPRESS｜全国百佳图书出版单位

图书在版编目(CIP)数据

广播入华史研究 / (美)迈克尔·克雷斯科(Michael A. Krysko)著; 高国庆等译. -- 北京: 九州出版社, 2022.10

ISBN 978-7-5225-1187-0

Ⅰ.①广… Ⅱ.①迈… ②高… Ⅲ.①广播电视—新闻事业史—中国 Ⅳ.①G229.29

中国版本图书馆 CIP 数据核字(2022)第 175593 号

版权登记号: 01-2022-6339

广播入华史研究

作　　者	(美)迈克尔·克雷斯科(Michael A. Krysko) 著　高国庆等　译
责任编辑	云岩涛
出版发行	九州出版社
地　　址	北京市西城区阜外大街甲 35 号(100037)
发行电话	(010)68992190/3/5/6
网　　址	www.jiuzhoupress.com
印　　刷	北京洲际印刷有限责任公司
开　　本	710 毫米×1000 毫米　16 开
印　　张	20
字　　数	300 千字
版　　次	2022 年 11 月第 1 版
印　　次	2022 年 11 月第 1 次印刷
书　　号	ISBN 978-7-5225-1187-0
定　　价	98.00 元

作者迈克尔·A. 克雷斯科(Michael A.Krysko)简介

克雷斯科博士于 2001 年在石溪大学(Stony Brook University)获得博士学位,在纽约道林学院(Dowling College)历史系任职五年。2006 年加入堪萨斯州立大学(Kansas State University)历史系。2008—2016 年担任中美洲美国研究协会执行委员会(The Mid America American Studies Association)成员,2011—2012 年担任该组织的主席一职。2015—2021 年,任堪萨斯州立大学历史系主任。

迈克尔·A. 克雷斯科研究和教学方向为技术史、大众传媒以及美国外交关系。他的研究论文在《电影、广播和电视历史杂志》(*The Historical Journal of Film, Radio, and Television*)、《当代历史杂志》(*The Journal of Contemporary History*)、《太平洋历史评论》(*Pacific Historical Review*)和《技术与文化》(*Technology and Culture*)等刊物发表。目前以"1920 年至 1950 年期间国际无线电广播与美国民族认同之间的关系"为研究重点。

部分已发表成果:

《美国广播在中国:1919—1941 年技术与通信的国际遭遇》(英国帕尔格雷夫·麦克米伦出版社,2011);

《美国—古巴关系、美国身份和 1946 年〈美地区广播协议〉》(《当代历史杂志》,2018);

《1900—1945 年美国无线电与技术转型:从发明到广播》(《牛津研究百科全书·美国历史》,2018);

《广播中的"胡言乱语":1920—1940 年的外语广播和美国广播》(《电影、广播和电视历史杂志》,2007)。

任教课程:

本科生:美国大众传播史、美国科学与技术、第二次世界大战、1877 年以来的美国史。

研究生:美国对外关系、技术史、信息安全的历史方法、信息安全研究的历史方法。

译者简介

高国庆　湖州师范学院人文学院教授、浙江传媒学院中国播音主持史研究基地研究员

秦　霄　浙江传媒学院2021级新闻与传播专业硕士研究生

张嘉宇　浙江传媒学院2021级新闻与传播专业硕士研究生

贾晔雯　浙江传媒学院2021级新闻与传播专业硕士研究生

董　瑾　浙江传媒学院2021级新闻与传播专业硕士研究生

该书系帕尔格雷夫媒介史研究中心(Palgrave Studies in the History of the Media)成果之一,该研究中心出版了关于从中世纪到今天的高质量原创传播文化研究著作。该领域充满活力,与各种学科相关,尝试各种研究方法,研究成果不仅有助于呈现当前对各种媒体的解读,而且有助于呈现媒体与政治、社会和经济之间强大关系的解读。

出版成果包括:

克里斯托夫·亨德里克·米勒(Christoph Hendrik Müller):

《西德对抗西方:1949—1968 年德意志联邦共和国媒体和舆论中的反美主义》(*West Germans Against the West:Anti-Americanism in Media and Public Opinion in the Federal Republic of Germany 1949-68*)

乔尔·维纳(Joel Wiener):

《1830—1914 年英国报刊的美国化》(*The Americanization of the British*

Press, *1830-1914*)

詹姆斯·穆塞尔(James Mussell)和苏珊娜·佩勒(Suzanne Paylor):

《数字时代的十九世纪出版社:政治、教育学和实践》(*Nineteenth-Century Press in the Digital Age: Politics, Pedagogy and Practice*)

简·查普曼(Jane Chapman):

《帝国、女性和媒体:1863—1947年新闻和广播中的公民身份和消费》(*Empire, Women and Media: Citizenship and Consumption in Press and Radio, 1863-1947*)

马丁·康博伊(Martin Conboy)和约翰·斯蒂尔(John Steel):

《十九世纪英国报纸的语言:大众化》(*The Language of Newspapers in Nineteenth-Century England: Commercializie Popular*)

Palgrave Studies in the History of the Media

Series Standing Order ISBN 978-0-230-23153-5 hardcover

Series Standing Order ISBN 978-0-230-23154-2 paperback

(outside North America only)

You can receive future titles in this series as they are published by placing a standing order. Please contact your bookseller or, in case of difficulty, write to us at the address below with your name and address, the title of the series and one of the ISBNs quoted above.

Customer Services Department, Macmillan Distribution Ltd, Houndmills, Basingstoke, Hampshire RG21 6XS, England

目录

表　目

插图目录

① 金士顿公司:Keystone View Company。

5.1 艾米·米利肯(Aimee Millican)(最右)、赵锡恩(最左)、K.S.李(左二)和其他XMHD员工,约20世纪40年代(由宾夕法尼亚州费城美国长老会历史学会提供。经许可使用)

5.2 艾米·米利肯(后排,右二)、弗兰克·米利肯(后排,中)、伊迪丝·米利肯(前排,最右)、艾勒罗伊·史密斯(后排,最左)、梅贝尔·史密斯(前排,左,双手交叉)和宁波的其他传教士(照片拍摄于20世纪20年代,由宾夕法尼亚州费城美国长老会历史学会提供。经许可使用)

6.1 卡罗尔·奥尔科特,约1940年(保罗·弗伦克提供)

6.2 弗兰克·洛克哈特,1939年(美国国会图书馆印刷品和摄影部哈里斯和尤因收藏)

著者致谢

这个项目始于大约 15 年前石溪大学(Stony Brook University)的一篇博士论文。我欠了我的前博士顾问迈克尔·巴恩哈特(Michael Barnhart)、博士委员会成员露丝·施瓦茨·考恩(Ruth Schwartz-Cowan)、艾奥娜·文昌(IonaManCheong)和吉姆·施沃赫(Jim Schwoch)一大笔债,他们都提供了指导和支持,帮助该项目启动。作为一名传播学和美国外交政策学者,吉姆在我离开石溪后的几年里一直致力于这个项目,我从他的见解和持续参与中受益匪浅。

以各种其他方式帮助我将这个项目转化为本书的学者名单很长。无论是对早期的草稿或论文的评论,还是简单的建设性的对话,这些年来都帮助该项目变得更好、更丰富。感谢珍妮特·阿巴特(Janet Abbate)、迈克尔·阿达斯(Michael Adas)、唐·比姆(Don Beahm)、卡尔顿·本森(Carlton Benson)、克里斯汀·克莱顿(Christin Cleaton)、罗伯特·克莱弗(Robert Cliver)、卡洛斯·库尼亚(Carlos Cunha)、珍妮丝·德平托(Jenise DePinto)、克里斯·恩迪(Chris Endy)、伊丽莎白·加伯(Elizabeth Garber)、苏珊·高斯(Susan Gauss)、特里·汉布林(Terry Hamblin)、丹尼尔·海德里克(Daniel Headrick)、卡尔·赫伯格(Carl Herberger)、特雷莎·赫伯格(Teresa Herberger)、彼得·休吉尔(Peter Hughill)、布拉德·亨特(Brad Hunt)、约翰·詹克斯(John Jenks)、理查德·约翰(Richard John)、理查德·奎塞尔(Richard Kuisel)、布鲁克·拉森(Brooke Larson)、里奇·莱斯利(Rich Leslie)、米里亚姆·莱文(Miriam Levin)、约翰·马斯奇诺(John Maschino)、斯图亚特·莫勒

(Stuart Mawler)、克里斯·麦加(Chris McGahey)、雅内克·米茨科夫斯基(Yanek Mieczkowski)、威尔伯·米勒(Wilbur Miller)、苏珊娜·穆恩(Suzanne Moon)、克里斯汀·穆莱迪·斯通(Kristin Mulready-Stone)、大卫·保罗·尼克尔斯(David Paull Nickels)、凯瑟琳·潘多拉(Katherine Pandora)、彼得·帕里德斯(Peter Parides)、罗伯特·派克(Robert Pike)、特里·鲁格利(Terry Rugeley)、亚历山大·鲁索(Alexander Russo)、丽贝卡·斯凯尔斯(Rebecca Scales)、沃尔夫·谢弗(Wolf Schaefer)、马蒂·肖恩哈尔斯(Marty Schoenhals)、休·斯洛顿(Hugh Slotten)、詹妮弗·斯波赫尔(Jennifer Spoher)、安德里亚 L.斯坦顿(Andrea L. Stanton)、约翰·斯塔登迈尔(John Staudenmaier)、蒂莫西·斯通曼(Timothy Stoneman)、杰里米·苏里(Jeremy Suri)、亚历克斯·托林·舒尔茨(Alex Tolin-Schultz)、乔尔·凯斯(Joel Vessels)、基普·韦德尔(Kip Wedel)、芭芭拉·温斯坦(Barbara Weinstein)、乔纳森·温克勒(Jonathan Winkler)和艾米·杨(Amy Young)。我 2001 年至 2006 年在道林大学(Dowling College)工作的前同事和 2006 年以来在堪萨斯州立大学(Kansas State University)工作的现任同事提供了技术环境支持,有助于指导该项目的完成。

堪萨斯州立大学 2010 年春季技术史课程的研究生们在手稿修订的最后阶段阅读了手稿。我非常感谢他们在上一轮编辑之前提出的宝贵见解和建设性意见。感谢丹尼尔·阿克萨米特(Daniel Aksamit)、乔·贝利(Joe Bailey)、布伦丹·邦茨(Brendan Bunts)、托尼·德姆切克(Tony Demchak)、加齐·多根(Gazi Dogan)、沙拉·弗雷兹(Sarah Freeze)、格兰特·琼斯(Grant Jones)、雅各布·莫斯林(Jacob Mauslin)和迈克尔·刘易斯(Michael Lewis),还要特别感谢那个班的艾米·坎顿(Amy Cantone),她也帮助制作了副标题。

我特别感谢钱德里卡·考尔(Chandrika Kaul),他将这个项目提请帕尔格雷夫·麦克米伦(Palgrave Macmillan)注意。钱德里卡和她的《媒体史》系列丛书(*History of the Media*)编辑亚历山大·威尔金森(Alexander Wilkinson)、比尔·贝尔(Bill Bell)和肯尼斯·奥斯古德(Kenneth Osgood)在整个过程中都给予了极大的支持。迈克尔·斯特朗(Michael Strang)和露丝·爱尔兰(Ruth Ireland)也是如此,他们是我在帕尔格雷夫(Palgrave)有幸共事的历史编辑。罗杰·盖特曼(Roger Gathma)提供了专业的编辑协助,使我能够将手稿缩短到一个更合理的长度。纽根成像系统(Newgen Imaging Sytems)的团队在拷贝编辑和制作阶段表现出色。第三章的早期版本发表在2004年10月的《技术与文化》(*Technology and Culture*)杂志上。第四章和第五章的部分内容,最初作为一篇文章发表在2005年11月的《太平洋历史评论》(*Pacific Historical Review*)上。我很感谢各不知名的评论员对这些早期文章和整本书的建设性评论。堪萨斯州立大学的研究生凯特·基德(Kate Kidder)和朱迪·拉瓦利(Judy Lavalley)对这些章节发表了一些特别有建设性的评论,我很感谢他们在这本书即将付印时投入的精力。我还要感谢鲍勃·约翰逊(Bob Johnson)、罗斯林·莱博维茨(Roselyn Leibowitz)和保罗·弗伦克(Paul French)提供了这些章节中关键人物的个人照片副本。就在手稿开始制作之前,我结识了保罗·弗伦克(Paul French),接触了其在中国的记者工作。我很荣幸能在短暂的接触中,因他的洞察力而获得启示。本书的许多部分都得益于其他人的投入和见解,但我对后面几页中可能出现的任何错误和缺点全权负责。

这本书得益于慷慨的财政支持,使我得以前往许多档案馆。国家科学基金会(The National Science Foundation)、赫伯特·胡佛图书馆(Herbert Hoover Library)、富兰克林·D.罗斯福和埃莉诺·罗斯福研究所(Franklin D. and Eleanor Roosevelt Institute)、道林学院的研究和旅行基金项目(Dowling College's research and travel funds progra)、堪萨斯州立大学的军事历史和二十世纪研究所(Kansas State University's Institute for Military History and Twentieth Century Studies)、堪萨斯州立大学的小额研究补助金项目(K-State's Small Research Grants Program),堪萨斯州立大学历史系管理的马克·查普曼研究基金(Mark Chapman Research Fund administered by Department of History at Kansas State University)帮助我找到了我需要去的地方。与任何财政支持一样,我访问过的每个地方的档案管理员和图书管理员,以及石溪大学、道林学院和堪萨斯州立大学的馆际互借人员,都为我提供了所需的资源。

我的父母迈克尔(Michael)和艾琳·克雷斯科(Irene Krysko),还有我的姐妹丽贝卡·克雷斯科·斯坎兰(Rebecca Krysko Scanlan)和苏珊娜·克雷斯科·里斯(Susannah Krysko Reese),在我记忆所及的时间里,他们给予了我坚定不移的爱和支持。我非常优秀的姐夫乔·斯坎兰(Joe Scanlan)和兰迪·里斯(Randy Reese)多年来一直是非常支持我的朋友。我特别感谢丽贝卡和乔的盛情款待,让我在波士顿的研究期间与他们住在一起。我的好朋友卡尔(Carl)和特蕾莎·赫伯格(Teresa Herberger)表现出极大的慷慨和耐心,他们允许我在华盛顿特区完成我的初步研究时与他们一起待了四个月。下面几页中的许多想法和论点是我们在当时进行的引人入胜的对话中首先构思出来的。我的岳母朱迪思·伯恩斯·麦克雷(Judith Burns McCrea)是附近堪萨斯大学视觉艺术系的一名教员,自从我搬到堪萨斯州以来,她不仅给予了我特别的支持,而且还为封面艺术做出了贡献。这本书因为它而更为卓越。

我的女儿莉莉安娜(Liliana)出生于 1999 年,当时这个项目正处于早期阶段。很高兴能在没有“美国广播在中国”的情况下庆祝她的下一个生日。我无法想象如果没有我的妻子——我最好的伴侣希瑟·麦克雷(Heather McCrea),我怎么能完成这个项目。她的支持、鼓励和友谊是永恒的。她读了这本书每一章的早期草稿,大多数都不止一次。希瑟的见解、观察和建设性的批评使每一份新草案都比之前的草案要好。最重要的是,我猜希瑟和莉莉安娜——我生命中最重要的两个人——对这个项目最终完成感到高兴。我也是。

迈克尔·A.克雷斯科
写于堪萨斯州曼哈顿

注释说明[①]

这篇手稿的文本使用了人名和地名的汉语拼音系统(the pinyin system of Romanizing Chinese)。然而,用于本研究的基础资源来源于较为陈旧且现在不太常见的"韦德-贾尔斯"系统(Wade-Giles system)。引用源中的人名和地名保留了原始材料中采用的罗马化格式(通常为韦德·贾尔斯)。这种做法导致文本和注释之间的拼写不一致。如果引用的基础资源中列出的人名或地名也在文本中占据显著位置,我会在相关尾注的括号中标记拼音拼写形式。在某些情况下,一些读者可能不熟悉正文中的拼音拼写形式(例如,一些读者可能更熟悉施肇基和顾维钧的拼音拼写——Shi Shaoji 和 Gu Weijun,而不熟悉韦德·贾尔斯拼写——Alfred Sze 和 Wellington Koo)。在这些情况下,我在拼音拼写旁边的括号中提供了另一种罗马化拼写。这种做法的两个重要例外是,我使用"韦德·贾尔斯"的罗马化来识别中国领导人蒋介石(Chiang Kai-shek)和(伪)满洲国(Manchukuo)的领土(而不是使用"Jiang Jieshi"和"Manzhouguo")。"韦德·贾尔斯"的那些罗马化拼写在当前的学术界很受欢迎,这迫使我在这两种情况下避免使用对应的拼音拼写形式。最后,第二章重点关注的奉天市(the city of Mukden)现在被称为沈阳(Shenyang)。

① 为保留原始样貌,本译著在正文注释及引文注释等处,均未对格式做严格要求,特此说明。——出版者注

译者序

国内关于媒介技术的研究方兴未艾。在新闻与传播学界,围绕技术决定论的争论从未停止。“以史为镜,可以知兴替。”当学者们醉心于阐释新兴媒介造就的各种新奇概念时,迈克尔·A.克雷斯科的技术史研究提供了一个独特而客观的视角,供我们考察媒介技术在社会发展中究竟产生过什么影响。

《广播入华史研究——美国广播在中国:1919—1941 年技术与通信的国际遭遇》(*American Radio in China*:*International Encounters with Technology and Communications*, *1919-1941*)选择了中国历史上一个划时代的时间点开始讲述。1919 年,“巴黎和会”上欧洲列强无视中国利益,引发了震动全国的五四运动。在这个中国国内民族情绪高涨、民智觉醒的关键时刻,从美国的资本主义视角来看,中国是一片尚未被资本占领的土地,即将迎来“开放门户”的红利。美国对华的一切诉求,都蕴含着资本与生俱来的“自上而下”的规则制定者视角。这种美国式的盲目自信,让美国执政者和跨国公司为无线电广播这一当时的“新媒介技术”投入了过度的热情,认为它将沿用“美国模式”给中国带来巨大的改变。这些美国跨国公司甚至一度认为,对无线电市场的“垄断”将塑造出一个他们“理想中”的中国。正如克里斯克在《导言》中所说,“这些以经济增长和文化提升的可能性为主导的假设,源于对无线电对美国社会价值的认识。”作者从历史的角度,对这段跨国广播史进行了相对客观的批判,并反复证明了技术乐观主义的狭隘。美国利用无线电扩大美国经济和文化实力的努力之所以会“成为该地区更广泛的政治、经济和外交斗争的受害者”,就是因为对“新技术革命”的盲目乐观,对“政治、经济、文化、法律和社会力量如何影响广播”的无视。

迈克尔·A.克雷斯科用翔实的史料证明了美国根深蒂固的“支配意识形态”——认为(技术)落后的民族“不能恰当地利用或开发自己的领土”。这种思想为美国占领美洲、墨西哥、菲律宾和波多黎各领土提供了意识形态支持,“赋予美国在其占领的土地上以技术驱动的文明使命”。基于这种意识形态,我们就不难理解,美国跨国公司为什么对 20 世纪 20 年代的中国广播市场持如此乐观的态度,以至于完全不顾政治、经济、民族文化、战争等因素的影响。自第一次世界大战以来,美国在国际事务中从未缺席,由此引起的对“技术革命”的天然追崇被无限放大。“历史学家们从外交史和媒介技术研究的角度来探讨这一问题,他们一致认为,美国的外交政策并没有受益于这种狭隘的扭曲意识形态(ideological prism)的影响。”本书指出,20 世纪二三十年代美国和中国的无线电项目为这一观点提供了又一例证。

迈克尔·A.克雷斯科的媒介技术史研究对美国自身而言是具有批判性的,对中国而言是具有借鉴意义的。纵观媒介技术的发展,我们会发现一个有趣的事实:从 20 世纪 20 年代的“无线电广播热”,20 世纪 70 年代的“电视热”,21 世纪初的“互联网热”,直至 2021 年的“元宇宙”等技术勃兴,技术狂热崇拜的鼓吹者往往是资本,而并不一定是技术创造者和使用者。媒介技术史的研究者清醒地看到了这一点,并致力于用历史资料唤醒沉睡的民众。

同样是在“技术决定论”的笼罩下,20 世纪中后期西方形成的“技术悲观主义”从一个完全相反的方向对技术崇拜进行了批判,涌现了大批学者和著作。两股力量的角逐,最终把争论的交锋推向了“技术决定论”本身。本书的六个章节,翔实的历史资料一再证明的是,技术以外的因素是如何决定技术的。对于这个问题,20 世纪初的中国广播发展是一个十分完美的研究样本。彼时中国是一块亟待“新媒介”开垦的处女地,也正处于美国技术垄断及扩张需求的高潮时期;同时对中国而言,复杂的国内、外局势,各方力量的角逐为该问题的研究者提供了一个“封闭式”的研究场域。作者在本书中,做到了旁征博引、层层推进,在叙述中国、美国以及美国跨国公司的往来信函中,读者已经可以对这个问题得出自己的评价。

在本书的翻译过程中,译者对所涉资料进行了必要的核对,特别是有关在华报刊的中文名称常有与英文直译不符的情况，已在中文名称后的括号内标注了英文名称。另外需要说明的是，基于本书所涉时代的复杂，译者尽量在文献整理的基础上，选择历史上通用的或出现过的中文名称。

中国大陆第一座广播电台于1923年诞生于上海，到2023年，中国广播将走过一个世纪的历程。本译著作为“百年中国播音史”系列研究的第一本著作，从媒介技术史的视角回望中国早期广播的发展，能够为广播电视技术史研究确立新的坐标。

鉴于翻译团队水平有限，不足之处，请读者指谬，以便我们不断提高。

译者谨识

2022年夏于杭州下沙

导 言

“广播将为这片古老而人口众多的土地带来巨大的变化”：美国的预期与中国的广播

1923 年 1 月 23 日，在上海的美国人热情地等待着中国第一次广播娱乐节目。“商人们一致认为，无论是从教育角度还是从娱乐角度来看，这个新设施都会带来非同寻常的好处，”美属的《大陆报》报道，“这项独特计划的发起人都受到了热烈的祝贺。”英国出生的美国人 E.G.奥斯邦（E.G.Osborn）在中国政府的抗议下成立了这家广播电台。这家 XRO① 站点位于上海租界，不受中国管辖——相关条约可追溯到 19 世纪早期的西方帝国主义将该定居点确定为外国控制地。奥斯邦电台成为上海第一家外资电台，此后的一系列外资电台垄断了上海的广播，直到 1927 年第一家中国电台投入使用。据《大陆报》报道，XRO 的音乐、新闻和娱乐节目定于晚上 8:00 开始。广播时间表包括布拉格著名小提琴家雅拉尼耶夫·科西亚（Jaraniev Kocian）的小提琴独奏、乔治·霍尔（George Hall）的萨克斯管独奏、旧金山金门四重奏的演唱以及舞曲；来自美国、欧洲和中国的新闻公告在整个晚上穿插在娱乐节目中。[1]

开洛公司（Kellogg's Switchboard and Supply Company）远东分部经理罗伊·迪莱（Roy Delay）毫不怀疑地认为 XRO 标志着“中国通信发展的一大步”。“中国人民将欢迎广播，因为它不仅是一种娱乐来源，”迪莱热情洋溢地说，“而且是一种教育中国青年掌握科学，为世界贡献的最新传播手段。”[2]

① XRO：是奥斯邦电台呼号，指代奥斯邦电台。

不到两年后,迪莱对中国广播的热情促使他创办了自己的电台 KRC①。他与《大陆报》达成协议,为其腾出一个时段,在播放音乐节目的同时播放新闻。他聘请了《大陆报》记者艾琳·库恩(Irene Kuhn)作为该节目的播音员,库恩对广播在中国的未来充满了热情。"在中国,广播的可能性超出了最杰出的浪漫主义者的最疯狂的梦想。"她在自己的一篇文章中写道。"在这个伟大的国家,成千上万生活在内地的人离文明的边缘很遥远——他们还不知道中国在 1911 年抛弃了君主政体的事实。"她假设,"这种小设备的引进为人与人之间的鸿沟架起桥梁,可以改变整个中国的命运。"1924 年 12 月 15 日,库恩尽了自己的力量在新建迪莱电台(Delay station)②中留下了一笔。"我登上了'麦克',把我的声音传到了空中,"她回忆道,"成为史上第一位在东方广播的女性,可能也是该行业的第一位女性播音员。"她的广播显然很受欢迎。"我们收到了大量的回信,"她回忆道,"传教士在内地的小电台与外界隔绝,中国南北部和日本的粉丝们都热情地写信。"[3]

普渡大学(Purdue)工程学教授和基督教青年会(YMCA)代表克拉伦斯·罗伯逊(Clarence Robertson)自 1902 年以来定期前往中国发表科学演讲。1923 年末再次来到中国时,他对广播的迅速普及感到震惊。"每天都会有西方和中国的精选节目播出,"罗伯逊在广播中说,"这些对美国来说十分普及的接收设备,上海对其也同样产生了巨大的热情和需求。"罗伯逊总结道,基督教青年会必须继续努力提供无线电培训、文学和设备,"这样,无线电将为中国这个古老而人口众多的国家带来越来越多的福祉。"[4]

这些美国人一开始对中国广播的反应表现出了具有时代感的乐观主义,当时广播似乎为重塑和改善中国社会提供了无限的潜力。广播很好地融入了一种流行的叙事,将美国塑造成一个有益的现代化大国,促进了"旧"中国不可避免的进步。因此,广播可以帮助向中国人民传播美国价值观,并通过传播有益的美国发展模式促进中国的西化。在此视角下,中国人民往往缺乏引导自身社会转型的积极作用。相反,影响变革的力量通常取决于技术和使用技术的美国人。在这种观点下,中国人只不过是因美国人承诺

① KRC:是开洛公司创办电台的呼号,指代开洛电台。

② 迪莱电台:指迪莱建的开洛电台(KRC)。

用电台为其带来改善而成为幸运的接受者。

图 I.1 克拉伦斯·罗伯逊(Clarence Robertson)与中华民国前总统黎元洪(Li yuanhong)及其孙子孙女(Radio Broadcast,1923 年 9 月)

本研究探讨了 20 世纪 20 年代和 30 年代,这些对广播变革力量的信念是如何影响美国广播在中国和整个东亚的扩张的。这篇文章中探讨的各种无线电报和广播计划暴露了美国广播计划所谓进步、文明和友谊的预言与阻碍其实施的无知、误解和对抗的现实之间的巨大差距。美国利用无线电扩大美国经济和文化实力的野心让中国成为该地区更广泛的政治、经济和外交斗争的受害者。内战、中国民族主义高涨、中国试图收回失去的国家建设主权,加上整个时代加速的日本扩张和帝国主义势力,对美国的无线电计划造成了严重破坏。从事广播工作的美国人努力适应他们在中国时刻面临的不稳定因素的挑战。

接下来的章节探讨了无线电是如何在美国通往二战之路上与主要国际问题和争议交织在一起的。从 1921 年至 1922 年的华盛顿会议到 20 世纪 30 年代末的日本侵华战争期间,美国发起了各种各样的广播倡议,但都陷入了困境。1923 年,上海首座电台播音时的期望永远无法实现。回顾过去,20 世

图 I.2　克拉伦斯・罗伯逊(Clarence Robertson)在上海街头试验环形发射和接收站(无线电广播,1923 年 9 月)

纪 20 年代和 30 年代,中国民族主义、日本军国主义和美国扩张的相互冲突,在没有和平与合作的情况下,赋予广播近乎乌托邦式的期望,这似乎天真得无可救药。最终,美国的无线电计划助长了而非消除了这个时代深刻的国际分歧。

然而,在这一时期,大多数美国人从未质疑这样一种假设,即美国无线电台能够通过扩大美国的特殊利益来促进普遍利益。当广播努力改变"旧"中国时,它的推动者发现,比起去质疑他们自己的臆断,指责大概率被误导的中日政客的无知、虚伪或彻头彻尾的渎职行为更为便捷。这些美国人认为,广播在重塑非西方社会和推动美国式发展方面拥有压倒性的力量。然而,当这些期望落空时,这些美国人往往会毫不犹豫地指责中国人和日本人的无知、恶意和顽固不化,而这部分人只占少数——这些人也是无线电台已经做好准备轻松地去影响和提升的人。我在构思这项研究时考虑到了这些问题和矛盾。这样做时,我的中心目标之一就是阐明对技术与社会之间关系的基本误解是如何影响美国在华无线电战略、政策和行动的。基于这种错误的观点,美国的努力几乎没有机会实现其目标,反而引发了激烈的国际争端。因此,接下来的故事讲述了一种关于误解(mis-communication)的喜剧,在这种喜剧中,美国对国际无线电的态度很容易受到国际媒体力量和目的的长期的误导。

世界事务中的美国人与技术

这篇报道的双重重点是对技术进步力量的信念和美国重塑东亚格局的尝试,这一故事将被置于技术史和美国外交关系的交叉点上。美国在 20 世纪初取得的全球实力与伴随美国经济和军事实力不断扩大而导致的技术发展密切相关。美国人常常通过历史学家戴维·奈(David Nye)所说的"技术基础故事"来理解他们国家崛起的故事。一些补充性的叙述强调了技术在许多美国人理解历史时的中心地位。这些叙述描绘了美国人装备了斧头、磨坊、灌溉技术、运河和铁路,征服了整个大陆,并展望一个新的、尚待发明的技术有望推动美国人民取得更大权力的未来和富裕。[5]

美国的扩张和帝国主义使美国人与许多非西方人接触并发生冲突,如美洲原住民、墨西哥人和菲律宾人,在这里,这个故事似乎也是一个技术胜利的故事。迈克尔·阿达斯(Michael Adas)对地理大发现以来西方技术对全球关系的影响进行了开创性的研究。他认为,西方技术与非西方社会技术之间的对比塑造了欧洲人和美国人对非西方民族的态度。这些态度源于欧洲的旧观点,即对殖民地所谓的异教徒野蛮人的轻视。科学和技术知识的迅速进步似乎主要发生在欧美世界,随后支持了现存的西方宗教和种族优越于所有其他民族的假设。技术成为区分“西方”和“非西方”的新路标。在这种观点下,非西方国家的人往往被认为缺乏内生的发展能力。如果这些民族能够发展技术、社会进步和现代文明,那么他们就断言由于其对技术的“迟钝”,技术必须由西方监管。[6]

美国人虽然是欧洲传统的后裔,但他们接受了这种支配意识形态。这种意识形态为美国在 19 世纪收购美洲、墨西哥、菲律宾和波多黎各领土提供了充分的理由。有人认为,这些落后的民族不能恰当地利用或开发自己的领土。帝国和殖民主义的批评者们面对的是一种日益流行的意识形态,这种意识形态赋予美国在其获得的领土上以技术驱动文明的使命。虽然惨烈的第一次世界大战在一定程度上削弱了欧洲的技术狂热,但在那场血腥的冲突中,美国对技术依然狂热。美国在那场战争中的战斗最少,人们普遍认为大屠杀是由欧洲的不足造成的,而 20 世纪 20 年代的大部分时间里,美国经济的快速增长主要是由新技术(如收音机、汽车和电器)的大规模消费驱动的,这实际上有助于增强美国基于技术的优越感。但是,这种优越性是否证明了对非西方国家的人横行霸道是正当的,还是美国人要求更高的地位,要求在其国际交往中采取监管态度?参与国际事务的美国人如何回答这个问题对美国外交关系有着重大影响。[7]

美国与东亚最早的接触突显了“提升”中国和日本的愿望。“美国人”,入江昭(Akira Iriye)① 在其《美国与东亚关系综合论文》(Synthesis of American-East Asian Relations)中写道:“(相信他们)能够教授中日两国技术和现代科学基础知识;他们可以引进西方思想和习俗;他们可以帮助亚洲各国政府在动荡的世界中挣扎求生;最重要的是,美国人可以(通过基督教)将亚洲人带到一个新的更高的精神境界。”[8] 虽然许多美国人追捧美国与东亚关系更密切的经济潜力,但他们也认为,更密切的关系将有利于亚洲人,因为它将促进西化。毫无疑问,一些外交官、商人甚至传教士为了自身利益(无论是通过条约、贸易协定还是宗教皈依)而宣称,他们的活动进一步加强

---

① 入江昭(Akira Iriye),当代美国杰出的历史学家,曾任哈佛大学历史系查尔斯·沃伦(Charles Warren)讲座教授、历史系主任。

了美国帮助和教化中国的义务。尽管事关自身利益，但有效地使用这一修辞有助于其在中国的特定举措获得民众的支持，这本身就表明许多美国人真诚地相信，他们的国家在世界上拥有积极进步的力量。[9]

历史学家们从外交史和技术研究的角度来探讨这一问题，他们一致认为，美国的外交政策并没有受益于这种狭隘的扭曲意识形态（ideological prism）的影响。阿瑟·杜登（Arthur Dudden）对长期以来欧美国家倾向于“将他们的信仰、技术和社会结构体系叠加”到世界上其他非西方国家的人民身上持批评态度。著名外交历史学家迈克尔·亨特（Michael Hunt）认为，问题在于“拥有独特历史经验和观点的美国人可能会忽视世界的多样性，并将与自己截然不同的文化简化为熟悉的易于管理的术语”。美国东亚关系学会会长入江昭（Akira Iriye）认为，这些“简单化、情绪化和教条主义倾向”的后果是追求“事实上没有基础”的目标和政策。因此，技术和国际关系顶尖历史学家迈克尔·阿达斯（Michael Adas）对美国与非西方世界的外交关系充满了“有限收益”和“严重挫折”并不感到惊讶。然而，尽管在 20 世纪 40 年代末美国与中国产生了根本性隔阂，在接下来的几十年里陷入悲惨的越南战争，以及到了 21 世纪初，非西方世界的其他地区也发生了隔阂，阿达斯依然认为“美国人在技术方面的卓越才能确保了美国对非欧洲社会转型的设计将成为现实，这是一种持久的信心”。20 世纪 20 年代和 30 年代美国和中国的无线电项目是这些自欺欺人的良好意图出了问题的又一例证。[10]

国际广播中的理想主义、美国主义和决定论

二战期间最热情的支持者声称，无线电将不可逆转地改变世界。即时通讯和信息交流有望教化未开化者，并在世界不同民族之间建立友谊和相互理解的纽带。在这一愿景中，无线电是区分“文明”和“不文明”世界的一个决定性特征。例如，1930 年 RCA 的一本宣传小册子将广播框定为“我们更为复杂的文明”的载体。[11]正如西屋公司（Westinghouse Vice）副总裁哈里·戴维斯（Harry Davis）所言，“文明的进步与通信和运输的进步成正比”。[12]卡尔文·柯立芝（Calvin Coolidge）总统表示同意。“通信是文明的重要支柱之一，”总统在 1927 年国际无线电报会议上发表讲话时说，“如果我们瞥一眼

地球的任何一个落后地区,就会立即发现该地区缺乏传递情报的方法。”[13]全国广播协会的律师斯瓦加·雪莉(Swagar Sherley)对广播与文明进步的关系毫不怀疑。“文明本身可以通过人类对空间的征服来衡量,”雪莉宣称,“在所有形式的能量中,无线电本身就赋予了人类在时间上完全征服空间的能力。”对于雪莉来说,比起“地球上的落后地区”,美国人更容易诞生创造无线电等技术的“发明天才”以及拥有由通信技术经验带来的社会进步。[14]

无线电可能“拉近”世界的推论也吸引了许多美国人。各国人民之间更密切和更直接的接触可能会促进和平和互利贸易。因此,许多美国人认为,广播具有一种几乎乌托邦式的能力,可以将各国人民团结在一起,实现和平与繁荣。在残酷的第一次世界大战之后,这种预测难以抗拒。这种广播的积极特性与避免又一场毁灭性世界大战的必要性相融合的观点,对美国无线电公司的候任总裁詹姆斯·G.哈伯德(James G. Harbord)在 1922 年伊利诺伊州制造业协会(Illinois Manufacturing Association)的一次演讲产生了影响。哈伯德告诉听众:“当下的需求是人与人之间更好的理解,更好地沟通比任何其他单一机构都能更有力地促进这一需求。”对于退休将军、前陆军副参谋长哈伯德来说,无线电是关键。在美国无线电公司(RCA)的领导下,哈伯德相信他可以“为我国人民和政府提供服务,并可能通过发展国内和国际通信为保障世界和平做出贡献”。哈伯德设想了一个基于无线电广播的“各国团结,世界恢复繁荣,文明再次向前发展”的时代。[15]几年后,哈伯德坚持认为,“通信比一千项和平条约更安全地将社区、国家和民族联系在一起。”[16]

哈伯德只是在表达那个时代的真理。根据科利尔(Collier)1922 年发表的一篇具有典型性的文章,广播“将相互理解传播到全国各地,统一我们的思想、理想和宗旨,使我们成为一个强大而团结的民族”。[17]通用电气(GE)广播总监马丁·赖斯(Martin Rice)认为,人们可以轻易理解广播将产生“一种通用语言,与所有文明国家人民之间完全相互理解的媒介”。[18]尽管 20 世纪 30 年代欧洲和亚洲的紧张局势加剧,但同样的主题仍在继续产生广泛影响(reverberate)。RCA 的子公司美国国家广播公司(NBC)在 1936 年的一份新闻稿中声称,“无线电正在迅速成为促进和平与谅解的最强大力量之一”。[19]同年,通用电气公共关系助理总监声称,国际广播倡议促使国际听众“认识到我们在共同利益中有许多利益,而且,由于共同利益有助于友谊,短波广播应该是改善人民关系的有效手段"。[20]

全球广播政策的制定者和企业官员虽然言辞带有国际主义色彩,但实际上是在扩大美国的"股份"。美国广播公司努力扩大其国际影响力,与美国外交官合作,努力消除这些企业遇到的任何法律障碍。有鉴于此,那些强调广播对促进国际友谊、世界语言和文明进步的潜在贡献的言论,因美国的明显担忧而变得模糊不清。第一次世界大战结束后,英国在冲突期间对世界有线电视网络的主导地位令美国决策者担忧。在凡尔赛会议上,美国人用国际主义的言辞推动全球广播扩张计划,使美国人受益,同时减少英国对全球通信的束缚。"20 世纪 20 年代的国际主义在很大程度上假定了美国技术和价值观的优越性,"艾米丽·罗森博格在提到国际传播时写道,"扩张主义、国家利益和国际进步融合在一起。"[21]

无线电文明使命充满希望的形象反映了美国社会根深蒂固的"技术决定论"。从决定性的角度来看,技术是一种自主的变革代理人,它推动着国家和社会的历史,同时自身也不受世俗影响。不管是好是坏,人们被认为是受技术及其不可逆转的影响摆布。此外,一项技术的使用及其后果自发明之日起就被认为是不可避免的,几乎没有人能够改变某些预定的轨迹和随之而来的影响。技术的狂热者和批评者都经常成为决定论的牺牲品:铁路推动了美国的经济发展;汽车破坏环境;互联网创造了一个地球村;媒体腐蚀儿童。[22]换言之,是技术大概率拥有影响变革的机制,而制造、传播或使用它的人没有。因此,20 世纪 20 年代和 30 年代,无线电爱好者给亚洲带来了一种技术决定论的印象,这并不奇怪,因为对技术的决定性理解主导了两次大战期间对无线电全球潜力的评论。

事实上,无线电的新交流方式从历史上启发了美国人,让他们以完全确定的方式来考虑其长期影响。1846 年,一篇社论毫无保留地宣称,美国人"将变得越来越像同一个人,思维越来越像,行为越来越像,拥有越来越多的冲动……人将立即对人做出反应",从而宣告了电报发明的重要性。[23]近 80 年后,詹姆斯·哈伯德(James Harbord)表达了自己的观点,当时他庆祝广播电台承诺打造一个"全人类的思想潮流将在分裂的海洋中激荡"的未来。[24]最近,互联网、手机和廉价的消费卫星技术也预示着同样的潜力。1997 年出版的《纽约时报杂志》发文庆祝技术发展,该杂志声称,“最新的技术为我们提供了更多的时间、更多的自由和日益增长的社区意识,这正是人类自新世纪以来所追求的东西。奥维尔也不过如此。”[25]到 2005 年,这种过时的热情被引导到“播客”上,即在便携式数字音乐播放器上传输无线电和互联网广播。一位洛杉矶电台的广播经理沉思着播客在统一文化方面的潜力,“听众是在海滩上、在办公桌上、在车里还是在遛狗,”这无关紧要,“他们都在听相同的内容。”[26]

这些关于通信潜力的技术决定论观点根深蒂固,尽管事后看来有明显的夸张之处,但它们始终渗透在话语中。19 世纪 40 年代的电报并没有阻碍美国在不到 20 年后的血腥内战中的螺旋式发展。20 世纪 20 年代的广播没有阻止 20 世纪 30 年代欧洲和亚洲陷入第二次世界大战。尽管林登·约翰逊(Lyndon Johnson)总统在 1967 年提出了冷战时期的典型主张,即卫星通信承诺不仅在美国和苏联之间,而且在“太阳和星星下的所有国家”之间建立“伙伴关系”,但卫星通信并不能使冷战消失,甚至被部署来应对冷战。[27]20 世纪 90 年代,人们预测最新的无线技术有望(再次)建立一个更紧密、更友好的全球社会,但他们忽视了反西方恐怖组织利用无线技术来协调针对西方世界的毁灭性袭击。

技术决定论的问题,无论是应用于通信还是任何其他技术,都是其固有的短视焦点。它让未来的分析师看不到技术本身是如何被用户塑造、影响和引导的,以及它所处的社会环境。技术决定论模糊了技术在推动其发展的经济、定义监管环境(或缺乏监管环境)的政治以及鼓励和限制个人用户部署新技术的各种方式的社会和文化力量的影响下的成熟方式。尽管珍妮特·阿巴特(Janet Abbate)写的是关于互联网的文章,但她描述了一个很可能适用于广播的过程。这是一个充满了“发展过程中的意外曲折”的过程,“一个精心设计的计划在短时间内被放弃,取而代之的是来自意外季度的新方法”。该过程反映了“用户塑造网络以实现自己目标的能力”。[28]由于随后形成了一项发展中的技术的意外“曲折”,通常在技术诞生之初围绕着它的乌托邦愿景总是难以实现。

这一主题贯穿于 1919 年至 1941 年间美国和中国无线电的故事中。有兴趣将无线电扩展到东亚的美国人,无论是以电报还是广播的形式,来到亚洲时都对无线电是什么以及它能为一个社会带来什么有一套假设。这些以经济增长和文化提升的可能性为主导的假设，源于对无线电对美国社会价值的认识。这些美国人并不总是认识到美国的政治、经济、法律、文化和社会力量是如何影响广播的，他们认为中国的无线电在逻辑上应该遵循美国现有的发展模式。因此，在我的案例研究中，美国人始终误解了中国和日本用户和参与者的动机和目标，其中包括政治当局、商业利益和听众。

种族中心主义与自主技术决定论很好地结合在一起，并且拥有自身的发展逻辑。如果一项特定的倡议没有产生预期的结果，那么对非西方人缺乏技术能力的根深蒂固的刻板印象可以很容易地解释这个问题。在东亚，这种假设有时指导美国决策者与中国和日本同行的互动。这种假设凸显了对非美国人观点和担忧的盲目性。因此，受美国启发的进步和文明的理想主义和文化观念掩盖了归根结底主要是自私自利和短视的无线电努力。

总的来说，这项研究探讨了美国对无线电的理解如何影响东亚地区从事这项技术的各种官员、商人和个人的期望、决策和行动。基于文化对广播的力量和潜力的信念给他们对中国的态度蒙上了阴影，使其无法在欧美发展模式的曲解之外观看广播，破坏了每一次无线电报和广播努力。对利润和国际友谊的期望不可避免地被金钱损失和国际紧张局势所取代。在许多方面，这本书是一个警示性的故事，讲述了人们对最新和最时尚技术的力量过于相信——就像20世纪20年代和30年代的无线电一样——以至于无法克服它可能遇到的所有障碍。

章节组织结构

这本书用六章探讨了美国在无线电报和中国广播方面的举措。前两章侧重于国际无线电报。第一章记录了20世纪20年代合众电信公司（Federal Telegraph Company）和日本三井物产会社（Japan’s Mitsui Bussan Kaisha）在中国就无线电转播权发生的激烈冲突。这场导致合众电信在中国最终失败的无线电争议，证明了日美中关系紧张的情形，预示着所谓的华盛顿体系的崩溃。华盛顿体系是一战后东亚国际合作的框架。第二章考察了1928年至1935年RCA与中国日益强烈的民族主义的遭遇。1932年，RCA决定在日本占领的满洲重新启动无线电报业务,这引发了中国对 RCA 的报复。这家中国公司向 RCA 的竞争对手国际电话电报公司示好,试图将 RCA 从上海利润更丰厚的无线电报市场中驱逐出去。这场争端及其在海牙达成的有利于中国的解决方案最终帮助强化了中国国家的权力,并改变了远远超出中国的过渡通信网络的动态。

第三章,重点转向广播。阐述重点在于美国外交官对美国广播利益如何利用中国军阀时代(1916—1927 年)以及随后在民族主义控制下的统一期间中国新兴的广播市场的评估。本章展示了美国的文化偏见如何通过低估和误读国民党政府打击外国侵犯中国主权的决心,破坏了美国的倡议。第四章介绍了 W6XBE(后更名为 KGEI),这是自 1939 年起第一个直接向东亚传输的美国短波电台。1937 年爆发的抗日战争期间,该电视台开始了广泛的广播,并被吹捧为促进国际贸易和友谊的又一手段,该电视台的吸引力从未超出对其在华开播最为兴奋的美国侨民观众。W6XBE-KGEI 并没有促进跨文化交流,相反,它致力于在渴望回家的美国听众中加强个人的美国身份感。

随着美国和日本在 20 世纪 30 年代末和 40 年代初走向战争,日本试图扼杀美国在中国的广播活动,这为第五章和第六章提供了背景。第五章分析了 1941 年爆发的日美太平洋战争前夕美国传教士的广播活动。这一时期(特别是 1937 年抗战爆发后)传教士广播的反日基调,突显了传教士的基督教身份和美国身份之间的联系,呼应了大量美国人的仇恨,无论是世俗的还是宗教的。因此,到 1941 年,高度政治化的美国传教士广播节目成为日本干扰行为的受害者,这些干扰行为旨在压制所有美国媒体的反日情绪。第六章,也是最后一章,将注意力转移到抗战期间抵达中国的美国广播新闻以及随后的日美新闻争端。在太平洋战争之前的这场新闻冲突中,美国和日本的主要行动者倾向于通过各自的民族情感来解读新闻,这导致了对美国新闻广播意义的理解不一致。随后日本对美国新闻的干扰反过来又说明了 20 世纪 40 年代初日美两国在中国问题上日益扩大的分歧,因为这两个对手在 1941 年逐渐走向战争。

这些章节共同强调了二战期间流行的关于无线电的假设与美国在华无线电倡议的实际结果之间的巨大差距。在这些例子中,无论是贸易还是国际友谊,都没有跟上电台的脚步。相反,广播有助于扩大和加剧两次大战期间日益扩大的国际分歧。期望和结果之间的这种二分法的一个核心原因是,参与其中的各种美国人无法超越他们自己基于美国文化对广播的假设。充满文化陈规的观念对广播的决定性信念削弱了美国人理解主要问题的能力,而这些问题和担忧在这一时期一直困扰着在中国和日本开播的美国广播电台。

不出所料,在民族主义抬头的时代,考虑不周的广播策略与中国人产生了对抗;与此同时,日本行动者在军事帝国主义的庇护下,也积极反对美国无线电宣扬的扩张。在这项研究中,美国在华广播电台的每一项举措都引起了中国或日本方面(有时是两者)的反对,并成为其受害者。最后,这些美国广播在东亚的不幸例子说明了一个总体主题:无线电技术的决定性观点与无线电产业的活动相交叉、二战期间中国的国际竞争、日益增长的中国民族主义、日本帝国主义阻止美国在东亚广播电台的扩张,甚至在某些情况下迫使其收缩。美国广播电台在中国遇到的持续困难反映了日美关系的更大范围的恶化和太平洋战争前夕中美关系的日益紧张。

因此,接下来的章节强调了美国广播公司及其政府支持者因没有充分了解其运营环境而面临的代价高昂的后果。在这一过程中,本书还强调了自越南战争以来,美国对外关系研究中一个相关且普遍存在的主题:美国力量和技术的应用在影响变革和实现美国海外目标的能力方面是有限的。此外,那些坚持开展国际行动,但对美国人将要面对的环境缺乏知情和深刻了解的人,更有可能面临这些限制。

诚然,这项研究强调美国视角及其在期刊、政府和企业档案以及回忆录等英语来源中的基础,使得对亚洲方面的描述不完整。鉴于这一弱点,为数不多的关于二战期间东亚社会和广播的报道非常有帮助。其中,卡尔顿·本森(Carlton Benson)于20世纪20年代和30年代在上海的广播工作是了解中国政府和社会与广播关系的最有价值的第二来源。[29]对日方来说,格雷戈里·卡扎(Gregory Kasza)和罗杰·珀迪(Roger Purdy)对20世纪上半叶日本大众媒体和新闻的研究是非常宝贵的。[30]此外,这项研究还得益于大量的对外关系研究,这些研究对中国在两次大战期间对西方和日本的动机和行动进行了深入的分析(尤其是在两次大战期间中国民族主义和反帝主义的兴起方面）。[31]此外，保存在美国档案馆的中日政府文件的翻译也让我受益匪浅。

总的来说，这些来源为思考中国和日本对东亚美国无线电的态度提供了一个有用的起点。我自始至终的目标是平衡我从美国视角对其进行的分析与对其在亚洲的发展进行评估——事实上，我从美国视角进行的分析取决于将其定位于亚洲背景。随着对中日无线电相关档案的研究不断深入，这些结论肯定会得到扩展或修改，从而对以美国与东亚关系为背景的这一时期的无线电重要性提供更加有用和完整的见解。

第一章

“感情上，我们不欠他们什么”：合众电信公司、“门户开放”和华盛顿系统在20世纪20年代的中国

1921年1月，加利福尼亚州合众电信公司（Federal Telegraph Company of California）与中国政府达成协议，①美国驻华公使雅各布·舒尔曼（Jacob Schurman）对此感到高兴。该协议规定了中美之间的第一条无线电报链路。舒尔曼向华盛顿报告说：“目前，中国政府工作人员渴望与美国在多方面进行密切沟通。”该协议提议在哈尔滨、北京、广州和上海建设五座电台；其中在上海建设主要的一座，其余四座为低功率电台。② 舒尔曼声称，这些电台有希望成为“两国政府和人民之间的重要合作机构”。“从政治、军事和商业的各个方面来看，”公使热情地总结道，“这项合同的签订都是一件令人非常满意的事。”[1]

合众电信公司似乎已经做好了在中国取得成功的准备。它得到了分别来自前两任民主党驻华公使以及共和党人舒尔曼两党的大力支持。1922

① 1921年1月8日，《中美无线电台协定》在北京由北洋政府交通总长叶恭绰与美国加州合众公司代表贝姆斯·莫斯（Bames Moss）签订。

② “主要的一座”指高压无线电台。见《中美无线电台协定》第四条：“民国政府为发展对外交通起见，应于上海或其附近建造主要之电台，装设合众公司弧形一千启罗瓦特之报机，并由公司设备完全之几件。该电台并须铺设钢架六具，每架均须一千英尺之高度。”该协议第五条规定了另外四座“次要电台”分别为：哈尔滨，二百启罗瓦特；上海，六十启罗瓦特；北京，六十启罗瓦特；广东，六十启罗瓦特。引自牛创平等著，《近代中外条约选析》，中国法制出版社1998年版，第235页。

年,美国无线电巨头美国无线电公司(RCA)①成为合众的商业伙伴,在跨太平洋通信领域直接建立利润丰厚的业务似乎已一切就绪。然而,到了 1929 年,合众被它的美国政府支持者抛弃,失去了美国无线电公司(RCA)的财政支持,其合同被新的中国政府取消。本章探讨了合众的计划从一开始就陷入国际争议的复杂故事。在参与中国新兴无线电市场的合法权利问题上,美国政府和合众与日本、中国甚至英国发生了争执。舒尔曼"增进两国政府和人民的亲密关系"[2] 的无线电报梦想,随着合众的计划成为不可调和的分歧的牺牲品而迅速破灭。

图 1.1　雅各布・古尔德・舒尔曼,1925 年(国会图书馆印刷和摄影部,国家摄影公司收藏)

合众的溃败突显了一种日益严重的分歧,这种分歧困扰着战时的中美日关系。围绕无线电争端的阴谋突显了涉案美国人对中国民族主义的轻视。与此同时,美国人坚持认为,中国的"门户开放"政策让所有力量享有平等的经济机会,使合众有权建立它的电台。

这一立场与日本坚持认为国家的独家广播权对日本的经济和战略安全至关重要的主张形成了鲜明对比。在中国方面,那个时代日益增长的中国民族主义和反帝主义,使美国和日本推进广播计划的努力变得复杂起来。中国当局许多人仅仅视合众为中国的又一个入侵者。美国外交官和企业负

---

① 美国无线电公司(Radio Corporation of America,简称 RCA),于 1919 年在美国创建,历史上,该公司曾生产电视机、显像管、录放影机、音响及通讯产品;雇用员工约5.5万人,分布全球 45 个国家,产品广销 100 多个国家;广播风靡时期凭着顶尖的技术成为全球无线电的领军公司;在全球沉醉于无线电的魅力时,率先发明了第一台黑白电视机,带领全球进入影像时代——1950 年 3 月 29 日,美国无线电公司成功地展示出一只全电子彩色电视显像管。

责人的行动往往巩固了这种看法，而支持日本观点的中国官员乐于让合众为这些失误负责。就连亲美的中国官员也不得不与这个有争议的项目保持距离。因此，合众及其政府支持者与中、日众多有影响力的主张渐行渐远，从而使其一度充满希望的项目走向了失败。

具有讽刺意味的是，这场激烈的无线电争端产生于合作共赢但命运多舛的“华盛顿体系”的谈判中。1921—1922 年秋冬期间，包括美国和日本在内的“大国”在美国国会大厦会面，就亚洲武装解除、中国经济机会和中国主权恢复进行谈判。合众一直以来的争议表明，由此产生的条约签署国的确无法协调其自身的长远利益与他们所承诺的合作框架。合众的计划引起了国际合作承诺和执着追求狭隘目标之间的紧张关系，最终促成了华盛顿体系的消亡。

敞开和关闭的大门：合众电信公司在中国的电报谈判

雅各布・舒尔曼公使是早期合众电信公司中国项目典型的热情拥护者。他和其他美国外交官一样，想当然地认为这一无线电报举措将推动中美关系更为密切，同时可以促进有利可图的跨太平洋贸易。1919 年，时任美国驻华公使的保罗・莱因施（Paul Reinsch）向华盛顿表示，他支持合众正在进行的争取合同的努力。他认为，拟议的项目将有利于美国的贸易和中国的发展。曾任威斯康星大学（University of Wisconsin）东亚史教授的莱因施在他整个职业生涯中倡导更紧密的中美关系，他坚信“一点小小的愿景和美国科学方法的应用会改变中国”。[3] 同年晚些时候，莱因施以辞职的方式抗议伍德罗・威尔逊政府软弱的亲日对华政策，他的继任者查尔斯・克莱恩（Charles Crane）继续支持合众。克莱恩与民主党人威尔逊（Wilson）有私交，是其坚定的支持者。他相信“有充分的理由认为，在不久的将来，这种交流方式由于其速度快、成本低，将在贸易和民情方面超越所有其他方式”。[4] 共和党总统沃伦・哈丁（Warren Harding）选择的驻华公使舒尔曼也表示赞同。康奈尔大学（Cornell University）前任校长、前哲学教授、心理学家兼外交官赞扬克莱恩坚持不懈的努力，使合众的协议在晚期的威尔逊政府得以达成。[5]

美国的“门户开放”政策助长了官方对合众公司的热情。许多美国人看到了中国存在巨大的市场潜力。从这个角度来看,中国市场有可能为美国自 19 世纪以来反复出现的经济动荡提供了一剂灵丹妙药。中美无线电报的直接连接可以增加进入这个传说中的市场的机会。同时,其他欧洲大国以及日本也出于自身的经济和战略目的关注中国市场。在这种背景下,中国在 19 世纪和 20 世纪初不断加深的国内矛盾和日益严重的政治混乱助长了西方帝国主义经济和政治向中国的扩张。然而,与其他大国不同的是,美国对中国的政策促进了该国开放其利润丰厚的潜在市场,而牺牲了其竞争对手所偏爱的准殖民地和排他性策略。根据 19 世纪的一系列中美条约,进入 20 世纪的美国人要求大国尊重中国的平等经济机会,并尽量减少制造外国主导的"势力范围"。这些要求尽管没有被全盘接受,但还是赢得了大国的勉强认可。[6]

然而,开放的经济政策无法阻止经济和社会一个世纪以来的不断恶化,而西方帝国主义的扩张又加剧了这一状况。到了 20 世纪,西方帝国主义让中国陷入混乱。1911 年中国清朝下台后不久,中国陷入内战和军阀统治。从 20 世纪初到 20 年代,军阀割据势力范围不断扩大,军队在频繁的相互倾轧中将彼此从首都北京驱逐出去;其他军阀实际上将中国各省作为独立的国家进行统治。[7] 尽管发生了这场动荡,但许多美国人仍然保持着一种开放的信念,即如果局势稳定下来,中国可能会成为美国在东亚的重要经济和政治伙伴。

20 世纪第一个 10 年,合众电信公司把注意力转向中国,将美国的在华活动与"门户开放"政策愿景联系起来的决策,有助于在美国国内获得广泛的支持。美国经济在第一次世界大战后陷入衰退,在此之际,中国四亿人口的巨大市场前景具有广泛的吸引力。"门户开放"政策暗指脆弱的中国和仁慈的美国之间有一种"特殊友谊",美国反对更具掠夺性的大国掠夺中国,也吸引了大量传教士及其支持者。对这些人来说,"门户开放"政策代表了美国充当中国家长式的捍卫者和"教化者"的道德义务,因为他们正努力将中华民族基督教化。与此同时,对科学技术进步的深刻信念与许多美国人心中的开放愿景交织在一起,他们接受了进步时代的理念,即科学知识和专家的工作可以在全世界创造更高效、公平和繁荣的社会。这一理念与"门户开放"政策理念中所暗含的对陷入困境的中国福利的担忧十分吻合。许多进步改革者和有改革思想的官员呼吁美国援助中国的改革和发展。无论其动机是什么,也不管它是多么自私,许多美国人都认为,"门户开放"政策对中国和美国都有利,从而使之成为美国支持中国的政策性号召。[8]

广播,作为一种新的技术,正好适合这种"门户开放"政策的需求。这位合众公司精明且有政治关系的总裁伦尼·P.施韦林(Rennie P.Schwerin)极力呼吁采取"门户开放"政策,以巩固美国对其在华事业的关键性幕后支持。施韦林曾担任过联合石油公司(Associated Oil Company)和太平洋邮轮公司(Pacific Mail Steamship Company)的总裁,1919年,他由退休状态返岗以振兴这家苦苦挣扎的企业。在施韦林的管理下,后一家围绕跨太平洋航运而建立的公司,在很大程度上依赖中国劳动力市场为其船舶配备员工。然而,1915年《海员法案》(Seaman's Act)在工会的支持下通过,该法案规定70%的船员要懂英语。太平洋邮轮公司因此停业。现在,施韦林再次将中国市场视为恢复其新公司经济健康的关键,他立即开始为这一举措赢取官方支持。他引用了中国19世纪的条约义务,承诺"门户开放"政策会实现平等商业机会。他超越了法律义务边界,谈到了联邦政府的"道德权利"并以此推进他的在华项目。[9]施韦林赞扬了该项目在提高技术"效率"方面的潜力,并强调了"自由通信"如何服务于美国的国家利益。[10]在沃伦·哈丁(Warren Harding)1920年的总统竞选期间,施韦林曾担任共和党西海岸的竞选经理,他有充分的理由相信新的哈丁政府会认真对待他的诉求。[11]

政府支持了施韦林。哈丁任期开始后两周,海军部和合同电信达成协议,该公司此前向海军出售的关键专利无条件回到合同电信的控制之下。合众电信不再受制于海军,对这些专利有了控制权。这对于公司执行国务院所支持的中国合同至关重要。哈丁的国务卿查尔斯·休斯(Charles Hughes)随后重申了美国对合众电信的支持,并宣布拟订的无线电广播项目"建立在振兴和扩大开放原则的政策基础上,而不会对其有限制性或制约性影响"。[12]

休斯还回应了日本对联邦政府的强烈抗议。1918年2月,日本三井物产会社(Mitsui Bussan Kaisha)[13]与中国海军部谈判达成了一项通讯协议。该合同使三井从1938年开始完全垄断了中国的国际通讯,这一年中国与丹麦大北电报公司①签订的长达60年的垄断协议失效。正如日本人所指出的那样,合众电信拒不承认既有的像三井这样的协议具有法律约束力。英国和丹麦加入了日本的抗议活动。丹麦人反对合众电信侵犯大北电报公司依然享有的对所有国际通讯完全垄断特权。英国声称,合众电信的合同破坏了英国马可尼与中国陆军部②在1918年和1919年签署的协议,该协议授予马可尼享有为中国供应和制造无线电设备的独家权利。[14]

然而,日本在1921年后最强烈地表达了自己的不满。合众电信的合同签署后,日本驻华盛顿大臣小幡谕吉向中国和美国官员提出了反对意见,"我不失时机地提请中国政府注意这家日本公司的立场"。他指出三井的独家合同一定程度上保证了该公司的收入来源,但日本公司很可能在与合众电信的中美关系的强制性竞争中蒙受损失。日本抗议者将合众和三井即将面临的竞争逻辑比做竞争对手在建造和运营两条相互平行的铁路,这不可避免地会导致一方破产。小幡坚持要求中国交通部③放弃与合众电信的

---

① 大北电报公司(Great Northern Telegraph Company),后文简称the Great Northern,是丹麦国际电报公司在中国开设的电信公司使用的名称。1871年初,大北公司在鼓浪屿田尾路开办。同年3月,铺设沪港水线,将线端登陆鼓浪屿引入其公司洋楼内,开始收发电报营业,是中国最早收发电报的场所之一。引自:鼓浪屿世界文化遗产网http://www.glysyw.com/html/yczs/ycjz/2016/0313/2297.html.

② 民国陆军部:原文China's Ministry of War。1918年,陆军部与英国马可尼无线电公司订立军用无线电借款合同(《中英马可尼无线电垫款合同》),借款60万英镑(赵其辉,《中英马可尼无线电垫款合同》,2021-05-20,https://baijiahao.baidu.com/s?id=1700240992591671129&wfr=spider&for=pc.)。据后文,此处的Ministry of War应指北洋政府时期的陆军部。合同条款参阅牛创平等著,《近代中外条约选析》,中国法制出版社1998年版,第235页。陆军部又译为Ministry of Army,而Ministry of War常指"兵部",即明清时期主管军政的部门。另有文献称该合同由当时北洋政府交通部代表北京政府签署的。(见于王东,《北洋政府时期新疆无线电通信事业的创办》,载《中国边疆史地研究》2021年第3期。)

③ 民国交通部:China's Ministry of Communications,1921年,民国时期国民政府的交通部。民国时期,军阀混战的同时,民国交通部仍积极推荐国内电信建设的规范化和制度化。1918年,民国政府交通部制定了中国第一部《电信条例》。该条例对电信的含义做出了明确的解释,对电信业务经营也设定了法律条文约束。1920年,在时任北洋政府交通部部长叶恭绰的推动下,中国正式加入《国际无线电报公约》。1921年1月7日,中国正式加入国际电报公会《万国电报公约》。1912年至1927年期间的交通部主管通信事业,主要由北洋派系掌控。

协议。[15]

小幡对三井的辩护反映了中国在日本外交政策中的中心地位。日本迅速扩张的电子通信制造业需要新的出口市场,这进一步加剧了三井面临的紧张局势。作为工业化和帝国主义后来者,许多日本领导人认为,他们必须利用日本与中国的毗邻优势来"追赶"西方。满洲作为日本在中国东北部的"势力范围",提供了煤和铁等重要的矿产资源,为日本不断扩张的经济提供了动力。日益增长的中国激进主义进一步让包括皇太子和天皇裕仁(Regent Hirohito)在内的领导层感到担忧。如果不加以遏制,激进政治可能会助长一场将日本人赶出中国的运动,而从中国输出的这些激进思想可能会打破日本本就日益动荡的政治平衡。从日本人的角度来看,这一系列争论的目的是维持日本在中国的强大存在。[16]合众公司的介入——特别是其在满洲城市哈尔滨建造电台的提议——可能使这些目标变得复杂,因为它自动构建了美国的存在。

20世纪20年代初,日本政府与三井建立了特别密切的关系。当时,执政的清水党(Seiyukai Party)组建的内阁与日本企业巨头关系密切,因而有时被称为"三井内阁"。[17]对立情绪可能加剧了人们对合众项目的反感。1919年,三井曾就购买合众设备用于三井项目一事与合众电信进行过接触,结果却看到合众转向了其竞争协议的谈判。[18]

此时,中国特有的政治不稳定和官僚竞争进一步加剧了初显的无线电广播争议。在1918年三井与1921年合众电信签订合同期间,两位国家元首和五位内阁领导了中国。[19]在这段时间里,没有一个部门对无线电建立过明确的管辖权。交通部、陆军部和海军部都声称对这种新的通信技术及其可能产生的收入享有所有权。在北京官方不断更替的情况下,合众电信与交通部签署了1921年的协议。三井从海军部获得了1918年的特许权。英国马可尼的协议在1918年和1919年得到陆军部的承认。[20]由于英国和日本公司各自声称合众电信违反了他们签署的合法合同,因此争议不可避免。

1921年初,争议刚开始不久,合众电信就面临了一个来自中方的十分不利的事态。再次更迭的中国政府推翻了最初由亲美当局负责谈判的合众协议。更糟糕的是,新任交通部长张志丹是亲合众的前任部长叶恭绰的政治死敌。[21]

北京的美国领事馆报告认为,陷入僵局的金融谈判反映出反对执行合众电信合同的声音越来越大,并将问题归咎于新任国务总理靳云鹏①。作为早期政府的参谋处处长(War Minister),靳云鹏签署了一项不受欢迎的军事协议,巩固了日军在大陆的地位。[22]

美国官员通常淡化中国官方可能对合众电信存在合理担忧的想法。事实上,新任驻外公使颜惠庆②于 1900 从弗吉尼亚大学获得文学学士学位,并于 1908 年任中国驻华盛顿公使。一份提交给华盛顿的对新内阁的评估报告免除了内阁同僚对颜惠庆的亲日指控。[23]但是,在华盛顿会议前夕看到"三个友好国家"意见相左时,是颜惠庆对推进该项目的逻辑提出质疑。[24]然而,美国官员驳斥了颜惠庆的担忧,认为这些担忧是来自一个软弱的官员屈服于他不那么认真的内阁同事的压力。[25]一名使馆官员在给国务卿的信中写道:"我认为外交公使对性质不严重的抗议活动过于敏感,现在是他阻碍了合同。"[26]美国国务卿查尔斯·休斯致函颜惠庆抨击这位驻外公使对华盛顿会议"难以理解"的担忧,以及他对中国政府应该"完全和忠诚地"与美国分享"门户开放"政策的"背叛"。[27]

驻外公使颜惠庆强烈质疑休斯的指控。考虑到他在美国的教育和外交经历,颜惠庆无疑理解美国"门户开放"政策的政治效力。然而,据颜惠庆说,合众电信的合同和"门户开放"政策是两个独立的问题。简单地说,在解决国际抗议之前,中国无法与合众电信合作。日本和英国威胁说,如果他们的合同被违反,他们将要求巨额金钱赔偿。日本赫然耸现威胁称要收回其

① 靳云鹏(1877—1951 年),字翼青,山东省邹县人,历任北洋军第五师师长、中华民国参战督办事务处参谋处处长、国务总理等,是段祺瑞手下"四大金刚"之一。1918 年 5 月 16 日和 19 日,时任中华民国参战督办事务处参谋处处长的靳云鹏代表段祺瑞政府与日本陆军少将斋藤季治郎先后在北京秘密签订了《中日陆军共同防敌军事协定》和《中日海军共同防敌军事协定》。段祺瑞下台,徐世昌继任大总统后,靳云鹏于 1919 年初入阁,任陆军总长,暗中联络直奉两系,图谋组阁。徐世昌为平衡各派势力,巩固其统治地位,于 1919 年 9 月 24 日,任命靳云鹏代理刚辞职的龚心湛任国务总理。

② 颜惠庆,字骏人,1877 年生于上海,是中华民国时著名的外交家和社会活动家。1895 年,颜惠庆赴美读中学,后入弗吉尼亚大学,获文学士学位。1900 年,颜惠庆回国,在上海圣约翰大学任教,达 6 年之久。1905 年,颜惠庆与唐介臣担任了《南方报》新辟英文版编辑,为华人办英文报纸之首创。1907 年冬,伍廷芳出任驻美国、墨西哥、秘鲁、古巴四国公使。1910 年,颜惠庆回国任清朝外务部主事,相当于后来的新闻发言人。

未偿还贷款——这一数额在20世纪20年代初相当可观——加剧了颜惠庆的担忧。任何这样的报复行动都可能意味着现有政权的灭亡。颜惠庆解释说，中国希望通过改善中国的无线电广播通信来发展合作，而不是对抗，但到目前为止，合众电信只带来了后者。[28]意外的是，就在这场激烈的交锋几天后，合众电信和中国当局打破了困扰金融谈判的僵局。双方签署了一份补充协议，详细说明了合众电信项目资助中国所需的债券的金额、条款和安全性。

这一事态发展本应压制住北京新政权顽固亲日的观点。[29]然而，公使雅各布·舒尔曼对1921年9月的协议有不同的解释。"并不是因为美国政府采取了极其坚定的立场，并在这方面暗指了整个'门户开放'政策"。舒尔曼写信给国务卿查尔斯·休斯，"中国政府很可能已经放弃了这份合同"。[30]舒尔曼的解释反映了外交界流行的一种信念，即在与中国人谈判时必须采取坚定的手段，因为中国人容易腐败和道德败坏。舒尔曼的外交工作可以追溯到世纪之交的菲律宾，他也相信"美国的正义和仁慈的意图"。他拒绝民主主义政治者的质疑，认为美国在菲律宾和中国等非西方国家努力推行西方发展方式是有益的。这种心态进一步强化了舒尔曼认为中国反对美国无线电广播项目不合理的看法。考虑到这些因素，舒尔曼认为所有反对美国目标的行为充其量都是短视的。[31]

抛开舒尔曼的姿态不谈，1922年初华盛顿会议的休会似乎应该为合众电信项目创造一个更有利的氛围。会议达成了三项条约，解决了美国对亚洲军事力量平衡和中国"门户开放"政策的担忧。《四国条约》用一项多国协议取代了1902年的英日同盟，该协议要求美国、日本、英国和法国在东亚各自的权利或财产受到威胁时相互协商。《五国条约》(由"四国"签署国和意大利共同批准)施加的海军限制试图结束太平洋地区蓬勃发展的海军军备竞赛。《九国条约》的支持者包括美国、日本和中国，该条约承诺签署国尊重"门户开放"政策。该条约还承诺各国将与中国合作，达成新的协议，逐步废除外国特权，并将中国与外国大国的关系置于平等的基础上。[32]

鉴于华盛顿会议对国际合作的承诺及其对"门户开放"政策的肯定，合众电信仍然面临着另一个障碍：资金。尽管1921年的债券协议明确了中国对该项目的义务，但合众电信缺乏资金来开始其部分的工作。在一个饱受长期不稳定、内战和债券违约历史折磨的国家,很难找到愿意冒着资本风险购买陷入国际抗议的合同的投资者。“我很遗憾地说,在美国银行家中,我没有发现任何对中国投资特别或热情的愿望。”合众公司总裁伦尼·施韦林向休斯哀叹道。施韦林回忆道:“我们实际上已经获得了三次融资,然后又创造了一些条件,使得融资不可能成为最终问题。”国务院代表合众电信所做的努力也同样落空。[33]

对施韦林来说幸运的是,1922 年夏天,RCA 决定与合众电信合资。对 RCA 来说,风险似乎是可控的。RCA 计划利用其与日本和英国的广泛接触来平息对合众电信项目的反对。[34]此外,合众电信的合同和随后的债券协议似乎在法律上是合理的。“我认为毫无疑问这两项协议得到了恰当的授权和执行,以便尽可能地约束中华民国政府。”RCA 的总法律顾问约翰·格里格斯(John Griggs)在 1922 年初的报告中说。[35]

从 RCA 的角度来看,中国的不稳定构成了最大的风险。中国持续动荡的国内局势在 1922 年再次爆发,格里格斯想知道如果现政权倒台,合同会怎样。格里格斯揣测着,如果最新的变动让这些合同任由省级政府摆布,而不受国际义务的约束,那该怎么办?考虑到 20 世纪 20 年代中国不断上升的民族主义和排外主义,这个问题尤为重要。“这个国家的未来将如何,是不可能预见的,”格里格斯警告说,“每个参与经营的人都必须承担与这种情况有关的一切风险和不确定性。”[36]

RCA 愿意冒这个风险。这两家公司创建了特拉华合众电信公司(Federal Telegraph Company of Delaware)。RCA 控制着特拉华合众电信公司 70%的股份,并拥有任命董事会主席的权力,董事会由 RCA 和原加利福尼亚州合众电信公司合众电信公司平均分配。加利福尼亚州合众电信随后将其中国合同权利转让给了特拉华州的新公司。特拉合众电信保留伦尼·施韦林为总裁。施韦林立即前往中国解释新安排,并要求延长在相持期间失效的合同期限。[37]

格里格斯对中国的担忧被证明是有预见性的。1922 年 11 月施韦林抵达时,中国政府陷入了军阀之战。“我必须承认,在我来这里的这段时间里,”沮丧的施韦林在给国务卿休斯的信中写道,“政府发生了四次变动。”1923 年 2 月,一个号称亲美的政府接管了该项目,但并没有如人们所希望的那样迅速推进该项目。“我实际上只有三个月的时间在一个完全不熟悉的内阁中处理合众电信合同相关的工作。”1923年6月，也就是施韦林在中国待了半年多后，他感叹道。施韦林现在面临着一个迫在眉睫的最后期限，即1923年7月15日，RCA规定在其行使取消合作关系的权利之前解决与中国之间悬而未决的合同问题。[38]

在这个脆弱的关头，日本明确表示，无论华盛顿会议的协议如何，它都不打算让合众电信继续前进。日本驻华公使芳泽谦吉（Yoshizawa Kenkichi）持续地拖延，试图用军事行动和收回贷款的威胁来恐吓中国新政权。在华盛顿，与国务卿休斯关系良好的日本公使谷原正男明确表示，日本政府无意放弃反对合众电信。随着7月15日的临近，施韦林本人开始感到“深深的担忧和焦虑”，认为该项目注定会失败。[39]

新任中国外交总长顾维钧在不到四十八小时的时间内进行了干预。以亲美倾向闻名的顾维钧根据一项内阁决议确认了特拉华合众电信有权执行加州合众电信的原始合同。受过美国教育的顾维钧坚决要求发表一份日期为1922年7月13日的简单声明，确认特拉华合众电信有权执行原始合众电信和1921年的债券协议。交通部“坚决反对签署任何可能表明原始合众电信协议已失效的文件，并正在谈判一项新协议以取代它”。舒尔曼公使向国务卿解释。任何类似新合同的东西都可能“使内阁遭受日本、议会和政治的攻击”。[40]

如果说激怒日本让顾维钧感到震惊，那么他对国内政治反对派的恐惧也是真实的。第一次世界大战结束时，中国民族主义和反帝国主义运动风起云涌。这场运动最初是因为盟国决定将战败的德国在山东的领土移交给日本，而不是恢复中国的全部主权，这也为盟国的战争努力做出了贡献。到1922年底，中国的民族主义和仇外心理依然强大。拖延履行华盛顿会议的条约义务以减少域外权利是一个原因。中国不仅没有像预期的那样恢复主权，而且外国对中国关税的持续控制也剥夺了长期处于困境的民国政府急需的收入。顾维钧所服务的直系军阀①公开谴责华盛顿列强拒绝遵守多国

---

① 直系军阀：袁世凯死后从北洋军阀中分裂出以直隶（今河北）人冯国璋为首领的一派，政治上亲英美，代表旧地主。冯国璋死后，曹锟、吴佩孚继其首领之位。

协议,从而激起了越来越不耐烦的民族主义情绪。[41]

图 1.2 顾维钧,日期不详(哈里斯和尤因收藏,印刷品和照片部,国会图书馆)

在这种民族主义情绪高涨的情况下,合众电信尽管确认了其合同权利,但仍面临重大障碍,特别是交通部发布了三项令合众电信感到不安的要求。事实上,接受这些要求将使该部成为合众电信的平等伙伴。首先,财政部坚持要签订新的债券协议,因为旧的债券协议要求他们在项目陷入僵局期间支付利息。其次,它要求在分配中国资金方面拥有同等的权力。第三,该部坚持有权审计该项目的账目。总之,这些要求针对的是中国对外国参与和剥削中国经济的担忧。此外,尽管确认了特拉华合众电信在执行 1921 年合同方面的法律地位,但交通部仍有影响力。它可以拒绝释放中国对该项目的资金,或在其需求得到满足之前扣留建设所需的土地。[42]

中美结束这次僵局的谈判并不顺利。中国驻华盛顿公使施肇基接到北京的指示,与施韦林进行谈判。此时,这位在中国长期逗留的合众电信总裁刚刚返回美国。[43]施肇基 1901 年毕业于康奈尔大学,曾任交通部和外交部官员,也是出席华盛顿会议的中国代表团团长。在合众电信的僵局中,他比任何人都明白当前陷入僵局的合众电信一事面临的问题。[44]中国公使很快对施韦林感到厌恶。施肇基及其幕僚发现,尤其令人恼火的是这位合众总裁习惯性地对中国的要求提出冗长而复杂的反建议。施韦林似乎希望避免对中国的关切做出任何让步。施韦林坚决拒绝考虑施肇基所代表的政府的建议,即民国政府官员有权在合众项目上拥有真正的决策权,以保护中国的利益。这位合众总裁担心,这位官员可能会像对待日本那样,造成无限的拖延。[45]到 1924 年年中,谈判破裂。

施肇基的担忧可以追溯到华盛顿会议,在那次会议上,他尽了最大努力减少外国对中国电力通信的控制。[46]在给顾维钧的一封关于合众电信的机密电报中(被美国人截获了),施肇基说:"我衷心支持该项目。""如果合同失败,"他补充说,"民国政府将承担损害赔偿责任。"尽管如此,施肇基坚持要在合众电信中保护中国的利益。[47]美国国务院远东分部负责人约翰·麦克默里(John MacMurray)报告称,中国公使"坦率地担心,他采取的任何有利于合众企业的行动都会被他的下属歪曲为放弃中国利益"。[48]美国通信部主管爱德华·贝尔在北京转达了通信部的一致立场,即"整个企业是一个联合企业,由于民国政府的资金正在支出,政府有权监督施工方法和支出"。[49]

图1.3 施肇基,1936年(美国国会图书馆哈里斯和尤因藏品、印刷品和摄影部)

然而,施韦林驳斥了民族主义担忧的合法性,把重点放在他所看到的日本幕后操纵上。事实上,施韦林对日本人的公开咆哮引起了RCA的重视。毕竟,该公司与日本有着利润丰厚的业务。早在1923年秋天,RCA总裁詹姆斯·哈伯德就与RCA主席欧文·扬表达过对"新同事(施韦林)就其面临的麻烦发表大量言论"的担忧。施韦林的抨击让他看起来"愤愤不平",而与此同时,RCA正在与日本就延长与该国的重要合同展开谈判。哈伯德说,施韦林"无论现在还是将来,都不会让我们在日本更容易"。哈伯德坚持认为,这位直言不讳的合众总裁应该淡化言辞。"我不反对你对日本或日本人的看法,"哈伯德开始轻描淡写地说,但"如果这种观点在日本流行起来,即无线电公司对日本或日本人的利益不利,它将损害我们的业务,而特拉华合众电信需要多年的成功运营才能抵消。"他要求施韦林考虑RCA的立场,然后再发表意见。[50]

1924年结束时,合众电信的僵局仍未解决。尽管美国和日本都公开宣称遵守华盛顿体系建立的合作框架,但双方都没有表示愿意调整其在合众

图 1.4　詹姆斯·G.哈伯德,日期不详(乔治·格兰瑟姆·贝恩收藏,印刷品和摄影部,国会图书馆)

图 1.5　欧文·D.扬,日期不详(乔治·格兰瑟姆·贝恩收藏,印刷和摄影部,国会图书馆)

电信问题上的反对立场。中国民族主义对合众电信的威胁持续加强。RCA对施韦林合众电信项目的公开承诺掩盖了人们对合作逻辑日益加深的怀疑。十年间,合众电信公司对中国的野心险些破灭。

给“门户开放”政策上锁:华盛顿体制阴影下的合众电信公司

1924 年圣诞节前夕,日本向国务院提出了解决合众僵局的方案。“坚持国际合作而非国际竞争的原则,有望帮助中国走出目前的困境,”日本大使馆写道,“日本政府(原文如此)愿意从一个新的角度来处理这个问题,这可能有助于使争端迅速得到实质性解决。”在英国的支持下,日本提出了一个三重合作结构,三井、联邦和马可尼将在其中汇集他们的权利。中国境内无线电报的日常运营将由民国政府控制,而现已建成的三井站将处理北京以外的无线电通信。财团中的各方将分享利润。“据信,提议的解决方案符合……华盛顿《九国条约》中体现的所有基本原则。”[51]

日本出价的时机是经过深思熟虑的，其对华盛顿体系的提及是不真实的。接二连三的战争使直隶政府被逐出北京，无可争议地让亲日的奉天派掌权。到1924年，直隶成功地吸引了高涨的中国民族主义和日益增长的军事力量，使该派系成为一个看似可能将包括满洲在内的整个中国置于其统治之下的政权——对日本来说，是一个无法容忍的威胁。日本人的回应是向奉天集团提供武器、情报、宣传，甚至日本的直接军事支持。[52]日本协助奉天的决定违反了华盛顿会议关于不干涉中国内政的议定书。经过一场恶战——按照军阀时代的标准——实力削弱的奉天集团占领了北京，并任命声名狼藉的亲日人士段祺瑞为总理。到1924年12月，日本可以确信北京的新政权将坚定地支持日本的利益，当然也包括三井。[53]

美国的反提案毫无进展。1925年4月，美国人提出了一项安排，合众和三井都将在北京以外运营，各自垄断各自国家的所有交通，并争夺所有其他业务。[54]日本人断然拒绝了这一提议。日本的回复称，与往常一样，美国拒绝承认合众的协议侵犯了三井的合同权利，也拒绝承认中国的无线电报市场不会支持两个高功率的国际通信电台。基于这些原因，“日本政府……无法同意美国反提案中提出的观点”。[55]与此同时，段祺瑞向舒尔曼公使表达了他对整个合众电信惨败的日益愤怒，而他的交通部长则断然告诉RCA代表，合众电信将被继续封锁，直到该公司满意地解决日本的担忧。[56]

三井有另一个理由坚决反对合众电信。这家日本公司知道RCA准备放弃该项目。1924年底，RCA主席欧文·扬（Owen Young）曾通过第三方私下接触三井，并对卷入整个合众电信的惨败表示遗憾。他感到被美国支持合众电信的政策困住了，这一政策现在阻止了RCA实施其常规的财团合作国际战略。“我对他的立场深表同情，”三井首席执行官团琢磨①在给扬的中间人的信中写道，“这使他受到华盛顿当局的禁令，持有明显不属于他自己的观点。”此外，扬含蓄地鼓励三井坚定立场，让团琢磨知道他感觉到美国政策即将调整方向，这将促进RCA与日本在中国的合作。“我非常高兴地获悉……”团琢磨写道，“通过扬先生的暗示，美国国务院正逐渐倾向于支持一

① 团琢磨，英文：Takuma Dan，日文：だん たくま，1858年9月7日—1932年3月5日，日本实业家，战前三井财阀的最高领导。

项合作计划。”[57]

图 1.6 约翰·V.A.麦克默里,1924 年(国会图书馆国家摄影公司收藏、印刷和摄影部)

事实上,北京的新公使约翰·麦克默里(John MacMurray)已经考虑过让美国的支持脱离合众电信。对麦克默里来说,这是一个逆转。在抵达中国之前,麦克默里支持他的前任雅各布·舒尔曼对合众电信的支持,包括舒尔曼坚决反对让中国官方拥有电台建设的决策权。麦克默里曾担任远东事务部驻华盛顿的负责人,他也与舒尔曼一样支持渐进主义,蔑视激进民族主义。在普林斯顿和哥伦比亚大学接受教育的麦克默里曾担任华盛顿会议的美国代表,他在会议上致力于形成关于在中国推行渐进式改革的华盛顿共识(反对民族主义者要求更快地击退帝国主义)。对于中国民族主义者对合众项目的担忧,他也没有多少耐心。他在 1923 年宣布:“感情上,我们不欠他们什么。”[58]

然而,如果不是出于他对中国民族主义不妥协的态度,中国发生的事件很快会迫使麦克默里重新考虑对合众电信的立场。1925 年 5 月 30 日,英国军队在上海的一次劳工抗议活动中残忍地射杀了中国示威者,造成数人死亡。在随后的五卅运动中,中国人的激烈抗议反映了中国民族主义和反帝国主义情绪的日益强大。它在至少 28 个其他城市的示威中表现出来,包括来自各行各业的示威者。罢工蔓延，与外国人的对抗增加，中国在这些对抗中的死亡人数成倍增加，进而困扰该国的暴力升级。就连基督教女青年会（Young Women's Christian Association）——一个通常被认为同情中国人的传教士改革组织——也没有准备好面对外国人现在面临的深度仇恨。基督教女青年会（YWCA）秘书海伦·索伯恩（Helen Thoburn）形容她的传教士同伴们的态度是"处于某种恍惚状态"，她回忆起"一些有先知意识的中国人试图让人（西方传教士运动）醒悟过来，看看中国正在掀起什么样的情绪浪潮"。[59]

麦克默里是在此间抵达中国的。麦克默里主张在华盛顿体系强调大国合作的支持下，对激进的中国民族主义采取坚定立场，尤其是日本。麦克默里认为，在逐渐放弃域外权利的问题上，各国保持一致是至关重要的。他担心，对这种暴力民族主义短视的个人迁就可能会导致大国在如何处理中国未来的复杂问题上发生冲突。麦克默里现在看到，将美国的支持从合众电信转移出去可以促进与日本的合作。按照这一思路，到1926年，麦克默里建议美国直接与日本合作，在1924年平安夜提案的基础上解决无线电争议。[60]

麦克默里曾领导的远东事务部支持这一立场。麦克默里的继任者纳尔逊·约翰逊（Nelson Johnson）也认为，支持合众电信的政策走到了死胡同，主要是因为中国的不妥协。1926年5月，约翰逊与美国无线电公司的詹姆斯·哈伯德会面后，邀请这位志同道合的高管起草国务院计划发送给民国政府的电报。由此产生的信息突显了其的沮丧。"五年来，美国政府一直支持中国对外无线电通信的'门户开放'政策，"哈伯德的草案如此写道，"尽管民国政府的行动表明它不再支持'门户开放'政策，或者至少对它漠不关心，但它还是这样做了。"目前尚不清楚约翰逊和哈伯德认为这种厌恶的表达会影响到谁。此间中国陷入完全混乱，没有总统、外交部长或交通部长，也不知道谁会取代他们的位置。出于务实的考虑，现在是完全绕过中国和合众电信，直接与日本谈判解决方案的时候了。[61]

在对待合众电信计划的看法上，新任国务卿弗兰克·凯洛格同意麦克默里的观点。不过，两位新任命的官员在东亚问题上却形成了截然不同的观点。麦克默里是凯洛格前任国务卿查尔斯·休斯的首席顾问，他认为美国与日本的关系对美国在亚洲的利益至关重要。然而，事实证明，凯洛格更同情中国民族主义的关切。为此,凯洛格在华盛顿体系的合作框架之外,单方面决定与中国就修改不平等条约展开谈判。来自明尼苏达州的前参议员凯洛格感觉到,大多数美国人同情中国而不是日本。这一决定激怒了麦克默里,麦克默里认为,凯洛格的政策在纳尔逊·约翰逊令人沮丧的支持下,将疏远日本人,并将他们进一步推向军国主义(这一指控忽视了日本自 1922 年以来对华盛顿体系的单方面偏离),但两人都同意放弃合众电信的计划。对凯洛格来说,它消除了与中国民族主义者的对立,对麦克默里来说,它解决了疏远日本人的问题。[62]

图 1.7　弗兰克·B.凯洛格(1.)查尔斯·休斯,1925 年(国会图书馆国家摄影公司收藏、印刷和摄影部)

合众电信失去了选择。1923 年,该公司拒绝在更有利的环境下对中国民族主义做出任何让步,现在发现自己在 1926 年被美国政策制定者和 RCA 彻底抛弃。与此同时,随着中国项目的失败,合众电信公司本身也卷入了一场领导层争议,施韦林于 1924 年被加州合众电信公司赶下台,但仍控制着特拉华合众电信公司。这一安排极大地增加了两家公司在中国项目上合作的能力,加州合众电信的新领导层强烈反对继续进行这一命运多舛的努力。此外,短波技术的进步使得遵守原合同变得不切实际,原合同中要求使用的合众电信的传输技术已经过时,其成本比最先进的短波发射机高 20 倍。[63]在没有任何损失的情况下,RCA与合众电信分离,并与三井寻求和解。

如果说合众电信命运多舛,中国的一场政治革命只会使它更加前途未卜。1926年,国民党的军队在蒋介石指挥下,以其广州据点为起点,发动了北伐战争。蒋介石不仅是军阀,他还自称是最著名、最受尊敬的民族主义者、1924年死于癌症的孙中山的继任者。到1928年,蒋介石成功地统一了中国。然而,他留下了许多残存的军阀势力(至少名义上承认蒋介石的领导),然后转而击败那些仍然顽固不化的人。[64]新政府立即表示打算取消所有有争议的无线电合同。蒋介石政权将转而寻求新的协议,最终将中国的国际无线电通信置于中国的控制之下。

1928年,施韦林近乎妄想地试图说服哈伯德,合众电信的好日子还在前面,但没有成功。RCA总裁詹姆斯·哈伯德对此置若罔闻,与其结束了合作关系。哈伯德写道:“美国无线电公司不愿意为合众电信在中国的任何进一步谈判预付任何款项或授权任何开支。”哈伯德判断说,中国人决心拥有和运营自己的无线电台。他认为“几乎不可能诞生违背中国既定决心的国际协议”。[65]实际上,RCA已经策划了一项新战略,在没有合众电信的情况下进入中国市场。因此,经过八年徒劳无功的斗争,合众电信公司一度引以为傲的中国无线电报项目走到了这一并不光彩的终点。

小　结

1929年,民族主义者正式废除了合众电信的合同。[66]一位美国广播历史学家的工作涉及20世纪20年代合众电信公司在中国的艰难处境,他将其归咎于“中国错综复杂时局的阻挠”。[67]然而,这个故事比这更复杂。在20世纪20年代,合众电信遇到了中国政治不稳定、日本扩张,尤其是当时强硬的中国民族主义的不断变化的形势。合众电信的争议表明,尽管存在各种问题,中国并没有对“大国”做出被动反应而影响该国的政治。比起对外国将铁路和电报引入中国构成挑战的早期策略,公认的弱势中国人反而试图利用任何可用的选项和替代方案来影响事件的进程,而抓住中国民族主义政治是阻止合众电信介入的一个有效工具。[68]

合众电信及其政府支持者从未认真处理过中国的民族主义担忧。这场闹剧的关键人物,包括伦尼·施韦林和约翰·麦克默里,从未掌握促使施肇基等中国官员采取行动的中国视角。例如,施沃林通常怀疑日本人在幕后损害这家美国公司的权利。这种漠不关心的态度直接影响了美国与中国的谈判,并使双方在解决广播争议上达成一致的机会变得渺茫。

这并不是要削弱日本在破坏合众电信项目中的作用。日本积极推进中国当局,尤其是奉天派,与三井结盟。在 20 世纪 20 年代的背景下,阻挠合众电信是一种良好的政治行为,对于已经打算帮助三井的官员来说,这是很容易做到的。同情合众电信的中国当局面临着更大的挑战。为了与合众电信合作,施肇基等官员需要削减中国的民族主义担忧,而罗伯特·施韦林及其美国政府支持者对此不屑一顾。在这方面,美国人实际上(讽刺的是)帮助了三井,疏远了最有可能支持合众电信在中国项目的中国当局。

合众电信与中国民族主义的不幸遭遇也与华盛顿体系的兴衰交织在一起。阿基拉·伊里耶(Akira Iriye)和亚瑟·瓦尔德隆(Arthur Waldron)等历史学家将中国民族主义的兴起与华盛顿体系的消亡联系在一起。面对要求帝国主义倒台的中国民族主义影响不断扩大,华盛顿体系的大国越来越多地在华盛顿框架之外单方面采取行动,以保护各自在中国的利益。在这种情况下,单边主义以及由此导致的华盛顿体系的消亡,让美国和日本在 20 世纪 30 年代走上了战争之路。[69]对于约翰·麦克默里这样的资深外交人士来说,国务卿弗兰克·凯洛格急于安抚中国的民族主义而不顾中国对日本的合约义务,代表着这个更大的问题。应该指出的是,在 20 世纪 30 年代,麦克默里特别批评凯洛格,直截了当地(过于简单地)将日本军国主义部分归咎于凯洛格的亲华政策。[70]

合众电信的瓦解为这种解释增添了另一层含义。在 20 世纪 20 年代推动合众电信的计划,疏远了中国和日本。因此,就在华盛顿体系开始瓦解之时,合众电信给中日美关系带来了额外的压力。约翰·麦克默里是明确制定美国对日合作政策的主要倡导者,他担任了十年的国务院远东事务负责人,主张美国坚定支持合众电信。通过 1925 年前对合众电信的坚定支持,麦克默里本人对抗了日本在中国东北的切身利益,但却最终助长了日本军国主义。在这种背景下,麦克默里理想化的长期日美合作——通常被视为华盛顿体系崩溃的主要受害者——是否真的具有实现的可能?

最终,合众电信公司把20世纪20年代的中国机会浪费了。施韦林及其美国政府盟友依赖于对中国过时的假设,并一贯低估中国民族主义的力量和合法性。由于合众电信只是将中国的谈判立场视作日本利益的挡箭盘,他们顽固地拒绝做出任何可能使其项目得以推进的实质性让步。在这个过程中,施韦林将合同纠纷变成了合众电信和日本之间的斗争。此外,合众总裁没有认识到合众的合作伙伴RCA不会支持有关日本的言辞激烈的公开声明,这将RCA在日本有利可图的股份置于危险之中。

具有明显讽刺意味的是,由于拒绝承认任何事情,合众电信公司和施韦林最终失去了一切。在美国、中国和日本的一系列对抗中,通过无线电报促进中美和谐的愿景破灭了,这些对抗不仅破坏了合众电信的关系,也撕裂了美国与东亚关系。合众电信并没有改善美国与东亚的关系,反而加剧了中美和日美的分歧。与此同时,RCA决定终止与合众电信的合伙关系,并扼杀了特拉华合众电信公司,而原加州合众电信公司的股东将施韦林从董事会中赶下台。1921年,在世界上最强大的政府之一的支持下,施韦林和他的合众电信公司抵达中国。不久,世界上最强大的无线电广播公司之一也加入了进来,但这并不足以克服20世纪20年代中国所面临的日益复杂化的民族主义政治环境。

第二章

“我们对政治形势不感兴趣”：南京国民政府时期的美国无线电公司，1928—1937 年

美国无线电公司（RCA）很快就把合众电信的失败抛诸脑后。1928 年，该公司与中国国民党政权签订了两份无线电合同，并在 20 世纪 30 年代初在中国开设了两家新电台。对中美无线电报合作的潜力又乐观起来。当美国无线电公司在 1930 年开通中美之间的第一个无线电通信线路时，公司总裁詹姆斯·哈伯德（James Harbord）预测，新的中美无线电连接“将推动中美关系更加紧密”。[1] 美国无线电公司副主席威廉·温特伯顿（William Winterbottom）确信，停滞不前的中国历来与正在进行的全球化进程脱节，他隐喻地称无线电广播“打破了中国孤立的长城”（是“中国孤立长城上的一道裂缝”）。“这种直接的服务，”温特伯顿继续说，“为中国提供了一个由民国政府运营的独立的通信系统去发展外国市场，增加中国的贸易和商业。”[2]

就像合众电信公司的情况一样，激烈的冲突很快就打破了那些乌托邦式的预言。与其不同的是，美国无线电公司面对的是一个更有效的中国政权，他们决心更好地控制中国的国际无线电通信系统。1931 年日本入侵后，美国无线电公司拒绝放弃在满洲（中国东北地区）的业务，国民党政权对此进行了猛烈反击。国民党政府求助于美国无线电公司的全球竞争对手国际电话电报公司（ITT），将其挤出利润更高的上海市场，以报复美国无线电公司。1935 年，美国无线电公司对国际电话电报公司合同合法性的抗议传到了海牙常设仲裁法院。由于民国政府有力捍卫了中国自身的无线电利益，仲裁结果是允许其在国内获得来自国际电话电报公司的额外政治资本。

这些事件的展开为“跨国组织”（transnational structuring）提供了一个教

科书式的案例。[3] 这探讨了国家、官员和跨国公司参与者之间的互动,每一方都在利用对方独立的权力和影响力获得竞争优势。在中国方面,蒋介石和他的党内对手操纵美国无线电公司和国际电话电报公司的竞争,以在国内政治斗争中获得象征性的资本和政治优势。同时,美国无线电公司和国际电话电报公司利用中国的内部竞争及其与日本的外部斗争,试图扩大其各自在全球电信市场的份额。与此同时,日本利用国际上关注的美国无线电公司想在满洲做生意这件事,试图为其接管中国领土这一广受谴责的行为争取一定程度的国际合法性。在这些交叠的斗争中,民国政府和美国公司领袖经常呼吁,要提出具有可塑性的符合中国或美国国家利益的想法,让那些狭隘的行动方针变得合理且合法。

跨国组织围绕中国国家结构和全球通信市场的多方面竞争带来长期的历史性重大后果(通常是无意中的)。最初,美国无线电公司的合同来自国民党想要巩固其对中国无线电通信的控制。然而,国际电话电报公司的合同来自蒋介石在交通部的竞争对手。他们在美国无线电公司与日本在满洲达成合作后,试图削弱支持美国无线电公司的蒋派系的力量。这些权力斗争促使中美通信新渠道在整个太平洋地区开放,而国民党政权的内部权威受到了激烈挑战,并最终被重新定义。

最后,蒋介石战胜了对手。然而,尽管美国无线电公司不受欢迎,出于现实的政治目的,国民党政府仍然避免国际电话电报公司受其影响。美国无线电公司在海牙的胜利确保了中国的总体权力和交通部对中国国际通信的特殊权力。当蒋介石一派意识到国际电话电报公司合同可以为自己所用时,该合同最初想要挑战蒋介石政府权威的目的就无关紧要了。最终,20 世纪 30 年代,美国无线电公司在中国的努力发挥了作用,影响了中国和周围更广泛的跨国通信网络。与此同时,对于美国无线电公司来说,该公司未来继续保持全球无线电报影响力的意愿悬而未决,因为其高管尚在等待海牙的决定。

中国的民族主义、帝国主义和美国无线电公司

1929 年,由蒋介石的知己张静江领导的中华民国建设委员会接洽美国

无线电公司与中国进行商贸。这是一个合乎逻辑的选择。美国无线电公司是美国实力最强大、技术最先进的无线电通信公司,长期以来一直对中美无线电市场非常感兴趣。此外,病态的合众电信协议不再限制美国无线电公司。美国无线电公司和合众电信公司伙伴关系的崩塌也使其能够使用"交流发电机"无线电技术,这一技术优于合众电信公决议按照原合同条款使用旧的"电弧"技术。[4]

中国未意料到美国无线电公司全球通信业务在 1929 年以后的不确定性。美国无线电公司副主席戴维·萨尔诺夫(David Sarnoff)向主席詹姆斯·哈伯德(James Harbord)和董事会主席欧文·扬(Owen Young)施压,要求将美国无线电公司的资源集中在迅速发展的美国国内广播市场上。在萨尔诺夫看来,美国无线电公司的国际通信业务在其 6500 万美元的总收入中只创造了 480 万美元,这是存在问题的。因此,萨尔诺夫主张将美国无线电公司的国际通信业务拆分成一个可以出售的子公司。国际电话电报公司希望从国际有线电报的基础业务扩展到全球无线电业务,曾表示有兴趣收购美国无线电公司的通信股份。因此,1929 年美国无线电公司将其国际通信业务重组为一个独立运营的子公司 RCA 通信公司。进入中国的新公司与萨尔诺夫的要求相契合。因为美国无线电公司一旦将股份出售给国际电话电报公司,就能为美国无线电公司的国际通信股权增加价值。萨尔诺夫当然不会对中国合同能够为美国无线电公司带来长期的经济价值抱很高的期望。"就其立场而言,民国政府在……给予特许权或破坏特许权,"萨尔诺夫在 1929 年的国会听证会上阐述道,"我不太关注不断变化的民国政府所采取的不同立场。"萨尔诺夫得出了结论。[5]

正如萨尔诺夫说的那样,美国无线电公司在中国面临的挑战是 20 世纪 20 年代末中国政治格局持续的不确定性。蒋介石的国民党政权在 1927 年上台时,面临的是一个支离破碎的国家。在领导所谓的"北伐"统一中国时,蒋介石以真正的民族主义资历确保了自己的地位,巩固了他在整个中国的合法性。已故的孙中山先生是 1911 年革命中受拥护的关键性人物。他推翻了中国的最后一个王朝,建立了中华民国。尽管蒋介石持有更保守和更独裁的政治倾向,但他却是孙中山的门徒,并被公认为国民党领导人的继任者。从孙中山的职业生涯来看,北伐的成功象征着孙中山对中国的政治目标在其去世后达到了顶峰,而蒋介石也从与他已故导师的关系中获益。在公众看来,蒋介石为成为中国名义上的领导人而与军阀对手做出的妥协是不太明显的。但这些妥协往往成为对手声称自己在新政权内拥有独立权力的基础,并使他们能控制自己的军队。如果处理得当,蒋介石声称自己获得众多民族主义者的支持,有助于遏制新政府内部对他地位的潜在挑战。为了遏制帝国主义,赢得中国广大人民的支持,并巩固对国家的控制,独裁的国民党政权开始了未来十年的国家建设工程。他们强调建立一个强大的国家政府,可以通过收回主权和推行中央导向的经济现代化政策来增强国力。理想情况下,这些战略的成功实施与新政权的独裁倾向和集中控制的愿望一致,同时也消除军阀的权力基础,满足了推动国民党掌权的民族主义的要求。[6]

图 2.1 戴维·萨尔诺夫(David Sarnoff),1940 年(哈里斯和尤因的收藏,美国国会图书馆印刷与摄影部)

无线电报建设在国民党国家建设战略中占据了突出的位置。国内无线电报是促进这个分裂国家统一的潜在工具,这种吸引力增强了它的重要性。与国际无线电报网络互连的国家无线电通信网络也可以作为促进贫困中国经济发展的工具。同样重要的是,新政权决定不允许像前几年一样,让无线电电报进一步为外国帝国主义提供掩护。朱家骅,一位著名的国民党官员,在 1933 年成为交通部部长,他回忆说,国民政府在 1927 年掌权不久后,“决定建立自己的国际无线电通信系统以维护被外国人侵犯的主权”。[7] 因此,有必要重新开始,清理所有有争议的合同,这些合同助长了合众电信公司和三井集团等公司的阴谋。“国民党从未承认过这样的协议……国民政府也不会受到任何协议的约束。”国民党的外交副专员郭泰祺在 1928 年宣布。[8] 由于这些原因,国民党优先对无线电建立强大的中央控制,最初将该管辖权移交给中华民国建设委员会,1929年颁布《电信法》后将无线电的全部权力移交给了交通部。1929年的法律明确禁止对无线电权力的垄断,这强调了避免合众电信公司和三井集团争议重演的决心。[9]

结果令人印象深刻。在20世纪30年代的前五年,中国达成了协议,并购买了连接伦敦、巴黎、柏林、莫斯科、罗马、日内瓦、东京、西贡、河内、马尼拉、香港、巴达维亚和澳门的无线电报设备。交通部大大改善了财政管理,购买了必要的设备,并在上海获得土地来建造无线电台。1931年至1936年间,中国国内的无线电报网络站点从32个扩展到65个。在此期间,政府从无线电报中获得的收入大幅增加(见表2.1至2.3)。[10]

表2.1　1933年和1934年期间国际电报的月收入

时　间	有线电收入(美元)	无线电收入(美元)	有线电收入百分比(%)	无线电收入百分比(%)
1933年1月	638,412.11	259,633.74	71.09	28.91
1933年2月	648,030.17	236,022.17	73.30	26.70
1933年3月	779,865.95	265,839.07	74.58	25.42
1933年4月	607,055.79	252,794.59	70.60	29.40
1933年5月	767,701.18	379,726.13	66.90	33.10
1933年6月	643,796.96	344,030.79	65.17	34.83
1933年7月	601,847.62	288,310.43	67.61	32.39
1933年8月	551,764.63	280,234.30	66.32	33.68
1933年9月	551,758.22	290,343.59	65.52	34.48
1933年10月	547,197.56	294,531.91	65.01	34.09
1933年11月	569,347.59	343,651.10	62.36	37.64
1933年12月	557,193.66	344,783.00	61.77	38.23
1934年1月	567,312.50	351,306.00	61.76	38.24
1934年2月	479,661.10	306,975.74	60.98	39.02
1934年3月	533,673.12	350,539.06	59.75	40.25
1934年4月	498,173.20	337,396.81	59.62	40.38

续表

时　间	有线电收入（美元）	无线电收入（美元）	有线电收入百分比（%）	无线电收入百分比（%）
1934 年 5 月	491,853. 10	344,966. 19	58. 78	41. 22
1934 年 6 月	465,150. 85	412,147. 86	53. 02	46. 98

资料来源：《朱家骅，中国邮政及其他通信服务部》（Chu Chia-hua［Zhu Jiahua］，China's Postal and Other Communications Services，1937），162。

表 2. 2　从中国发送的国际有线电和无线电信息

年　份	有线电信息（美元）	无线电信息（美元）	总信息（美元）
1929	1,074,813	0	1,074,813
1930	1,180,586	0	1,180,586
1931	1,413,226	158,665	1,571,891
1932	1,227,334	192,450	1,419,784
1933	1,326,395	472,876	1,799,271
1934	1,178,998	607,277	1,786,265
1935	1,043,228	684,620	1,727,848
1936	773,759	699,967	1,474,716

资料来源：文玉庆，《电子通讯》，《英文中国年鉴》（Chinese Year Book）第三册（1936/37），985；《朱家骅，中国邮政及其他通讯服务》［Chu Chia-hua（Zhu Jiahua），China's Postal and Other Communication Services］（伦敦，1937），160。

表 2. 3　民国政府无线电服务收支表

年　份	收入（美元）	支出（美元）	平衡（美元）
1928	—	—	—
1929	662,106	554,752	+107,354
1930	1,658,531	1,580,032	+78,499
1931	3,509,635	1,541,079	+1,968,556
1932	4,001,685	1,824,496	+2,177,189
1933	4,723,870	1,896,080	+2,827,790
1934	5,169,878	2,791,179	+2,378699

资料来源：《朱家骅，中国邮政及其他通信服务部》［Chu Chia-hua（Zhu Jiahua），China's Postal and Other Communications Services］（伦敦，1937），197。

此外,到 1928 年底,日本无意中帮助蒋介石消灭了他在国家权力上最有竞争力的对手——张作霖的奉系军阀。事实上,同年,美国无线电公司与张作霖直接达成了一项协议,在满洲首都奉天(沈阳的旧称)修建一个无线通讯站台。可以肯定的是,当中华民国建设委员会主席张静江就双方合作事宜第一次与美国无线电公司接触时,这项协议困扰了他。他要求美国无线电公司保证,它将毫无例外地承认新的国家政权对无线电的权力。根据合众电信公司的经验,美国无线电公司仍然很谨慎,其有理由质疑是否值得与国民党这个尚未确立全国政权的不稳定政权合作。[11]

图 2.2　张作霖,日期不详(乔治·格兰瑟姆·贝恩收藏,贝恩新闻服务,美国国会图书馆印刷与摄影部)

然而,日本表现出的惊人的无能消除了美国无线电公司和国民党达成伙伴关系的最大障碍。导火索是 1928 年 6 月日本关东军暗杀张作霖。自 1904—1905 年日俄战争结束以来日本关东军一直驻扎在满洲,表面上维护着日本在该地区不断扩大的经济利益,特别是铁路和航运利益。张作霖实际上是日本关东军的傀儡,在中国民族主义浪潮不可抵挡之际,这玷污了他在国民党派的声誉。张作霖试图让自己从日本关东军之中解脱出来(比如邀请美国无线电公司在满洲首都做生意),才引起了这场谋杀。日本关东军试图将谋杀归咎于中国激进分子。在这一点上,日本的立宪政友会与关东军的密切关系成为一种连带责任。而东京拒绝惩罚无法无天的犯罪者,这种宽恕行为在国际上令人震惊,日本选民在 1928 年的选举中谴责执政的立宪政友会,投票给反对党立宪民政党(Minseito)。与此同时,张作霖的儿子和继承人张学良被父亲的暗杀激怒了,他立即投向蒋介石和国民党政权。这是一个明显的信号,表明张学良无意像他父亲那样成为日本的傀儡。蒋介石也默认了"青年马歇尔”对中国奉天的政治控制。在这种安排下，满洲的东北无线电和远程电报管理局，即签署了美国无线电公司的奉天合同的官僚机构，保留了其自治权——尽管 1929 年的《远程通信法案》（TeleCommunications Act）后来规定了该官僚机构和南京的交通部之间不准紧密联系。在这些行动的背景下，国民党政权承认了美国无线电公司满洲合同的合法性。受到民族主义者的青睐，1928 年 11 月，美国无线电公司签署了第二份合同，建立了上海—旧金山线路。[12]最后，东京立宪民政党政府支持事态发展。该政府曾寻求与西方和中国建立友好关系，与三井集团没有亲密关系。因此，这两个项目都得到快速执行：上海—旧金山线路在 1930 年 12 月上线，而奉天线路在 1931 年 6 月上线。中国建设上海和奉天无线电站台的速度表明，中国的新政权在十分努力地建设国家的电信基础设施，以走出过去十年的僵局。[13]

从 1928 年到 1931 年，有三个主要因素影响中美无线电报的发展：国民党政权、美国无线电公司和日本关东军。在某种意义上说，日本是这件事中的小丑。通过暗杀张作霖，日本军国主义实际上发动了一些暂时使他们瘫痪的事件——首先，加速了立宪政友会的垮台；其次，推动了满洲到蒋介石手中。国民党和美国无线电公司都受益于这些意想不到的事态发展。对中国来说，他们收回了满洲以及最后一份独立谈判的无线电合同，将它们都置于中央政府的名义权力之下。对美国无线电公司来说，这些发展为追求中美无线电报业务不受政治影响扫清了道路，没有了在 20 世纪 20 年代早期如此不容乐观的政治障碍，并能为其将国际通信业务出售给国际电话电报公司增加价值。在 1931 年的夏天，前景看起来很光明。然而，在夏天转向秋天之际，这种广阔的前景发生了巨大变化。

中美无线电报与满洲事件

1931 年 9 月 19 日，日本关东军全面入侵并接管了满洲。为了掩盖日本的控制，1932 年初建立了一个名为“满洲国”的傀儡国家，并任命晚清（1644—1912）末代皇帝作为傀儡统治者。而张学良成为日本关东军最直接的挑衅，对日本在满洲的长期经济利益构成了威胁，他修建铁路和港口设施的明确目的是与日本现有利益相竞争。立宪民政党领导的日本政府被认为是日本大萧条的罪魁祸首,已经失去支持,无力阻止关东军对张学良采取行动。日本关东军意识到了民众对立宪政友会的支持,满洲需要脱离中国的控制以帮助日本恢复繁荣,于是发动了进攻。日本选民在 1932 年 2 月的选举中,立宪政友会以压倒性的胜利重新掌权,表明他们支持日本关东军对抗满洲的行动。[14]

在入侵期间,日军轰炸并占领了美国无线电公司在奉天的无线电电台。然而,这种中断是暂时的。到 1932 年 3 月,日本修好了被轰炸的无线电站台,并通过伪满洲国政府询问美国无线电公司是否想按照原合同条款恢复运营。[15]如果美国无线电公司同意,日本将获得与一家国际知名企业合作的机会,在日本面临全球谴责的情况下,这可以赋予伪满洲国一定程度的合法性。

与此同时,美国无线电公司正在重新考虑放弃国际电信业务。出售给国际电话电报公司的提议违反了美国的反垄断法。而在大萧条时期的反企业政治环境下,该提议不利于获得国会的支持。此外,美国无线电公司通信公司也顺利地熬过了经济低迷。由于新的投资成本较低,劳动力成本保持不变,尽管其他部门的销售受到了影响,美国无线电公司通信公司在 1931 年一直保持盈利。与美国无线电公司旗下强大的国内娱乐广播子公司国家广播公司(National broadcasting Company)一道,RCA 的高管预计该公司将在 20 世纪 30 年代蓬勃发展。[16]

美国无线电公司很难处理满洲事件。接受伪满洲国的请求,为这个伪政权的运作贡献任何力量,这都可能激怒民国政府。蒋介石政权希望通过国际压力,迫使日本人从满洲撤退。然而,作为一家跨国公司,考虑到其与日本更大的关系,美国无线电公司也必须认真斟酌奉天的情况。该公司在日本成功地经营着一家子公司——日本胜利语音机器有限公司(Victor Talking Machine Company of Japan),并于 1931 年初开始进行播音。也许更重要的是,美国无线电公司与日本的无线电报连接一直是该公司在世界上最赚钱的线路之一。然而,这一线路也尤其脆弱,因为如果日本人决定开设一个相互竞争的线路,日本政府可以取消合同而不受处罚。因此,美国无线电公司有强烈的动机与日本合作。[17]

平衡美国无线电公司在中日利益间的棘手挑战落到了该公司的中国代

表乔治·谢克伦(George Shecklen)身上。"我知道奉天的形势很微妙,"他说,"如果我能避开它,也许会更好。"谢克伦明白,美国无线电公司不能"指望在一夜之间把中国变成一个美国",应该考虑中国的立场。谢克伦建议说,在中国做生意的美国无线电公司代表应该"入乡随俗"。谢克伦对这一观点的理解无疑表明,如果美国无线电公司恢复在奉天的运营,中国人会如何反应。"自然,这让中国感到不安,他们明确地表示,他们认为任何人与(伪)满洲国打交道都是一种不友好的行为。"尽管如此,谢克伦还是坚持认为,"必须非常小心,以免危及奉天线路的未来。"[18]

这些选择不具有吸引力。"我们可能必须要做出选择,"谢克伦总结道,"我们是想要'奉天'还是'上海'作为我们在中国的根据地。"这意味着要在中日之间做出选择。为了美国无线电公司的长期利益,谢克伦选择中国。"我相信中国的未来,不管它现在如何,它对我们来说很重要,也许有一天会比日本更重要。"然而,更直接的担忧决定了与日本的合作。因此,谢克伦建议,任何重新开放奉天线路的行为都要向民国政府保证,美国无线电公司的行为不代表承认伪满洲国的合法性。"也许,我看不到全貌,尽管现在看起来很糟糕,但我希望我们在中国的服务不会因奉天而受到影响。"[19]

谢克伦的建议虽然可能很天真,但在美国无线电公司的纽约总部却很受欢迎。该公司副总裁威廉·温特伯顿(William Winterbottom)通知谢克伦,美国无线电公司确实支持按照最初协议的条款恢复奉天—旧金山通讯,温特伯顿指出,该协议实际上是在国民党与张学良讲和前几个月签署的。温特伯顿坚称,这一步骤是必要的,以保护公司对不确定现状的投资,并且会成为未来观望战略的一部分。与繁华的上海相比,温特伯顿不希望奉天低水平的经济发展掩盖其长远的发展前景。"我们已经在世界的不同地方开设了许多线路……,"几年后温特伯顿评论道,"当时的信息传输量并不大,这是为未来而设计的。"[20]由于每天只有5到10条信息穿越太平洋,美国无线电公司指示旧金山广播站台根据旧协议条款恢复运营,"在情况好转之前,不要再扩大发展这条线路"。无论如何,美国无线电公司都不能与满洲当局谈判任何新的协议。"我们必须采取对政治形势不感兴趣的立场,"温特伯顿总结道,"因为国际联盟,或任何其他机构需要数年的时间去解决(伪)满洲国的问题,而通信不必等待这些冗长的审议。"[21]因此,在1928年最初合同的基础上,美国无线电公司于 1932 年 4 月重新开放了奉天站。[22]

尽管温特伯顿很谨慎,但奉天—旧金山通讯的恢复不可避免地变得政治化。中国交通部对谢克伦进行了措辞尖锐的谴责,并坚持要求美国无线电公司立即断绝与这个伪政权的一切关联。交通部国际电报局局长颜任光直率地警告说,奉天站的重新开放将是“非常不明智的,很可能带来更多的难题”。[23]谢克伦承认,中国的核心关切是,美国无线电公司转向伪满洲国“将给新成立的政府带来声望,这将让民国政府感到厌恶”。[24]无论有意或无意,美国无线电公司的举动公然与民国政府孤立日本控制的满洲的目标相矛盾。美国无线电公司以前从国民党那里积累出来的信誉已经消失了。

然而,中国当局几乎没有办法迫使美国无线电公司让步。美国外交官拒绝了中国对美国无线电公司行为的官方谴责。中国对华盛顿和南京的美国官员的提议几乎没有得到多少同情。美国国务院远东事务部门(State Department's Far Eastern Affairs)的负责人纳尔逊·约翰逊(Nelson Johnson)强调说,“美国政府没有权力阻止一家美国公司采取这类行动”。[25]

美国不愿向美国无线电公司施压,并不代表对该公司行动的隐性支持。事实上,美国国务院反对美国无线电公司合同中的一项规定,该规定似乎将其他美国公司排除在中美无线电电报之外。[26]然而,这种反对并没有抑制美国无线电公司。尽管美国无线电公司在中国的安排存在问题,美国国务院不愿采取不利于该公司的行动,这反映了中国在争取国际支持将日本驱逐出满洲上面临着更大的问题。蒋介石和张学良决定从满洲不战而退。他们得出的结论是,年轻而分裂的政权无法获胜,也不能承担起军事失败可能带来的昂贵的代价。尽管事实如此,但这次撤退却削弱了国际社会对中国的尊重。[27]此外,在持续的全球大萧条中,西方大国优先解决自己的国内问题。美国和国际联盟都没有向中国提出任何将日本驱逐出满洲的实质性措施。美国无线电公司坚持认为“不能为中国离开无线电线路的后果负责”,这引起了共鸣。[28]

此外,自 19 世纪末以来日本的工业快速发展,这为它获得了一定程度的国际认可,尽管人们对日本的生产方法感到担忧。许多美国官员认为,日本在开发资源丰富的满洲方面比麻烦不断的中国处于更有利的地位。在 1900 年义和团运动期间,赫伯特·胡佛(Herbert Hoover)总统在中国的戏剧性经历的影响下，对中国的态度是具有典型性。胡佛认为中国人“精神上缺乏机械本能”，尽管他承认他们“在吃饱时拥有良好的幽默和天生的快乐”。在当前的危机中，胡佛不强烈反对日本对满洲的统治，也不倾向于对美国无线电公司在奉天的活动做出任何指责。[29]

满洲事件被证明是中美无线电报业的一个关键时刻。日本接管满洲显然标志着在关东军的带领下，对中国采取了新的、更激进的态度。然而，与之前的合众电信公司不同的是，美国无线电公司并没有被视为满洲的外国经济闯入者。日本人反而将美国无线电公司作为合作伙伴，他们继续管理旧金山—奉天线路可能有助于伪满洲国合法独立。就美国无线电公司而言，它积极响应伪满洲国的请求，与日本保持更广泛的友好关系。美国无线电公司明白，这一立场可能会激起国民党政权的愤怒。然而，该公司的高管们认为，他们不应该为政府自身在处理日本问题方面的缺陷负责。此外，如果国民党不能阻止日本的侵略，那么国民党政府还能做些什么来惩罚美国无线电公司呢？

在满洲事件之后，国民党的策略似乎很容易受到批评。然而，表面上的无益并不意味着中国人没有限制美国无线电公司的选择。事实上，国际电话电报公司是国民党找到优势对抗美国无线电公司的不二选择，国际电话电报公司几年前差点收购了 RCA 通信公司。很快就会是美国无线电公司的策略受到质疑，而非国民党。

美国无线电公司和国际电话电报公司与中国的国家利益

1932 年 4 月，美国无线电公司恢复了与奉天无线电站台的联系，国民党立即进行了报复。1932 年 6 月，交通部与美国无线电公司的竞争对手加利福尼亚马凯无线电电报公司（Mackay Radio and Telegraph Company of California）签署了一项协议，开放一个与上海—旧金山线路竞争的线路。马凯公司是国际电话电报公司最近收购的子公司，1933 年 5 月开通线路与上海—旧金山线路竞争，在美国无线电公司和国际电话电报公司国际通信市场不断扩大的全球之战中建立了另一条战线。[30]

美国无线电公司认为，马凯公司的协议违反了其之前与中国签订的合同条款。美国无线电公司协议要求民国政府“在其控制范围内发送给美利坚合众国或打算通过美国(传输到美国无线电公司的旧金山站)的所有信息,除非发送方另有路发送。”然而,另一项条款允许中国与“任何其他国家或多个国家”签署协议。美国无线电公司不承认根据后一条款马凯协议是合理的。此外,由于美国无线电公司与中国的协议规定“双方应合作,确保共同运营的线路是成功和有利可图的”,美国无线电公司认为中国签署的竞争马凯协议无疑侵犯了其权利。[31]

在合并计划失败后,马凯的中国倡议是国际电话电报公司对美国无线电公司全球地位的更广泛挑战的一部分。在1932年和1933年,美国无线电公司公布了大萧条时期的第一次经济损失。意识到竞争对手受到了伤害,国际电话电报公司积极与外国谈判达成协议,以更有利的条件建立无线电线路,与美国无线电公司并驾齐驱。事实上,在中国遇到困难的同时,美国无线电公司与波兰、德国、比利时、荷兰、意大利、法国、法国、捷克斯洛伐克甚至日本的通信连接都遭遇了马凯公司的挑战。[32]

国际电话电报公司已经向日本提出了一份包含更有利的收入分配的新合同。这一提议很可能会迫使日本取消美国无线电公司与日本合同中的条款。从这个角度来看待美国无线电公司对奉天—旧金山连接的合作方式:努力劝阻日本不要追求国际电话电报公司的提议,以此阻止其竞争对手向东亚的扩张。从这个更大的方面来看,国际电话电报公司在中国的出现令美国无线电公司深感不安。[33]

马凯公司1932年的合同只是长期酝酿的美国无线电公司和国际电话电报公司对中国竞争的最新战线,甚至在满洲事件发生之前,中国交通部就一直在向美国无线电公司施压,要求其修改其收入分配方式,以使其与国际电话电报公司在世界其他地方使用的更有利的分配方式保持一致。1930年,国际电话电报公司的代表接触了中国官员,试图阻止美国无线电公司的上海无线电站台的建设。这一计划失败时,美国无线电公司的一份备忘录称,“在我们(美国无线电公司—国际电话电报公司合并)谈判结束几周后,国际电话电报公司降低了太平洋电报的费率。”美国无线电公司估计,此举每年大约要花费16万美元的跨太平洋交通收入。[34]

马凯公司1932年与中国签订的合同加剧了这种竞争。在协议签署后,乔治·谢克伦发现,马凯公司曾游说上海银行和金融机构将他们的电报服务更改为新的马凯线路,甚至为他们提供单独线路,以便通过马凯公司进行通信。谢克伦悲叹道,为了迫使这些企业放弃美国无线电公司,马凯公司的代表们“利用他们给这些银行和金融机构的业务施加压力”。上海和香港银行的电报部门经理证实,他的上级已经命令他使用马凯线路通信。[35]

对于美国无线电公司来说,情况很快就失控了。“如果上海—美国无线电公司线路上的信息量明显减少,美国无线电公司可能被迫完全退出赛场。”谢克伦在与上海的美国地方检察官合作的专栏文章中警告说。[36]在纽约,美国无线电公司的高管们认为在中国发生的事件是国际电话电报公司带来的更广泛的全球挑战。美国无线电公司副总裁威廉·A.温特伯顿(William A. Winterbottom)担心国际电话电报公司持续的竞争,“显示出它成功进场的迹象”,他敦促美国无线电公司主席大卫·萨尔诺夫(David Sarnoff)想出一项有力的经济战略,打击国际电话电报公司。国际电话电报公司试图“打破美国无线电公司的地位”对外国政府来说是一个福音,他们只是在看哪家“美国公司……在签订合同之前提供最大的收入份额”。这是一个完美的例子,说明了两家美国公司现在正在思考如何最好地向外国政府表示诚意。[37]

然而,鉴于美国无线电公司在奉天的活动,民国政府并不打算邀请这家美国广播公司签订合同。这应该感谢国际电话电报公司对形势的巧妙操纵。该公司 1927 年的年度报告大肆宣传,国际电话电报公司的外国战略“随时准备和迅速调整美国的做法以适应当地的情况,并采取有利于各实体成功发展的地方做法”,[38]乔治·谢克伦在当前争端的背景下承认了这种优势。谢克伦解释说:“他们在中国、日本和其他地方的各种利益中,国际电话电报公司聚集了有影响力的、本土的、商业的和政治人物。”“他们的当地人脉是本国公民或国家主体,不仅在商业上有影响力,而且在政治上也有影响力。”[39]

美国无线电公司被困。它否认其在满洲的活动承认了伪政权。然而,该公司无力阻止日本媒体将美国无线电公司的行为描述为对满洲的准认可。国际电话电报公司的代表努力让中国官员注意到这些声明,以进一步削弱美国无线电公司的地位。雪上加霜的是,国际电话电报公司在美国正在进行的反垄断调查中夸大了美国无线电公司的问题,该调查集中在美国无线电公司寻求国际通信垄断的指控上。国际电话电报公司指出,美国无线电公司反对马凯公司与中国合同,并证明了这一指控。[40]

美国无线电公司的乔治·谢克伦的一段侦查工作进一步阐明了国际电话电报公司在中国的不懈努力。1932 年秋,他在交通部附近的一家南京酒店登记的信息中收集了一份不少于 13 名该公司官员的名单。"从中国不时问我们的问题中可以看出,"谢克伦猜测,"国际电话电报公司努力表明,我们在政府中没有良好的地位,我们财政薄弱,我们不仅在美国,更在世界各地努力垄断无线电通信。"[41]

国际电话电报公司在这部戏剧中的王牌是美国无线电公司奉天站的继续经营。签署了马凯合同的交通部长陈铭枢坚称,挑战美国无线电公司在满洲的地位"肯定会对中国有利"。黄绍竑在陈铭枢卸任后曾短暂担任代理交通部长,他认为美国无线电公司无视"东北事件以来外交部宣布的中国不承认'虚假组织'"。黄绍竑对美国无线电公司继续"与上述虚假组织进行无线电通信"感到非常愤怒。在黄绍竑看来,美国无线电公司促使交通部"无畏地签署了马凯协议",该协议提供了"一些手段来对抗……美国无线电公司的行动",同时使中国能"避免美国无线电公司的垄断"。[42]

陈铭枢和黄绍竑的论点似乎是令人信服的,他们认为对国家利益的定义并不是客观的真理,可以为了党派利益而被操纵。在这种情况下,民国政府利用美国无线电公司在满洲的存在,在这个民族主义国家内部进行了一场争夺控制权的斗争。陈铭枢对蒋介石的政策感到越来越失望。在陈铭枢看来,政府未能减轻中国普通民众的痛苦,过分集中于镇压激进主义、容忍腐败。最重要的是,它拒绝对抗日本的威胁。为了安抚愤愤不平的陈铭枢,蒋介石让他担任了各种重要的政治和军事职位。巧合的是,当九一八事变爆发时,陈铭枢正在担任通讯部长。当美国无线电公司宣布自己的奉天决定时,被激怒的陈铭枢接受了马凯协议,以惩罚美国无线电公司和民国政府中该公司的支持者。在马凯协议达成后,陈铭枢立即辞职,以便更公开地反对蒋介石。在 1932 年的大部分时间里,蒋介石拒绝接受陈铭枢辞去交通部长的职务,希望他能改变主意。相反,陈铭枢在年底公开与政权决裂,参与了"福建叛乱",试图推翻蒋介石,但没有成功。尽管如此,陈铭枢与马凯签订的协议仍然有效,尽管他本人已经离开了政府。[43]

同时担任交通部顾问的美国无线电公司的中国代表乔治·谢克伦亲眼观察了国民党阵营的分歧。“我们与奉天的开场只是‘坏男孩’的借口,”谢克伦在提到陈铭枢在交通部的小集团时说,“难以理解的是,一个所谓的有信誉的美国公司(ITT)如何被允许与外国政府的软弱、无知或不诚实的政客密谋,以拒绝或违反另一家美国公司(RCA)诚实、公正的、法律上正确的协议。”[44]谢克伦对陈铭枢的虚伪感到特别愤怒。“最重要的是,如果美国无线电公司的奉天站台受到惩罚,为什么交通部现在与日本控制的哈尔滨和满洲的其他无线电站台进行合作?”谢克伦在与上海的美国地方检察官合著的文章中愤怒地说道。[45]

由于以政治动机操纵中国的国家利益,美国无线电公司主动将美国的国家利益定义为自身利益,从而确保美国政府对反对国际电话电报公司的支持。正如乔治·谢克伦所宣称的那样,“我希望能打败我们的美国竞争对手并最终能得到一些东西,这样他们就连出场的机会都没有了。”[46]为了在谢克伦私下承认的美国无线电公司的“美国竞争”中获得这一优势,美国无线电公司公开质疑了国际电话电报公司对美国的忠诚。“无论它的所有权是什么,”美国无线电公司在回应美国政府对其国际行为的调查时表示,“国际电话电报公司绝对是一家国际性的公司,而不是一家美国的公司。”指出该公司的国际衍生收入与其“无穷小的”国内收入之间的不对称,该简报指责国际电话电报公司的“目标和雄心是国际性的”。该公司声称,如果美国无线电公司对国际电话电报公司的指控没有得到政府支持,国际电话电报公司将不可避免地垄断美国的国际无线电通信。在这种可怕的情况下,“美国无线电公司将无法生存下去”。美国无线电公司警告说,美国公众和美国的国家利益将“因无线电通信掌握在一家其愿望和利益主要是国际性的公司手中”而受到损害。[47]然而,这些观点在大萧条肆虐的美国反企业政治气候中没有被采纳。美国司法部、联邦无线电委员会(及其继任机构联邦通信委员会)和美国国会仍决心放松美国无线电公司对美国广播业务的控制。[48]

美国政府没有提供支持,美国无线电公司转向了蒋介石圈子里的潜在盟友,在 1932 年底重新执掌交通部,也许美国无线电公司可以尽量减少国际电话电报公司对中国通信市场的进一步渗透。“我一直在努力让新的部门官员采取行动,阻止国际电话电报公司进入中国的国际和国内无线电话领域”。谢克伦写信给温特伯顿,解释了他在陈铭枢辞职后的努力。[49]然而,美国无线电公司在奉天的存在和国际电话电报公司更有利的收入分配,使得美国无线电公司具有政治毒性。日本通过谴责“中国对国际交易缺乏信心”来解决美国无线电公司的困境,但这并没有帮助美国无线电公司在交通部赢得任何新朋友。[50]最终,中国在 1932 年与国际电话电报公司保持距离没有任何政治意义,谢克伦的努力也毫无意义。

1933 年,时任交通部长的朱家骅试图解决美国无线电公司和国际电话电报公司的混乱局面。事实上,国民党已经考虑过取消马凯的计划。朱家骅同情美国无线电公司,尽管他无意让他的个人偏好损害交通部对于广播的整体权威。朱家骅最初要求马凯公司自愿放弃与中国的合同,以尊重美国无线电公司的旧协议,但马凯公司果不其然“拒绝放弃任何合同权利”。这一反应让朱家骅陷入了一个两难的境地。这两家公司都威胁称,如果中国不履行其所谓的合同义务,它们都将起诉中国。对美国无线电公司来说,起诉意味着中国不得不取消与马凯公司的交易;对马凯公司来说,起诉意味着维持其交易。尽管朱家骅个人更喜欢美国无线电公司,但他还是选择了支持马凯公司。这一决定符合朱家骅更广泛的利益。马凯协议是在他自己部门全权合法的情况下签署的。为了安抚非常不受欢迎的美国无线电公司而打破该交易,可能会破坏该部最近获得的对电台的整体控制。[51]

对朱家骅来说,支持马凯公司还有一个优势,可以触发写入美国无线电公司合同中的仲裁条款。该仲裁条款旨在在海牙常设仲裁法院解决此类争端。对中国有利的仲裁裁决将由一个著名的国际机构做出具有约束力的决定,从而加强交通部对广播业务的权威。相反,美国无线电公司的胜利仍然使中国受益,因为它触发了马凯协议中的取消条款,免除了中国的任何金融责任,中国将幸免于被迫向马凯公司支付损害赔偿金的尴尬。朱家骅决定从马凯公司挤出更多的让步,给他的部门更有利的收入,然后积极捍卫马凯协议的合法性。[52]关于美国无线电公司指控马凯协议违反了该公司的合同条款,朱家骅写信给乔治·谢克伦,“已经做了一个仔细的检查……但没有发现任何违规的行为”。[53]由于交通部坚决支持马凯公司,国际电话电报公司在中国的一名代表幸灾乐祸地表示,马凯公司已经“在中国打败了美国无线电公司"。[54]仅这一声明本身就强调了国际电话电报公司的重要观点,即这场冲突是打击主要竞争对手美国无线电公司的,不管它与中国的国家利益有任何联系。

批评美国无线电公司以疏远中国重要的国家行为者为代价,重新开放了很少使用的奉天—旧金山线路是很诱人的,此举最终威胁到了其业务繁忙的上海—旧金山线路的盈利。然而,中国市场并不是美国无线电公司的唯一关注点。重启奉天—旧金山线路的决定是对日本的一个友好姿态(如果主要是象征性的话),美国无线电公司希望这可能有助于阻止国际电话电报公司对日本政府的追赶。尽管他们与奉天的合作引发了马凯协议的签署,但美国无线电公司高管相信,美国无线电公司地位的法律价值保证了对中国和国际电话电报公司的胜利。此外,美国无线电公司认为,这种确定的胜利可以被用来向美国法院寻求针对国际电话电报公司的禁令,迫使该公司放弃获得并行线路合同的做法。美国无线电公司在充满敌意和萧条的美国国内环境中正面临调查,而在海牙取得胜利,甚至可能让该公司在这样的环境中得到休整。[55]

该案件于 1935 年提交给海牙。美国无线电公司认为,它与中国的合同使它具有获得中美无线电电报的唯一合法权利。因此,该公司要求马凯线路停止运行。此外,美国无线电公司希望中国提供所有通过线路发送的电报的完整账目,并赔偿它的损失。这些损失将被计算为相当于通过马凯线路发送的所有电报的价值,同时还包括美国无线电公司花费的法律费用。[56]

中国的律师强烈质疑美国无线电公司的主张。首先,他们对美国无线电公司拥有控制中美直接无线电通信的专有权,以及所有此类中美无线电通信必须通过该公司的线路传输的主张提出异议。中国认为,美国无线电公司的合同在发送方要求的情况下允许通过另一个线路发送信息,这一事实使这一似是而非的主张无效。中国声称,选择另一条到美国的路线可能意味着另一家公司可以提供直接的中美无线电电报服务。因此,中国拒绝了美国无线电公司的观点,即该条款只允许发送者请求另一条通往美国的间接线路,而不是与美国无线电公司线路平行的线路。事实上,允许中国与其他国家达成协议的合同规定进一步否定了美国无线电公司坚持其合同只允许中美连接的说法。其次,美国无线电公司认为运营马凯中美线路与它的中美线路形成竞争,违反了中国与美国无线电公司合作的合同承诺,而中国的律师反驳了这一主张。在中国看来,这一规定只涉及线路的技术操作,并没有对任何一方施加任何更广泛的义务。[57]

法院做出了有利于中国的裁决,美国无线电公司意外失败。虽然由来自比利时、荷兰和瑞士的三名仲裁员组成的小组同意,某些条款赋予美国无线电公司在中美通信中的特殊地位,但他们裁定,"在确立美国无线电公司案核心的排他性义务这一意义上,没有什么更进一步的了"。仲裁员裁定,民国政府不能为马凯航线招揽生意或将其引导至马凯航线。然而,中国与美国无线电公司的协议没有任何明确的规定,限制中国与竞争对手签署无线电协议的自由。"作为一个主权政府,在原则上为了公共利益能够自由行动,不能推定它已经接受了对其行动自由的这种限制,除非接受这种限制能够清楚确定地排除合理怀疑。"仲裁员们裁定,马凯无线电站台可能会削减美国无线电公司的利润,仅仅这一事实并不足以证明民国政府违反了美国无线电公司的合同。海牙的决定证实了交通部对无线电的权力,以及国民党政府对其无线电政策的主权权威。加重了这一决定对美国无线电公司造成的不利后果的是,该公司最严重的担忧是在海牙准备案件的同时,马凯公司和日本签署了一份合同,给美国无线电公司重要的日本业务带来挑战。[58]

在这一点上,美国无线电公司发现自己在国内外处于可怕的困境。一份美国无线电公司评估美国政府对其国际通信行为的调查的法律备忘录直言不讳。"美国无线电公司目前的困难非常大,"简报说,"RCA 通信公司如果被迫允许其合作者不忠,在许多情况下使用从美国无线电公司获得的设备、专利和技术信息,以造福于其竞争对手的利益,就无法生存。"[59]马凯公司对重复线路的推动使"美国无线电公司通信的未来……确实非常黑暗",麻烦不断的威廉·温特伯顿告诉联邦通信委员会,"就美国无线电公司而言,在无线电通信发展中的进步将会结束。"[60]

海牙的决定将美国无线电公司带到了一个十字路口,并开始重新评估其整个商业战略。美国无线电公司在东亚受到挤压,国际电话电报公司的商业战略、中国国家建设政策和中日冲突共同将其推向了角落。类似的模式正在全球范围内上演,因为国际电话电报公司的国际扩张破坏了美国无线电公司一度繁荣的国际无线电报业务。尽管这十年开局强劲,但到 20 世纪 30 年代末,美国无线电公司已成为太平洋和东亚电信领域相对薄弱的力量。它唯一的国际据点仍在南美,早期的协议长期以来一直确保了该公司的主导地位。在海牙战败后,美国无线电公司的选择很有限。该公司开始退出国际通信领域,尽管它现在是受到胁迫这样做的,并且没有享受到从 20 世纪 20 年代末开始现已失效的美国无线电公司和国际电话电报公司合并计划中设想的巨额收益。[61]

小　结

谁"赢了",谁"输了"? 在狭窄的企业层面上,有人可能会说国际电话电报公司赢了,而美国无线电公司输了。但国际电话电报公司的胜利在很大程度上要归功于中国国内政治的复杂性。它最初的合同是与国民党的反叛派系谈判的,反对美国无线电公司与日本在满洲合作。这份合同之所以有效,很大程度上归功于政治气候,鉴于美国无线电公司在满洲的活动,在蒋介石战胜国内敌人后对其继续攻击。最终,国际电话电报公司不仅将美国无线电公司赶出了中国市场,还与日本签订了一份合同。美国无线电公司在最初决定与奉天公司合作时,已经决定了最坏的情况。就此而言,美国无线电公司是失败者。

但扩大范围,答案就不那么明确了。美国无线电公司到底失去了什么? 美国无线电公司在国际通信领域的挫折最终将公司的重心转移到美国国内市场,赚了数十亿美元,该公司在整个 20 世纪蓬勃发展。与此同时,国际电话电报公司在中国"获胜",但大萧条和 20 世纪 30 年代日益增长的经济民族主义的持续影响对该公司的国际通信业务造成了严重破坏。尽管美国无线电公司退出了国际通信领域,国际电话电报公司庞大的国际体系仍在破产的边缘徘徊。[62]国际电话电报公司后来作为美国企业巨头的复兴与 1949 年后的中国无关。

此外,蒋介石的国民党赢得了什么呢? 该政府在无线电方面的国家建设战略似乎很有成效,但仍然无法承受 1937—1945 年的抗日战争以及随后的内战带来的毁灭性打击,内战以蒋介石的失败而告终。美国无线电公司在中国苦难的主要煽动者日本关东军也没有取得长期的成功。就像在满洲的行动一样,他们的行动最终推动日本与美国进行了一场毁灭性的战争,这场战争以日本的失败、退出中国以及关东军本身的毁灭而告终。这次失败使推动关东军行动的日本军国主义国家利益愿景蒙上了阴影,而一个日益和平的日本取代了它,与美国建立了友好的关系。[63]

然而,这里探讨的"跨国组织"并不是关于任何特定时间的赢家和输家,而更多的是关于民族国家、国内政治行为和跨国公司之间的相互作用如何改变国际和国内的竞争环境。跨国组织的一个核心前提是,在"国家利益"的幌子下,这些相互作用产生的思想、协议、政策、监管措施、法律和机构可以产生持久的影响,超出它们最初设计的党派或狭隘的利益。一旦一个新的想法、协议、监管措施、法律、政策或机构发挥作用,新的行动者就可以利用它们来实现不同于其起源的目标。例如,在20世纪20年代末,当美国无线电公司最初与两个敌对的中国政权——蒋介石的南京国民政府和张作霖的奉系军阀——谈判无线电协议时,其主要目标是增加RCA通信的价值,这样它就可以有盈利地出售给国际电话电报公司。当1928年满洲并入国民党政权时,国民党采纳了美国无线电公司满洲协议,为其无线电发展计划服务,这是该政权寻求建立无线电中央权力的更广泛的国家建设目标的一部分。

然而,当日本关东军在1931年接管满洲时,日本采纳了同样的协议,并利用它来实现其对满洲控制的准承认,这进一步破坏了中国的国家权力。与此同时,随着全球大萧条破坏了美国无线电公司将其通信子公司出售给国际电话电报公司的所有机会,美国无线电公司重新致力于国际无线电事业。为了证明美国无线电公司与日本的盈利关系的高价值,该公司同意继续执行满洲合同,而引发中国当局的驱逐。这种涉及满洲的对日本的诚意与中国的民族主义是不相容的。因此,交通部与国际电话电报公司的子公司马凯公司在1932年签署了无线电协议,建立一个新的中美无线电报线路与美国无线电公司进行直接竞争,此举最终标志着美国无线电公司中国业务的消亡。

然而,这一反对美国无线电公司的举动没有反映出中国维护国家利益不受外国侮辱的一贯追求。相反,它捕捉到了蒋介石和他的国内对手之间正在酝酿的一场幕后政治斗争,这些对手反对蒋介石的保守主义,而且似乎默许了日本的侵略。美国无线电公司与蒋介石政权的关系对解决问题没有帮助。由蒋介石的竞争对手陈铭枢谈判达成的马凯协议，是为了削弱蒋介石和美国无线电公司的地位。尽管蒋介石在击败陈铭枢后来加入的叛乱后巩固了他的权力，但新的活跃民主主义者支持马凯协议。通过反对美国无线电公司，国民党远离了一个现在不受欢迎的公司，巩固了其民族主义资历，并证实了交通部在无线电方面的权威，即该政权一直在努力争取的权威。海牙的有利决定证实了国民党战略的有效性，积极捍卫一份最初被认为是破坏蒋介石权威的合同。

这一结论是通过跨国组织的解释框架得出的，因此对关于跨国利益与国家关系的两种流行的相关历史解释提出了质疑。首先，分析认为，跨国公司通常会削弱各国政府在追求自身企业利益时的权力。安东尼·桑普森（Anthony Sampson）在对国际电话电报公司的历史调查中明确得出了这个结论。[64]通过对美国无线电公司和国际电话电报公司在中国的竞争的探索，这一分析表明，国家内部的行动者也能够在国内和国际竞争的背景下利用跨国公司，以增加国家的权力。这一分析还挑战了一种推论解释，即无线国际通信必然会破坏国家主权，因为它能够随意渗透国际边界。[65]相反，这个案例研究表明，一个国家可以利用国际通信来确认其主权。权力和主权是否减少或增加不是取决于国际通信媒介本身，而是取决于在国内政治竞争、国际竞争和跨国公司行为寻求彼此的优势的背景下，通信如何交叉部署。[66]

尽管在 20 世纪 30 年代的美国无线电公司和国际电话电报公司的中日之战中没有明显的赢家或输家，但通过中美无线电报进行的跨国组织的长期影响很明显。美国无线电公司和马凯公司在一定程度上对更广泛的国民党国家建设做出了贡献，最近的研究表明，这种影响的寿命远远超过了国民党控制中国大陆的时期。1949 年以后，台湾的国民党和大陆的共产党人在战后都受益于蒋介石执政的头十年中出现的规划、制度、法律和技术人员的发展。[67]与此同时，在中国和其他地方遭遇挫折后，美国无线电公司从国际通信转向美国国内无线电市场，影响了美国国内外其他无线电利益集团面临的选择和替代方案（和成本）。

归根结底，对中美贸易增长的初步预测和美国无线电公司首次参与中美无线电报的理解，显然被激烈的国际冲突所推翻，最终将美国无线电公司和中国带到海牙。就像在 20 世纪 20 年代初,合众电信公司对中国进行的互利交换的预测一样,欢迎美国无线电公司在中国的倡议这一过于简单的假设,反映出技术是一种社会之外的力量,主要影响与它接触的人。在这种观点中,技术不仅不受任何现有的政治、经济、文化或社会动态的阻碍,而且可以随意改变这些动态。然而,这些预测忽视了技术本身是如何被更广泛的环境所塑造的这一因素。

美国无线电公司在 20 世纪 30 年代中国的经验,就像十年前的合众电信公司一样,表明了技术在其更广泛的背景下的重要性。美国无线电公司的中美无线电电报连接从未作为一种“中立”的通信媒介,中国人和美国人只是为了互惠互利而交换想法和信息。美国无线电公司介入的中美无线电报的发展发生,在中国国家建设和国内政治竞争、中日冲突和美国无线电公司与国际电话电报公司全球竞争的背景下,中美无线电报无疑对这三种斗争都产生了影响。然而,这三种斗争也决定了中美近十年来无线电报发展的关键因素。任何关于技术发展的解释都不能不提及技术与其更广泛的社会背景之间的双向关系。20 世纪 30 年代中美无线电报发展的故事也不例外。

第三章

“有些人怀疑中国人是否会成为广播迷”：两次世界大战之间的中美关系与中国广播

W.A.埃斯特斯(W.A.埃斯特斯)感到困惑。1924年6月,为了一次长期访问,他从当时居住的上海回到美国。回国时他希望随身携带一台收音机,但他不想触犯中国1915年颁布的《广播法》。这是前广播时代的遗留物——将所有的无线电设备认定为军事违禁品,并禁止其进口和持有。在1925年初,埃斯特斯准备返回中国时联系了美国国务院寻求帮助。“在我去年6月离开中国之前,我知道在上海有许多美国和欧洲制造的收音机被使用着。”他写道。获得这些收音机很容易,因为有“可靠的渠道”在出售。埃斯特斯不仅仅是因为这些公司是否遵守法律而提出疑问,他还提到了一位当地牧师的劝告,这位牧师极力推荐他所在教区的信徒以及他们生活在距离上海400英里外的朋友们购买收音机。当然,牧师肯定不会鼓励他的信徒违法！然而,尽管有迹象表明限制性法令将被放宽,埃斯特斯仍继续收到中国朋友的来信,信中哀叹他们的设备被没收。“我非常感激了解到与此有关的信息,”埃斯特斯总结道,“我将于8月返回上海,希望能够随身携带一台无线电收音机。”[1]

从美国回应埃斯特斯的疑问开始的这一过程,为探讨第二次世界大战前期广播与中美关系的交集提供了一个极好的机会。埃斯特斯想把他的收音机带到中国这一愿望,在一定程度上说明了“门户开放”政策对市场准入的担忧。与无线电方面的争议类似,美国对中国日益高涨的民族主义的漠视,以及将“门户开放”的理想主义言论与美国政策的利己现实分割开来的持续鸿沟,使中美在广播方面的斗争变得更加复杂。与此同时,西方人——

尤其是美国人——倾向于认为广播等西方技术的扩散在本质上是可行的,并且通常在西方的指导下,注定会沿着与西方大致相同的路线发展。这些假设助长了对非西方民族的价值观、利益和思想的漠视——这种世界观必然会在越来越多厌倦了西方蔑视的中国民族主义者之中激起敌意。[2]

埃斯特斯来信之后的外交艰辛证明了这一历史问题的存在。当目光短浅的美国决策者考虑到未来 20 年里中国新兴的广播市场时,他们通常对中国方面的担忧和法律不屑一顾。基于西方技术在非西方社会中的潜力这一文化偏见假设,美国国务院主要官员怀疑无线电广播能否在中国扎根。他们的结论认为,形塑美国广播的社会力量在中国无足轻重,并阻碍了它的发展。他们没有考虑到其他发展模式的可能性。本章探讨的问题——美国方面对埃斯特斯的回应,美国领事关于中国广播前景的报告,以及在两次世界大战之间美国驻华官员对中美广播争议的处理——凸显了这种文化误解。

美国人的目光短浅是有代价的。20 世纪 20 年代末,中国国民党取得了政权,而广播——就像无线电报一样——在新政权的政策中占据了关键地位。国民党在制定他们的广播政策时,着眼于遏制帝国主义,同时建立一个在经济和政治上充满活力的中国政权。到了 20 世纪 30 年代,美国对这些政策的漠视不出所料地激起了中国民族主义的反感,并引发了对美资广播电台的深入思考和有效回应。最终,美国努力理解中国的广播事业,并专门制定一项政策来接近这个新兴市场,这反映了美国人在理解其他文化规范,以及领悟中国掌控自身未来的决定等方面的无能。

美国人对中国广播的看法

当埃斯特斯的信到达华盛顿时,国务院不确定该如何回复。三年前,一位部门官员斥责了一名曾考虑将自己的收音机带到中国内地的传教士。当时,助理国务卿利兰 · 哈里森(Leland Harrison)认为,在中国农村拥有一台收音机"很可能会在农民中引起不必要的流言蜚语",天线和电线肯定会引起他们的怀疑。他的担忧反映了中国人对现代技术的抵制可能是非理性的,而西方人往往将这种抵制的原因归咎于他们是非西方人。但随着埃斯特斯记录下广播在城市和乡村越来越受欢迎,这一意见似乎不再适用。[3]

图 3.1 利兰·哈里森(Leland Harrison),1922 年
(国会图书馆国家摄影公司收藏、印刷品和照片部)

广播事业的迅速崛起在很大程度上要归因于内战和帝国主义。在埃斯特斯写这封信之前的十年里,中国的中央政权已经瓦解,军阀混战肆虐全国。19 世纪,由外国控制的飞地已经在主要城市建立,领事裁判权将上海等通商口岸置于西方管辖之下。[4] 尽管国际通信条约明确免除了无线电的治外法权,但不在中国政府直接管辖范围内的通商口岸当局几乎不愿意承认这一豁免。[5] 与此同时,盘踞于各自地盘的军阀往往无视国家无线电条例。这个可以由相对便宜的零件组装起来的简易电台接收器在中国政权动荡之际进一步促进了媒体的发展。[6]

《大陆报》记者艾琳·库恩(Irene Kuhn)在回忆 1924 年 12 月,自己在上海新创立的 KRC 电台(译者注:开洛广播电台大陆报馆分站)进行首次广播时,提到了这些个人组装电台接收器的流行对她的影响。KRC 电台是《大陆报》和开洛公司的合作项目,旨在推广报纸及其报道。KRC 在节目编排上安排了新闻节目和新闻之前的几段音乐。这些音乐前奏从一定程度上而言是为了让电台工程师有足够时间确认 KRC 的首次广播在正常传输。此外,库恩指出,"音乐间奏也为在香港、苏州、汉口、北京和偏远地区涌现的滑稽自制收音设备提供了'正式节目'之前的热身时间"。[7]

正如埃斯特斯的信和 KRC 电台所强调的那样,自 1842 年以来,广播在中国最大城市和通商口岸——上海变得特别普遍。其中有 300 多万使用者居住在三个不相关的管辖区:英国主导的公共租界、法国租界和中国城市。到 20 世纪 20 年代初,内战加剧了上海管辖范围的混乱,外国控制的区域相对稳定,而在这些区域之外则动荡肆虐。正是在这种混乱的情况下,英裔美国企业家奥斯邦(E.G.Osborn)于 1922 年(译者注:正式播音为 1923 年 1 月 23 日)在上海公共租界建立了中国第一家广播电台。在接下来的几年里,其他一些英国、日本和美国的公司也纷纷效仿,建立了像 KRC 电台这样的广播公司,而这些公司都不在中国当局的管辖范围内。[8]

在这样的背景下,利兰·哈里森并不反对埃斯特斯带着他的无线电设备回到上海的愿望,尽管他承认不明确的法律状况具有一定的风险。在那之后不久,哈里森了解到,上海海关总署已经开始查扣所有明显用于非法广播的无线电设备,包括但不限于无线电设备,例如某些发电机和电池等都受到怀疑。哈里森立即给埃斯特斯发了第二封信,收回了之前的建议,并劝告他将无线电设备留在美国。[9]

哈里森对埃斯特斯的回信暴露了美国方面对中国广播情况的无知。然而,领事官员已经开始收集外国广播市场的信息,以增进美国人对外国广播市场的了解和接触。[10]随后几年,关于中国广播事业的详细报告传到了美国。尽管如此,整体情况仍然十分混乱。一些地方政府放开了无线电管制,但在后续十年中,在中国运营的广播电台不到 20 个。这样一个拥有 4 亿人口的国家,无线电接收设备的数量只有数千台。[11]在无线电管控宽松的地方,尤其是通商口岸和东北日占区,报告显示了各国对市场份额的竞争。一些外国公司(主要是英国、德国、法国、丹麦、日本和美国公司)经由上海输入了如真空管、发电机和电池等无线电重要部件,上海的海关总署让这些物品畅通无阻。[12]这座城市是中国的广播之都,拥有大约 3000 台无线电接收设备。因广州靠近英属香港和当地的广播电台,便于无线电设备和部件的走私,特别是地方当局对贿赂持开放态度,广州拥有上千台设备,位居第二。[13]然而,其他内陆地区继续执行着 1915 年的法规,阻碍了这些地方的广播发展。[14]

广播业在中国萌芽的区域有限,加上与之相关的国际竞争,引起了几位美国官员对中国广播媒体未来发展的猜想:美国人能从这个新兴市场中获利吗? 1925 年 6 月,美国驻天津领事戴维·伯杰(David Berger)在给美国报告中表达了他的看法:天津是北京东南的一个通商口岸,广播已经在那里找到了立足点。伯杰在报告里说,改装的无线电设备推动了当时广播媒体的兴起。尽管如此,他还是对天津长远的市场潜力表示怀疑。他写道:"当然,对西方事物的好奇心,会让一小撮人在短期内对收音机感兴趣。"少数富有的中国人可能会购买收音机,因为这些收音机"作为一种新颖的西方玩意儿对他们有种吸引力",他推测,"能用来提升他们在贫穷乡亲中的声望,而这些乡亲可能偶尔被允许收听一下广播。"[15]

这一分析暴露了美国人对技术的独特看法。伯杰认为,拥有收音机对于"穷人"而言象征其地位很高。在20世纪20年代的美国,许多科技产品——收音机、电话、家用电器、汽车——在新的消费文化中成为地位的象征。[16]伯杰只是把这种理解嫁接到了中国。其他的偏见加深了他对中国广播未来的怀疑。"中国人的家庭生活非常令人不适……晚上和家人待在一起的美式习惯在这里前所未闻"。伯杰想知道,家庭于中国这样的国家,在夜晚的主要作用仅仅是提供"一个睡觉的地方",广播如何发展?在这种情况下,"熬夜看书、玩游戏,以及近年来听收音机等美式习惯……在中国从未发展起来"。在伯杰看来,家庭、休闲时间和广播之间缺乏必要的联系,注定了中国广播业失败的命运。[17]

美国驻沪总领事埃德温·坎宁安(Edwin Cunningham)提出了一个较为乐观的观点。早在1923年,也就是上海第一家广播电台开始运营一年后,他就曾吹嘘广播在那里的光明前景。一家新的广播电台能够接收和转播来自旧金山的娱乐节目,这让上海的美国社区民众兴奋不已。[18]当然,坎宁安感到烦恼的是,有十家准备在上海销售收音机的美国公司发现他们的进口许可申请被搁置了。鉴于其他公司在上海销售收音机,坎宁安恳请中国外事特别专员徐远改变中国的广播管理政策,纠正这种违反平等经济准入的开放原则。坎宁安认为,毕竟"无线电广播在上海普遍使用,这在很大程度上归功于这个城市的进步,也归功于那些在中国各地坚持保护收音机的中国人"。"这是一项现代发明,"坎宁安继续说道,"中国在获得这些设备方面的进步态度值得称赞。"[19]

坎宁安断言有许多进步的中国人在使用收音机,这显然可以讨好他的中国同行,并促进有利于美国无线电设备进口的方向转变。在这个过程中,他背叛了自己关于技术发展和社会进步相协调适应的假设。然而,他向徐远提出的请求遭遇了失败,交通部对于"任何类型的无线电设备都不允许进口"这一立场从未动摇。[20]

尽管遭到了官方断然回绝,坎宁安向美国提交的报告仍然对中国广播的潜力持乐观态度。1927 年,第一家由华商经营的广播电台开始播音。1928 年初,坎宁安写道,中国的广播听众——不是外国人——代表了上海广播的先锋。尽管没有提供具体数目,但他相信,上海全市 3000 多台收音机,"大多数……都安装在中国人的家中"。坎宁安希望外国人的热情很快就能与上海人在收听习惯方面的水平相匹配。[21]

然而,坎宁安对中国粗浅的认知削弱了这种热情。这位长期任职的总领事变得目光短浅地"上海化"了[引用记者海伦・福斯特・斯诺(Helen Foster Snow)的话]。坎宁安和妻子特别喜欢举办奢华的派对,与中国的社会名流交往,这是他在熟悉的上海享受生活的方式。然而,在"进步"的西化上海之外的中国,并不是坎宁安日常生活的一部分。坎宁安在评估中国广播业的未来时表现出的上海气质并不奇怪。"鉴于百姓生活水平和贫困程度",他写道,"只有较富裕的中国人才能买得起收音机。"因此,他总结道,在外国势力渗透之外的地方,广播的前景似乎很黯淡。[22]

正如天津的大卫・伯杰一样,美国人关于家用技术的阶级和地位的假设影响了坎宁安的观点。可以肯定的是,伯杰和坎宁安并没有简单地假设中国人非理性地反对西方技术,而是在他们的分析中引入了具体的中国社会制度——家庭、家族和经济——然后考虑这些因素将如何形塑中国广播业。但两人都只是在复制美国广播模式的可能性范围内分析中国与广播的互动。他们从未考虑过一个有差别,但同样可持续的广播框架可以在中国建立起来。有趣的是,广播发展最显著阻碍——法律——从未进入他们的分析视野。由于有许多被认为对广播发展不利的其他因素,所以法律被放到考虑范围的边缘。

与坎宁安和伯杰的悲观主义相反,美国驻大连领事看好广播在日占区关东租借地的发展前景。[23]日本当局放宽了当地对广播的管理法规, 安排引进商业广播电台,并允许节目制作者通过官方渠道播放娱乐节目,直到新电台建设完成。领事利奥・斯特金(Leo Sturgeon)推测,在整个关东安装的

7500多部电话和300多台留声机,对广播事业的未来很有帮助。事实上,居民已经在申请收音机的许可证了。[24]已经摆在商店货架上的产自日本、美国和德国的收音机价格从31美元到125美元不等,而另外14家美国公司的销售申请还在等待审批。斯特金强调了收音机的可及性,许多学生购买零件来组装廉价的无线电设备。"几乎每天都有新的证据表明,收音机在普通百姓中非常受欢迎。"他感叹道。然而,中国人是微不足道的听众群体。"毫无疑问,日本听众才是主流,"他认为,"虽然许多中国人和外国人都期盼着他们自己能有使用收音机的机会。"尽管如此,斯特金总结道,正是由于日本的影响,"这个市场将经历非常迅速的发展"。[25]

这一结论反映了西方对日本迅速实现现代化的普遍钦佩。斯特金淡化了对中国经济停滞的必然担忧,并暗示中国人可能会效仿日本模式。尽管如此,他仍然寄希望于日本在广播领域的技术领先地位。此外,斯特金对商业化娱乐广播的关注显示出一种熟悉的倾向,即寻找与美国广播发展类似的促进因素。[26]

美国驻满洲城奉天(译者注:今中国辽宁省沈阳市)领事塞缪尔·索博金(Samuel Sobokin)也对该地区广播业的前景表示乐观。军阀张作霖名义上统治着毗邻关东的满洲,然而,正如前一章所指出的,驻扎在该地区的日本军队为张作霖提供了对抗其他敌对军阀的关键支持,从而换取张作霖在该地区对日本经济和战略利益的保护。满洲的新无线电条例允许持证拥有无线电接收器,于是一家法国公司为张作霖政府建立了一家广播电台。[27]尽管私营电台被禁止,但商业企业可以安排他们的节目在官方媒体上播放。索博金总结道:"由于官方对广播的鼓励,收音机及其部件的销售前景非常好。"[28]

索博金在奉天的同事迈尔斯(Myers)并不认同他的乐观看法。"有些人怀疑中国人是否会成为广播迷,"他写道,"当然,要证明地方电台的前景是一项可观的商业项目的可能性极小。"迈尔斯对中国人最终接受广播抱着一丝希望。"鉴于许多国家,特别是美国,公众对它的潜在兴趣,"迈尔斯认为,"它可能比微不足道的开端所预示的发展重要得多。"[29]

也许索博金和迈尔斯的矛盾结论源于不同的分析焦点。索博金的积极评价来自对该地区统治者所作所为的判断,那些行为使人们普遍认为该地区隶属于日本。[30]迈尔斯根据他对中国潜在听众的评估得出了他的消极结论。然而,每一位领事都一致认为满洲可能具备形成类似于美国娱乐广播的潜力。在这一点上,索博金和迈尔斯都反映了其他领事官员所持有的见解。[31]

对于美国人应该如何看待中国多种经常相互冲突的广播法律,众说纷纭的前期分析并没有给美国方面提供一个明确的建议。助理国务卿、前国务院远东事务总管纳尔逊·詹森(Nelson Johnson)认定,国务院"并不认为以前在北京发布的禁止性规定……可以阻碍美国公民享受任何在特定口岸颁发或执行的更宽松的法规"。詹森对中国大地上的政治混乱感到厌恶,他在领事报告中发现自己的观点得到了证实。在这种情况下,当对美国人有利时,他倾向于无视中国的国家广播法是有道理的。然而,这种做法反过来困扰着他。[32]

广播与国民党

到 20 世纪 20 年代末,中国处于剧烈政治转型的阵痛中。1927 年,蒋介石领导的国民党宣布夺取全国政权。正如无线电报在一个新政权努力建立强大国家时所发挥的重要作用一样,为了统治军阀割据、长期分裂的中国,对大众媒体的控制也成为蒋介石政府建设国家的一项重要议程。大众媒体是有可能促成国家真正统一的工具。通过对媒体的控制,国民党试图动员民众支持他们对中国未来设计的蓝图。为了压制反对派的观点,他们对报纸和电影进行审查。他们坚持认为电影要宣扬现代主义和科学思想,排除迷信或"粗俗"的电影,并试图取消方言电影(尤其是粤语),而采用国语电影,以培养民族语言。国民政府也明白遍布于电影和留声机中的流行音乐的重要性,他们利用爱国歌曲来动员人们对新生国家的支持,同时禁止表演或发行"被认为伤风败俗的音乐"。[33]

这种对音乐的倾向影响了广播政策。1929 年,新的广播法为广播电台制定了许可证制度,并允许持证拥有收音机。许可制度的施行可以使电台不再播放被认为"伤风败俗"的歌曲。管理音乐政策的国民政府官员萧友梅敦促电台把握良好的判断。"我希望每家电台都能请一位专家来帮助他们选择一份好的音乐清单"。国民政府颁布了各种措施,旨在迫使广播电台提供符合"党的原则"和"正义目的"的节目。和电影一样,音乐不能"淫秽""粗俗""违背科学原理""包含迷信、鬼神"或"传播封建思想"。1936 年之后,国民政府加强了对电台节目表的审查,要求教育类节目占据 40%的播出时间,并规定每晚转播一小时的政府广播内容。[34]

图 3.2 纳尔逊·詹森(Nelson Johnson),1925 年(国会图书馆国家摄影公司收藏、印刷品和摄影部

南京国民政府的十年(1927—1937)见证了广播事业的显著发展。1937 年抗日战争爆发前,国民政府广播法允许进口收音机。[35]令"门户开放"政策支持者高兴的是,美国公司在广播贸易中处于主导地位,通常占据 50%以上的市场份额,而英国、日本、德国和荷兰的份额要小得多(表 3.1)。[36]但国民政府的经济政策旨在打破这种对外国资源的依赖。在 20 世纪 30 年代,政府开发了支持中国广播业所需的工业基础设施,到 1937 年,中国的中央电气制造厂成为国内无线电设备的主要供应商。[37]中国广播电台的数量从 1933 年底的不到 20 家增加到了 1937 年的近百家。可以预见的是,国民政府控制了许多新的电台,并策划了广播节目,包括政治和经济新闻、公共卫生和农村重建政策的信息广播、英语和汉语课程以及科技讲座,以促进现代化。[38]

表 3.1 基于中国无线电设备进口的年货币总值划分的各国市场份额

(不包括香港和满洲)

国 别	1932(%)	1933(%)	1934(%)	1935(%)	1936(%)
美国	65	57.5	68.5	45.5	55
德国	18	8	4.5	11	10

续表

国　别	1932(%)	1933(%)	1934(%)	1935(%)	1936(%)
英国	4. 5	23. 5	15. 5	17	13
意大利	1	<0. 5	<0. 5	<0. 5	0
日本	6	2	8	23	15
荷兰	2	4	2. 5	2	2. 5
其他	3	5	0. 5	0. 5	4. 5

注:尽管这些数字对于评估某一年的市场地位很有用,但用于统计口径的变化使得对不同年份的数值进行比较很困难。1932 年、1933 年和 1936 年的数值反映了所有类型的无线电部件和装置,而 1934 年和 1935 年的数值仅仅是开关、避雷器、按钮、线圈和整套无线电装置。百分比已四舍五入至 0. 5%,由于四舍五入的影响,全年总百分比加起来并不等于 100%。

资料来源:根据维奥拉 · 史密斯(A. Viola Smith)的统计数据,《中国广播市场》(Radio Markets-China), 1937 年 3 月 11 日, p. 105, File "Foreign Service-Copies of Reports-Peiping (Beiping/Beijing)-1937-March", Box 124, BFDC Attachés' Reports.

随着中国广播事业的发展,流行的商业节目反映了经济、文化和政治的多重影响。在上海,经济限制催生了廉价、低功率电台的出现,这些电台在上海街头,由充斥着嘈杂声响的临时工作室运营。这些电台将音乐喜剧、故事讲述等传统娱乐形式改编成广播节目。这种融合节目非常受欢迎,在战争前夕,它们与政府广播和官方批准的教育节目争夺听众和播出时段。[39]

在这一时期,听众规模显著扩大。到 1937 年,听众数量稳步上升到 50 万左右(有人估计高达 100 万)。据进一步估算,一台收音机可能有多达 10 人围听,因此中国的广播听众可能达到数百万。

在受过西式教育的中国精英人群中很受欢迎的是包括具有广泛接收范围的三到八管台式收音机,其售价在 45 美元到 150 美元之间。较贫穷且受教育程度较低的听众主要关注本地节目,他们更倾向于接收范围非常有限的廉价日本收音机,只需要几美元就能买到。在电力不稳定或缺乏电力的地区,使用电池的收音机广受欢迎。由于华南地区的气候条件,收音机在炎热潮湿的夏季接收效果很差,因此那里对组合式的收音—留声机的需求很大。[40]

广播听众规模的扩大是一个全国性现象。中国公司涉足全国范围内的设备销售。教育部为全国数千所学校配备了收音机，以提高教育和文化水平，同时让中国年轻人了解国民政府的执政理念。在贫困的农村地区，个人拥有收音机是不切实际的，所以国民政府还利用短波收音机和扩音喇叭培养听众群。广播事业的发展使得电台受众远远超出了美国领事馆报告中设想的以城市为中心的精英听众群。[41]

图 3.3　上海福州路，摄于 1931 年（美国金士顿图片公司，国会图书馆印刷和摄影部）

广播在中国各行各业中越来越受欢迎，这是显而易见的。前美国驻华公使查尔斯·克莱恩（Charles Crane）是命运多舛的合众电信协议最早的支持者之一，他于 1936 年再次访华时对中国广播的飞速发展感到惊讶。他在给富兰克林·罗斯福总统的信中写道：“廉价收音机已经遍布中国。” 查尔斯·克莱恩曾与罗斯福一起在威尔逊政府任职。1935 年,另一位美国人对南京郊外“棚户区”的所见表示非常惊讶,“穷人们……住在临时搭建的竹席棚屋里……地板上都是土”,他们“奢侈地享受着可能只需要花费相当于 50 或 60 美分的收音机”。这位目击者挖苦地指出,他们临时住所的建材成本几乎和收音机一样多。1937 年,一位美国贸易官员感叹“以前经过农村地区时,几乎看不到任何天线。而如今,在小村庄最简陋的建筑上,由竹竿和电线组成的网络证明了广播在农村的普及程度”。同一年,前国民政府交通部部长朱家骅观察到,“城市和乡村居民都在短期内拥有了‘广播意识’,尤其是文盲群体,其中许多人都认为扩音喇叭是他们主要的娱乐来源和了解自己城镇或乡村外面信息的来源”。[42]

图 3.4　查尔斯·克莱恩(Charles Crane)(右),与前纽约州参议员詹姆斯·奥戈尔曼(James O Gorman)的合影,摄于 1920 年(美国国会图书馆国家摄影公司收藏、印刷和摄影部)

但外国租界使国民政府发展和控制广播的努力变得复杂化。由于在租界区缺乏管辖权,国民党无法对租界区的广播进行监管,但这些广播却可以触达租界内外的中国听众。同时他们也不能管控那里的收音机设备。然而,在有效应对外国无视中国通信法的问题上,是有先例的。19 世纪,清政府(1644—1912)采取砍掉电线杆、切断电线,并在原位置上搭建由中国控制的系统等办法,有效地控制了外国基于特权对无线电的非法滥用。[43]在 1927 年夺取政权后,国民政府在军阀割据时期(1916—1927)有效地控制了外国对无线电报的滥用,并在全国范围发展了一个连接全球的蓬勃发展的无线电网络。随着 20 世纪 20 年代广播事业的兴起,面对软弱的军阀政权,这种外国滥用权力的模式仍在继续,国民党也决心扩大他们对这一新媒体的掌控权。广播能够触达大量的听众,加剧了人们对形势紧迫性的感知。[44]

国民党试图绕过租界的司法豁免权，对中国广播事业进行全面掌控，而在这一目标上，中国的民族主义是国民党政权的盟友。随着听众意识到中国广播中存在着外国势力的影响，一些人开始感到震惊和愤怒。他们称赞中国产品的广告，而对外国产品的广告表示气愤。1933 年，一位愤怒的听众对上海一家中国电台表示：“你们播放的棕榄广告让我感到恶心。”“为什么不售卖国货呢？”[45]这种情绪对国民党而言是潜在的帮助，因为蒋介石和其他主要政党领导人倾向于在直接挑战日本帝国主义在华野心之前建立更稳固的统治，增强国家实力，所以国民党在上台后失去了一些民族主义者的支持。毕竟，蒋介石领导的国家仍然饱受党派斗争和军阀割据的困扰，并且他发动的北伐战争也未能扼杀抗争中的共产主义运动。[46]在这种动荡的政治环境中，挑战外国势力对中国广播的侵犯，为国民党政权提供了一个机会，以重新获得在其他政策影响下失去的部分民众支持。

国民党的政策一直试图强制外国广播公司遵守中国法律，在某些情况下甚至迫使它们停播。1933 年至 1935 年间，颇具影响力的交通部长朱家骅推动了中国在外国利益集团侵犯的广播业上“维护主权”。这种处置方式并没有立即转化为与美国人的冲突。1928 年至 1934 年期间，国民党不得不经受党内斗争、国内反对派和日本帝国主义的考验，包括满洲沦陷和 1931 年至 1932 年间在上海发生的短暂但具有破坏性的战争。新的国民政府还必须熟悉军阀时期出现的错综复杂的无线电合约和广播电台，然后处理重组政府机构的复杂任务，以便对中国的广播事业进行有效监管。到 1933 年末，党内斗争趋于稳定，中日关系暂时实现了不稳定的和平，国民党也完成了对国家电信业的重组。朱家骅领导的交通部获得了对无线电的监管权，并为大力打击外国非法广播奠定了基础。[47]

美国广播政策的局限性

1934 年，中国要求美国驻汉口领事官员迫使传教士兼业余广播操作员 R.J.穆勒（R.J.Mueller）停止非法广播。像穆勒这样的业余爱好者安装无线电发射器不是为了盈利，而是出于对广播的热爱。他们的广播内容从消息和评论到简单的娱乐节目，让感兴趣的听众得以一窥远方的世界。自 20 世纪初以来，业余广播在美国一直很流行，到 20 世纪 30 年代，它在中国的一些美国人（和中国人）中开始成为一种时尚。[48]然而，穆勒没有获得许可证。地方政府指出，根据条约规定，美国公民必须遵守中国的广播法规。美国驻汉口总领事埃德温·斯坦顿（Edwin Stanton）支持这一决定。斯坦顿的结论是，“没有合理的理由反对中国政府的要求”。他还建议美国政府责令穆勒拆除他的电台。[49]

自 1929 年以来一直担任美国驻华全权公使的前美国国务院远东事务总管、助理国务卿纳尔逊·詹森（Nelson Johnson）否决了斯坦顿的意见。詹森从未对蒋介石政权有过好感，他的立场是支持美国利益，反对国家法令。詹森承认，严格解读 1929 年的新广播法可以证明中国的立场是正确的，但他提出，中国在同年签署的国际通信条约可将穆勒的活动合法化。在美国坚决要求下，该条约明确规定了业余广播的频率范围。由于中国的新广播法没有具体说明业余广播爱好者的执照类别，詹森认为，只要穆勒保持在业余频率范围内，他的活动就是合法的。美国方面支持了詹森的法律抗辩。[50]

詹森的逻辑没能说服中国人，一名地方执法官下令没收了传教士的设备。自 1927 年初以来，汉口始终缺乏一个“受保护的”外国租界，当时国民党在北伐战争期间针对汉口的英国管辖飞地，巧妙地煽动了民族主义运动。直到 1934 年，尽管国民党的外交攻势使三分之二的外国租界回到了中国的控制之下，但针对穆勒采取的行动还是让詹森感到措手不及。美国公使馆现在处于防守姿态，开始就归还穆勒设备的事宜提出谈判，同时承诺设备归还后将不再使用。[51]

直到 1936 年，业余广播的问题一直困扰着中美关系。提及中国的反对活动是一个“反复出现的问题”时，詹森解释道，“然而，事实是在中国内地以及公共租界和租界内的各个地方，仍然存在着大量由美国公民运营的业余广播电台”。詹森坚信，中国政府“有时会反对他们的存在，并采取可能的措施来管制他们”。詹森没有直接回应这种反对，仅仅指示他的下属直接说此事正在考虑之中。这种故意的拖延进一步激怒了国民党当局。“旷日持久的谈判……对消除这种滥用治外法权的行为毫无效果。”朱家骅抱怨他与类似詹森这样拖拖拉拉的外交官打交道的经历。他痛斥非法电台这样做是对中国法律和国际法的漠视。朱家骅首先考虑的是中国对广播主权的掌控，他坚持要求政府对侵犯中国主权的行为采取有力行动。在朱家骅看来,任何人在中国领土上运营未经审查的电台,无论其用途如何,都"违反了中国法律"。[52]

这一立场在国民党上台之前就已经由中国外交官阐明,后来得到了其他国民党高官的响应。美国官方也正式接受了这一观点,尽管詹森为穆勒辩护的行为与此相矛盾。[53]从中国的角度而言,没收像穆勒这样业余人员的设备是对美国顽固不化的有效反击,就像拒绝向其他美国业余广播爱好者发放许可证一样。[54]支持美国广播事业的詹森挑起这类反抗措施,最终反而损害了美国业余广播爱好者在中国合法运营的权力。

除了搞砸业余广播的事宜,詹森还误解了针对上海的外国租界区广播提供安全保障的问题。1934 年,交通部要求在沪美国人遵守 1929 年的新广播法,向国民政府登记他们的无线电接收设备。美国驻沪总领事埃德温·坎宁安(Edwin Cunningham)建议,只要条约权利保持不变,合作是政治上一种谨慎的做法。他还指出,对中国民族主义表示敏感的英国政府没有反对这一要求。但詹森再次否决了这一位更倾向于合作的下属,并通知美国公民不要遵守登记的要求。尽管在中国内陆遭遇挫折,詹森显然认为美国广播运营者在外国控制的通商口岸是安全的。[55]

上海广播市场的发展应该已经改变了詹森的观点。上海公共租界的外国统治当局也认为他们的飞地是不可侵犯的。自 20 世纪 20 年代以来,上海公共租界工部局(SMC)通过登记租界内的广播频率来对其进行管理。[56]工部局承认,国际法实际上将这一权力赋予了所在国家政府。然而,工部局担心其受到严格保护的自主权被损害,坚决反对中国监管机构在租界区行使权力。该局还声称"工部局坚定地认为,在公共租界不可能有两个独立的政权对同一事项行使行政控制"。[57]当工部局声称"他们掌控着公共租界的警察力量,并且拥有可以阻止非本国官员在公共租界行使职能的实际权力"时,国民政府想要管控公共租界电台的愿望被直接粉碎。[58]1935 年,工部局强调了这一点,当时交通部在公共租界区某个具体地点对一家无证运营的电台执行搜查令,工部局对此表示拒绝。[59]

事实再一次证明,国民党已经准备好对付顽固的外国反对者。"外国电台",朱家骅在提到特许权时,坚决表示"根据公认的国际法条款,不允许在中国领土上存在”。在朱家骅的领导下,交通部积极为中国电台发放许可证,试图将外国广播公司排挤出中国市场。到 1934 年,在上海正式注册的中国电台超过 51 家。到 1937 年,中国已经有近百个中外电台,其中一半以上在上海。中国广播市场几乎没有为其他外国广播公司提供剩余空间。[60]

这个策略似乎起了效果。一些评论家粗浅地认为,上海广播的混乱和干扰是由于上海各管辖区之间的监管和协调不善导致的。1934 年 4 月,《上海呼吁》发表社论:“在过去的几个月里,针对上海广播的干扰越来越严重。”“隶属欧洲的广播电台有时会被明显不受控制的电台播放的中国音乐或言论完全‘掩盖’。”[61]上海公共租界工部局发现其中有很多是蓄意而为。1934 年,关于公共租界区广播电台遵守中国法律的谈判陷入可预见的僵局后,工部局报告称干扰增加了,因为“国民政府交通部……在与他们的谈判之外,尽其所能采取行动,并通过给广播电台制造麻烦来强迫他们接受其观点”。[62]

一家美国烟草公司驻上海的员工詹姆斯·哈奇森(James Hutchison)在 1931 年遭遇了这种事情。哈奇森负责为公司每三周一次的广播节目策划音乐。回到家,哈奇森期待听着自己策划的节目,度过一个轻松的夜晚,但他发现在中国电台播放的假声演唱节目频繁打断下,自己挑选的美国爵士乐很难听清。后来他了解到,国民政府有意将外国电台夹在两个信号极强的中国电台之间,以干扰外国电台的信号。哈奇森的电台和其他类似的电台是由于政治动机受到干扰的早期“受害者”。[63]

这种压制迫使外国电台遵守国民政府的法律。1936 年初,上海公共租界工部局总董哈利·爱德华·安诺德(H.E. Arnhold)曾对天津工部局总董哀叹道:“外国广播电台要么被迫遵守这些法律,要么停业,因为位于公共租界之外并且由中国政府掌控的强大的中国电台可以轻易地掩盖和以其他方式干扰那些拒绝遵守规定的广播电台。”对于国民政府在公共租界拥有监管权,工部局始终持否认态度。外国电台为了确保持续运营广播,他们试着与国民政府接触并合作,相当于含蓄地承认了国民政府的权力,公共租界当局对此该如何阻止呢?最后,安诺德表示,上海工部局认为“试图对某种超出实际控制范围的情况进行过度干预既不礼貌,也不合适”。[64]

外国租界和治外法权为外国广播提供的保护微乎其微。面对中国的反对,来自外国租界管辖区内的广播电台使得治外法权更加令人不安,并且他们无视中国法律，这两者是仇外心理和民族主义的主要刺激因素。通过频率掩盖和干扰，国民政府有效地利用广播技术对抗公共租界，以建立其统治权威。上海的治外法权从未吓退过国民政府，他们关注的是上海各区域之间的相互依存关系。正如国民政府对政治上可疑的租界报纸（其邮寄特权被取消）和不受欢迎的外国商业机构（其中国工人和客户被威胁在租界外逮捕）所做的那样，该政权有效地挑战了租界对电台的保护。从这个角度而言，国民党在管控外国电台方面，可能相比他们在克服国内深刻的政治分歧，从而取得对中国大众媒体有效控制的方面，取得了更大的成功。[65]

正是在这种环境下，詹森决定阻止持有无线电接收设备的美国人去登记。为了什么目的呢？总体趋势是外国电台在华数量缩减，并承认（尽快极不情愿）国民政府的管控。英国政府鼓励其国民遵守中国的登记法规，许多在沪的英国广播电台不得不向国民政府的监管权力低头（包括一家按要求转播中国政府广播节目的英资电台）。然而，就在那一刻，纳尔逊·詹森采取了挑衅的立场，坚持不鼓励美国国民遵守中国广播法。上海的两家美资电台落实了詹森的阻挠态度，并无视国民政府要求在晚间转播官方广播节目的规定，其中一家甚至向中国政府提交了一份账单，要求赔偿广告收入的损失，以此作为继续转播的条件。人们不禁会问，作为中国最大的无线电设备供应商，为什么美国会疏远这样一个客户。也许美国采取不一样的做法可以避免“轻微的轰动”（借用一位美国官员的话来说），这是在 1937 年 6 月，国民政府收购了上海一家美资电台之后；强硬的国民政府迫使它停业了。[66]

美国的广播政策激起了中国的敌意。早在 1925 年 W.A.埃斯特斯最初提出疑问时，美国就试图扩大美国广播在中国的影响，而不考虑中国的法规或立场。这深深地激怒了中国的民族主义，并引起了官方的强烈反对。当然，鉴于 20 世纪 30 年代不断高涨的民族主义以及传播与帝国主义之间的历史勾连，无论美国的态度如何，美国广播无疑是一个易受攻击的目标。尽管如此，一种更富有同情心的态度可能会让中美两国在这个问题上达成一些妥协。美国政府从来没有意识到这样一个事实，即中国已经拥有了一个新的国家政权，致力于推翻广播所象征的外国势力和特权。

小 结

20 世纪 20 年代和 30 年代美国对中国广播的态度涉及中美关系中两个相关的历史问题。首先,它凸显了美国人在两次世界大战之间的中国,对于超越自身发展模式方面所遭遇的困难;其次,它强调了这些美国人没有意识到中国日益强大的民族主义。到 20 世纪 30 年代初,民族主义外交成功地夺回了对海关、邮政通信、关税、盐业垄断和大部分外国租界的控制权——所有这些都是帝国主义的长期象征。在广播问题上,中美关系表明,美国对中国准备掌控自身命运的决定漠不关心,尽管有充分的证据表明这种决心以及为实现这些目标而付出的努力。[67]

在 20 世纪 20 年代,美国领事对中国广播的评价基于一种信念,即这种技术将沿着美国的路线发展。在跨文化背景下,基于文化的假设阻碍了对技术和社会互动方式的具有见识性和思考性的分析。20 世纪 30 年代中国对美国广播的有力打击就是这种无视的后果,也使得广播成为中美关系里代表冲突而非合作的另一个例子。事实证明,美国误读了广播技术在更广泛的中国背景之下的地位,导致美国企图在中国新兴的广播市场树立强大影响力的愿望落空了。

第四章

“我们如同住在美国堪萨斯州的缅因州街”：战时中国的短波广播和美国大众传媒

1939 年 2 月 19 日的早晨对艾迪·维奥拉·史密斯来说令人激动不已。“一个欣喜若狂的时刻，”在那个寒冷的星期天早上 8 点，她惊叹着描述了自己的感受，“从那时起一直到上午 11 点半……（我的）公寓里热闹非凡，电话铃声此起彼伏，观察员们从城市各地传来报告，讲述着好消息。”史密斯是常驻上海的美国贸易专员，她所说的好消息是 W6XBE 的首次广播，这是一个总部位于加州的短波电台，是为了向中国播放美国广播节目而成立的。“W6XBE 开始广播了……声音清晰得就像上海各地的地方电台，在接收信号不好的建筑里也非常清晰。”史密斯说道。[1] 四年来，史密斯一直在游说建立这样一个电台。她和大部分美国人一样，认为国际广播可以作为一种良好的跨文化和跨国界经济交流的媒介工具 。基于这一优势，W6XBE 电台的首次广播可能预示着美国—东亚关系新时代的开始。

但这些期望是不现实的。从一开始，W6XBE 的节目反映的就是美国的商业广播实践，显然目标受众是美国听众。因此，生活在中国及整个亚太地区的美国人成为该电台最忠实的听众。这些美国人通过 W6XBE 来保持与遥远祖国的联系。这样一来，W6XBE 也加入了美国传媒阵营，发挥着与邮政通信、报纸、杂志、电影、照片和留声机等媒体类似的作用。可靠的国际邮政、铁路和航运网络甚至能够横跨太平洋使亲朋好友之间可以保持联系。W6XBE 拓展了长期以来与在华美国人生活密不可分的美国媒体和通信环境的部分，这些美国人下定决心，要保持与被留在遥远家乡的朋友、家人和生活方式之间的联系。而 1937 年抗日战争的爆发，以及战争对在华美国人生活造成的不确定性,进一步强化了他们与家乡保持联系的决心。从这一角度看,W6XBE 从来都不是一个旨在促进国际理解的跨文化交流工具,这个电台首先是一个在外美国人巩固与美国本土社会之间联系的工具 ,进而唤起他们对美国民族身份的个体意识。

国际广播和民族认同之间的交集,证明了现在普遍存在的本尼迪克特·安德森的“想象的民族共同体”的概念。安德森提出,现代形式的民族认同和民族主义源于人民与其国家的大众媒体的密切联系,尤其是在大量发行的报纸上。他认为,绝大多数所谓的公民从未真正意识到国家是一个“想象的共同体”,但他知道成千上万的同胞通过大量发行的报纸看到过同样的信息。此外,这些读者和同胞开始明白,他们基于说同样的语言、响应同样的政治权力、共享相似的价值观和经历,已经拥有无形的联系。历史学家们探索民族认同和大众传媒间的联系时,已经将安德森的框架应用于国家邮政系统、电报、电视、互联网的分析,当然还包括广播的分析。[2]

根据广播史学家苏珊·道格拉斯的说法,无线电广播特别适合培养民族共同体的“想象”意识。道格拉斯写道,美国国内广播培养了“一种民族交流感……在全新的地理、时间和认知水平上,强化了人们寻找、建立和使国家的概念更加具体的愿望”。道格拉斯认为,美国广播向大众传达了一种共同的声音,所有人都意识到,数百万看不见但有着相似兴趣和价值观的美国同胞在同一时间听着同样的声音。在同步的大众收听体验的背景下,许多流行节目的谈话风格和演播室内观众的参与,进一步培养了一种亲切感,使其他匿名听众之间、表演者和彼此之间紧密联系起来。此外,从认知维度而言,广播扬声器中传出的无形声音帮助听众在脑海中形成极具视觉效果的画面。这种画面感染力很强,以至于当再次听到以前听过的特定歌曲或节目时,会让怀旧的听众回想起更早的时光或地点。就像道格拉斯说的,这些广播的整体作用“超过了报纸在精神想象力层面为国家建设方面所能做的一切”。[3]

W6XBE 电台源自美国国内广播实践,并将美国民族认同形成的变革动力扩展到国际舞台。它在现有的国际通信网络中找到了自己的定位,让居住在国外的美国人保持与国家的联系。W6XBE 提供了一个无与伦比的机会来追求、发展和巩固与美国的联系,并强化了远在千里之外的美国人对美国身份的概念化。凭借其一系列的美国娱乐节目和新闻节目，W6XBE 将美国听众认为的他们与美国之间的巨大地理距离最小化。在中国和太平洋其他地区，居住在国外的忠实的美国听众一直通过收听 W6XBE 电台来强化自己的“美国人”的感觉。对于一个生活在饱受战争蹂躏的中国的美国听众来说，W6XBE 电台提供的联系感、熟悉感和舒适感往往是不可估量的。狭隘的压力确立了 W6XBE 电台在国际舞台上的重要性，而不是促进国际交流的目的。1931 年，《经济学刊》上的一篇文章吹嘘“广播是祖国的延伸”，[4] 这句话精准地表明了 W6XBE 电台最终如何促进美国—东亚之间更进一步的关系。

“广播世界主义”的神话

出生于加州的维奥拉·史密斯是 W6XBE 四年建立期间的关键人物。史密斯作为美国商务部第一位女外交官，1920 年 27 岁的她被安排到中国的上海贸易办公室。史密斯在获得华盛顿法学院的法学学位后，于 1922 年晋升为助理贸易专员，并于 1928 年再次晋升为正式贸易专员。作为贸易专员，她的主要职责之一是为美国企业寻找经济机会。1935 年，她把目光投向了广播。“我很确信，”史密斯向华盛顿报告，“中国尤其是上海的电台利益和听众，将非常欢迎美国成立特殊定向的播放项目。”[5]

20 世纪 30 年代后期，当维奥拉·史密斯向中国请求进行短波广播时，美国广播历经了近 20 年的国内发展。20 世纪 20 年代，一种公司友好型的管理框架帮助美国广播发展成为一个以全国网络为基础的，拥有广告支持的广播系统，并由两次世界大战之间，美国购买力最大的集团——全国广播公司（NBC）及其竞争对手哥伦比亚广播公司（CBS）控制。通过广告费资助系统，流行节目向白人中产阶级传达着熟悉的共享符号和价值观。在美国社会，全国各个阶层的美国人都听过这些节目，也知道其他数百万他们看不见的听众也做了同样的事情，并且明白他们这样做是因为他们有着共同的利益和价值观。广播公司将这种寻求盈利和广告赞助的商业广播系统标榜为真正的“美国”广播模式。[6] 维奥拉·史密斯认为，在亚洲的美国人都会想要参与这个商业广播节目，以此融入国外的美国文化背景中。

图 4.1　维奥拉·史密斯和上海国内外贸易局,拍摄于 20 世纪 30 年代(美国国家档案馆、国内外商务局剧照收藏)

事实上,当史密斯在 1935 年首次宣传时,美国广播从技术上规定禁止了广播公司靠销售广告来支持短波节目。该技术的不稳定导致它被指定为“实验性媒体”。20 世纪 20 年代实施的广告禁令,是为了阻止短波的商业开发,直到它的技术特征被更好地掌握。短波广播仅用长波广播和中波广播的一小部分功率(以及成本)就实现了长达几千英里的惊人传输范围,而后者的传输范围明显较小。但实际上,这项禁令是无关紧要的。缺少广告的激励,让所有的美国商业广播公司去尝试短波广播无疑是一种挑战,因为他们是以利益为发展导向。然而,存在一个允许重播国内现有节目的漏洞,而这些节目将广告包含在剧本中,并且经常嵌入节目标题中。这种办法很有效,通用电气集团(NBC 的母公司)这类巨头公司开始涉足短波广播。到了 20 世纪 30 年代,无线电工程师已经开始明白,短波信号与沿着地球弧形传播的长波和中波信号不同,它通过地球的电离层中继,能到达令人惊叹的范围,使得处于数千英里外的人也能接收到信号。对于像通用电气这样的广播公司来说,他们急于在短波广播领域占据一席之地,直到美国联邦通讯委员会(Federal Communications Commission)解除对广告的限制,同时他们对这种媒体经营模式感兴趣,这对国内现有节目在国外的重播而言具有现实意义和经济意义。[7]

在史密斯看来,问题在于美国所有的短波广播电台都位于美国东海岸附近,即使短波无线电传输范围令人惊叹,这些广播节目仍然难以传到亚洲地区。史密斯认为美国应该在西海岸建立一个广播电台。她强调在全中国生活的美国人是一个潜在市场,其中仅上海估计就有12000人。这些美国人包括从经济繁华的上海获利的企业家、商人、银行家和实业家,还包括住院医生、工程师、律师、报纸出版商、记者、教师、店主、房地产开发商和代理商、艺人、公用事业运营商,以及给上海的外国人提供基本服务的保险代理人。还有在上海和中国各地向中国人传播基督教的美国传教士团体。[8] 贸易专员史密斯认为,这些完全不同但有文化联系的美国移民群体,为美国广播提供了一个绝妙的市场。[9]

史密斯因其数据和信息搜集技术在美国备受尊敬,她坚定地相信自己的观点。作为商务部的首位女外交官,史密斯获得了极大的关注,尽管有时她也会遭遇性别歧视,但她还是从专业上努力赢得了尊重。因此,她为了引起华盛顿方面的关注,将美国的短波广播引入中国。史密斯和其他在上海的美国同事保存着广播收听日志,她收集这些日志并转发给美国,以证明来自美国不定期的短波接收是多么可怜和不规律。史密斯强调,1937年初为了聆听富兰克林·罗斯福的就职演说和备受期待的大都会歌剧院广播,她做出了徒劳的努力。她借用当地电台台长的话来说,承诺要通过当地频率转播西海岸的短波传输,以获得更多的受众。[10]玛格丽特·鲁和伊丽莎白·鲁的经历引起了史密斯的注意,毫无疑问,她也会引用这些经历作为令人信服的证据来支持她的请愿。1937年,玛格丽特在美国休假后来到中国,不久便买了一台短波收音机。姐妹俩很快发现收听美国广播节目的困难,即便如此,当她们在干扰声中听到家乐氏米脆麦片的宣传时依然非常高兴。[11]即使对于姐妹俩的困难不能感同身受,史密斯也从未怀疑过在美国西海岸建造一个短波发射器的必要性,以确保改善对美国节目的收听条件。

然而,呈现那些迫切的美国受众的市场潜力,只是史密斯提案的开始。随后她确定了美国对中国的广播将带来的实质性的经济利益。她认为,美国制造的收音机在中国的销量将随着定期的美国广播而上升,广告赞助中推广的美国产品销售量也会激增。更重要的是,这些销售量的增长也不仅仅依赖于美国听众。史密斯坚称,对于难以捉摸的中国市场,广播可以作为一个切入点。"中国4亿人口中有80%是文盲,"她写道,"不可忽视的是,大约有8000万文盲将成为收音机的主要购买群体。"据史密斯所说,有些中国人英语流利,往往在美国的大学接受过教育,她相信他们会接受美国广播和它推广的产品。"他们渴望跟上美国的发展,并随时准备成为美国广播节目的听众。"史密斯总结道。[12]

这种美国广播将拥有大量中国听众的愿景,推动史密斯做出了更宏观的预测。"这对促进中美关系来说是一件极好的事情。"史密斯在1935年称。向中国进行的短波广播将确保"美国的文化、政治和经济思想,以及关于美国生活和理想的背景可以直接传播",史密斯在1936年这样告诉美国国家对外贸易协会。作为史密斯所谓的"美国经济使命"的重要参与者,她恳求她的听众认识到通过国际广播"促进中美友谊和美国贸易"的重要性。史密斯还向美国转达了上海美国商会的观点,即他们一致认为美国对亚洲进行短波广播将"促进美国和太平洋邻国之间的友谊和理解"。[13]

这种"广播世界主义"是当时流行的口号。就像之前的无线电报一样,广播只不过是最新的传播媒介,沦为了过度乐观的牺牲品。"广播世界主义"认为,一个独立的节目可以对不同听众产生文化、政治、社会和经济等多方面影响。史密斯对"广播世界主义"有着清晰的认知。她住在上海的一个自称"世界主义者"的美国社区里,这个社区努力促进了许多跨文化交流,并建立了像社交俱乐部这样的"理解桥梁",这些方式让中国人和美国人变得熟悉和友好——也许最重要的是和彼此做生意。尽管有良好的意图,但这个所谓的国际化社区由于其治外法权和一直以来的区别对待,仍然保持着狭隘封闭的状态。对于记者埃德加·斯诺而言,在上海的美国人是"100%的美国人",指的是这些在不同程度上阻碍文化交流,同时紧紧依附于自己美国身份的所谓的世界主义者。[14]

抛开史密斯的过分夸大不谈,她关于国际广播潜力的观点与通用电气公司的短波广播部门不谋而合。该公司引用了史密斯和她的国际化逻辑,在1937年向美国联邦通信委员会申请批准在西海岸建造一个短波广播电台。同年 11 月,美国联邦通信委员会批准了这项申请,他们也收到了在东亚的其他美国人对于渴望更好的短波广播效果的抱怨。随后,通用电气公司在旧金山湾建造了 W6XBE,该电台从美国全国广播公司(NBC)获得了授权,可以转播美国广播网的国内节目。1939 年,W6XBE 开播,美国联邦通信委员会恰好也取消了所有对短波传输的广告限制,同时要求电能和设备升级以提高国际接收效果。NBC 迅速做出了反应,与美国凡士通公司、拜耳公司、庄臣公司和骆驼香烟等签订了国际广告合同。[15]

精力充沛的史密斯不遗余力地为 2 月份无线电站上市做准备。她在当地的中文和英文报纸上发布新闻稿,提前公布电台的时间表,并说服当地电台宣布电台业务的开始。史密斯甚至监听了该站正式发射前的测试传输,并向美国发回了接收质量报告。美国拥有的《密勒士评论报》称赞史密斯为该电台落地运营发挥的作用,并邀请读者直接向贸易专员发送反馈。文章指出,维奥拉·史密斯"乐于收到有关这个新电台的来自中国广播迷的日志,以及他们的建议"。

在史密斯看来,早期的反馈意见必须采纳并做出改进。广播电台传到中国大部分地区的接收信号都很好,然而还是有些不足之处。"每天晚上的节目内容,"史密斯在播出一个月后抱怨道,"普通得令人失望,远不如许多南美的节目有趣。"她认为部分原因在于通用电气公司在美国西部时间凌晨 4 点到 7 点向亚洲传送晚间广播。史密斯意识到,她在上海的傍晚对应着太平洋彼岸的清晨,这突显了关于新的远程和即时通信技术的一种重要心理维度:远距离同时性的概念,以及历史学家史蒂芬·柯恩所说的"广阔的现在"的感觉。在这种情况下,史密斯推测,在大洋另一边的广播电台运营者依靠低质量的录播节目来度过难熬的凌晨时段。"摇摆乐的改编通常达不到预期效果,"她指出,"如果 W6XBE 必须依赖于电音改编,那么比起现在正在播放的无聊音乐难道不值得尝试吗?"她问道,也许指的就是那些她极其鄙视的改编摇摆乐。[16]

事实上,史密斯想要一个更清晰的美国广播电台,她认为,"我们迫切需要来自 W6XBE 的广播简明扼要地介绍美国重要事件,这些广播节目将由认同美国政府、商业、金融和文化生活的杰出人士,以及著名的电台评论员洛厄尔·托马斯等人提供。"她相信,"播放卡内基音乐厅的音乐会、交响乐团、军乐队和类似的节目将会受到欢迎",无论美国听众还是受过美国教育的中国听众都会对美国的体育赛事很感兴趣。"由于中国缺乏这类特色,所以由专家或行业领袖精心挑选的主题讲座是很有必要的。"她的话表明她是一位致力于自己改革动机的行动派。然而,娱乐节目至少和任何教育节目一样重要。"一些幽默的节目,比如《查理麦卡锡》(Charlie McCarthy)、《阿莫斯与安迪秀》和《好莱坞闲聊》系列(Hollywood Chit-chat),"史密斯认为,"在把控较好的节目中是可以接受的。"[17]在史密斯看来,对 W6XBE 电台向中国播出的晚间节目进行重大调整可能会实现她的目标。她问道:"W6XBE 在这段时间转播前一天在太平洋沿岸城市或其他地方播放的优质 NBC 节目难道不可能吗?"[18]

这一调整将 W6XBE 电台明确置于已经发展到中国的美国现有传媒环境中。国际电报促进了新闻通讯社的兴起,使《大陆报》《密勒氏评论报》《大美晚报》等在中国发行的美国报纸能够让其美国读者了解那些占据美国头条的事件。1939 年 2 月 19 日,也就是 W6XBE 开播的同一天,上海《大陆报》报道了富兰克林·罗斯福计划通过佛罗里达州基韦斯特的无线电广播,为一个广为人知的旧金山国际博览会开幕仪式发表演讲。另一篇报道引用美国副国务卿萨姆纳·威尔斯的话,他对美国进一步承认弗朗西斯科·佛朗哥的西班牙新政权表示保留意见。来自著名插画家和《纽约时报》《芝加哥论坛报》等主要报纸的社论和政治漫画被定期转载到在中国发行的报纸上。这些新闻强调了西方的多样性,尤其是美国节日的多样性——比如圣诞节、感恩节、美国独立日,甚至是乔治·华盛顿的生日。就像美国发行的报纸一样,这些报纸刊登了关于体育、商业、艺术和娱乐、妇女权利和电影的专栏。读者甚至可以跟着《马特和杰夫》《陈查理》或在中国出版的连环漫画中的任何其他人物感受每日见闻(见图 4.2)。由于错误的乐观主义精神和未被满足的期望,1939 年 3 月 9 日,《大陆报》的体育专栏刊登了一篇文章,宣传芝加哥小熊队在那年春训中的大胆行为。小熊队急于打破二十年来再也无法忍受的冠军荒,准备赢得 1908 年以来的第一次世界职业棒球大赛,《大陆报》把这一消息告诉了读者(唉,这个冠军荒注定要超过百年纪录了)。[19]

电影构成了美国媒体环境的另一个组成部分,而 W6XBE 正适合这种环

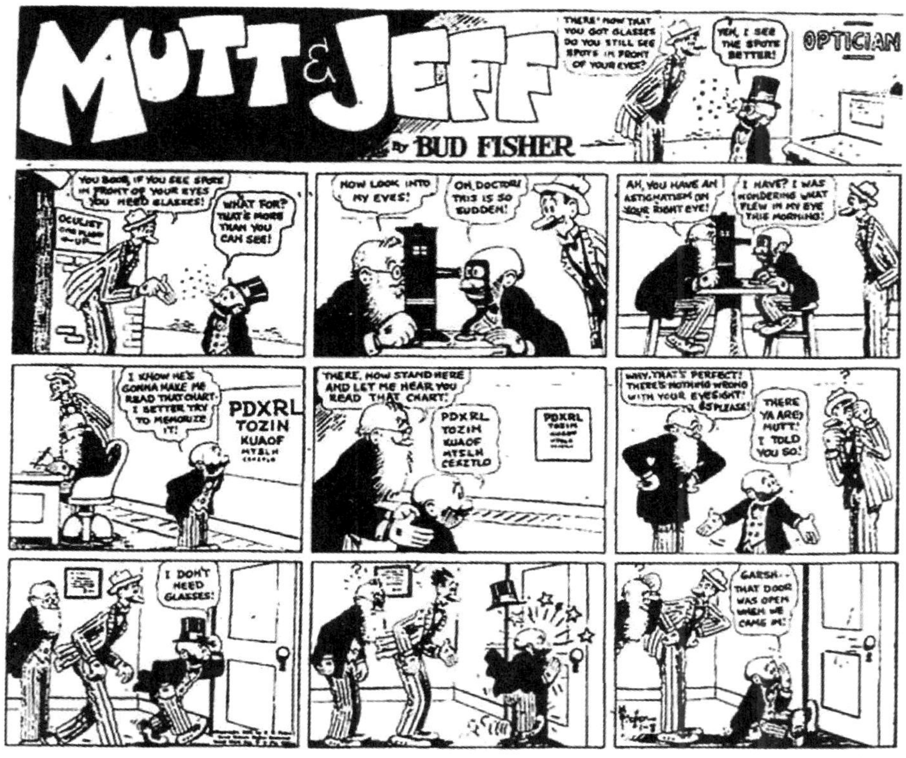

图4.2 《马特和杰夫》卡通漫画(《大陆报》,1939 年2 月19 日;版权为Universal Uclick,已获使用授权)

境。1936 年中国放映的所有电影中,84%是英语电影,其中 81% 从美国进口。1939 年 2 月 19 日,在 W6XBE 首映广播中,在上海播放的美国电影包括詹姆斯·斯图尔特的《浮生若梦》、埃罗尔·弗林的《侠盗罗宾汉》和《黎明侦察》、斯坦·劳莱和奥列佛·哈台的《瑞士小姐》。与其他美国报纸一样,在华的美国报纸也刊登了这些电影及排期。克劳黛·考尔白的 *Zaza* 的推广在电影放映之前会播放一部重要的新闻短片和贝蒂娃娃的卡通片,还有大型的广告宣传活动与道格拉斯·范朋克的新电影《年轻的心》与各种受欢迎的产品联系起来——如珍妮丝收音机、轩尼诗白兰地和 ALCA 爱罗科苏打水等——这些产品都能让消费者“拥有年轻态”。[20]

美国广告业在中国的扩张是美国媒体环境的另一个维度。在 W6XBE

首次广播的周末,即 2 月 18 日和 2 月 19 日,一位读者在《大陆报》上找到了可口可乐、珍妮丝收音机、阿华田、冠军火花塞、Daggett & Ramsdell 面霜的广告。一家英国公司销售一种名为"白雪公主粉"的蜜粉,广告上还有迪士尼的七个小矮人。这个广告承诺,任何使用这种蜜粉的人都会"像白雪公主一样可爱"。1939 年 2 月 19 日,福特汽车的广告出现在美国旗下的《密勒氏评论报》的封底,但可能同样出现在《时代》杂志上,宣称 1936 年从上海汽车经销商购买的新款 V-8 车型将变得"更美观""易操作"和"低噪音"。[21]这些广告通常采用一种熟悉的美国文案风格,强调特定的产品或服务是如何帮助消费者应对当代社会的压力和挑战。上海电话公司承诺"安全、效率、可靠、价值、保障、方便和经济"(或简称"服务")。和美国的同行一样,其他广告也流行在广告中加入性别角色的设定。"威廉博士的粉色药丸"的广告描绘了一个秃顶的中年白人商人,手里拿着烟和报纸,在一张舒适的椅子上放松的画面。他的轻松举动强调了"粉色药丸"承诺治疗"疲惫、紧张、和抑郁"的感觉,以及由"贫血"导致的"心悸、消化不良和头晕发作"。该公司还推出了"婴儿自己的药片",承诺让当代母亲生活更容易。这则广告描绘了一个快乐的中产阶级白人妇女对着她可爱的正在微笑的孩子温柔地说话,这个孩子刚刚"脾气差、失眠"和"抱怨",还被"腹痛"和"口臭"困扰。这些药丸承诺能治愈那些常见的婴儿疾病,因为它们"刺激肝脏,清洁肾脏,锻炼肠道",反过来又承诺能消除扰乱消化、刺激神经的"多余的胆汁"和"肠道毒素"。[22]部分由美国利益集团拥有的上海天然气公司,也面向生活混乱的已婚和单身现代女性推出了产品。"多亏了我的新煤气炉,早餐永远不会迟到",一则广告描绘了一个"单身女孩"正在炉子上做饭。另一个上海天然气的广告则说:"喜欢自己做饭的家庭主妇是用煤气炉做饭的。"这些广告各自描述了高效的技术、轻松的商人、养育着快乐孩子的母亲,以及在厨房的炉子上快乐地做饭的女人——提出了一个美国白人社会的典型广告内容的理想化概念,也随之找到了美国出版物在中国的出路。[23](见图 4.3 至 4.7)

广泛的长距离传输和电信网络为 20 世纪 30 年代末生活在中国的美国人的美国媒体环境增加了另一个元素。国际和国内的电报网络促进了陆地和海洋之间的快速通信,使外交官、传教士和其他旅行者与遥远的家乡、朋友、长辈保持了比以往任何时候都稳定的联系。在漫长的工作任务期间,外

What Of Your Later Years?
When you reach the age for retirement you want to be able to enjoy your leisure and not to be continually suffering from ailments of one kind or another. Yet many men and women have their later years spoiled through persistent ill health.
Blood impoverishment is often the basic cause of such suffering. The passing years make more and more demands upon the blood, consequently the only way to preserve health is to maintain a rich, red, plentiful supply of blood.
If you are feeling worn out, nervous, depressed; have palpitation, indigestion, dizzy attacks, pains in body or limbs, look to the condition of your blood. A course of Dr. Williams' Pink Pills is what you need to
build up your blood
thereby revitalizing the nerves, strengthening the digestive organs, and toning up the whole system.
Many men and women well past the prime of life have derived great benefit from taking Dr. Williams' Pink Pills; why should not you? Remember they are no quack remedy but the prescription of a British physician, an M.D. of Edinburgh University, and begin a course of them to-day. They are obtainable at all chemists.
Dr. Williams' Pink Pills.

Cross Yesterday . . . Happy To-day
And For A Very Good Reason.
Yesterday a whining, peevish baby; didn't want to play, didn't want to eat. To-day bubbling over with happiness and hungry for his meals. This is the experience of many a mother who uses Baby's Own Tablets to correct the little health troubles of her child.
How do the tablets work? They simply remove the excess bile and the intestinal poisons which upset digestion and irritate the nerves. Baby's Own Tablets are much more effective than ordinary laxatives or powders. —They have a three-fold action—they stimulate the liver, cleanse the kidneys, and exercise the intestines.... And what is most important they are entirely free from narcotics.
Baby's Own Tablets are easy to administer, because they taste nice, and, being in tablet form, accuracy of dosage is assured.
The next time your baby is cross, sleepless, does not want his food, has coated tongue, bad breath, suffers from colic, constipation, teething troubles, give him Baby's Own Tablets and see what a difference they will make.
Baby's Own Tablets.

图 4.3 上海电话公司的广告(《大陆报》,1939 年 2 月 23 日)

图 4.4 威廉博士的粉色药丸的广告(《密勒氏评论报》,1936 年 1 月 11 日)

交官和传教士利用可靠的国际和国内铁路、航运和其他运输网络,定期安排行程回家。不能回家的日子,家人、朋友和同事相隔数千英里,互相交换信件和包裹。这种奢侈的存在,很大程度上归功于可靠的国际邮政服务,它通过多国协议并依赖于这些国际和国内遍布全球的运输网络而诞生。同样重要的是,邮政服务在 20 世纪 30 年代已经向中国提供服务。1914 年,中国加入了万国邮政联盟,这是一个监督这个全球网络运作的国际机构。中国各地的邮局数量从

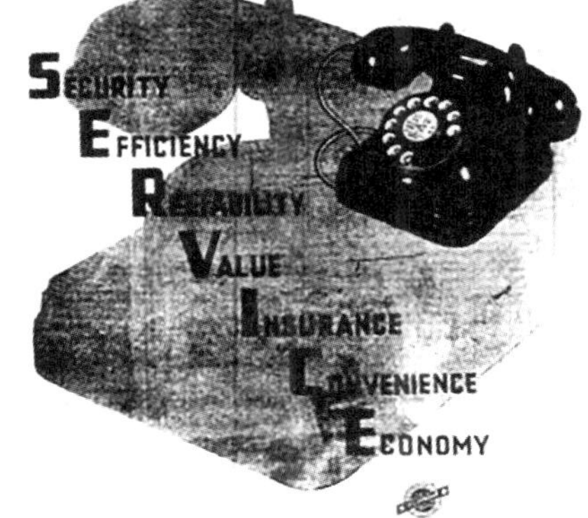

图 4.5 “婴儿自己的药片”广告(《密勒氏评论报》,1936 年 2 月 22 日)

THE HOUSEWIFE WHO LIKES TO DO HER OWN COOKING

DOES IT WITH A GAS COOKER

"Mrs. Roosevelt has a private kitchen adjoining her bedroom in the White House, containing, in miniature, a GAS STOVE, a sink and a refrigerator. There are shelves for dishes; pots and pans hang against the wall; in the drawers are towels, knives and forks. The First Lady likes to cook, and here she can do so without interference from a corps of servants—"

George Abell and Evelyn Gordon: "Let Them Eat Caviar"

SHANGHAI GAS COMPANY, LTD.

(Incorporated in Hongkong)

Head Office:—656 Yu Ya Ching Road . . . . Telephone 93333
Showrooms:—709 Bubbling Well Road . . . . Telephone 38093
891 North Szechuen Road . . . . Telephone 45433

图 4.6　上海天然气公司的广告(《大陆报》,1939 年 2 月 22 日)

A 'BACHELOR' GIRL SAYS

"BREAKFAST IS NEVER LATE, THANKS TO MY NEW GAS COOKER"

INDEPENDENT TESTS HAVE PROVED THAT COOKING BY GAS IS CONSIDERABLY FASTER THAN BY ANY OTHER METHOD.

Visit our showrooms for a practical demonstration

SHANGHAI GAS COMPANY, LTD.

(Incorporated in Hongkong)

Head Office:—656 Yu Ya Ching Road . . . . Telephone 93333
Showrooms:—709 Bubbling Well Road . . . . Telephone 38093
891 North Szechuen Road . . . . Telephone 45433

图 4.7　上海天然气公司的广告(《大陆报》,1939 年 2 月 28 日)

1902年的仅446家,增加到1932年的近12700家。这种不断扩大的邮政服务使生活在中国各地的美国人能够收到来自美国的信件、物品、报纸和期刊。由于邮政系统的扩张,上海的《大陆报》和《大美晚报》在中国的发行量也在增加。难怪记者埃德加·斯诺嘲笑了美国社区中自我定义的世界主义者。有了这些选项,很容易保持"100%的美国人"。[24]

维奥拉·史密斯试图通过播放更好的美国节目来改善W6XBE电台最初令人失望的印象,这些节目一定要与她周围的美国媒体和传播环境有关。史密斯的思想揭示了她的"无线电世界主义"愿景中所固有的矛盾。一方面,像她同时代的大多数人一样,史密斯真诚地相信,广播将促进互惠互利的国际文化交流;另一方面,她对W6XBE的特定节目请求和批评都是针对狭隘的美国人。一个以《阿莫斯与安迪秀》和《查理·麦卡锡》(正如她明确提出的要求的那样)等节目为基石的电台,真的会改善国际友谊和经济交往吗(正如她明确宣称的那样)?

这个问题并不是说美国媒体的内容没有跨文化的吸引力,这样的说法显然是错误的。然而,以美国媒体产品为例,在一个极度缺乏英语使用者的国家播出的英语广播节目,并不是为了获得这种吸引力的媒体载体,它们获得广泛的国际受众,说明某些特定的内容能与非美国观众的价值观、行为规范和观点联系起来(通常是以意想不到的方式)。[25]史密斯认为受过美国教育和会说英语的中国人数量相对较少,不足以产生更大的影响。

撇开矛盾不提,维奥拉·史密斯的理念完全是美国外交界的主流思想。自19世纪90年代以来,美国政府鼓励美国娱乐业、慈善业和电信业出口到新的外国市场。这种"自由发展主义者"策略(用埃米莉·罗森堡的术语来说)试图创造一个美国标准下的共享文化和价值观的跨国环境,这可能有助于促进美国在海外的政治和经济利益发展。尽管美国有自身利益的因素在,但这种自由发展主义战略也坚持认为,那些接受美国积极影响的外国人,可能普遍被吸引并开始享受自己的生活。[26]然而,正如迈克尔·亨特在美国外交关系历史中所指出的那样,假设美国价值观的优越性会使人民冒险去顺应那些难以应对世界复杂性的非西方国家的政策。[27]意思是说,由于节目的安排,首先就会导致美国听众变得目光短浅,影响美国的外交政策,而W6XBE就可能会使"自由发展主义"的目标明确起来。显然听众没有意识到,一个更“美国化”的 W6XBE 只会让他们进一步困在美国媒体营造的信息茧房。

尽管如此,该电台最终还是按要求进行了调整,以变得更加“美国化”。随着 W6XBE 节目的批评意见不断增加,NBC 副总裁弗兰克·梅森谈到了这个问题。“我们在为远东听众规划特别节目上遇到了很多的麻烦和开支。”他在华盛顿向史密斯的上级这样汇报。[28]上海贸易专员很快报告说,住在她所在城市的美国人的节目偏好反映了国内美国人的最爱。现在的节目日程表包括《夏洛克·福尔摩斯》《一个男人的家庭》《查理·麦卡锡》《卡内基音乐厅交响音乐会》、周末大学橄榄球赛和总统演讲的重播等热门节目。史密斯挑选的最受欢迎的节目之一是《星期日邮袋》,在这个节目中,主持人朗读本土的美国人写给居住在国外的朋友和家人的信件。到 1939 年底,W6XBE 电台已经牢牢地融入更广泛的美国媒体环境中。整个 1939 年(事实上,是自 1937 年以来)中国和日本都一直处于战争中,但这一事实并没有阻止史密斯称赞 W6XBE 电台在中国开播是“年度杰出事件”。[29]

美国人和中国的美国广播

许多 W6XBE 的新听众都非常认可史密斯对该电台的重要性。然而,他们收听的动机却远远达不到高尚的世界主义,这是维奥拉·史密斯自 20 世纪 30 年代中期以来为电台的建立做出的合理化解释。一位自称美国人的匿名人士抱怨新电台没有普及到足够多像他这样没有短波收音机的美国人,因为没有当地电台同步播放。“这里非常需要一个 100%的美国广播电台,来接收和转播这些美国广播节目,”他给美国的《密勒氏评论报》写道,“我相信,这里和中国其他地方的大多数美国人都会为了支持这样一个电台而自愿纳税。”他的话引起了共鸣。在这一需求还未被满足的阶段,几个月后的两篇《密勒氏评论报》社论又重复了这一建议。[30]

那些听到电台改进节目安排的人们,对此表示热情赞扬。“你的广播……最受所有英语听众的欢迎。”一位有欣赏力的记者这样写道。文森特·莫里森是浙江的天主教传教士,曾是旧金山地区的居民,他向通用电气公司致敬,因为它“为我们提供了精彩的娱乐”。一些听众发现 W6XBE 的节目完全出人意料。“昨晚4月15日……我们不小心收听了你的电台,”传教士伯恩赛德在1939年4月写给通用电气公司时这样说,“几年来,我一直试图从美国得到一些东西,”住在香港的他继续解释说,“这是第一次。”W6XBE为伯恩赛德提供了一种与太平洋另一边那些看不见的同胞们的情感联系。“我是个美国人,”他写道,“因此我很自豪能直接听到这些。”[31]

考虑到W6XBE电台的广泛影响力,那些来自中国以外的赞誉就不足为奇了。“只是为了表示我对你们节目的欣赏。”一位英国北婆罗洲的听众感激地写道。[32]其他的感谢信来自新加坡、菲律宾和夏威夷,还有遥远的南非。弗兰克·威廉姆斯的妻子阿黛尔·威廉姆斯是东京的商务专员,她在1939年的时候甚至觉得是被迫称赞的。和大多数人相比,她的评论更强调高尚的“广播世界主义”与实际的收听体验无关。“我向大家保证,来自美国的广播简直是天赐良机,我们都非常感激这一特权,”她写道,也就是说她认为一个更好的美国广播将会被创造出来,“我从来没听过比这个电台还要糟糕的。”在威廉姆斯看来,更令她失望的是,最有趣的节目是在拉丁美洲播出的,尤其让她震惊的是,广播员只用西班牙语介绍这些英语节目。而西班牙语的广播节目旨在更小心翼翼地努力播送节目并影响西半球会西班牙语的听众,电台节目编排者在他们针对东亚的节目中没有付出这样的努力。[33]并不是这种差异困扰着阿黛尔·威廉姆斯,她所关心的完全是英语的使用。“我们远东有这么多真正的美国人,”她抱怨道,“现在是我们收听的好时机,无论用西班牙语宣布什么内容,都应该立即翻译成英语。”[34]

加利福尼亚州的当地居民维尔瓦·布朗是传教士外科医生,他分享了威廉姆斯对美国向中国的广播节目的热情。1936年,汕头的斯科特·思雷舍纪念医院的负责人在W6XBE电台开播之前就买了收音机,但她很快就因为自己无法接收到美国电台的信号而感到沮丧。她的飞行员牌收音机——正如维奥拉·史密斯所希望的那样——是社区里的第一个,到1938年总共有4个。“我们在前进。”布朗打趣道。然而,如果没有西海岸的短波站台,这些收音机在收听美国方面广播几乎没有用,除非是忙碌的医生想待到凌晨3点,那时候的长距离接收信号最好。“我可以听到世界上所有国家的声音,除了美国。”她在1938年寄回家的一封信中抱怨道。[35]

布朗在中国的出现反映了20世纪30年代美国传教运动所强调的社会

福音。在 20 世纪早期,他们赢得中国皈依者的能力有限,美国人不再依赖福音派的传教,转而为最贫穷的中国人实施教育、医疗和农业改革。社会福音从业者希望他们转向信奉基督教,跟随基督教认真努力改善中国贫困人口的生活。社会福音起源于 19 世纪晚期的进步运动,分享了它的慈善目标、对技术专家的信任,以及它对教育的信心,以解决现代社会日益增长的问题。[36]布朗是一名基督教医生,致力于通过在医院工作来帮助贫困的中国人,她体现了社会福音和美国进步主义相互交织的冲劲。

图 4.8　维尔瓦·布朗,1935 年(由罗斯林·莱博维茨提供)

随着 1937 年 7 月抗日战争的爆发,布朗的医疗工作实际价值急剧增加。自 1927 年上台以来,蒋介石和国民党政府一直在努力平衡建国目标和不断扩张的日本帝国主义。如果蒋介石政权对日本政权的挑战导致中国面临无法承受的毁灭性的军事反击,他就无法成功地建立一个可行的国家和政府。正因如此,中国在九一八事变中不战而降。与此同时,在九一八事变阴影下爆发的上海"一·二八事变"更加凸显了中国在面对日本强大的军事力量时是多么的脆弱。然而,允许日本继续掠夺中国领土和主权并没有好到哪里去。不仅国民党的建国方针因失去了对中国一些最宝贵领土的控制而遭到破坏,而且蒋介石的声望和相应的执政能力也受到了极大的影响。1936 年 12 月,蒋介石被杨虎城和张学良扣押软禁还差点被暗杀,张学良对蒋介石继续拒绝"停止内战一致抗日"的激进反应,让蒋深刻认识到了改变路线的必要性。1937 年 7 月,驻丰台的日军举行挑衅性的军事演习,最终爆发了七七事变,蒋介石决心共同对抗日军。他信守诺言,战斗迅速蔓延到中国东部沿海地区,日本攻破了中国的抵抗防线并很快占领中国的东部,蒋介石和国民党机关撤退到大西南,将重庆定为抗战首都,开始了一场长期战斗。[37]

维尔瓦·布朗居住的东南地区城市汕头在战争开始时就遭到炸弹袭

击。然后在1939年6月，日本人为了将中国与外界进一步隔绝，把汕头作为扩张势力的主要目标。这座城市本身已被日本占领，但大部分边远地区还没有，正是由于被日本长时间占领，汕头才感受到了游击战的显著成效。布朗负责治疗伤员，每天都会听到空袭警告，偶尔也会遭到直接攻击。现在她的病人是从传教会来寻求安全的难民，饥饿和伤寒症、疟疾等流行病在这座城市中不断蔓延，药物短缺，大大削弱了她治疗伤者的能力。随着乡村的食物逐渐减少，布朗面临着饥饿和极其厚颜无耻的野生动物的挑战，特别是狼，他们捕食那些在树林里寻找燃料的绝望的妇女和儿童。“这些日子很难写出来，”1941年初，布朗严肃地给在她家乡的人写道，“工人和妇女的脸过去圆润健康，现在又瘦削又毫无血色。”布朗把她所看到的一切都告诉她的朋友们，“很多东西最好不要写出来。”[38]

在这个令人身心紧张的环境，短波无线电广播为布朗与家乡提供了一条重要的生命线。在混乱和充满不确定性的战争中，布朗珍视来自家乡北加州的广播节目是可以理解的。1938年11月的一个星期天的清晨，就在感恩节之前，布朗这个大学足球迷偶然发现了斯坦福大学与加州大学比赛的广播。“你永远也猜不出我今天早上做了什么！”1938年11月20日，兴致勃勃的布朗开始给她儿时的朋友兼知己弗朗西斯·克劳森写信。“这是我第三次听到来自美国的声音。”她在早上6点看到比赛开始后解释道。即使是早上6点半发生的不合时宜的停电，也无法抑制布朗的激动（她不得不等到当天晚些时候才知道加州大学以6比0的比分领先斯坦福大学）。布朗和她的朋友们兴奋地计划去听另一场比赛，计划同时间庆祝感恩节。这些广播，特别是那些来自伯克利的广播让这位北加州人能够与家乡同步联系，激发了她对国家和地方身份相互交织的观念。“只是为了知道我听到的声音确实来自伯克利——利用你的想象力吧。”布朗激动地说。[39]

从1939年2月开始，总部位于金银岛的W6XBE电台在旧金山湾外广播，提供了一个前所未有的机会来定期收听这样的声音。“简直感慨激昂，”布朗喊道，惊人的音调类似于W6XBE狂热的支持者维奥拉·史密斯，“金银岛的广播像铃声一样非常清晰，有足够的力量穿透屋顶，我们都很高兴。”多亏了W6XBE电台，她可以直接从汕头前哨站听到美国的声音。1939年4月，通过W6XBE电台收听来自全国各地的复活节教堂礼拜的广播让布朗感到着迷。“我无法让我自己离开,直到我自始至终清楚地听到从费城出发,穿过科罗拉多大峡谷,最后到旧金山的戴维森山。”她写道。这毫无可比性,她庆祝道:“这与 15 年前大不相同,更不用说那些帆船花了几个月才在海上航行的日子了。”[40]

实际上,W6XBE 增强了与布朗已经培养出来的与家乡的紧密联系。通过邮政,她收到了来自西尔斯·罗巴克公司和蒙哥马利·沃德公司的除臭剂、肥皂、长袜、爽健公司的脚支架、《读者文摘》和 McCall 女性杂志、作家布斯·塔金顿的最新小说、照片,甚至她的内衣。[41]在 W6XBE 之前,邮件还提到过她最喜欢的美国广播节目。“很高兴能了解《阿莫斯与安迪秀》,”布朗在 1938 年初写道,“真希望我能打开我的小收音机。”[42] W6XBE 广播来到中国一年后就解决了这个问题。

像其他美国人感谢 W6XBE 电台提供的服务一样,布朗给电台发了一封感谢信。[43]通过这一做法,布朗展示了她的“美国性”的另一个维度。美国的广播公司鼓励听众写信,并经常依靠这些信件来衡量他们的节目的受欢迎度。无线电历史学家布鲁斯·伦萨尔认为,听众们使用这种通信方式个性化地参与由广播传递到他们家中的大众文化。伦萨尔认为,在美国国内,这种通信方式使听众能够与电台、节目和表演者建立有意义的个人关系,这种状态有助于在被大萧条扰乱的世界中对抗孤独感和疏离感。[44]因为维尔瓦·布朗住在离家数千英里的地方,直接受到侵略战争的折磨,她的感谢信也达到了类似的目的,与 W6XBE 电台的个性化关系使她更容易忍受现在的困境。

由于这些原因,W6XBE(由于其在旧金山湾的位置,通常被称为“金银岛”)成为布朗在战时中国日常生活的重要组成部分。她觉得自己和她最喜欢的电台名人有联系,比如受欢迎的诺曼·佩奇。“该收听 W6XBE 电台了,”她在给弗朗西斯·克劳森的信中写道,“然而新播音员没有诺曼·佩奇做得好,他的声音较弱,以至于怎么听都觉得不对。”那天晚上迟点的时候,佩奇又回来了,但是沮丧的布朗觉得他的表现不合格,并不比他的替补播音员好多少。[45]到 1940 年,她对她的“小而旧却仍然运行良好的收音机”印象深刻,除了一个同事拥有的新型号,“没有任何我更喜欢的了”。[46] 1941 年,布朗因为喜欢的百乐牌收音机缺货而感到很烦恼。由于正在进行的战争,修理收音机并不容易。"我希望我能给我的收音机买一个新管,但在某种程度上是非法的,"她写道,"我觉得自己和一切都脱节了。"[47]

另一位湾区本地人传教士莫德·拉塞尔,也以非常个性化的方式接受了 W6XBE(1940 年更名为 KGEI)。在电台开始广播三天后,拉塞尔和维尔瓦·布朗一样,买下了自己的百乐牌收音机。拉塞尔勤奋地在日记中录下了她最喜欢的广播节目。"听了罗斯福的泛美演讲。"她在 1940 年 4 月的一篇文章中写道。对拉塞尔来说,与位于许多英里和时区以外的遥远的祖国建立同步联系的能力是与电台提供的祖国想象力联系的中心部分。"几乎每个晚上,我都在听你们清晨的广播,"她在写给电台的信中含蓄地承认几个时区同时衔接。"这对于加州人来说,听到'湾区的天气'不仅是一种满足感,也是一种兴奋感。"[48]

拉塞尔对企业化经营的 W6XBE-KGEI 的喜爱,从她更广泛的左倾政治观点和活动来看,似乎有点矛盾,但这种矛盾似乎是拉塞尔的常态。这位信徒隶属于中国贵州省的基督教女青年会,他们的社会福音改革活动集中在妇女权利领域。拉塞尔批评美国的帝国主义,然而她在中国生活和工作的能力却要归功于 19 世纪帝国主义的"不平等条约"。她对政府的外交政策持批评的态度,然而,她又是政府帮助建立的国际电台的热情且感激的听众,至少在一定程度上倡议这一外交政策。在这种情况下,这位公开承认的自由派和左派人士给金银岛发了一封感谢信,也许就不那么令人惊讶了。金银岛属于美国规模最大、最强大的公司之一。"你会很有兴趣知道,在这里能够非常清楚地接收到金银岛的广播。"她在感谢通用电气旗下的电台的管理层时直接写道。[49]

就像维尔瓦·布朗的情况一样,W6XBE-KGEI 只是莫德·拉塞尔长期以来用来维持与她遥远家乡的情感和物质联系的许多工具中最新的一种。拉塞尔 1917 年首次前往中国,定期与朋友和家人通信。她读在上海发行的美国报纸《密勒氏评论报》。作为流行音乐的狂热爱好者,她收藏了一些令人印象深刻的唱片,其中包括美国小提琴家莫德·鲍威尔、美国歌手埃尔西·贝克、入籍美国的歌手艾弗伦·辛巴利以及登上了美国 Billboard 榜的爱尔兰流行男高音约翰·麦考密克等艺术家们的专辑歌曲。她热情欢迎"有声电影"引入中国。她认为那些电影是教中国人说话如何"美国化"的教学工具,而不只是为了自己娱乐而看。自从 20 多年前首次抵达中国以来,拉塞尔定期休假回家,乘坐方便且舒适的现代远洋客轮穿越太平洋往返。1938 年休假时,拉塞尔买了她的第一台收音机。回到贵州后,她沮丧地发现她的新收音机在中国被电流干扰,而且没有适配器。她的新收音机变得无用,拉塞尔的电台收听完全依赖于被邀请到别人家里去收听美国广播节目。几个月后,W6XBE-KGEI 开始播出,拉塞尔又买了一台(这次的可以操作了)收音机,在自己家里收听广播。[50]

拉塞尔努力将她在中国的生活与美国联系起来,W6XBE-KGEI 在这一过程中所承担的重要性是显而易见的。在 1940 年 11 月写给父母的信中,拉塞尔感叹道:“我的收音机能持续给我带来快乐。”她很高兴自己“每晚都会收听广播”,而且“感觉离家很近”。可以想象到几天后她的收音机出故障时的沮丧。到 11 月底,拉塞尔把期待已久的收音机从修理店拿回来。“非常感谢我今晚能再有音乐了,”她在家里写道,“非常感谢我的收音机。”[51]

写信和广播是她维持与家庭联系的两个最重要的工具。“请给我写点你们自己的事。”她在一封信的结尾恳求道。“我还没有收到来信,”布朗抱怨道,“我有很多事情想知道。”[52]历史学家詹姆斯·里德认为,传教士那些从中国寄给家人、朋友和家庭教会的信件,努力宣传了他们在中国的活动,并在 20 世纪初培养了美国民众对中国的同情思想。因此,许多美国人,其中大多数是新教徒和经常做礼拜的人,是同情和接受传教士对中国的理想主义观点的。[53]来自拉塞尔和布朗等传教士的信也强调了写信的意义不仅仅是建立一个愿意通过教会捐款来支持中国宣教的富有同情心的美国选区,而是与W6XBE-KGEI和更广阔的美国媒体环境一起,使生活在中国的美国人身份的传教士能够与他们的祖国保持强烈的联系。

到目前为止,对广播和国家认同之间关系的分析大多集中在传教士身上,如文森特·莫里森、W.M.伯恩赛德、维尔瓦·布朗和莫德·拉塞尔。许多读者可能想知道这些虔诚的美国人多有代表性,尤其是与大多数从未离开过自己祖国的美国人相比。尽管他们有不同之处,但我认为这些传教士确实与他们的同胞有很多共同之处,且在美国和中国都有更多非教区的同胞。这些传教士经常向其他美国人分享一种“帝国文化”,他们认为一个“美国化”的世界将是更美好的世界。传教士的工作试图向中国输出一种新的宗教、文化和政治秩序，来反映传教士所认为的积极和有益的美国价值观和行为（甚至是像莫德·拉塞尔这样的左倾批评者）。与任何寻求经济机会的商人一样，寻求皈依者的传教士也受益于帝国主义和治外法权所提供的福利和权利，使他们能在中国追求他们的宗教目标。[54]此外，结合这些转变来说，传教士往往寻求多方面的努力来移植和维持在中国内地的美国生活方式，从他们所提倡的受社会福音启发的教育或农业改革，到他们如何装饰他们的私人住宅。[55]这群受宗教启发的美国人在努力保持与遥远祖国联系的背景下收听 W6XBE-KGEI 电台时感受到了舒适和快乐。新电台的吸引力完全符合这些在中国自定义为美国人的更广阔的生活。

这种与家乡建立联系的强烈渴望使得 W6XBE-KGEI 的《周日邮包》节目在所有美国人中特别受欢迎，包括传教士。这个节目会通过广播朗读来自美国朋友给他们在中国的收信人的信件，这赢得了维奥拉·史密斯的特别赞扬。传教士维尔瓦·布朗也是这个节目的粉丝。她恳求她的朋友、旧金山湾区居民弗朗西斯·克劳森能在周六清晨去参观电台的演播室。电台在中国的周日晚上播出了这个节目。作为这个节目的一部分，亲自前往演播室的写信人可以在节目中朗读他们写的内容。布朗意识到加州的周六早上是中国的周日晚上，这促使传教士医生想到和她的朋友通过这个跨国广播建立同步且直接的联系。“你可以在这里跟我交流。”布朗简洁地恳求道，希望这种联系成为现实。[56]

对于青岛的传教士玛丽·k.拉塞尔（与莫德·拉塞尔无关），这个“邮包”节目是 W6XBE-KGEI 的权威节目。“除了妈妈，你们其他人知道另一种可以快速给我留言的方式吗？”拉塞尔兴奋地写信给她的家人。拉塞尔是曾在山东基督教大学任教的卫理公会传教教育家，她继续描述了邮包节目以及它在她和朋友们中的受欢迎程度。拉塞尔高兴地说，他们准时收听周日晚上的广播，广播时间已经增加到两个多小时。这位传教士清楚地表示，她是多么希望通过这个节目收到自己家人的来信。为了寻求跨越大洋彼岸的同步连接，她也敦促家人在周六早上 6 点直接去电台，在那里他们可以向她直播节目现场和私人消息，拉塞尔在中国可以直接听到。即使没有收到给她的来信，拉塞尔还是很满意。“如果你自己没收到来信，听别人的也会很兴奋，”玛丽·拉塞尔解释道，“但能有自己的来信当然是很好的。”[57]

在宁波的长老会传教士夫妇埃勒罗伊·史密斯和梅贝尔·史密斯可能理解玛丽·拉塞尔的感受。1936 年 2 月,史密斯一家(与维奥拉·史密斯没有任何关系)通过租赁获得了他们的第一台收音机,此后不久他们就购买了自己的收音机。他们喜欢收到来自朋友和家人的私人电台来信。“我听到艾米在广播里提到了我的名字。”他在 1936 年 3 月 3 日的日记中写道。史密斯夫妇还收到过来自上海 XMHA 广播电台的消息。在这种情况下,1939 年 W6XBE-KGEI 电台的《周日邮包》引起史密斯两人的注意也就不足为奇了。《周日邮包》播放了埃勒罗伊·史密斯父母从艾奥瓦州发来的私人信件,对于他来说意义特殊。“我们收到了来自苏城的消息!”他在日记中惊叹道,“我非常兴奋。”即使没有通过《周日邮包》收到私人信件,他们和玛丽·拉塞尔的看法也是一样的,即整个晚上听其他人发的来自美国的信息仍然是很愉快的。[58]

就像其他 W6XBE-KGEI 电台的听众一样,该电台的广播节目进入了一个已经沉浸美国媒体通信环境中的外籍家庭。史密斯在中国生活期间已经成为美国电影、书籍和杂志的狂热消费者。手不释卷的读者在各自的日记中精心记录了他们所读的书,包括畅销书,如玛格丽特·米切尔的《乱世佳人》和欧内斯特·海明威的《丧钟为谁而鸣》。当他们经常去上海旅行时,很少错过看最新美国电影的机会。他们看到的最新影片包括埃罗尔·弗林的《绿灯》、迪士尼的《匹诺曹》和约翰·巴里摩尔的《罗密欧与朱丽叶》。他们订阅了美国的《大美晚报》以及其他几家报纸和美国流行杂志,如《读者文摘》,都是由中国邮政发行的。他们庆祝如 7 月 4 日的独立日和圣诞节这样的美国节日,在圣诞节期间他们与美国的朋友和家人交换卡片和礼物(再次多亏了邮政服务)。[59]

在 W6XBE-KGEI 电台播出之前,广播就成为史密斯夫妇生活的重要组成部分。毫无疑问,在 1936 年初家里最早租赁的那个收音机让埃勒罗伊·史密斯非常兴奋。“我们租了 4 个月的收音机,”他在 2 月 29 日的日记中写道,“这是我们的第一个收音机!”通过广播,史密斯收到了来自美国好友发送到上海其他电台的信息,他们还会熬夜,直到有机会听到些来自美国的其他消息。“我们昨晚午夜起床,”48 岁的埃勒罗伊·史密斯在 1937 年 1 月 20 日的日记中写道,“听了罗斯福总统的就职典礼。”在那次演讲中,总统向包括史密斯夫妇在内的在中国的听众发表了演讲,称他们为“我们美国人”。梅贝尔·史密斯很享受从远方收听就职庆典的机会。“我们感到很激动。”她惊叫道。广播电台甚至给史密斯提供了收听来自上海的宗教节目的机会。对史密斯一家来说,收听广播也是一种公共活动,他们经常和邻居一起听收音机。[60]

1938—1939 年的休假让史密斯一家有机会亲身体验他们在中国远方接触到的美国流行、消费者和政治文化。埃勒罗伊·史密斯对收音机极度热情,他为在艾奥瓦州的年迈的父母也买了一个。在美国期间,史密斯夫妇收听了埃德加·卑尔根的广播节目《查理·麦卡锡》,该节目后来通过 W6XBE-KGEI电台进入中国。除了广播,他们还沉浸在美国人的消费文化中,去了大型百货公司如 Gimbels、Sears、Wanamakers 购物。他们在纽约的马球球场看到了纽约巨人队迎战匹兹堡海盗队,参观了在纽约皇后区举行的世界博览会。史密斯夫妇特别高兴地看到朱迪·加兰德和她的同伴米奇·鲁尼亲自出现在刚刚上映的《绿野仙踪》的特别放映上。[61]

1939 年回到中国后,W6XBE-KGEI 为史密斯夫妇提供了另一种选择,让他们能继续在美国的媒体环境中生活。回到中国不久后,1940 年 3 月的一个晚上,埃勒罗伊·史密斯邀请了几个邻居过来,这样他们就可以熬夜摆弄收音机,用他的话说“是在美国‘收听广播节目’”。那天晚上他们接待客人的结果却很糟糕,沮丧的史密斯和他的客人们无法听到太平洋彼岸的任何声音。[62]那个令人失望的夜晚,金银岛的电台成为史密斯夫妇生活中非常重要的一部分,通过它,远在中国的他们一路与美国本土建立了直接和同步的联系。

劳拉·沃德在新英格兰出生并接受教育,是中国福建的传教教师,她当然理解这种吸引力。她经常收听 W6XBE-KGEI 电台,尤其是《周日邮包》节目。[63]一个留声机播放器和大量的唱片收藏彰显了她的电台收听习惯。她通过美国的邮件收到的许多报纸和杂志也是如此。休假回来的朋友和同事为她提供了理想的消费品,这位拥有数学学位的前小学教师在 1937 年享受了自己的美国休假。[64]回到中国,1940 年一次与战争有关的电力激增摧毁了她的收音机。“在过去的两周里我感到很不安,因为我的收音机不得不被送去修理,”她抱怨说,“我想我们应该庆幸的是,即便封锁了,我们仍然可以定期收到来自世界各地的邮件。”沃德这样安慰自己。[65]

对于医学传教士罗伯特·麦克卢尔来说,W6XBE-KGEI 帮助他缓解了在未被占领的中国西南地区的艰苦的战争救济工作的压力。“我的心在美国,我想一直在那里。”在经过了特别疲惫的一天后他写道。W6XBE-KGEI 和其他短波广播帮助他恢复精神。“我现在要听到广播才吃晚饭,”他在 1940 年的夏天在家中写道,“5 点我去家里喝了一杯冷水,然后空着肚子,直到 6 点半广播开始播放。”[66]

麦克卢尔是一个有趣的人,因为他同时有美国身份和加拿大身份。他在 1900 年出生,父母是传教士,父亲是加拿大人,母亲是美国人。然而,麦克卢尔在中国度过了他生命的前 15 年。年轻时,他离开中国去加拿大上大学,并最终于 1922 年从多伦多大学的医学院毕业。1923 年,麦克卢尔回到中国,在河南省怀景的加拿大联合教会医院担任传教士医生,1926 年与一名安大略妇女结婚,1937 年抗日战争爆发后搬到中国西南地区。他在世界各地做了 50 多年的医疗传教工作,最终在加拿大退休,其中 25 年是在中国度过的。[67]麦克卢尔对加拿大深厚的民族认同感与美国本土的强烈认同感共存,尽管他在这两个国家待的时间相对较少。的确,根据他自己的说法,他先学会的汉语后学会英语。然而,他与美国和加拿大的个人和家庭关系却很深。随着 1937 年中国战争的爆发 作为一名医疗传教士,他的医疗工作要求和他所面临的压力呈指数级增长,他向美国寻求安慰。和维尔瓦·布朗一样,他开始对战争感到不知所措。1940 年 8 月,麦克卢尔以一种绝望的语气写道:“我在不断被撕裂,这里的生活太令人沮丧了,要是战争能停止就好了,这样一切都能恢复正常了。”在这些压力中,麦克卢尔发现自己想到了太平洋另一边的安全地区。但最终,当他想到有很多中国人依赖他的医学专业知识时,他的良心让他决定继续留在中国。“我不能让自己解脱。”他有点遗憾地说。麦克卢尔无法放弃在战时的中国生活和工作,只能通过听 W6XBE-KGEI 电台的节目找到一些安慰,这成为他晚间广播仪式的一部分。[68]

麦克卢尔的处境以一种有趣的方式说明了在跨国背景下塑造个人身份认同的过程。当然,加拿大和美国的身份是不能互换的,但与此同时,共同的英语母语传统为两个民族的人提供了实质性的共同点。有麦克卢尔特殊背景的人可以同时接受加拿大人和美国人的身份,麦克卢尔自己可以从中国宣布他的“心在美国”，然后再退休到加拿大，这并不一定令人惊讶。更值得注意的是，麦克卢尔早年很少在加拿大或美国度过，他生命中前50年的大部分时间都是在中国度过的，然而，他仍然，至少在一定程度上认为自己是一个美国人。在这个过程中，W6XBE-KGEI 的广播表达了人们对麦克卢尔和中国及周边地区无数其他美国人的理解。

A.霍尔姆斯·约翰逊博士是阿拉斯加科迪亚克岛的一名听众，他非常好地阐述了 W6XBE-KGEI 电台是如何满足人们与遥远的美国保持情感联系的愿望的。虽然远离美国大陆且未开发的阿拉斯加是美国名义上的领土，但也可能是一个外国领土。“由于我们没有报纸，通常只有每月的船运服务，”约翰逊在搬到阿拉斯加后不久给美国联邦通信委员会写信，“我们几乎所有的娱乐活动和大部分新闻都非常依赖广播。”因此，前俄勒冈人要求增加该电台的播出时间。“如果 W6XBE 能持续到太平洋标准时间 11 点(我们的时间 9 点)，它将提供我们每天所有 NBC 的主要节目。”为 W6XBE-KGEI 做宣传符合约翰逊改善社区服务的决心，在偏远的科迪亚克创造一个明显的美国环境，超出了他自己提供急需的医疗服务的能力。他的努力也促成了科迪亚克在 1946 年建立了第一个公共图书馆。图书馆提供的最新书籍和期刊，在一定程度上有助于缩小科迪亚克居民与美国大陆的情感距离，和短波广播一起来加强与美国大陆的联系。对约翰逊来说，尽量减少距离感非常重要。约翰逊当时正试图创造一个 W6XBE-KGEI 的中国听众所认为理所当然的美国媒体环境。约翰逊在给美国联邦通讯委员会(译者注：英文缩写 FCC)的信中赞扬了 W6XBE-KGEI 为人们提供了收听 NBC 节目的机会，信里还提到了额外的要求——希望 FCC 授权第二家电台播放 NBC 的竞争对手 CBS 的节目。约翰逊总结说，如果成真，“我们几乎就会像在美国一样美好地生活”。[69]

也许传教士格雷斯·莫里森·博因顿最好地体现了围绕着 W6XBE-KGEI 在中国的收听体验的美国媒体和传播环境中的普遍性。这位在北京的传教士曾教潜在的皈依者说英语，她在持续的抗日战争中适应了美国媒体环境。她除了是电台的固定听众之外，还读美国书籍，庆祝美国的重大节日(甚至是乔治·华盛顿的生日)，用她的留声机听她最喜欢的美国音乐，通过邮件了解家里情况，并与她的美国朋友保持交往。随着中国被战争蹂躏，她对自己在中国的工作越来越感到怀疑。“我为什么要教英文而不是去照顾那些伤员?”博因顿在 1939 年 8 月的一篇日记中写道。尽管游历甚广,出生于马萨诸塞州的博因顿承认:“我确实骨子里流着新英格兰的血液。”在她在中国读过的许多书中有一本叫 *Wickford Point*,这是马萨诸塞州人约翰·P.马昆德的新英格兰小说,这并非巧合。在军队行动、战斗和死亡包围下的中国,博因顿意识到,实际上她与这个正饱受战争蹂躏的中国隔绝了。这是一种孤立,一部分是由于她沉浸在美国的媒体和传播环境。“在这期间,”她在日记中轻蔑地说,“我们继续像住在美国堪萨斯州的缅因州街。”[70]

图 4.9 A.霍尔姆斯·约翰逊博士,20 世纪 40 年代
(由鲍勃·约翰逊博士提供)

小 结

W6XBE-KGEI 最终提供了一种独特的美国式收听体验,这在很大程度上是基于其鼓励跨文化交流的潜力。W6XBE-KGEI 让美国听众获得了一种

参与感。该电台强调了他们有意识地努力与生活在太平洋另一边的美国同胞"想象的社区"建立联系。在中国和太平洋地区其他地方的美国人对一些主要针对美国国内观众的广播节目反应非常积极——夏洛克·福尔摩斯、查雷·麦卡锡、大学橄榄球赛、总统演讲等。虽然受欢迎的《周日邮包》节目是专门为国外的美国观众创作的,但它仍然将听众的注意力引向明显的美国国内语境——来自亲爱的美国家人和朋友的信件和祝福,有时会用他们自己的声音表达。这个电台的忠实听众包括在上海的美国贸易专员维奥拉·史密斯等,他的不懈努力帮助电台诞生。包括东京的商务专员的妻子阿黛尔·威廉,她恳求电台运营者播放更好版本的美国国歌,并为在东亚的"真正的美国人"发声要求播放更多的英语节目。在中国,受社会福音启发的传教士医生和教育工作者,如莫德·拉塞尔、维尔瓦·布朗和罗伯特·麦克卢尔,都是众多观众中的一部分,在抗日战争的动荡中他们通过电台保持与美国的联系。此外,还有许多生活在亚洲的不知名的美国人,有些人认为自己只是个心怀感恩的美国人,很高兴能接触到独特的美国电台。通过书籍、报纸、杂志、信件和休假,许多听众,如埃勒罗伊·史密斯和梅贝尔·史密斯,已经扎根美国媒体和传播环境中,使他们与美国朋友、家人、祖国和美国人身份保持紧密联系。W6XBE-KGEI 为这些美国人提供了另一个更吸引人的机会,让他们与从未打算切断联系的家园保持联系。[71]

W6XBE-KGEI 广播在东亚的到来,以一种其他大众媒体无法做到的方式激发了人们的想象。对节目的热情和与美国同步联系的看法注入了收听体验。这个电台向亚洲传送了生活在美国的数百万美国人所听的同样的广播节目。在东亚的美国听众拥有大部分相同的文化价值观,使这些节目在国内听众中很受欢迎。毫不奇怪,这些听众在国外生活时,得到了享受听这些节目的机会。与此同时,这种即时感融入了收听体验,进一步增强了电台的迷人吸引力。W6XBE-KGEI 广播来自遥远美国的"美国声音",瞬间到达东亚,为国外的听众提供个性化的美国大众文化。那种声音可以通过一个特定的节目、一个特定的播音员,甚至是一个通过《周日邮包》传达声音的祝福者。不是美国媒体和通讯环境中的其他元素——不是报纸,不是书籍,不是信件——来提供与美国发生的事件、趋势和发展直接和同时的联系。

在这个过程中,W6XBE-KGEI 将美国民族认同形成的动态扩展到了国际舞台上。在苏珊·道格拉斯对美国国内广播和想象中的美国民族社区之间的交集的分析中,她写道:"听众坚称这项技术能增强他们想象同胞的能力,并把他们带到'国民性'事件中,以及这个国家的其他地方。"[72]中国和亚太地区的听众对 W6XBE-KGEI 电台也有同样的认识。似乎是为了证明这一点,维尔娃·布朗发现自己被 1939 年 W6XBE-KGEI 播出的美国复活节节目迷住了,电台的报道从费城向西一直传播到旧金山,所以她整个晚上都在听。美国驻上海贸易专员维奥拉·史密斯认为,W6XBE-KGEI 电台的吸引力在于它能够提供更好、更一致的"重要美国事件"的报道。她直觉上认为,美国人会被流行的 NBC 节目和像洛厄尔·托马斯这样的知名评论员所吸引。事实上,W6XBE-KGEI 因其《周日邮包》节目和为在中国的美国人与他们在美国国内最亲密的朋友和家人之间相联系的能力,赢得了最大的赞誉。

适应这些听众的兴趣对电台来说没有什么压力。和其他广播公司一样,通用电气公司运营该电台主要是为了在无线电频谱中占有一个位置,直到短波广播可能在未来的某个时候被证明是有利可图的;转播现有的 NBC 节目是实现这一目标的一种廉价方式。W6XBE-KGEI 最受欢迎的原创节目《周日邮包》,甚至比支付 NBC 节目的版权还要便宜,因为它只需要一个播音员通过广播阅读信件。虽然很大程度上是无意的,W6XBE-KGEI 电台最终播出的节目促进了美国听众以一种非常私人的方式听着世界另一边的广播,想象着他们遥远的同胞和国家事件。

W6XBE-KGEI 植根于美国特别的国家背景,这使得它无法促进真正的跨文化交流。无论如何,很难想象这种交流会带来什么。英语广播不会惠及绝大多数不讲英语的亚洲人口。通过像《阿莫斯和安迪秀》这样的一个节目来表达的文化情感并不一定会延续到另一种文化背景中。一个说英语的中国听众,对在周日晚上花两个小时听美国人给生活在中国的朋友和家人的写的信件会有什么兴趣呢?中国国内的环境被持续的帝国主义、反外来主义、日益活跃的民族主义和战争包围,引用维奥拉·史密斯之前的一句话,这冲击了 W6XBE-KGEI 打造"绝妙的美中关系"的机会。事实上,该电台提出了一个非常符合美国国内听众的兴趣的节目清单,这是维奥拉·史密斯推广的关键点。因此,这个电台无法进一步推进维奥拉·史密斯同时设想的"广播世界主义"。事后看来,矛盾很明显,史密斯很可能是能够理解的。长期以来，美国外交官一直认为，美国文化和价值观在国外的传播是相互借鉴的，同时也习惯于将广播视为传播这种影响的最终的技术工具，通过美国广播节目弥合中美分歧的机会似乎近在咫尺。

事实上，W6XBE-KGEI 明显的美国风格，的确有破坏国际关系的风险。一个完全的美国广播电台可能会引起那些早于 W6XBE-KGEI 的中国广播电台的强烈反对。这种可能性被一位中国听众对上一章提到的中国广播电台播出的棕榄广告的批评所打断。在这种动荡的背景下，像 W6XBE-KGEI 这样的电台作为一个独特的美国电台运行，实际上可能会通过激发对它本身的反对而产生更分裂的效果。正如接下来的两章所说的那样，这种分裂的潜力实际上是在 20 世纪 30 年代末和 40 年代初显现的。在此期间，美国传教士广播和美国广播新闻节目在整个东亚都能听到争议声。然而，在太平洋战争前夕，美国广播电台的主要对手不再是中国，而是日本。

第五章

“通过广播传播基督”：宗教广播与中国民族主义下的美国宣教运动

张先生在1937年初信奉基督教，他将此归功于上海的基督教广播电台XMHD。该电台由美国传教士附属的上海基督教广播协会(SCBA)运营。该组织赞成张先生的说法，将其作为利用电台对听众的巨大力量和影响力来传播基督教的一个例子。“张先生……在听到了关于公共卫生和基督教义的演讲后，变得非常焦虑。”SCBA给美国传教士期刊《教务杂志》写道。SCBA进一步表示，张先生访问了他们的上海办公室，准备放弃他的“虚假”的佛教信仰，接受“真正”的基督教信仰。对SCBA办公室的访问最终说服了张先生做出这个转变。SCBA还大肆宣传了其他的成功事迹。一位富商患上了衰竭性疾病失去了财产，他在听到XMHD的广播后信奉了基督教。此外，一位曾“强烈反对基督教”的江苏前政治领袖，在听了一个XMHD节目后也开始信奉基督教。此外，还有一位“杨先生”，他是一名印刷工人和“狂热的崇拜者”，在疾病康复期间“偶然地打开了无线电收音机”。他听到了XMHD电台一个关于身体健康的节目，这个节目也一直在赞扬信基督教的优点。“每句话似乎都完全符合杨先生。”SCBA报道说。于是杨先生和他的家人们都改信基督教。[1]

SCBA希望宗教广播能够克服过去令人失望的皈依历史。他们认为，极具感染力的基督教广播节目能够更有效地传达传教士在中国长期以来一直推广的基督教信息。那些受广播节目启发而改变信仰的事例报道似乎证实了成功的可能性。就像他们同时代的人一样，一种被误导的技术热情导致这些传教士认为无线电广播是一种能够打破教区文化壁垒的工具，有利于培养更广泛的跨文化理解。就宗教广播而言,SCBA 的传教士希望广播能促进基督教的无国界发展,从而提供跨文化理解的基础。SCBA 称 XMHD 广播电台"唯一的目的是要播出有建设性的节目,推进建设一个信奉上帝的王国"。该组织的宣传刊物明确地使自己脱离和任何特定的宗派联系,"这样我们就能得到中国所有基督教选区的衷心支持"。[2] 约瑟夫·金是一位牧师,同时也是 SCBA 的联合创始人,他认为广播是给传教士团体的一份幸运礼物。他在 1936 年写道,"广播是现代最有效的交流工具",并且在中国它已经"像报纸一样深深扎根于人们的生活之中"。[3]

然而,这种说法不能作为基督教广播具有广泛影响的代表。传教士以第三人称撰写了这些报道,但他们没有提及那些在播出时间内可能在听、也可能没有听 XMHD 的基督教节目的庞大的中国听众。决定公开这些故事实际上说明了传教士就广播在信仰改变的影响力方面所做的文化意义上的假设,而不是中国人对基督教广播的广泛参与。

20 世纪 30 年代,中国的基督教广播并不是呼吁大家信奉基督教的有效工具,而是为生活在外国的美国传教士提供一种更好的工具,使得他们的基督教徒和美国身份能够相互交织。基督教和国家身份长期以来一直与美国的历史经验联系在一起,而 20 世纪 30 年代中国的基督教广播的故事帮助阐明了他们之间的相互联系。此外,在某种程度上,传教士代表了在 20 世纪 30 年代的在中国的美国人存在的最明显的例子之一,基督教与美国身份之间的这种不可分割的联系充满了政治意义。日本在中国的扩张、随后在 1937 年爆发的抗日战争,以及美国政府对日本对华计划的反对,这些都是 20 世纪 30 年代末传教士存在的动荡的背景。由于与中美两方都有联系,美国传教士无法也不想逃避自身立场的政治内涵。尽管真诚地相信电台有改变的力量,美国传教士们最终还是利用基督教广播传达出他们与他们所属的更广泛的美国国家以及他们所支持的政策有联系。到 20 世纪 40 年代初,基督教广播成为日本帝国主义的牺牲品,不是因为它所宣扬的宗教,而是因为它所代表的政治信仰。[4]

“多么有可能！多好的机会！”

就像广播行业早期的许多美国人一样,对广播的力量和影响力的信念扩大了美国传教士和其他在中国的基督教活动人士的想象力。在美国传教运动中,广播是克服中国基督教皈依者尴尬的灵丹妙药。在19世纪和20世纪初,传教士努力将基督教带到中国,发展成为当时不断扩张的外国帝国主义的附属品。随着新兴的中国民族主义和仇外运动将20世纪中国的苦难归咎于帝国主义,越来越多失去希望和幻想的中国人将怨恨和敌意发泄到传教士、他们的皈依者以及基督教身上。[5] 经过近一个世纪的密集传教工作,在近5亿人口中只有相对微不足道的60万中国人信奉了基督教,甚至这60万的数字都是错误的,其中包括大约20万本身就信奉基督教的中国人,他们接受了基督教和中国人信仰的融合,但是许多传教士不承认这是基督教。随着广播的出现,SCBA看到了广泛和合法改变信仰的障碍迅速消失。“多么有可能啊!! 这是多么好的机会啊!!”SCBA大声喊道,“现在是所有基督徒赢得拥有世界四分之一人口的中国来支持基督教的战略时刻!”这个广播组织自信地宣称。[6]

广播和传教似乎应该是齐头并进的。“我敢说,广播是自印刷机发明以来传播福音的最好方式。”K.S.李说道,他是一位帮助建立SCBA的上海富商和基督教的皈依者。在构建广播对中国基督教化的价值时,SCBA将基督教的低皈依率与中国的文盲联系起来。“他们不会读圣经或其他基督教文学。”SCBA对中国80%的文盲率表示非常遗憾。但是,广播就可以克服这个障碍。“通过耳朵听是没有文盲的!”它的宣传册大肆宣传道,“通过广播传递的福音信息可以直接进入家庭、宿舍和医院,而这些门通常都对牧师关闭了。”即使人口众多的中国在地理上远远比欧洲国家大也无妨,“无线电广播可以消除距离和时间。”该组织说道。在描述XMHD的起源时,李讲述了他在1933年与一位同事的谈话。“为什么不为上帝开一个广播电台呢?”李的朋友问道。“为什么不呢?”李表示同意,开始投入资金并获得必要的许可证。李到过SCBA的五名创始成员对经营一家广播电台一无所知。尽管如此,XMHD还是在1934年10月作为一个无教派的基督教广播电台播出节目了。[7]

新电台平衡了展示自身政治优势和作为中国电台反美国传教士关系的重要性。20 世纪 30 年代的局势阻碍了外国势力对中国广播的控制,一名中国 SCBA 会员注册为 XMHD 的所有者。该组织董事会的 11 名成员中有 10 人是中国人。董事会任命 K.S.李为秘书长,与中国秘书和财务主管一起工作。与此同时,SCBA 与美国传教运动不可缺少的联系以更微妙的方式表现出来。SCBA 的董事会成员,如全国教会协会的陈文元(W.Y.Chen)和上海浸信会联盟领袖赵西安(Samuel Zau)与美国传教运动关系密切。顾子仁(T. Z. Koo)是基督教青年会美国出生的中国名人,也在该董事会工作。董事会还任命了一名在芝加哥的中国出生的牧师担任副秘书长。XMHD 对基督教广播的无教派方式反映了 20 世纪 30 年代美国宗教广播的流行趋势。SCBA 甚至在纽约设立了一个办公室来与美国宣教委员会联系,其总部同样设在纽约。[8]

XMHD 有了一个良好的开端。在播出了一年之后,SCBA 就筹集到了足够的资金,将他们的电台从 150 瓦的功率升级到 1000 瓦。这个组织用他们的旧装备在北京建立第二个基督教电台——XLKA。这两个电台的传输范围都很广,甚至连运行功率只有 150 瓦的 XLKA,在整个华北地区都能听到。在武汉、绍兴、济南和香港等城市还有其他由传教士经营的基督教广播电台。[9]

传教士运动甚至解决了人们对城市之外收音机相对匮乏的担忧。农村地区缺少收音机,可能会削弱其广播计划的潜在效果。因此,位于北京的美国宣教委员会定期在不同的农村传教士之间轮替其拥有的六台电池操作的无线电台。美国宣教委员会甚至提供了稳定的电池供应,以保持这些设备在工作状态。尽管提供这些电池的价格昂贵,但《教务杂志》在 1936 年向读者保证它是值得的。"虽然成本花费更多,"传教士出版物的社论提道,"但是所提供的服务可能比其他方式所提供的要更多。"[10]SCBA 在华北地区的无线电广播招徕更多在北京以外的听众。"越来越多的听众在周日晚上的礼拜活动中经常邀请他们的朋友一起来听。"该团队报道说。[11]

SCBA 的成员随时准备庆祝电台在传教方面的任何收获。美国长老会传教士艾米·米利肯,该电台的创始成员之一和音乐总监,她收到了许多受广播影响而信奉基督的 XMHD 的听众来信。米利肯在 1940 年说,通过 XMHD 这些听众开始明白,“上帝才是中国现在需要的答案,他可以利用任何愿意把生命献给上帝指挥的人来帮助中国。”有一次,米利肯报告说,他在家里接到了一个听众的电话,这个听众听到了前一天晚上的广播,想聊一聊关于上帝的事。[12]米利肯认为她的另一个广播节目修补了一段破裂的关系,让这两个之前疏远的人更接近上帝。[13]她还讲述了一个感人故事,一名年轻女子因信奉基督教而被赶出家门,但在 XMHD 的广播导致整个家庭都信奉基督教后,家人们又欢迎她回来了。[14]

图 5.1　艾米·米利肯(最右),赵西安(最左),K.S.李(左二)和其他 XMHD 工作人员,拍摄于 20 世纪 40 年代(由宾夕法尼亚州费城美国长老会历史学会提供。经许可使用)

XMHD 的创始人 K.S.李在 1936 年出版的 SCBA 的第一份基督教广播公报中,提供了他自己收藏的因为广播改变宗教信仰的故事。有一则轶事呼应了广播最早倡导者的共同主题:曾经与世界孤立和被限制的盲人听众被广播所拯救。“盲人男孩给我们写了他们的感受,”李解释道,“他们不能看演出、读书、散步等。"但基督教广播最终把上帝带到了他们被孤立的生活中。他引用了另一对夫妇的信,这对夫妇在听到其中一个广播后,决定放弃共同自杀。对李来说,这些基督教电台的成功故事说明了"我们的主即将归来的明确迹象"。[15]

李将基督教广播和上帝的二次降临联系起来,指出更多的西方技术和宗教思想注入了李的基督教。至少从中世纪开始,西方知识分子和各种思想家将技术重新建立人类与上帝之间的和谐联系的能力理论化,大概浪费在了伊甸园。对科技知识的追求和使用,成为这种追求"超越"的核心,因为它允许人类通过发现曾经只有上帝才能拥有的神圣知识克服尘世的局限性。[16]对受西方和美国传教士传统影响的中国人李来说,无线电广播——一种可以"消灭空间和时间"的传播媒介——是追求超越的理想技术工具。XMHD 电台的音乐总监艾米·米利肯的丈夫弗兰克·米利肯也同意这个说法。1937 年,他称赞电台是"上帝赐给我们的奇妙工具"之一,并声称"科学知识让我们奇妙地控制了自然的力量"。"通过上帝的仁慈和中国朋友的慷慨,"米利肯总结道,"中国现在拥有这个了不起的广播电台。"[17]传教士医生和 XMHD 出资人惠赞加指出,无线电通信背后的科学定律"自诞生以来"就已经存在,但这只是这些定律的发现,应该思考如何应用到新的电台中。惠赞加认为,当人类发现了这些定律时,上帝就向人类展示了他自己。以无线电台为例,惠赞加坚持认为基督徒有责任"在创造中使用任何自然力量来表达对上帝的爱",并寻求"上帝王国的扩张"。[18]

电台至高无上的特征也给美国传教士 A.R.加利莫尔留下了深刻印象。"虽然上帝用所有的现代发明来美化自己,"这位 SCBA 董事会成员在 1937 年夏天写道,"但也许没有任何一个发明比无线电广播发展得更快。"加利莫尔发现,就在几年前,地球两端之间瞬间交流的可能性还是"不可想象的"。"如果这对人来说是可能的,与上帝还有多少关系呢?"加利莫尔毫不怀疑,如果"一个人能想象出无线电,那他的影响力是无限的。"[19]1939 年,另一位 SCBA 成员 H.G.C.哈洛克,将上帝想象成"伟大的广播者",并赞扬了 XMHD 让听众"与上帝一致"的能力。[20]

对无线电广播的卓越能力的信仰,只会增强中国对基督教广播潜力的非凡热情。1938 年,国际宣教协会会议在马德拉斯举办,印度特别赞扬了

XMHD 及其在中国的姊妹基督教广播电台。“在中国,利用无线广播来促进教会的福音工作正逐渐被普及。”在此次会议记录上发表的一篇未署名的文章写道。这份报告称,上海基督教广播协会的“唯一目的”是“通过播出有建设性的广播节目来发展神国”。[21]正如《教务杂志》的一位出资人以类似的方式解释的那样,传教士们需要把无线电广播作为他们用来传播基督教的众多工具之一。“如果有新方法、新主意、对人类有价值的新力量,”F.W.普莱斯说,“让它们为更广泛的基督教福音事业奉献力量吧。”[22]另一位传教士广播员写道,广播“是把上帝带入中国的一种手段”,并让“许多罪恶的灵魂内心深处受到洗涤,加入主的会众并颂扬他”。[23]

XMHD 的日常节目安排明确地传达了这一意图。教区的《密勒氏评论报》称 XMHD“几乎只是专注于宗教话题”。[24]福音派的内容确实主导了 XMHD 日常中英文节目的安排,虽然电台提供的英语节目包括偶尔有改革思想、灌输社会福音的公共健康节目或农村改造节目,但这些并不是标准的日常节目的一部分。定期安排的工作日英语节目包括宗教音乐(包括合唱节目)、教堂服务、冥想和为儿童准备的圣经故事等。每个星期天晚上,有在教堂里举行的常规的宗教仪式广播节目,然后是“传福音仪式”。由《字林西报》赞助的一个 15 分钟的下午时段新闻节目,是英文节目表中唯一一个并非重视福音传教的定期节目。XMHD 的中文节目也围绕福音派为重点进行播出,1940 年的节目表确实有一个名为《西医和卫生实践》(Western Medicine and Sanitary Practices)的每日节目,但是没有定期播出的相对应的英语节目。然而,即使是在中国方面,这种以社会福音为灵感的公共卫生广播节目也是 17 个中文节目中唯一的非福音派节目。无论是中文还是英文节目,大部分的节目内容绝对是与福音派有关的。[25]

基督教广播中对福音派的强调暗示了美国传教运动中更深层的紧张关系。到 20 世纪 30 年代,美国传教运动主要是像前一章所述的当时的社会福音,它致力于通过追求农业、教育、医疗和社会改革减轻普遍存在的贫困、疾病和无知的现状,从而使得人们信奉基督教。到了 20 世纪的第二个十年,由于狭隘的传福音与贫困的中国人的生活无关而受到攻击,几乎所有主要的新教教派都接受了社会福音的方式,大多数在中国的美国传教士不再直接从事福音派活动。社会福音的方式确实带来了一些好处,在 1927 年到 1949

年期间,中国新教徒的数量翻了一番,尽管这个数字很小,只占中国人口总数的很小比例。[26]

然而,并不是所有的美国传教士都认为社会福音是解决皈依问题的答案。这些批评社会福音的人对经济负担不满,这让学校和医院等机构靠着紧张的任务预算进行运转。传教士 F.W.普莱斯作为批评家,从根本上不认可传福音会对确保人们信奉基督教产生适得其反的效果的指控。“我认为,对于这些反对意见我们的反应不应该是减少福音传道,”他写道,“而是要更多、更好、更深入、更彻底地进行福音传道。”对于普莱斯而言,像 XMHD 这样的电台提供了应对这些疑虑的理想工具。“我们不要害怕使用……广播电台。”[27]福音派的普莱斯宣称,同时列出了各种传教士可能用来增加皈依者的方法。

基督教广播有助于解决防备的福音派传教士的担忧,这说明了人们普遍相信电台无与伦比的影响力。XMHD 电台的信号覆盖中国、东亚和西太平洋的大部分地区。那些能够听到 XMHD 广播的潜在听众,或者是一个可能不在教堂附近的听众都被普莱斯这样的福音派的传教士所吸引。一次无线电广播的费用远远低于派遣真正的牧师去覆盖相同场地的费用。此外,一个这样的广播可能比牧师队更有影响力。因此,广播提供了一种更具性价比的方法,将基督教的信息传达给广大听众,即使是资金最庞大的福音派,也发现广播比他们的传教运动能力更大,而且它可以在不破坏社会福音主导的传教运动的预算优先事项的情况下做到这一点。与此同时,在中国的广播中开辟一个福音派天地可能有助于对抗“流行”广播电台的不利影响,据称流行广播与报刊、电影,甚至博物馆一起推动年轻人远离上帝,并培养他们反宗教的态度。在这种情况下,弗兰克·米利肯和艾米·米利肯作为 XMHD 电台建立背后的关键力量是非常有道理的。这对夫妻被认为是所谓的牛津集团(Oxford Group)的上海前哨站的中心,他们领导的国际性福音派传教士运动赞扬通过公开道歉、公开忏悔和团体治疗类型的方法来促进救赎的价值(牛津集团甚至被认为帮助建立了匿名戒酒会)。XMHD 还承诺给同样领导了上海基督教文学协会的米利肯夫妇一个更有影响力的平台来宣传他们极其有效的福音传教工作。[28]

同样重要的是,福音广播也吸引了美国传教工作中占据主导地位的社会福音群体。参加教会的礼拜和进行福音传教的人与有宗教思想的人同样重要,因为这些人是让福音派思想传播更广的伙伴。某种程度上,一个遥远的无线电广播可以解决这些需求,而不耗尽用于各种社会福音启发倡议的资金,广播福音传道是受改革者们欢迎的选择。《教务杂志》在 1937 年 6 月的那期刊物上,指出华北基督教广播电台(North China Christian Broadcasting Station)的福音传道就预示了这一点。它强调了该电台的周日宗教节目和礼拜是如何满足那些必须在安息日工作的基督徒的需要的。"越来越多的人经常在周日晚上邀请朋友来参加礼拜。"听众可能会包括很大比例在周日有工作或者任务的人,他们在时间上与参加教堂的礼拜相冲突。《教务杂志》指出,"乡村的工人、学徒、医院工作人员和其他许多人都在收听"——换句话说,就是那些受到社会福音激励的传教士。[29]

除了教会礼拜、圣经朗读和唱贯穿节目的赞美诗,福音派甚至强调加入一些名义上以社会福音为导向的节目。同样,XMHD 在 1938 年 3 月的时事通讯中大肆宣传约瑟夫 · 金医生主持的医疗项目很受欢迎。它强调了金医生如何让福音渗透他的医学建议中,并坚持认为这种方法为他赢得了成千上万的听众。一位听众写道,福音信息被证明是广播中最有价值的部分。另一项研究声称,事实上现代医学并没有治愈其不明疾病。这位听众把他的康复归功于"一颗从只有耶稣基督能给予的和平中产生的平静和快乐的心"。另一名男子显然带着"强烈的反基督教"的倾向观看了金医生的节目,但在节目结束时"向基督投降"之前,他发现自己"含泪忏悔"。奇怪的是,这封信中没有提到任何医学性质的内容。一名患有肺结核的准备自杀的听众也没有对该节目所提供的医疗信息的质量发表评论。相反,这个节目向他介绍了"信奉基督教有希望的信息"。这个听众的自杀倾向消失了,他的全家人都开始信奉基督教了,他也从肺结核中恢复过来,写这封信的传教士分享了这个故事。"他既坚强又快乐。"记者向观众保证。[30]

在试图缓解美国传教运动中福音派和社会福音派之间的紧张关系时,XMHD 设法奠定一种特殊的说服宗教信仰的基调,满足了这两个群体的需求和利益。尽管如此,上文引用的听众信件还是有启发意义的,实际上中国听众没有给他们写过什么东西,只是传教士们以间接的方式传达听众的故事。当然,我们拥有的关于听众如何参与 XMHD 和基督教广播的直接证据来自美国传教士,他们都是终身的基督教徒。这些传教士来到中国的目的是为了使中国的民众信奉基督教。他们被一家符合他们自己基督教价值观的广播电台所吸引,并以他们长期存在的宗教身份参与进来,这是合乎逻辑的。也许这些故事被夸大了,也许不是。无论如何,写这些信的行为本身就表达了基督教广播在那些在国外工作的传教士心中的重要性。

然而,这种意义其实不仅仅具有宗教性质。XMHD 的吸引力还在于它激发了传教士的民族认同感。这个围绕着 XMHD 及其姊妹电台的宗教和民族观点的融合,促成了 20 世纪 30 年代中期中国基督教广播出人意料的政治化。

宗教广播的身份认同和政治化

乍一看,XMHD 是一个基督教电台,面向一个普通的基督教团体广播。就像 W6XBE-KGEI 电台将自己置于已经吸引了非宗教电台听众的美国媒体环境中,XMHD 和志同道合的基督教电台符合基督教会、域外特权、受宗教信仰启发的改革节目和长期以来支撑着中国传教士存在的宗教文学的语境。通过 XMHD 电台收听、广播和评论的美国传教士们都融入了更具有包容性的环境中。与 XMHD 电台的接触满足了现有的基督教身份观念。在这方面,福音派电台确实在向皈依的人布道。

H.G.C.哈洛克是上海长老会的牧师,自 1896 年以来一直在中国,他的认识佐证了这种相互作用的观点。对哈洛克来说,XMHD 电台的部分吸引力在于当第二天路上与某个听众相遇,能够给他们提供谈论共同宗教利益的机会。“经常在某个收听了广播的夜晚之后,”哈洛克沉思道,“有人会问,你听了昨晚在 XMHD 电台播出的美妙音乐了吗,或者你听到那鼓舞人心的消息了吗?”对于哈洛克,XMHD 引起了听众对于其基督教身份的集体意识,类似于 W6XBE-KGEI 能够引起其听众对美国身份的集体意识。哈洛克坚称,XMHD 让听众“彼此协调”。哈洛克解释说,广播中传来的熟悉声音使听众“想象你看到他就在你身边”。哈洛克相信这个所谓的想象中的基督徒社区,是利用无线电广播来实现超越性的一部分。“我们与所有聆听上帝的子民是和谐的。”哈洛克说。[31]

对一些美国传教士来说,基督教和技术热情的融合凸显了西方国家的优越性。美国的出现源于西方的历史传统,长期以来利用基督教来体现自己面对亚洲地区"野蛮人"的优越感。19 世纪,随着西方人对技术的掌握,开始掩盖作为主要标尺的基督教教义,但基督教仍然可以赞美基于技术的西方优越感。"西方是世界的领袖,"从纽约牧师变成中国传教士的查尔斯·爱德华·杰斐逊在 XMHD 的一次广播中说,"西方国家在某种程度上掌握了财富和权力的秘密。"他最后总结并赞同科学和技术所提供的优势。杰斐逊像许多其他人一样,认为成功的关键在于接受《新约》。[32]

美国民族认同感与那些更广泛的西方基督徒身份的表现并存。XMHD 的联合创始人、广播员和听众弗兰克·米利肯提供了一个例子,基督徒身份推动着他渴望收听 XMHD 和 W6XBE-KGEI 两个电台,特别是 W6XBE-KGEI 的《周日邮包》节目,这满足了他希望和祖国保持联系的愿望。他在给女儿伊迪丝的信中表达了他对家庭、故乡、生活方式和宗教的深深依恋。"我赞成你对篮球的热爱,赞成你把爸爸的背当马儿骑,赞成你在湖里游泳,"这位父亲在支持他唯一的孩子准备在美国上医学院并成为一名医生传教士时写道,"我赞成你的高远的理想主义和对人类福祉和上帝的献身。"[23]

传教士夫妇埃勒罗伊·史密斯和梅贝尔·史密斯也轻松地驾驭了他们个人身份的不同层次。这些就是第四章中讨论的,史密斯夫妇在中国时通过听 W6XBE-KGEI 广播、观看美国电影、订阅美国期刊和阅读美国书籍,深入更广泛的美国媒体环境中,从而获得美国人身份的一种认同感。史密斯夫妇是米利肯夫妇和长老会教徒的密友,他们通过 XMHD 广播来满足某种特定的宗教观点。1937 年初,兴奋的埃勒罗伊·史密斯写信给 XMHD,赞扬了它的广播节目,并要求 XMHD 将史密斯夫妇列入邮寄名单,让他们能够收到一份每月的广播公告。[34]

例如史密斯夫妇这样的美国传教士,并不认为自己是完全的"美国人"或"基督徒"。毫无疑问他们的自我意识包含了这两种概念,但同时还包含了社会和政治身份等其他概念,涉及家庭义务、种族、性别、专业培训、地方起源和其他重要性因人而异的基本意识形态。例如,史密斯夫妇与传教士维尔瓦·布朗和劳拉·沃德分享了一种美国身份认同感,推动他们都成为 W6XBE-KGEI 的忠实听众。与他们的传教士身份相一致,他们也共同致力

图 5.2　艾米·米利肯(后排,右二),弗兰克·米利肯(后排,中),伊迪丝·米利肯(前排,最右),埃勒罗伊·史密斯(后排,最左),梅贝尔·史密斯(前排,左,双手交叉)和宁波的其他传教士(照片拍摄于 20 世纪 20 年代,由宾夕法尼亚州费城美国长老会历史学会提供。经许可后使用)

于社会福音。然而,尽管加州出生的布朗、艾奥瓦州出生的史密斯和新英格兰出生的沃德有共同点,但他们对不同美国地区展示了的不同的忠诚度和归属感。同理,像布朗是医生、沃德是数学老师,他们也有不同的职业身份,这些职业身份可以鼓励人们认同那些即便不是来自美国,但是受过类似训练的专业人士。最重要的是,美国传教士——或者其他任何人——可以在他们个人身份的不同层次中找到正确的道路,并强调那些与目前形势或挑战最相关和最有用的方面。[35]

梅贝尔·史密斯(Maybelle Smith)提供了一个特别引人注目的例子,即当个人面对充满挑战的环境时,如何驾驭他们的多重身份。1937 年 11 月爆发的抗日战争波及了她在宁波的家。日军在宁波城区投下了九枚炸弹,刚好落在了梅贝尔·史密斯的独居居所附近,她的处境极其危险。爆炸的气流掀飞了史密斯,她重重地摔在墙上并且几乎无法站立。她回忆道,当她在拖着受伤的脚部并努力地寻找着掩体时,家里的门疯狂地摇晃,窗户破碎,物品也从货架上飞落下来。作为一名长老会教徒,她对所有经历过爆炸的基督徒都幸存下来表示欣慰。她向“我们的浸信会朋友”表示感谢,感谢他们提供帮助和提供远离轰炸的住所。为了进一步保护自己,史密斯和她的宁波传教士同伴们利用了他们的美国身份。“除了其他的预防措施,我们还挂起了更多的美国国旗,让它们从每一座楼里飘扬,还挂在屋顶上让飞机看到,”史密斯在写信给美国的朋友和家人时写道,“我们像贝特西·罗斯一样不眠不休地缝制美国国旗,尽管实际上她只有 13 颗星星而我们有 48 颗。”[36]史密斯做出了一个果断且实际的选择,即选择展示美国国旗,而不是基督教十字架,因为一个在中国的美国人的身份,比她作为一个基督徒的身份更能保护她免受危险。像史密斯这样的美国传教士可以轻松地在他们的宗教和国家身份中转换,这说明对众多美国人来说,这两者之间的联系是多么的紧密。

这并不是说一个人的不同身份之间从来不存在冲突关系。例如,美国传教士莫德·拉塞尔经常发现她的基督教价值观与她本国政府在中国的外交政策不一致。在这些情况下,她的基督徒身份与她作为一个在华美国人身份并不相一致。罗素常常因为这种身份矛盾而感到痛苦,这也证明了个人身份之间确实会在内部产生矛盾,在面对不同的情况时,必须对不同个人身份的优先级做出选择。[37]然而,通常情况下,基督教新教和美国民族身份之间密切的历史联系帮助他们平息了这种潜在的冲突。清教徒约翰·温思罗普在 17 世纪宣称,北美的新盎格鲁人定居点将成为一座以基督教为基础的“山巅之城”,这对许多美国人来说,长期象征着美国应该在世界上宣称的变革性道德目标的意识。这种明确的宗教道德与美国民族的出现紧密交织在一起,福音派新教长期以来一直是美国政治和身份认同的重要部分。[38]尽管福音派新教在 20 世纪 20 年代和 30 年代不断受到包括传教士团体本身的不断攻击,但对美国优越道德目标的广泛信仰仍然是美国民族身份的核心组成部分,甚至超越了虔诚的宗教信仰。

可以肯定的是,美国传教士以在中国这样的外国传教的目标动机而闻名。大多数美国人没有出过国也不愿意这样做。即便如此,这些传教士和有国家背景的美国人往往都有着这样的理想,即美国是一个有着改革性和全球性传教团的优越国家。在一个大多数人认为自己是经常去教堂的人的国家,全国各地教会源源不断地向传教工作捐款,这一现象至少在一定程度上反映了这种共同目标感。如果一些传教士觉得自己与祖国有些疏远,那并不一定是因为他们觉得自己不那么美国化了,他们这种感觉往往来自这样一种感知,即由于明显的世俗化趋势、道德衰退和精神丧失,美国本身正变得不那么美国化了。[39]

事实上,对于美国的文化发展,不论是身在中国的传教士还是美国本土公民,都抱有相似的不满。"好莱坞能传递出什么好东西吗?"XMHD 的艾米·米利肯曾经含蓄地暗示了那种道德衰退感。[40]尽管如此,这种关于美国社会的更具宗教意义的观点仍无法从传教士对自己是美国人的认识中解脱。"我们的出生和成长都有一定的品位,一定的方式,"一名最近在厄瓜多尔的传教士解释说,"你不能通过生活在国外来消灭这些人,我曾经非常愚蠢地尝试过……我是一个美国人。"[41]

在中国,这种传教目的与美国身份的交织产生了重大的政治影响。中国传教运动成功地树立了中国作为美国"特殊朋友"的大众形象,即将成为美国形象中的"基督教文明",值得美国支持。他们认为,中国为美国追求其自认为的变革性全球传教提供了理想的环境,而传教运动是这一追求的理想载体。实际上,这一形象帮助了教会从志同道合的国内教会中筹集资金。更广泛地说,这一由传教士培养的中美"特殊关系"理念的流行与美国驻华外交使团倡导的观点和政策交织在一起。虽然外交官和传教士在政策问题上并不总是意见一致,但有足够多的共同世界观,有足够多的前传教士在中国担任外交角色,传教士和官方观点之间的界限往往会比较模糊。[42]

美国的传教士运动也与中国的国民党政权建立了密切的联系。1931年,蒋介石表面上皈依了基督教。1927年,经过多年的内战,蒋介石为了巩固权力并确保对中国的稳固控制,他迎娶了宋美龄,宋美龄接受过美国教育,是中国最富有、最有权势的基督教家庭的二女儿。蒋介石有着不堪的过去,包括与上海黑社会的关系、众多的妻子、多个小妾,因此蒋介石未来的姻亲是不被看好的。但与此同时,宋美龄的家族也明白,蒋介石是中国正冉冉升起的明星。为了换取与宋美龄结婚的许可,蒋介石承诺要学习基督教并改变原来的信仰。美国传教士非常欢迎他加入宋美龄的基督教家族,接受他的信仰转变,并且他们预计由于中国领导人和他的妻子都在信奉基督教,他们的传教工作会取得更大的成果。[43]

蒋介石也明白与美国传教士合作的政治优势。1934 年,也就是 XMHD 获得广播许可的同年,国民党开始给予自力更生的美国传教士运动在中国农村推行急需的改革计划方面更大的余地。蒋介石在陷入困境和财政紧张的情况下,允许(大部分的)适度的传教运动,以推行必要的农村改革和公共卫生倡议,这也为他在美国赢得了良好的媒体支持。蒋介石一般会尽量避免在中国选民面前强调自己的基督教信仰,但在面对美国听众演讲时并没有这样的担心和不安。最早的传教士担心与国民党建立过于紧密的政治关系,而随着传教士们对日本的在华政策日益厌恶,他们逐渐接受了中国基督教领袖的想法。为了使他们在中国的工作合法,美国传教运动向官方对其改革计划的支持表示欢迎,并在 1936 年开始与国民党政权开展了全面的合作。

他们之间的这些互惠互利延续到了 XMHD 广播期间。1936 年,蒋介石的妻子宋美龄在听了 XMHD 电台的新年特别节目后,与电视台的音乐总监兼联合创始人艾米·米利肯共进晚餐。她们讨论了未来国民党与 XMHD 合作的可能性。包括蒋夫人在内的其他主要的国民党内成员很快就给了 XMHD 支持,中央通讯社也开始宣传 XMHD 的节目。米利肯指出,这种做法与该通讯社此前拒绝宣传 XMHD 的做法截然不同。包括中国外交部长、蒋介石的密友张群的妻子出席并发表了演讲。“我们的节目棒极了,”艾米·米里肯总结道,“这是基督教运动中最重要的事情之一。”[45]作为回报,XMHD 认定蒋介石为模范基督徒,并向感兴趣的听众提供两封基督徒书信,分别是由宋美龄和蒋介石撰写的《我的宗教观》(My Religion)和《我的精神》(My Spirituality)。XMHD 的基督教广播公告还宣传了蒋介石题为《我对耶稣受难日的精神理解》(My Spiritual Conception of Good Friday)的文章。此外,XMHD 收到了大量听众索取关于蒋介石的基督教著作副本的请求,以证明他们在传教运动中的个人声望。“我们非常感谢蒋介石夫人和她对上帝的态度,”1937 年初,传教士 D.K.希茨在代表自己和妻子给电台的信件中写道,“我们会为她和她高贵的丈夫祈祷。”[46]

随着抗日战争临近,美国传教士运动已经选择了立场。1936 年的夏天,艾米·米利肯在访问北京时,表达了对日本在中国北方势力扩张的担忧。“如果人不去想太多,”她犀利地说道,“那么在美丽的北平(北京)的人们可以很幸福。”这位电台传教士希望日本已经达到了扩张的极限。“毕竟,日本人不能吞掉中国,”她在战争爆发前一年向女儿保证,“这就像一只蚂蚁试图吞下一只骆驼。”[47]米利肯在战争前夕对蒋介石的个人责任感的认识也有所增强。1936 年 12 月,忠于抗日的张学良的士兵绑架了蒋介石,而令米利肯印象深刻的是,即使当蒋介石的生命悬而未决时,却还想要一本《圣经》。[48]而此后蒋介石能够成功逃脱,很大程度上是由于他做出了与日本全面开战的承诺。

1937 年 7 月,当日军在北京城外向中国驻军挑衅时,蒋介石遵守了承诺,中日两国正式全面开战。毫无疑问,这时美国传教士们产生了同情并提出他们的基督教广播方案。在战争下,基督教宗教和美国国家身份不可分割的融合特性将基督教广播政治化,XMHD 定位为一个具有鲜明抗日态度的美国广播电台,成为这次抗日战争期间日本人反对的焦点。

基督教广播与抗日战争

米利肯夫妇与埃勒罗伊·史密斯、梅贝尔·史密斯都是众多美国传教士中的一员,他们在近距离目睹了中日冲突的不断扩大。1937 年 7 月,驻扎在北京附近的中日两国军队在紧张局势持续数月后发生冲突,战争由此打响。在意识到让日本结束战争意味着更多的让步后,同年 8 月,蒋介石别无选择,只能对日本发动全面战争。[49]当战火蔓延到上海时,米利肯夫妇和史密斯夫妇滞留在青岛,在听说他们的亲友兼传教刊物《教务杂志》的编辑弗兰克·罗林森,不幸死于上海公共租界的炸弹爆炸之后,他们也对那个遥远的城市表达了担忧。而弗兰克·米利肯被迫接替遭受意外的罗林森,担任该杂志的编辑。[50]

尽管战争仍在租界肆虐,米利肯夫妇仍然力排众议,坚持在 9 月份回到他们在上海的公寓。而当同行的史密斯夫妇希望从上海继续南下回到宁波时,才发现自己南下的道路受阻,只能受困于上海。当他们抵达上海并认为已经度过了最糟糕的时期时,他们却在米利肯公寓的“看台席”上目睹了远远超过他们预期的血腥和杀戮。史密斯夫妇说他们的每一天都"充满了恐惧"。零星的枪声成了家常便饭,爆炸声经常震动整个公寓,日本飞机不断在头顶盘旋并俯冲轰炸他们的目标,由于害怕被流弹或弹片击中,睡眠也成了奢望。史密斯夫妇常常因爆炸的"可怕的噪音"而担惊受怕,然后惊恐地目睹废墟中升起的硝烟。"我们亲眼看到了炸弹从飞机上落下,"史密斯夫妇在一封写给他们在美国的亲朋好友的信中写道,"我们任何人都无法理解,中国军人是如何在这种无情的空中轰炸下站稳脚跟的。"[51]

这场磨难给艾米·米利肯造成了特别巨大的损失。正如她所预测的那样,日本这个"蚂蚁"确实很难吞下中国"骆驼"。战争最终陷入了僵局,在这种僵局中,过度扩张的日本无法击败中国政府,中国政府撤退到遥远的重庆,并在那里建立了战时首都。由于那个西部城市坐落在日军无法企及的地方,一场消耗战展开了。到 1937 年底,战斗还没有看到尽头,艾米·米利肯却感觉自己更老了。据她自己说,她的脸色苍白,眼睛看起来很疲倦,并且患有失眠症。在伴随着最黑暗的战斗日子而来的兴奋和肾上腺素激增过去之后,战斗的向西移动使得米利肯感到深深的绝望。对米利肯来说,"情感拖累"是"战争中最艰难的部分","我们看到了精神上和物质上的可怕代价",米利肯对她的女儿解释道。米利肯坚持每天都去看望受伤的士兵,简洁地描述了周围看到的场景,"破碎的骨头、破碎的家具"。[52]

对中国人的同情很容易表现为对日本人的仇恨。"他们甚至不希望我打开东京广播收听新闻,"米利肯在谈到与她一起度过青岛早期敌对状态的朋友时写道,"这让他们很生气。"就像同一时期的绝大多数美国人一样(下一章将进行更详细的探讨),他们认为日本的新闻是谎言、半真半假和歪曲报道的结合。在米利肯看来,这些新闻报道只是助长了"对日本人的怨恨与怨言"。米利肯夫妇支持美国对抗日本,并使用短波无线电广播接收来自中国战时首都重庆的报道。1939 年,他们甚至为一些经济拮据的皈依者购买了短波收音机,这样他们也可以收听这些官方广播。这一系列行为发生在日本试图控制传入中国的新闻报道,并通过建立合作政权来管理日本占领的领土,以此来破坏蒋介石政府时期。米利肯试图让他们的中国熟人接触战时政权的新闻广播,这是一种无可争议的公开政治行为。[53]

基督教广播对日本展现出了更明显和公开的挑战。这些战时宗教广播的最初来源实际上是非宗教的美国电台 XMHA①,而不是 XMHD。XMHD 在战争开始时就因为台风把高楼上的天线破坏而停播了。此后不久,战斗吞噬了上海,狙击手在屋顶的活动日益活跃,所以没有修理工敢冒险到楼顶修复损坏的天线。在危机期间,传教士团体强烈地感受到了 XMHD 的缺失带来的不便。为体现团结的姿态,上海的 XMHA 每周日晚上都会在广播中抽出时间,向驻扎在广大农村的基督教传教士进行广播,试图为传教士提供上海目前最新的新闻和战争信息。[54]

XMHA 的基督教广播采用了一种可以预见的反日基调。正如下一章所述,日本人由于其节目中特别是新闻广播节目刻意强调的反日态度而对美国的电台持有敌意,而 XMHA 的广播所拥有 5500 英里的传输范围进一步激怒了日本。在这方面,传教广播的亲华赞助商在反日的 XMHA 找到了一个理想的合作伙伴。隶属于基督教青年会的全国基督教委员会(NCC)制作了这些节目。表面上,这两个组织是跨国的基督教组织,致力于在中国进行基督教皈依和社会福音工作。虽然不是单纯的由美国组织建立,但美国人在两个群体中扮演了领导角色,并占据了突出的地位。此外,这两个组织还与中国现在陷入困境的国民党政权建立了密切的联系。考虑到 XMHA 的反日血统,我们不难理解它将广播时间分配给 NCC 的举动。[55]

1937 年 9 月至 1938 年 6 月,超过 40 个广播节目对日本人提出了隐晦但仍然很明显的批评。这些节目包括了上海的最新新闻,以及来自全国各地的传教士联系人的报告。因此,听众们听到了无数关于憔悴和饥饿的难民逃离战争的故事。他们得知难民营容量过于饱和而救援人员正在努力跟上。听众听到了教会医院满是死亡和受伤的报告,以及炸弹袭击无辜百姓的报告。局面日益严重,但这些描述很少提到日本人的名字,因为他们不需要这样做。在 1938 年 3 月 27 日的一个节目中,隐晦地提到了"住在教堂里并烧毁家具的外国士兵",显然,行凶者的身份也无需进一步澄清。此外,还有广播表达了向"处于苦难时刻的中国人民"致敬的呼吁。而在谈到中国人时,播音员则以平和的语气要求听众记住"不要为他们的敌人祈祷,就像基督自己所做的那样"。[56]

---

① XMHA:美商华美广播电台,总部位于上海。

尽管如此,在美日关系的黑暗时期,NCC 的广播节目避免了许多美国喜欢的带有种族色彩的隐喻,或对日本人的全面谴责。相反,一些广播节目呼吁维护日本人民的尊严,他们当然不能支持他们的国家在中国发动暴力。“只要日本人民知道在汉口、南京、广州发生了什么事。”1937 年 9 月首批节目中的一位播音员声称。显然,一些日本人的确如此,例如在 1938 年初的一个广播节目中,一位在美日本人就表达了对中国战争的不安和担忧并进行了公开募捐。而在 1937 年 10 月的另一段广播中,呼吁基督徒为那些“造成中国人死亡和破碎”的任性日本士兵和军官祈祷。为了说明这一点,该广播引用了耶稣基督本人的话:“天父原谅他们,他们不知道自己做了什么。”[57]

传教士广播员厄尔·巴卢是 NCC 的 XMHA 周日节目的固定主播,他有意识地把自己对日本明确的个人敌对情绪排除在广播之外。他的批评都是笼统隐晦的。在 1938 年 3 月 13 日的广播中他没有提及日本的名字,而是大声说道:“到处都是悲伤、恐怖和贫困。”[58]在广播工作以外,巴卢是在一位耶鲁大学受过教育的传教士,也曾在美国外交宣教委员会(the American Board of Commissioners for Foreign Missions)任职,他对日本人的罪责的评估要直白得多。他为 1939 年出版的一本书撰写了一章内容,讲述了战时中国的传教经历。他的文章主要面向英国和北美的读者,讲述了日本士兵洗劫村庄,烧毁房屋和食品店,还有掠夺乡村的故事。他明确地将日本士兵比作冷血的杀人犯。没有 NCC 的播音员——包括巴卢或任何其他人——敢在广播中提出这样具体的和毁灭性的控诉。[59]

NCC 广播采用的克制语气具有双重目的。在某种程度上,NCC 的批评框架使其传递的信息与基督教所倡导的普世之爱和兄弟情谊的观点保持一致。同时,为了避免直接且严厉地抨击所有日本人,NCC 尽可能帮助保护了居住在日本占领区的无数传教士。就当时情况而言,美国外交使团不断收到美国传教士受到日军虐待的投诉。在 1941 年初发生的两起事件中,尽管在战争开始时,日军已经知晓该地是美国的驻地和资产,但日本还是轰炸了美国在福州地区的两个代表团。[60]因此,我们可以做出合理的推测,如果 NCC 在其广播中说出更多两极分化的言论,情况会不会更恶劣?在面对与 NCC 关联的传教士时,日本军队是否会激起更多的“事故”和“误解”?

即使存在这样的顾虑和约束,传教士对日本政策的强烈反对情绪也难以掩饰。1939年初,XMHA的技术人员帮助XMHD完成了维修工作并使其恢复运行。与拥有抗日政治立场的XMHA的持续合作引起了日本人的关注。再次播出时,XMHD延续了对日本进行尖锐但含蓄的批评模式。1940年,一位中国皈依者在节目中详细讲述了他的家人在1937年南京战役中的苦难经历,以及他年迈的父母作为难民所承受的艰辛。故事本身并未提及日本的名字,他所描述的创伤只能被视为对日本造成混乱的行为的含蓄控诉,这些行为现在被称为南京大屠杀,被称为对南京的强奸。在1939年2月的一次广播中,出生于威斯康星州,受过芝加哥大学教育的浸信会传教士斯特林·比斯解释,"今天世界上的邪恶势力似乎几乎势不可挡","邪恶的强大风暴正在席卷我们"。比斯声称,基督教广播,特别是XMHD电台可以帮助传教士和中国人"对抗黑暗和罪恶的力量"。在描述中国战时的困难时,比斯毫无疑问是指日本。这种厌恶显然是相互的,因为在不到两年后美日战斗打响之时,日本人逮捕了比斯并将他作为战俘关押。[61]

该台的非宗教新闻广播进一步表明了XMHD电台对日本的反对。由英国人创办的《字林西报》赞助了广播,自称"民主之声"公开反对日本帝国主义。XMHD为该报的广播报道提供了便利,这也使人们更加坚信,基督教广播电台在反对日本方面具有强烈的党派立场,该电台的时事通讯甚至敦促听众付费订阅《字林西报》。而更让日本人感到气愤的是,XMHD恢复后的信号能传到日本。[62]

或许XMHD最明目张胆的政治手段并非来自实际的广播,而是来自表面上其所有权和注册人的变更。当该电台于1939年再次播出时,它将所有权从中国人转让给了SCBA内的一名美国人。这是一个巧妙的政治举动。XMHD最初是在1934年作为中国自己的电台播出的,当时正值国民党政权的鼎盛时期,他们努力阻止外国电台播出并推崇中国自己的电台。正如第三章所探讨的那样,这些努力甚至达到了干扰外国广播公司的信号的地步,而这些广播公司认为中国当局政府对公共租界提供了保护,不应当做出这样的举动。然而,1937年之后,中国的当局处于劣势。日军在其占领地区关闭了中国的广播电台。位于公共租界区的XMHD也没有为中国的广播公司提供保护。为避免日方篡夺电台所有权的可能性,上海市议会与日方合作,关闭了租界内所有播放反日内容的中资电台。上海市警方要求任何获准继续播出的中国电台的负责人都需签署一个措辞相当宽泛的承诺,承诺"不播放任何包含政治性质或者令上海市警察反感的戏剧、歌曲、演讲等内容"。[63]

然而,根据治外法权条款,上海市议会不能对美国人创办的电台进行同样的管理。治外法权将美国人置于美国自己的法律管辖之下。因此,如果 XMHD 没有违反任何美国法律,上海市议会无权对 XMHD 采取行动。所以美国广播电台在决定他们选择播放的节目类型方面享有更大的自由,即使节目在主旨上是反日的。此外,在遇到麻烦时,因为美国政府本身反对日本侵华政策,美国所有权也允许该电台寻求来自美国政府的帮助。简而言之,所有权变更是为了保护电台节目免受日本阴谋的影响。

然而,XMHD 将所有权转给美国人的举动最终被证明是无效的。正如美国人创办的电台在 20 世纪 30 年代早期那样,公共租界的自治特权所提供的法律保护是无法承受坚决的反对的。早在 20 世纪 30 年代初,中国新政权就试图通过坚决的反对,来巩固对国家和其电视广播的控制。到了 20 世纪 30 年代末和 40 年代初,野心越来越大的日本政府接管了这个工作。中国拒绝投降,而日本被证明无法战胜中国,随着战争的时间比预期的要长,国际社会对日本在中国行动的反对也在不断加剧。蚂蚁被骆驼掐住了喉咙。日本越来越渴望胜利,却发现这场无休止的战争使其有限的资源捉襟见肘。作为回应,日本人更加努力去扼杀那些被认为是反日且容易激起抵抗的通讯媒体。日本当局分别开展了对邮件的审查制度、试图扼杀印刷媒体、推动亲日宣传活动、控制电台和对敌对电台的大范围干扰等一系列报复策略。[64]因为 XMHD 的传教士血统、节目内容和战时行为,成为日本人的主要目标。

到 1940 年 4 月,XMHD 发现自己面临阻碍。该电台以书面形式向日本于 1938 年在上海建立的广播电台监察处(the Broadcast Radio Supervisory Office)发出控诉,表达其被冒犯的不快。这封上诉信寄送到了监督处负责人浅野哈苏武(Asano Kazuwo)手中,信件中保证 XMHD 了"不想做任何可能对美日关系产生有害影响的事情"。[65]但浅野没有理会上诉。XMHD 随后联系了美国驻上海的领事馆,这引起了日本驻上海的总领事馆和日本大使馆的注意,但谈判没有起到什么作用。1940 年 9 月,随着日本人进入法属印度支那,美日关系进一步紧张,XMHD 继续成为日本人的报复对象。美国所有的反日中国报刊推测 XMHD 的《字林西报》是日本当局实行干扰报复的导火索。该报发表声明称:"对 XMHD 的干扰似乎没有其他原因。"[66]

事实上,新闻只是日本人不满的一个方面。尽管 XMHD 广播的抗日内容是引起关注的主要原因,但另一方面让人担心的是该电台的强烈信号。它将这些令人不快的报道带到了中国、整个太平洋甚至到日本。这种结合是令人无法忍受的。在 XMHD 排除了数月的干扰后,日本政府最终承诺给予 XMHD"保护"。浅野和一位不愿透露姓名的日本大使馆官员通知电台管理层,只要它在监督处登记,干扰就会停止,但更重要的是,他们需要减小其传输效率,将其广播限制在城市范围内(美国人已经是无可救药的反日势力)。在 1940 年的大部分时间里,XMHD 拒绝遵守这些要求,并希望能有一个更好的解决方案,以保持其信号强度和自主权,但都无济于事。到了 11 月,XMHD 最终默许了日本的条款,而日本也在这个月底停了干扰。曾经覆盖亚太地区的中国一流基督教广播电台,成为上海公共租界的独唱。[67]

到 1940 年底,XMHD 的政治化和在中国的宗教广播已经完成。早期认为 XMHD 是在中国传播基督教福音的强大工具的愿景,在太平洋战争前夕毫无意义。日本人部署了干扰装置使这个与传教士相连的电台无法发声。基督教广播在中国所宣扬的宗教理想并不是日本的目标。XMHD 的命运与宗教广播所做的政治选择有关,这些选择使 XMHD 和宗教广播明确地支持中国,支持美国人,反对日本人。以众生皆兄弟般的基督教之爱的言辞,推动基督教广播的努力失败了。在太平洋战争前夕,XMHD 和宗教广播在中国是一种党派化和政治化的广播活动,其付出的代价是对外认同在 20 世纪 40 年代初日美关系日益紧张的美国政策。我们并不惊讶日本人把 XMHD 等同于一个明显的美国人和明显的政治广播渠道。一位美国传教士播音员在一个关于《圣经》的无关政治的 XMHD 节目中说道:"毕竟没有人能逃离我们的背景。"[68]

小　结

在 20 世纪 40 年代初,仅仅六年多的时间里,中国的基督教广播已经远远偏离了其根基。XMHD 成立于 1934 年,作为受传教士启发而席卷中国进行宗教传播活动的旗舰电台,它致力于成为不关心政治的信使,旨在把基督教福音带给数百万中国人。多年来,传教士们由于未能赢得足够的皈依者而感到失望,XMHD 和它的姐妹电台承诺利用广播的力量,增加接受基督教的人数。六年后,XMHD 获得的关注并不是因为它成功地改变了人们的宗教信仰,而是因为它成了日本持续干扰的目标。到 1940 年,基督教广播公司已经与中国的国民党政权建立了密切的联系,将其所有权移交给美国人,同时与上海最出名的反日的美国电台之一合作,成为批判日本政策的武器。这种对基督教广播的重新定位发生在抗日战争的背景之下。在此期间,中国国民党政权发誓要在美国向中国政府提供更多支持的情况下继续战斗。进入 20 世纪 40 年代后,这种转变的政治意义是不容忽视的。1934 年 XMHD 成立时,被视为一个跨国、非政治和跨教派的电台。到 1940 年,XMHD 和基督教广播公司在抗日战争中选择了立场。它卷入了 20 世纪 30 年代后期席卷中国的国际冲突,而日本人把它当作一个敌对的广播电台。

然而,仔细观察,XMHD 和基督教广播的转变实际上并没有那么戏剧化。基督教广播与中国利益和美国利益的双重关系,在其成立以来就赋予其运营的特殊性。SCBA 首先是美国传教士和中国皈依者之间的合作。参与这项行动的美国传教士不仅将自己视为普通基督徒,而且将自己视为美国人。基督教是他们作为美国人不可分割的组成部分。尽管如此,这些传教士从未丢失自身美国人的认同感,包括希望保护与自己利益息息相关的美国官方政府。美国传教士向其他美国人分享展示了关于电台及其推动非西方世界进步和文明的潜在力量的经典案例。他们声称技术对进步和文明的贡献,使人类更接近上帝,这也反映了一种深深植根于西方和美国文化传统的思想,而这些文化和知识潮流从一开始就影响了 XMHD。

在这种背景下,美国传教运动加强了与中国国民党政权的联系,强化塑造了广播业务。由传教士领导的战前农业、教育和公共卫生倡议,符合国民党追求温和改革计划的愿望,该倡议将缓解中国的问题。传教计划还允许经济困难的国民党利用传教运动为改革投入资源。这些联系延续到了基督教广播,不仅通过政府许可给这些电台授权,还让国民党官员蒋介石和他的妻子宋美龄参与节目制作。这些基督教广播在中国的基础是早于抗日战争的。

最后,基督教广播本身并没有像它所处的环境那样发生变化。抗日战争动员了中国人民与日本抗争,使美国人对日本的风评下降,并让美国自己走上了对日本开战的道路。事实上,参与基督教传播的美国传教士与其他大多数美国人没有什么不同,他们目睹了抗日战争的爆发。SCBA 由中美董事和员工组成,表达了与大多数美国人和中国人对日本侵华战争感到震惊的相同的反日情绪。

基督教广播的公开政治化的根源从一开始就已经存在了,直到抗日战争才彻底消除了这种政治化。XMHD 最初选择以中国电台的方式注册是一个符合 20 世纪 30 年代早期的现实背景的政治选择。随后在 1939 年将注册权改为美国公司以阻止日本人的控制也是一个明显的政治选择。它为电台提供了更大的广播自由,包括在抗日战争背景下批评日本的自由。因此日本政府封锁了 XMHD。这也是 XMHD 在整个 20 世纪 30 年代到 40 年代所做的政治选择的政治结果。

XMHD 和基督教广播也侧面说明了广播是如何受限于背景的。尽管 XMHD 和其他中国的基督教广播背后的美国传教士身份多样,但他们无疑是美国人。随着两国与日本的关系恶化,作为美国人的他们与中国的国民党政权和美国官方建立了联系。这种国际政治的融合和美国传教士的行为,加剧了传教士和日本人之间的紧张关系。在 20 世纪 30 年代,这些广泛的背景塑造了基督教广播的发展机遇,但几乎否定了电台按照 XMHD 创始人最初设想的进一步推进中国基督教化的机会。基督教广播自身也成为日本侵华战争的牺牲品。就像在本研究中探索的其他在中国的美国广播计划一样,随着 XMHD 和基督教广播的播出,它的支持者相信将会给中国带来革命和乌托邦式的变革。但被又一次证明了关于无线电广播发展的远大蓝图只不过是空有远景。最终,中国的基督教广播变得既政治化又宗教化,与日本之间相互充满敌意。XMHD 和美国基督教广播在中国的经历再次证明了美国人和广播不断进入中国是不切实际的妄想。

第六章

“非官方电台的兴风作浪”:太平洋战争前夕的广播新闻和美日冲突

1940 年 1 月 12 日晚,广播新闻播音员卡罗尔·杜阿尔德·奥尔科特(Carroll Duard Alcott)在去工作路上遭到了伏击。在奥尔科特的人力车穿过上海的街道时,一辆载着两名穿制服的日本军人的汽车快速行驶到它前面。人力车被困后,奥尔科特的车夫吓坏了,跑进附近的一条小巷。一名中尉抓住了这位美国广播名人,打算强迫他上车。当被要求确认身份时,奥尔科特否认自己就是他们要找的那个人。警官感到怀疑时,220 磅重的奥尔科特挣脱并拼命逃进车夫逃跑的那条小巷。奥尔科特步行来到一家美国人拥有的广播电台 XMHA,他有点喘不过气来,但及时完成了广播节目。[1]

奥尔科特与日本人的可怕遭遇已经成为他在战时上海生活中极其平常的一部分。在他 1938 年加入 XMHA 之前,他是上海一家美国所有的中国出版社的记者,当时直言不讳的奥尔科特就已经开始擅长躲避他的敌人了。在 1933 年,奥尔科特在上海的一家餐厅用餐时,发现一名日本枪手蹲在一个大盆栽后面,据称枪手准备在奥尔科特离开餐厅时射击他。在奥尔科特开始在 XMHA 工作后的,发生了一件事,这位新闻播音员发现,自己在上海的交通堵塞中进行了一场滑稽且缓慢的汽车追逐。他被枪手追赶,他们虽然缓慢行驶,但仍设法逃离车辆,跳上人行道,从电线杆上跳下来,他们的车辆猛撞进木板栅栏发生故障。这位新闻播音员有充分的理由采取预防措施,他雇了一名保镖,穿着防弹背心,携带枪支,并驾驶装甲车。有时,当威胁迫在眉睫时,他就会由警察护送。直言不讳和狂热的反法西斯主义使这位新闻播音员被列入了上海的几个敌人名单中,包括亲纳粹的德国人、白俄罗斯人和亲法西斯的意大利人(在那次滑稽的暗杀计划中,是后者驾驶着他们的汽车冲进围栏)。然而,日本人比任何人都更希望奥尔科特保持沉默。他用自己的热门新闻节目无情地严厉谴责日本在中国的强制的帝国主义,并且在受到或面对威胁时都拒绝让步。奥尔科特为自己强硬的立场感到自豪,他宣称自己是“东方轴心国非官方电台的兴风作浪者”。[2]

图 6.1　卡罗尔・奥尔科特,约 1940 年(保罗・弗伦克提供)

事实上,卡罗尔・奥尔科特已经与美日之间的一场更广泛的新闻战交织在一起。这场新闻战围绕着日美试图争夺在中国和更广泛的东亚地区的英语新闻广播的主导权展开。美国人和日本人都在努力确保广播新闻反映出他们各自的不相容的需求和利益。而奥尔科特则坚称,他的新闻节目始终批评日本人,这反映了对明显事实的公正评估。奥尔科特认为日本的新闻业并没有比支持不可原谅的日本侵略的无耻政治宣传好多少,这是许多其他美国人都认同的观点。日本官员指控美国新闻业固有的反日偏见,通过故意传播虚假信息来威胁日本的合法利益。在日本人看来,扼杀这种故意误导性的新闻是一场公平的游戏。1937 年抗日战争的爆发加剧了日本对这一目标的追求,一旦是来自前线和关于前线的消息就会获得较多的关注。日本在中国的侵略行为使美国和日本关于在东亚的合法利益问题上的冲突越来越激烈,控制无线电波和新闻的感知风险进一步增加。因此,日本在战争期间努力清除卡罗尔·奥尔科特和 XMHA 带来的美国批评报道。与此同时,日本当局还干扰了美国短波电台 W6XBE-KGEI 的新闻广播。XMHA 和 W6XBE-KGEI 电台都站在美日战争的前线,控制中国和更广泛的东亚听众能够接触到的新闻。

听众们在这场新闻战中很重要。美国听众给他们在中国的广播收听带来了明确的期望和权利感。这些美国人希望自己能畅通无阻地接触到他们熟悉的美国媒体。基于这些期望,XMHA 和 W6XBE-KGEI 电台的新闻节目成功地吸引了他们在中国的目标美国听众关于政治、文化、社会和经济敏感性的注意力。日本当局试图监管被占领的中国的电台,这明显比同样的新闻节目引起更多的负面反应。他们压制美国新闻的努力激怒了那些追随这些节目的忠实的美国听众。美国外交机构和管理上海公共租界的上海工部局想知道,当东亚的风险似乎比广播中的争论要大得多时,支持美国听众抱怨干扰的路还能走多远。

由于权威和声望都面临威胁,他们既不能对日本破坏无线电波的活动视而不见,也不能允许广播让围绕日本侵华战争更紧迫的外交问题变得复杂化。在这场磨难中,日本人和美国人一直以一种合法化的方式参与广播新闻活动,随着两国走向战争,强化了双方先前就存在的对立。[3]

传播新闻:战时中国的美国人

当中国和日本在 1937 年陷入战争时,居住在汕头的传教士医生维尔瓦·布朗(Velva Brown)是立即向广播新闻提供有价值的,甚至拯救生命的信息的美国人之一。战争给汕头造成了损失。布朗说住在斯科特·泰尔瑟纪念医院(Scott Thresher Memorial Hospital)附近的城市居民听到飞机从头顶飞过,他们没有意识到这是一次爆炸袭击,都跑到街上去观看这一奇观。"炸弹扔到他们中间",布朗哀叹道。她的医院随后被大量的死亡、受伤和大屠杀的传言所淹没。她容忍着每天都会发出的即将发生的空袭警报。战争开始一年多后,她看着中国军队在汕头周围挖战壕,为对抗日军做准备。在这种情况下,布朗写信回家说,她很感激有一个能工作的收音机,“尤其是在上海的报纸连续几周不来这里,香港的报纸也不是很定期的时候”。[4]

在战争爆发时,作为院子里唯一的收音机拥有者,维尔瓦·布朗承担了满足同事们对广播新闻的无限需求的责任。像维尔瓦·布朗这样的传教士是美国的一个重要代表,他们生活在中国各地,但通常是在更偏远的地区,及时了解最新的事态发展是很困难的。被卷入周围战争的交火中的风险,以及想要知道在这场冲突中接下来会发生什么的想法加剧了布朗等美国人对新闻的渴望。布朗指出,“在医院不需要的时候,我每天晚上都尽可能地安排好时间为来自南京、东京、马尼拉和上海的新闻报道写笔记。”她还收听了来自伦敦、柏林和澳大利亚的短波新闻广播。然后,她从这些晚间新闻节目中收集了大约12页的笔记,并在她自己的布道所传阅,然后转交给附近其他没有收音机的布道所。布朗认真对待这一职责。“听广播新闻的时候到了,所以我现在就要结束了。”布朗在收拾她写给家里的许多信的一封中写道。[5]

上海的美国人所有的XMHA电台是布朗最重要的新闻来源之一。这个500瓦的电台在上海广播的频率超过600,多亏了短波同步广播,在城外5500英里处还能听到。在战争之前,XMHA就已经成为上海最成功的美国电台之一。位于中国的亨宁森生产公司的总裁尤利西斯·塞弗林“美国”哈克森拥有XMHA。哈克森(Ulysses Severin“U.S.” Harkson)的亨宁森生产公司(Henningsen Produce Company)最初是一家鸡蛋出口商的公司,在20世纪30年代发展到乳制品、冰淇淋和糖果行业。20世纪30年代初,经营亨宁森公司的同时哈克森投资了20多万美元建立了XMHA。一位美国官员称XMHA是哈克森的“业余爱好”。事实上,XMHA增加了亨宁森公司的收益,特别是作为该公司的“榛子木”(Hazelwood)冰淇淋和糖果棒的广告平台。卡罗尔·奥尔科特回忆说,到20世纪30年代末,上海大约有500家商店出售榛子木产品,它的“爱斯基摩派”(Eskimo Pies)甚至在中国消费者中广受欢迎。[6]

XMHA电台通过投资最先进的设备和令人印象深刻的节目,吸引了庞大而忠实的听众。RCA 的维克多公司和 XMHA 电台之间的一项协议指定了站台的空调工作室为 RCA-Victor 设备的子经销商。听众可以参观站台,购买相对舒适的 RCA 产品。XMHA 电台从 RCA 购买了一个大型的电子转录库,包含全国广播公司和其他在美国流行的节目。这个近 500 卷的美国广播娱乐库是上海唯一的一个。电台的业余广播比赛为业余操作员提供了在电台播音的机会,美国人所有的伯利香烟公司为获胜者颁发了特别奖项。XMHA 电台还与帕卡德汽车公司(the Packard Motor Car Company)的当地经销商合作,这是一家美国高档轿车制造商,在帕卡德的上海展室制作了一个特别的广播。每天播出与美国报纸《大美晚报》合作制作的多个新闻节目,是该电台最受欢迎的节目之一。这个英语新闻节目是上海第一个报道地方、国家和国际事件的同类新闻节目。[7]

当在游说在美国西海岸建立一个新的向中国播音的短波电台时,居住在上海的美国贸易专员维奥拉·史密斯(Viola Smith)特别提到 XMHA 电台的受欢迎程度,尤其是它的新闻广播。史密斯认为,到 1937 年初电台的蓬勃发展表明存在很多热情的美国听众,他们迫切需求美国来源的新闻。同年晚些时候抗日战争的爆发,以及美国人在接收来自美国的广播方面反复出现的困难促使史密斯加倍努力建造这样一个电台。史密斯强调,美国人比以往任何时候都更需要及时获取客观的美国广播新闻。[8]

事实上,20 世纪 30 年代在中国和欧洲爆发的危机和敌对行动,推动了广播新闻业的发展。这是一种相对较新的媒体,在很大程度上(如果天真的话)仍然没有受到报纸长期以来的偏见指控的影响,美国听众尤其认为广播是他们最可靠的新闻来源。这十年来,来自多场战争前线的现场报道的新奇感让听众着迷。美国听众用广播跟踪 1931—1932 年日本对满洲的占领。1935 年意大利对埃塞俄比亚的突袭和 1936 年的西班牙内战都得到了更全面的报道。关于希特勒崛起的报道,在 1938 年秋天对慕尼黑危机的现场报道中达到高潮,这巩固了广播作为美国人首选新闻来源的地位。在这方面,美国人并不孤单。广播新闻成为英国、德国、日本和中国等许多其他国家广播节目的主要内容。[9]

当抗战爆发后,像史密斯这样的美国人不出所料地转向了他们的收音机。鉴于战争对中国大部分地区的毁灭性影响,XMHA 电台 5500 英里的传输范围为全国各地的听众提供了关于战争的最新消息。此外，战争还破坏了现有的邮局和有线通信网络。因此，无线电提供了最好的工具，以便随时了解部队调动、战斗、爆炸、平民伤亡、难民潮和确保日常必需品不断增加的挑战。因此，1937 年 7 月的战争爆发使得上海的收音机——尤其是电池驱动的收音机——销量飙升。自制收音机的业余爱好者的数量也大幅增加。据估计，由于冲突，上海拥有收音机的人数从大约十万增加到几十万。[10]对于上海的维奥拉·史密斯和汕头的维尔瓦·布朗等美国人来说，他们都目睹了战争的影响，广播新闻可以提供有价值的信息，以应对日常生活中日益增长的危险。

电台在战争的影响下人气激增的证据无处不在。卡罗尔·奥尔科特对在上海公共场所的普通人群会聚集在任何一个播放最新消息的收音机周围而表示惊讶。在上海之外，奥尔科特收到了数百封来自居住在日本占领地区的中国和外国听众的信件，他们依靠广播新闻来获知消息。维奥拉·史密斯也收到了信件。“广播是我们听到外界声音的唯一途径。”一位居住在被占领地区的中国医生写道。山东齐鲁大学的医学传教士茱莉亚·摩根（Julia Morgan）非常认同。当山东遭到日本人的无情攻击时，1937 年 8 月 16 日她写信给父亲说道：“我们通过广播了解情况。”1937 年 12 月山东沦陷时摩根尤其感到不安。“我们非常高兴能听到广播新闻，”她在给父亲的信中说，“否则我们会感到非常孤独。”[11]

在战争开始的一个月后，随着战争蔓延到上海，XMHA 电台的努力受到了特别的赞誉。该电台扩大了播放新闻广播的范围，并免费传输了无法通过其他中断的通信网络传输的个人和商业信息。当年 7 月战争爆发时，美国居民一直在极度炎热的上海外度假，现在与城市切断了联系，他们特别重视这项服务搭建的新闻生命线。1937 年 9 月，传教士发表在《中国期刊》（*China Journal*）的报道，“每天这些信息都通过 XMHA 电台发出，在这一前所未有的麻烦时期，这一定给许多人提供了最大的安慰和帮助。”埃勒罗伊和梅贝尔·史密斯（Elleroy and Maybelle Smith）收到了其中一个消息，他们是居住在宁波且热爱上海的美国传教士夫妇，在战前（第四章已有讲述）他们已经成为 W6XBE-KGEI 电台忠实的听众。广播新闻提醒史密斯夫妇，战争刚开始一个多月上海就遭到了可怕而致命的轰炸。通过 XMHA 电台，一位朋友敦促他们推迟前往很危险的上海,直到骚乱平息。在接下来的几天和几个月里他们一直盯着收音机。“隔壁的人和我们租了一台收音机,安装在他们住的地方,”梅贝尔·史密斯在她的日记中记录道,“你可以从中得到大量的战争新闻。”[12]

XMHA 电台给人留下了相当深刻的印象。“在这些激动人心的时刻,XMHA 电台将长期被铭记在这些人的心中。”维奥拉·史密斯预测的是正确的。[13]卡罗尔·奥尔科特 1943 年从美国写信,赞扬了该电台对那些因战争情况而陷入困境的人的宣传。1937 年,奥尔科特还是一名报刊记者,还没有去 XMHA 工作,他回忆说,电台为那些被困在防线后面的传教士和商人传递有关逃跑路线的信息。他指出,该电台不仅“为美国大部分地区的西方人做出了巨大的贡献”,而且还强调了 XMHA 的国际重要性,因为它通过其短波传输向全世界提供了有关敌对行动的目击者新闻报道。[14]即使在遥远的华盛顿,美国官员也很清楚该电台对被困在战区的美国公民的安全做出的重要贡献。麦克斯韦·汉密尔顿(Maxwell Hamilton)是美国远东事务部的一名高级官员,他承认被奥尔科特一些更具挑衅性的广播滑稽行为所困扰,在某一点上同意奥尔科特的观点。汉密尔顿写道,XMHA 电台“通过向居住在中国内陆的美国人提供有关世界各地事件的最新新闻报道,提供了非常明确的服务”。[15]

美国传教士威廉·R.约翰逊(William R. Johnson)也通过他的收音机来了解中国那些令人困惑和快速变化的事件。约翰逊是一位与政治有密切关系的卫理公会传教士,他和许多其他美国人一样,随着敌对行动包围了他在中国南昌的基地,他对广播新闻的渴望是极其热切的。和维尔瓦·布朗一样,他也是传教工作的“社会福音”方式的倡导者。战前,约翰逊在中国的努力主要集中在得到国民党政府和洛克菲勒慈善基金会(Rockefeller Foundation)支持的农业改革项目上。战争的爆发破坏了他“农村重建”项目取得的小成功,并将他带入了中国新战时环境的危险之中。在这样的情境下,获取新闻变得至关重要。1938 年初约翰逊写信回家,“自 11 月 10 日以来就没有收到过报纸”,“所有的新闻都来自收音机”。他参加的一个晚宴的亮点是“我们收听了来自世界各地的新闻”。在自己家里,为了方便,他把收音机放在了卧室里。“它离电线进来的地方最近,一些新闻广播是在深夜播放”,他在给妻子的信中写道。还有一次,约翰逊哀叹他在教会医院的工作太晚了,所以他错过了那天晚上的消息。和布朗一样,约翰逊也扮演了临时新闻发布者的角色,记录下他从新闻广播中收到的信息,并在他的布道所散发这些信息。在中国内陆的一个难民营地协助时,约翰逊对没有收音机感到遗憾。这位传教士在给他家人的信中写道:“如果能再次去听到广播新闻的地方,那会是件好事。”[16]

对许多美国人来说,传教士杂志《教务杂志》的著名编辑弗兰克·罗林森(Frank Rawlinson)的悲惨命运凸显了他们在这场战争混乱中的脆弱性。战争爆发时他的8个孩子中有6个住在美国,1937年8月3日罗林森写信向他们保证,尽管战争即将蔓延到上海,但他认为自己没有危险。罗林森承认:“如果战争加剧,那么上海很难不遭受一些困扰。”尽管如此,他还是觉得住在上海的外国控制地区很安全。“你们不必为我们感到担心,因为我们生活在法租界,那里几乎没有日本人,”他向他们保证,“在我们居住的地方不太可能发生战斗和骚乱。”[17]

十天后,正如罗林森所预言的那样,争夺上海的战斗开始了。他没有活下来。为了最终击败中国,日本在8月的第二周将战斗扩大到这座城市。上海大部分地区很快成为最血腥战斗和中国最激烈抵抗的现场。战争与上海公共租界接近,以及该城市的三个独立司法管辖区(中国城市、上海公共租界和法租界)相互交织的性质,使得暴力确实会蔓延到外国控制的地区。零星的炸弹没有击中目标,中国难民涌入外国控制的地区。日本军队穿过国际上海公共租界,占领“日本城镇”,保护他们的国民。在这场混乱中,战斗的第二天两名中国飞行员错误地在上海公共租界和法租界投下炸弹,那里充满了试图逃离战争的难民。结果非常可怕。[18]1937年8月14日的爆炸事件造成1700多人死亡,1400多人受伤,成为战争期间最严重的意外平民流血事件。《纽约时报》将当天的流血事件描述为一场“大屠杀”。公共租界的场景特别可怕,不时有熊熊燃烧的火焰,扭曲的尸体和断肢散落在街道上。有人说,炸弹落下时,一名正在指挥交通的警察头部被炸落却仍然站在街角,手臂仍举在空中。在离那个地点不远的地方,弗兰克·罗林森躺在地上,一块弹片刺穿他心脏。他碰巧和妻子和女儿开车穿过公共租界,听到飞机的轰鸣声时,他看到人群聚集向上看,他从车里出来以便更清楚地了解正在发生的事情。他的妻子和女儿活了下来。就在罗林森的其他孩子得知他的悲惨结局后不久,收到了父亲向他们保证没有危险的信。[19]

上海的新闻媒体广泛报道了罗林森的死,提醒其他美国人他们的处境非常危险。罗林森医生去世后不久《密勒氏评论报》赞扬道:“他的工作和影响力远远超出了他在上海和中国的广大私人朋友圈子。”他死亡的消息很快传开来。在江西省(位于中国东南部的内陆地区),传教士玛格丽特·汤姆森表达了她听到这个消息后的痛苦。“我们对罗林森医生死于上海轰炸的消息感到非常震惊。”汤姆森在写给她的美国女儿的信中提到了他们家的朋友。罗林森去世的消息也传到了美国。传教士威廉·约翰逊是罗林森的朋友,在美国休假后正在返回中国途中听到了战争爆发和罗林森随后死亡的消息。当他的船接近日本时,他写道:“这使我们一直渴望得到大洋彼岸的消息。”约翰逊证实:“船上的每个人都渴望得到来自中国的真实消息。”[20]

许多其他在中国的美国人也有类似的感觉。广播新闻提醒居住在北京的传教士格蕾丝·莫里森·博因顿(Grace Morrison Boynton)战争的爆发。1937 年 7 月 7 日晚,她在远处听到了卢沟桥上中日第一次交火。博因顿最初不确定该如何看待其,但很快就得知战争爆发了。博因顿在哈佛附属的燕京大学教英语,这是一所以新教为基础的受到社会福音影响的高等教育机构。她听的收音机实际上是她邻居的,一位不信教的 70 岁的美国妇女,她在附近经营一家产科诊所。尽管战争正在迅速接近城市边界,但博因顿的老邻居并不打算离开北京。“反正我只有几年的时间了,”博因顿在一次电台收听聚会上援引她的话说,“如何结束并不重要。如果真的发生战争,这些女性将比以往任何时候都更需要我。所以我要留下来。”战争在几天内就全面爆发了,在战争中广播新闻成为他们日常生活的重要组成部分。直到 1941 年 12 月美国对日本宣战,这两名妇女一直盯着收音机。“所有的新闻都是关于战争、战争、战争的,”博因顿在 1939 年 8 月 25 日写道,“就像 1914 年一样。”[21]

W6XBE-KGEI 电台也帮助满足了美国战时对新闻的巨大需求。1940 年 5 月,忠实的听众和传教士莫德·罗素(Maud Russell)从贵州写信:“没有其他电台能像 KGEI 那样给我们提供更多来源的新闻。”同年,来自天津的一篇美国文章对 W6XBE-KGEI 电台的母公司通用电气公司写道:“该地区所有说英语的听众都热切期待着这些新闻。”1940 年 4 月，驻浙江的美国传教士文森特 · 莫里森(Vincent Morrison)写道：“过去一年我一直在听你们的新闻广播，我必须说它给了我和我的同事们相当多的安慰和放松。我很高兴能听到诺曼 · 佩奇(Norman Page)提供的新闻报道。”维奥拉 · 史密斯也很感激，但她仍然抱怨说，电台的晚间新闻节目普遍报道美国人已经在晨报上读到的新闻。[22]

在战争的动荡中，这些美国人将广播新闻作为了解快速变化的事件的一种手段，并理解了那些往往看起来毫无意义的情况。美国传教士、官员、商人和其他外籍人士被美国广播新闻所吸引，因为他们认为它比其他可用的英语广播新闻来源更可靠、更客观。然而，日本人认为，他们自己的扩张主义目标受到了威胁，这可能会从广泛播放的批评日本的美国新闻报道中体现。出于这个原因，日本人积极地干扰被广泛需求的美国广播新闻节目，这一过程使日益紧张的美日关系更加紧张。

加州干扰：W6XBE-KGEI 电台和新闻

1939 年 4 月，上海居民沃尔特 · 沙利文(Walter Sullivan)就日本电台 XJOB 干扰 W6XBE-KGEI 电台联系了维奥拉 · 史密斯。“我不知道在这件事上还能做些什么，但我可以向你保证，只要这种情况继续，这个地区的 W6XBE 电台就只能关闭。”这一干扰激怒了沙利文，因为 W6XBE-KGEI 电台为“我们美国人提供了一个在家听广播的机会，我们已经等待了很多年”。最终，沙利文发现，美国电台的传输是日本电台试图干扰在中国战时首都重庆外运营的中国政府电台的附带受害者。XJOB 电台的运营商迅速解决了愤怒的沙利文面临的问题。然而，这一迅速的解决方案掩盖了日本人干扰美国电台的真正意图。[23]

尽管 XJOB 电台的情况很快得到了解决，但沙利文最初对日本不正当行为的怀疑被证实是正确的。1939 年 5 月，日本的两个短波电台 JZI 和 JZJ 开始瞄准 W6XBE-KGEI 电台的新闻广播。[24] 日本的政治精英们长期以来一直相信，美国和其他西方新闻机构对日本有特殊偏见。自 20 世纪初以来，这些日本人就认为西方媒体助长了世界各地的反日情绪。在日本人看来，西方新闻机构——美联社、路透社和哈瓦斯——的报道不断地、不恰当地强调日本对中国的“侵略”和对国际法的无视。日本领导人想知道,为什么西方新闻报道拒绝承认中国是一个对日本经济和战略利益至关重要的国家,这使得日本无法接受这种长期不稳定性。在 1931—1932 年日本入侵和占领东北期间,短波广播成为这些国际新闻关注的焦点。日本政府通过广播来反击入侵引发的国际社会的严厉批评,而对美国的尖锐批评却成为过去十年来日本短波广播的核心。西方新闻报道激起了日本人发自内心的情绪,这在太平洋战争期间被很好地捕捉到了。当时,来自日本占领的巴达维亚(Batavia)的电台广播公开指责澳大利亚的攻击性新闻广播向世界证明澳大利亚是“一个由白痴和病态罪犯组成的国家”。[25]

多年来试图消除西方新闻偏见的努力在 1936 年同盟通讯社的建立达到顶峰。这家日本新闻机构与日本帝国军队关系密切,并依靠短波来打破西方对国际新闻的控制。事实上,日本新闻记者岩永裕一对同盟通讯社的创立影响很大,他目睹世界陷入了一场巨大的“宣传战争”之中,并认为同盟通讯社是日本在这方面的成功关键。1937 年日本开始与中国敌对,1938 年初占领了中国东部,日本控制下的中国广播电台开始在新闻节目中用同盟通讯社报道。正如 1939 年美国所有的反日《密勒氏评论报》所说,“这对日本的军国主义者和所有的独裁势力来说是很明显的,广播是最有效的宣传形式之一。只要他们无法控制,这就会对他们的计划构成永远的威胁。”W6XBE-KGEI 电台构成了这样的威胁。[26]

和同盟通讯社一样,JZI 电台和 JZJ 电台也与日本帝国军队关系密切。日本军队利用 20 世纪 30 年代的大萧条危机,在东亚推广其扩张主义计划以解决日本的经济问题。在这个过程中,军队通过多个政府部门和大众媒体扩大影响力。通过操纵内阁任命和建立几个由军队主导的跨部门内阁级决策机构,军事影响力迅速扩大到日本无线电广播垄断企业日本广播协会和名义上控制它的通信部。日本广播协会公开宣称它听起来具有世界性的承诺,促进“全球人民之间能够很好地理解”。实际上,日本的广播成为支持军队在东亚的扩张主义外交政策的有力声音。军方支持的同盟通讯社向日本广播协会提供了新闻报道。1939 年,在军队的推动下成立的东亚广播委员会,确保了国际短波广播也依赖于同盟通讯社,并表达了支持扩张主义的观点。因此，JZI 电台和 JZJ 电台也成为这个整体扩张主义网络的关键媒体组成部分。[27]在这个过程中，W6XBE-KGEI 电台对东亚的美国新闻广播成为日本明显的消除目标。

对 W6XBE-KGEI 电台新闻广播的故意干扰引起了美国听众非常强烈的反应。1939 年 10 月 4 日的《大陆报》第二版的标题写道：“当地的美国人要求调查日本人对所谓的西海岸广播的干扰。”干扰威胁要切断 W6XBE-KGEI 电台几个月前才开始提供的与遥远祖国长期寻求的媒体联系。与此同时，干扰也破坏了在战时背景下可能可靠和往往必要的新闻的及时获取。此外，许多美国人也因此对其他进入东亚的英语新闻来源表示不信任。1939 年，随着亚洲和欧洲的大部分地区处于战争状态或处于悬崖边缘，政府控制的国际广播公司试图对它们各自的国际活动产生有利的影响。1939 年欧洲战争爆发后不久，《密勒氏评论报》的一个标题宣传“随着战争到来，审查人员开始行动，宣传取代了新闻”。这些做法与美国人对新闻报道客观性的普遍期望相矛盾。这种期望在实践中不一定得到满足，19 世纪末美国的政治和经济变革减少了政党对大众媒体的控制，此时开始发展起来了支持以广告为基础的面向最广泛流行受众的无党派出版物。美国人重新定义了新闻和技术的重要性，以及通过它们传达的“无价值”、公平、公正的信息，这些信息被认为是理解世界、做出合理决策并最终帮助社会进步所必要的。[28]

例如，早在 1935 年维奥拉·史密斯最初呼吁美国人在美国西海岸建造一个新的短波站台时，她就谈到了美国新闻客观性的必要。到 1938 年初，她抱怨困扰莫斯科和柏林广播的“民族主义宣传”，尽管史密斯承认德国“在国际善意方面做出了一些努力”。她对罗马“非常民族主义”的广播并不那么宽容，尤其是对 1937 年意大利入侵埃塞俄比亚的报道，这些报道只是展示了“意大利的一面”。只有来自英国和澳大利亚的广播没有受到史密斯的批评，这两个国家信奉新闻客观性的理念。来自这些国家的广播中的民族主义宣传是“非常、非常轻微的”（在英国的例子中）和“不引人注目的”（在澳大利亚的广播中）。然而，日本受到她最严厉的评价。“新闻肯定有偏见，”这位贸易专员在 1938 年 1 月写道，“多次公然歪曲中国发生的事件。”[29]

其他美国人也对日本的新闻提出了同样严厉的谴责。T.A.比森（T.A.

Bisson)是美国外交政策协会的成员,在抗战初期他就去过中国,多次提到同盟通信社对新闻的自私操纵。美国记者哈勒德·阿本德、兰德尔·古尔德、约翰·鲍威尔和詹姆斯·杨(Hallet Abend, Randall Gould, John Powell, and James Young)都对日本报道的评价很低。“我并不是行动现场的目击者,”记者 G.E.米勒(G.E.Miller)写道,“我的回答只能基于日本的报道,他们的真实性比我手头拥有的盐还可靠。”美国记者詹姆斯·伯特伦(James Bertram)对日本官方广播中明显的反华特性大吃一惊。“即使是儿童时段,”他发现,“通常也包含一些关于‘勇敢的日本士兵’和‘奸诈的中国人’的道德故事。”传教士威廉·约翰逊在战争爆发一年多后写信给他的美国妻子,说他担心美联社在中国报道中使用了同盟通信社报道的信息。“你可以相信,同盟通信社报道严重低估了中国的损失,并多次夸大了他们自己的损失。”他警告说。由于没有受恶意的同盟通信社的影响,约翰逊确信“美国新闻似乎非常可靠”。[30]

W6XBE-KGEI 电台可能会对抗同盟通信社的操纵。《密勒氏评论报》上的一篇报道赞扬了该电台对赫斯特国际新闻社(Hearst International New Service)的依赖,“它独立于政治控制的立场”。然而,日本人拒绝了这种关于美国新闻的优越性和无价值性的主观假设。事实上,美国的民众和政治观点已经果断地反对日本的扩张。这种转变也反映在美国广播新闻的基调上。在珍珠港事件发生前的几年里,美国广播新闻评论员倾向于将日本与德国和意大利归为世界上的“坏国家”,并主张美国采取更强硬的政策来对抗日本的侵略。从日本的有利地位来看,W6XBE-KGEI 电台的新闻广播向东亚传播了西方报道中长期以来一直关注的日益恶化的反日偏见。[31]

最简单的解决办法就是干扰美国的无线电站台。干扰与日本主张控制中国信息流的其他系统努力是一致的。审查、扣押以及对报纸、邮件和其他信息交换来源的额外限制是这一努力更广泛的一部分。[32]抗战爆发后,日本甚至短暂地扩大了现有的好莱坞电影进入日本的禁令,同时也包括中国的占领地区。人们担心愤怒的电影制作人会通过制作和在全球发行有影响力的电影来报复,把日本人塑造成更邪恶的形象,这在一定程度上导致了 1938 年对限制的放松。[33]对广播的对策中没有这样的想法。早在 1939 年 W6XBE-KGEI 电台出现之前,日本就开始系统地干扰非日本无线电新闻广播。

1937年底,威廉·约翰逊抱怨说,“干涉……是可怕的”,日本人“屏蔽了除日本电台以外的其他电台”。从那年10月开始,这位传教士注意到,“日本的新闻广播很清晰,但其他的广播新闻受到了严重的干扰”。约翰逊推测,“日本人在吹喇叭,用几个不同的键吹口哨,还有人对着接收器大喊大叫。”[34]

同样的干扰技术随后被应用于W6XBE-KGEI电台。维奥拉·史密斯建立并保护电台,她所做的一切都是为了确保它的运行,她收集了日本对W6XBE-KGEI不当行为的证据,组织了一个由美国听众组成的委员会,其中主要是播音员和记者,他们对日本人的看法已经非常负面了。他们监视着广播并收集了日本干扰的证据。根据史密斯转发给华盛顿的一个描述,一家日本电视台通过宣布呼号,厚颜无耻地打断了该电台的新闻广播,并提供“完全是日本宣传”的新闻节目。史密斯自己的经历也证实了这一点。她说,一天晚上美国新闻广播在播放中被“一个说英语的声音(但口音让人觉得是说日语)”打断。此后20分钟,史密斯抱怨道:“这个自称为东京JZJ电台的英语声音继续说……提供日本在中国开展活动的新闻,以及一些在东京的事件,其中大部分被同盟通信社认可。”考虑到W6XBE-KGEI电台一整天节目的清晰度,史密斯推断日本电台显然要等到晚上8:30的新闻广播才“故意……增加它的力量,因为它的程度完全淹没了KGEI电台的声音”。为了证明她的指控,她附上了上海报纸上突出报道干扰的文章,比如1939年10月7日的《密勒氏评论报》上标题为“日本电台干扰美国新闻广播”的报道。[35]

史密斯并不是唯一一个提出强烈抱怨的人。“这些日本人的尖叫声是普遍且故意的,”一位香港听众指责道,“我想说,他们的权力很小,主要是为了防止日本接收外国新闻。”这位作者还提到了加强德日在广播关系上的影响:“除了柏林,所有的英语广播都在尖叫。”居住在香港的传教士W.M.伯恩赛德也看到了法西斯战略的证据。“我想有人在试图切断消息,”他猜测道,“当说到日本、柏林和意大利时,干扰就开始了。”甚至一个来自遥远的英国北婆罗洲的听众也发现了这种策略。他抱怨来自日本的故意干扰和来自澳大利亚的意外干扰。“我说日本的干预是有意的,”这位听众解释说,“因为他们只是打断了新闻广播。”[36]

大量的书面投诉,凸显了电台听众认为新闻广播受到的干扰是极为严重的。维奥拉·史密斯以外的美国外交官正在努力让华盛顿进行干预。“日本打算继续干扰远东地区唯一能普遍接收到的美国电台。”美国驻北京大使馆顾问弗兰克·洛克哈特(Frank Lockhart)抱怨了1939年底对W6XBE-KGEI电台的破坏。美国驻巴达维亚领事埃尔勒·迪科弗(Erle Dickover)就短波电台的问题向华盛顿的上级和直接向通用电气公司抗议。他指出,“当地居民……或多或少依赖KGEI电台和其他美国电台以获得准确公正的新闻,他们对该服务最近受到如此多的干扰感到非常失望。”就其本身而言,通用电气公司也向华盛顿转发了它收到的听众投诉。[37]

图 6.2　弗兰克·洛克哈特,1939 年(美国国会图书馆印刷品和摄影部哈里斯和尤收藏)

华盛顿最终选择对W6XBE-KGEI电台的争议视而不见。1939年末至1941年初,美国的政策制定者将目光聚集在欧洲的事件上,这些事件被认为比东亚的问题对美国的战略和经济利益更为重要。可以肯定的是,美国政策制定者从未主张对日本在中国和更广泛东亚的掠夺视而不见。然而,随着美国将注意力和资源转向帮助英国击败德国,总统富兰克林·罗斯福(Franklin Roosevelt)和国务卿科德尔·赫尔(Cordell Hull)宁愿在可能的情况下避免在东亚引发不必要的、分散注意力的外交争议。[38]因此,美国国务院要求W6XBE-KGEI电台改变频率,避免日本人的干扰。联邦通信委员会极力反对这一建议,而是更倾向于让W6XBE-KGEI电台增加功率,努力淹没令人反感的日本电台。然而,美国国务院拒绝了这具有一挑衅性的建议。由于华盛顿不支持反对日本,W6XBE-KGEI电台改变了频率分配。1941年初,维奥拉·史密斯报告说,虽然改变后W6XBE-KGEI电台的接收能力确实有所改善,但干扰仍然是一个问题。[39]

日本对W6XBE-KGEI电台的干扰效果如何?这似乎只会让美国听众

更坚定地去克服这种干扰。干扰并没有消除美国人对日本的偏见,只是让他们精疲力竭。正如不止一位作家所指出的那样,对美国广播新闻的干扰与“小日本”的不诚实和欺骗有关。虽然这些作家中的一些人也把德国和意大利与干扰联系在一起,但他们从来没有用任何相对贬损的绰号称呼这些国家。总之,一旦人们发现日本是干扰的幕后黑手,会加强对日本的负面看法。事实上,美国人和日本人都从他们现有的信仰和价值观的有利角度,参与了 W6XBE-KGEI 电台及其新闻广播。[40]对美国人来说,W6XBE-KGEI 电台反映了客观的美国新闻的理想,而日本努力干扰该电台只是凸显了日本的缺限。然而,对日本人来说,W6XBE-KGEI 电台的新闻广播证实了他们的深刻怀疑——美国对日本有偏见。双方都没有受到 W6XBE-KGEI 新闻的影响,因为他们被电台动员起来,加强和捍卫他们现有的先入之见。一点也不奇怪,被公认的抗日 XMHA 电台及其首席新闻播音员卡罗尔·奥尔科特的战时经历也遵循了类似的模式。

干扰蔓延到上海:卡罗尔·奥尔科特和 XMHA 电台

与上海的 XMHA 电台相比,总部位于加州的 W6XBE-KGEI 电台对日本人来说只是一个很小的刺激因素。XMHA 的新闻报道几乎总是反映日本很差的一面,它的受众分布得很广泛而且信号也很强烈,甚至在卡罗尔·奥尔科特加入 XHMA 的现场直播之前,毫无疑问该电台同情在上海拼命面对日本进攻的中国军队。1937 年 8 月 28 日,XMHA 电台邀请中国领导人蒋介石受过美国教育的妻子宋美龄参与广播节目。据报道,蒋介石就“蒋夫人”在美国境内为中国动员支持和实质性援助的能力,向《生活》杂志记者克莱尔·布斯吹嘘说,他的妻子相当于十个陆军师。[41]在 XMHA 电台,她谈到了“中国人民面临的恐怖”和“日本人的攻击”带来的“对生命的巨大破坏”。宋美龄指责,“日本的做法违背了上帝和自然的法则。”美联社转载了宋美龄通过 XMHA 电台对日本的强烈谴责,并将其分发给了美国各地的报纸。[42]

XMHA 电台与亨宁森生产公司的关系也凸显了它对日本的反感。作为亨宁森生产公司的总裁,XMHA 电台的所有者哈克森曾积极挑战日本以牺牲亨宁森生产公司和更广泛的美国经济利益为代价扩大他们在中国市场的份额的努力。美国国务院远东事务部的麦克斯韦尔·汉密尔顿写道:“哈克森先生和他的助手们一直在积极抵制日本侵犯美国在长江流域地区的贸易。”对哈克森来说,XMHA 电台在这场对抗日本的战斗中又提供了另一条战线。聘请记者卡罗尔·奥尔科特的决定符合这一议程,他已经以揭露日本虚伪和腐败的印刷报道在中国闻名。1938 年,这位美国记者取代了艾奇逊·露西(Acheson Lucey),他是美国所有的《大美晚报》的美国记者,自战争爆发以来一直主持 XMHA 的新闻节目。杰克·霍顿(Jack Horton)促使 XMHA 电台雇了奥尔科特,他是奥尔科特的熟人,领导着 RCA 的维克多公司在上海的唱片制造厂。在向电台经理 E.L.希利(E.L. Healy)推销时,霍顿指出,奥尔科特对日本的敌意是雇佣这位记者的主要原因。根据奥尔科特的回忆,霍顿声称“随着小日本用他们‘亚洲人为亚洲’的口号和宣传给我们提供工作,在中国的美国人需要一些反击”。[43]

奥尔科特在 1938 年中期还活着并接受了这份工作,这真是个奇迹。1937 年 8 月 13 日凌晨,当抗日战争蔓延到上海时,中日士兵在屋顶上向他的公寓扫射。在厨房的地板上过了一晚后,第二天,奥尔科特从一个后巷的入口逃离了他的公寓,前往上海公共租界的南京路,他认为那里更安全。和毫无戒心的弗兰克·罗林森一样,当中国飞行员无意中在那条挤满难民的街道上投掷炸弹时,奥尔科特碰巧到达了南京路。奥尔科特说,他在人力车里被扔了出来,飞到了大约二十英尺的高空,然后重重地落在了人行道上。奥尔科特在离受了致命伤的罗林森躺着的不远的地方苏醒过来,他回忆说看到了“被炸成碎片的血腥尸体”。1943 年,他写道:“即使五年过去了,我仍然会做噩梦,这是我在南京路和爱德华七世大道上看到的。我有时会冒着一身冷汗从睡梦中醒来,脑海里回荡着数百个垂死的中国男女的呻吟。”[44]

在那个创伤性的 8 月后期,日本士兵拘留了奥尔科特。这名著名的抗日记者被指控从事间谍活动,不过最终没有提出任何指控,他在三小时后获释。一支日本小分队护送他回家,但在离他公寓一个街区远的地方停了下来。中国和日本的狙击手在周围的屋顶上交火,奥尔科特的护卫队用枪指着他,坚持让他独自走这最后一个街区。正如奥尔科特所说,他沿着大楼的一侧慢慢地爬到了自己公寓的门口。当他穿过门时,四颗子弹呼啸着经过他的头射进了大楼。奥尔科特怀疑子弹实际上来自他的日本“护航队”,他声称，他这位不愉快的记者沮丧却毫发无损地到达了公寓。[45]

然而，应该注意的是，奥尔科特的几个同代人认为电台新闻广播员——他们认为是自负的和傲慢的——倾向于夸大对他的威胁。[46]从这个角度来看，也许这是一个特别值得用偏见的眼光来阅读的故事。奥尔科特会让你在他的回忆录中相信他的生存取决于两种运气：首先，在沿着大楼的一侧爬行时，他只是在匿名的中国狙击手的视线范围内，他们不知怎样从屋顶上认出了他是一个朋友，并故意不让他们开火，直到他到达安全地带；其次，尽管据称拘留他的日本人想让他死，但他们能想到的达到这个目标的唯一办法就是在他离他们最远的地方向他开枪。最终，我们永远也不知道这件事是否真的按照奥尔科特所说的那样发生，如果这是一种无意识的夸张，反映了奥尔科特真正相信那天他是如何在日本人手中逃过死亡的，还是他是否为他的回忆录美化了这个故事。尽管如此，不管真实性如何，像他这样传达这个故事的决定都反映了抗日战争的爆发是如何加剧了他对日本不容置疑的厌恶。

可以肯定的是，奥尔科特对日本的仇恨并不是获得 XMHA 电台工作机会的唯一原因。奥尔科特对自己在中国出版社的工作感到无聊和“厌恶”。他羡慕那些随国民党去了西部，在战时首都重庆报道战争的记者们。他解释说，广播可能会让他摆脱恐惧，甚至可能让他成为明星。他所要做的就是保持自己对日本的真实感受。“这是一个在需要服务的地方提供服务的机会，”奥尔科特说，“我公开了他们的犯罪团伙，他们垄断鸦片和海洛因的内部运作，以及他们的白人奴隶骗局。”他自夸着他早期的中国媒体对日本阴谋的调查。计划每天播出三次，奥尔科特成为 XMHA 新闻的代言人。“我不只是个讨厌鬼，”他骄傲地宣称，“我是一个反日机构。”[47]

奥尔科特对日本人的看法充满了那个时代典型的种族歧视的刻板印象。奥尔科特 1943 年的回忆录讲述了“铃木肯”（Ken Suzuki）的来访，他试图让奥尔科特的广播符合日本的政策，或者让他完全远离广播。奥尔科特也经常在 XMHA 上提到铃木，他可能是基于一个实际的跟踪奥尔科特的日本特工想象出来的。奥尔科特展示给他的读者（以及在那之前展示给他的电台听众）的铃木主要是奥尔科特虚构的人物，目的是为了传达他对欺骗和恃强凌弱的日本人的看法。这幅漫画反映了当时美国人中流行的几乎所有可能的反日刻板印象。“铃木先生不是一个人,”他写道,“他有数千人——不,有成千上万的人。”铃木代表了希特勒最糟糕的追随者的集合体。奥尔科特总结道,“铃木先生是戈培尔、罗森博格和希姆莱合为一体的,一个难对付的家伙。”铃木还代表了奥尔科特对同类的日本人民的负面假设。他声称,一万“小”戈培尔、罗森伯格和希姆莱在日本奔跑。类似于美国战时宣传片将日本人民描述为“相同底片的照片”,奥尔科特的铃木对美国人构成了无处不在的全球威胁。“铃木肯”无处不在:周游世界的日本游客“脖子上挂着相机,口袋里装着笔记本和铅笔……给眼前的一切拍照”;在东印度群岛闲逛的渔民为日本海军记录战略信息;在上海摄影店,这无疑是日本情报行动的前线。奥尔科特沉思道,难怪 1941 年日本偷袭珍珠港的事件成功了。铃木在微笑和愉快的举止下掩盖了他聪明、无情、诡计和狡猾的性格。“他是个多才多艺的人,而且总是很有礼貌,”奥尔科特总结道,“他可以把一把刀插在你的背上,同时请求你原谅。”审查奥尔科特或让他完全远离广播的努力,包括在他第一次播音前几天轰炸 XMHA 电台,进一步加强了奥尔科特的反感。他不会只是成为任何一个老新闻播音员,他决心用他的坚持来暴露日本人的真面目。他宣告道,“我自己与日本的战争正在进行中。”[48]

奥尔科特的争论性观点指出了围绕着美国新闻客观性理想的许多复杂性。首先,客观性并不等同于中立性。可以肯定的是,客观的新闻要求一个报道的所有相关方面都要提到,而不管记者的个人意见如何。然而,一旦一个报道被从多个角度进行探索,“真相”实际上可能不是中立的,而是指向实质性的,甚至是决定性的结论,即对特定的一方负有明确的罪责、指责和责任。[49]在奥尔科特看来,他为中国媒体对日本的报道符合这个标准。例如,奥尔科特对日本在中国参与非法毒品走私的曝光是基于事实的。奥尔科特坚称,这一结论并没有传达出一种扭曲的、不合理的亲华观点。这是事实。他解释道,“在中国媒体上我们展示了这个故事的两面性”。奥尔科特声称,在考虑了所有的事实之后,“中方远远超过了日方”。美国总领事馆显然同意这一评估,认为奥尔科特对这个问题的报道提供了“相当准确的画面”。[50]

从日本的有利角度来看,奥尔科特的新闻报道没有达到任何客观性的标准,因为他追求的是对日本的个人恩怨。尽管他们自己的中国政策存在缺陷甚至有些过度,但日本在这方面还是有道理的。虽然没有证据表明奥尔科特公然反对同盟通信社的行为有罪，但他确实特别努力把他的愤怒集中在日本。例如，奥尔科特对日本参与毒品交易的严厉批评，并不是出于对事实真相的全面关注，而是出于猛烈抨击日本的决心。严格地说，奥尔科特对毒品贸易的报道对日本的参与程度提供了一个公平的评估，然而他绝对掩盖了蒋介石的国民党在战争爆发前促进与日本竞争的贸易程度。相反，他表面上接受了民族主义者的说法，即中国在战前规范贸易的努力是为了实现逐步镇压；他拒绝承认一个明显的事实，即南京继续参与贸易，并与做非法买卖的人建立了可疑的关系，以便为财政困难和政治分裂的政权获得有利可图的收入。奥尔科特的报道得到了美国领事馆的好评，这进一步加剧了这一趋势，即在抗日战争前夕美国外交官和在中国的更广泛的美国媒体中越来越明显地针对关于毒品走私这一问题，对日本采取比中国更严格的问责标准。奥尔科特在转到电台后继续了这种做法。虽然法西斯主义的意大利人、反苏的“白俄罗斯人”和亲纳粹的德国人也是奥尔科特强烈评论的目标，但诚然日本人一次又一次地受到了大量的谴责。XMHA 电台雇佣奥尔科特就是为了这个目的。奥尔科特证实，“铃木值得担心是对的”，“我对日本人没有任何好处，而他知道这一点”。[51]

证据很快就来了。在开始他新闻节目的三天内，一名中国反抗者和一名中国通敌者在不同的事件中被暗杀。奥尔科特对反抗者之死的报道闷闷不乐，但当他宣布通敌者遭遇同样的命运时，他变得高兴起来。奥尔科特通过讽刺它是日本的“新气味”，一直嘲笑日本声称在东亚建立“新秩序”。当日本官员私下里接近他，询问他该如何让他给帝国军队“说些好话”时，奥尔科特通过节目与他的听众分享了这个请求，并讽刺地表明军方可能会从停止抢劫、绑架和杀害无辜者的行为开始。奥尔科特将他的对手铃木肯与另一幅他称之为万纳塔贝的漫画合作，并让他们成为在他的广播节目中反复出现的角色。根据 1940 年 7 月《时代》杂志的一篇文章，他把它们“作为太阳升起时傲慢的化身”。在 1940 年上海市选举期间，奥尔科特通过广播竞选击败日本候选人，他们的胜利将使日本人在上海公共租界工部局中获得多数票。日本候选人最终在一场势均力敌的选举中落败。“我无法避开选举之争，”他回忆说，“作为一个体面的公共租界公民，我别无选择。”[52]

鉴于这些滑稽的举动，日本人发现从表面上很难解释美国新闻的客观性。到 1938 年,美国对日本新闻业缺乏可信度和客观性的指控听起来很空洞,因为在中国最受欢迎的美国广播新闻播音员把攻击日本人作为他的直播身份的核心。然而,尽管奥尔科特言辞尖刻,他的广播的事实准确性确实超过了同盟通信社所报道的任何内容。奥尔科特所抨击的日本人过度行为的模式已经被令人信服地存档于历史记录中。事实上,日本对华战争造成的总体损失比奥尔科特想象的要糟糕得多。在 1931 年到 1941 年间,有 700 万中国人——其中大部分是平民——死于与战争相关的原因,这几乎是整个 1931—1945 年期间死亡的日本人的两倍。[53]即便如此,奥尔科特的广播无疑也是出于破坏日本目标的政治动机,就像同盟通信社的报道推动它们一样。政治动机没有问题,奥尔科特的广播证实了日本人现有的关于西方新闻针对日本的偏见的每一种怀疑。他不得不被压制住了。

在播出的几天内,上海北部和南部的听众发现奥尔科特的新闻广播被干扰了。起初,这种干扰集中在电台在遥远城市的短波频率上。美国驻天津总领事向华盛顿传达了他的怀疑,即当地的日本人干扰了 XMHA 电台在城市的新闻广播。他是对的。“日本当局承认对干预负有责任。”弗兰克·洛克哈特写道。他现在是驻上海的美国总领事,收集了许多投诉。日本船只停泊在北京、天津、烟台、汕头和青岛等城市的海岸上,开始干扰广播。证实了传教士威廉·约翰逊先前的怀疑,日本水手确实敲锣、响铃、吹喇叭,并调到 XMHA 的频率,在船上的麦克风前操作蜂鸣器。洛克哈特告诉华盛顿,他们的意图是“迫使美国电台减小功率,这样在上海之外就不会被听到了,便可以服从其他控制措施”。[54]

在上海的日本人一开始并不关心 XMHA 电台在上海城市范围内的接收。日本控制下的上海无线电管理和在公共租界的监督属于广播无线电监督办公室的管辖范围,该办公室成立于 1938 年,由阿萨诺武香野少(Asano Kazuwo)校领导。阿萨诺和这个公共租界当局所说的无线电控制委员会,最初否认了奥尔科特在当地的重要性。他们推测,奥尔科特报道的新闻已经为当地的美国听众所知,而且这些听众基本上都怀有反日的敌意。然而,当奥尔科特开始反对参加 1940 年市政选举的日本候选人时,这种自满情绪改变了。作为回应,无线电控制委员会干扰了 XMHA 电台。站台经理 E.L.希利追踪了干扰的来源,追踪到一家日本人占领的酒店的特定房间。然后,奥尔科特以他习惯的讽刺方式，通过广播播出了酒店的具体房间号码并鼓励听众去参观，这让日本人感到尴尬。XMHA 电台通过轻微调整频率避免中断来减少干扰的影响。选举结束后，在上海依然存在对奥尔科特广播的干扰。1940 年 12 月，上海公共租界巡捕房证实了希利的发现，并质问日本无线电控制委员会故意干扰的指控，日本官员欣然证实了这一点。[55]这一惨败让日本人压制奥尔科特的努力显得业余和无能。

奥尔科特已经证明，在他去 XMHA 电台工作之前，他不容易被吓倒。他在这方面没有任何改变。在上海的三年广播工作中，他经历了一系列的绑架、抢劫和暗杀。这些累积效应增加了奥尔科特对日本人的敌意，并使这位固执的广播员更加坚定地藐视他们的意愿。有一次，俄国人甚至威胁要杀了他，因为他把他们和日本人进行比较。可以肯定的是，鉴于他们紧张的历史，对两方来说这是一种冒犯的比较。奥尔科特拒绝了警方让他行为温和一些的要求。“我不会屈服于任何恐吓。”他坚持说。考虑到奥尔科特也愿意抨击德国人、意大利人、俄罗斯人以及任何惹恼他的人，有时很难确定谁希望他死。1941 年 3 月的一个晚上，E.L.希利在 XMHA 电台接了电话，却听到一个匿名来电者脱口而出：“我想告诉你，我们要枪杀你和奥尔科特先生。”希利发现是外国口音，但在向警方的报告中称赞了对方的“好英语”。最终，希利无法确定一个确切的国籍——而许多其他国籍的人可能希望奥尔科特在 1941 年去世，这让人们很难猜测。[56]

在那种情况下，很可能不是日本人。阿萨诺少校和日本无线电控制委员会的其他官员绝对希望奥尔科特知道他们什么时候进行威胁，否则他们怎么能给他留下深刻印象让他减少他的抗日广播节目呢？这种策略总是适得其反，有时会以意想不到的方式出现。在另一起奇怪的汽车追逐事件中，三名日本大使馆员工试图将奥尔科特的车驱离道路，但在驶离车流之前，它只是被从侧面撞击了一下。脾气暴躁的奥尔科特从自己的车里跳出来，拔出枪向攻击者的车发起进攻，把其中一名乘客从车里拖了出来，而其他人则蜷缩在车底。回想起来，奥尔科特承认他创造了一个“荒谬”的场景，但幸运的是没有人携带武器。否则，他们可能会有一些理由枪杀他，许多目击者描述一个半疯狂的 220 磅重的美国人是如何用他上膛的枪指着他们冲向他们的车的。相反，一群中国行人聚集在奥尔科特周围欢呼起来，他们认为他是在强迫日本官员在公开场合向他低头。随着这类事件的不断增加,同盟通信社的一名日本记者向奥尔科特透露,他们的目的并不是要杀他,而是要给他一个教训。显然,他的恐吓者是糟糕的老师,而奥尔科特是更糟糕的学生,因为这位播音员喜欢与听众分享这些反复的冲突,唯一的目的是为了进一步让日本人难堪,并强调他们不能让他噤声。《时代》杂志和《纽约时报》等美国出版物甚至也报道了这些丰富多彩的事情。在 1940 年 7 月一篇关于奥尔科特苦难的文章中,《时代》杂志报道,"日本恐怖分子试图在上海公共租界的美国防御区把他从一辆人力车里拖出来"。[57]

随着其他地方报纸公开了他对日本人的讽刺,奥尔科特更加出名。中国的英文和中文报纸都报道了"日本分子故意干扰 XMHA 电台"。《大陆报》《字林西报》《上海日报》等媒体都用加粗的标题对关于 XMHA 干扰的痛苦进行了突出报道。1940 年 12 月 20 日版《字林西报》刊登的致编辑的一封信倡导被日本盯上的所有电台共同努力,通过"共享"彼此的频率,以避开干扰。另一位支持他的听众在第二天的报纸上写道:"许多人认为奥尔科特是上海最受欢迎的民主倡导者,因此值得得到一切可能的支持来打击轴心国的宣传和一些地方电视台散布的谎言。"这位支持者在提出捐款帮助 XMHA 克服问题之前得出结论,"据我所知,中国各地和远东地区的其他地方热切期待着他的声音"。中文报纸《证言报》认为 XMHA 电台是"正义的支持者",这也是"日本人憎恨它"的原因。该报道称,XMHA 的麻烦表明了日本"蓄意干涉第三国的合法权益"。另一家中文报纸《华裔美国人日报》更直接地评估了日本干扰的后果。"除了给外国人留下一个坏印象之外,"这篇文章指出,"日本人不能从这种对广播的干扰中获得任何好处。"[58]

这使奥尔科特拥有一大批忠实的追随者。据估计,他仅仅在中国的听众就有 25 万到 50 万不等。随着 XMHA 的短波信号传播到中国以外的地方,中国之外的听众数量也在增加。《密勒氏评论报》在 1939 年 6 月指出,"到目前为止,他是上海最受欢迎的外国人"。当然,这也有一个明显的例外。"使他在外国人和中国人中很受欢迎的,却使他在日本控制委员会及其日本军队的支持者中非常不受欢迎"。事实上,随着对奥尔科特广播干扰的增加,上海美国学校的全体学生都联名向日本大使递交了一份请愿书,坚持要停止干扰,但这并没有实现。[59]

个人的回忆证实了他的声望。对维尔瓦·布朗来说，卡罗尔·奥尔科特加入了诺曼·佩奇的行列，成为她最喜欢的两位新闻播音员。威廉·约翰逊在南昌听了广播。1940 年 1 月埃勒罗伊和梅贝尔·史密斯在结束美国休假回上海的船上听了广播，甚至收听了奥尔科特的广播节目。詹姆斯·霍尔塞马(James Halselma)是美国人，1940 年前往北京参加国际主义的日美学生大会，他说，每天外国人“热切地等待着……奥尔科特 15 分钟的中午和晚间新闻广播，声音枯燥、无声调，但充满了对日本人和他们的合作者以及他们活动的新闻的针对”。霍尔塞马特别喜欢奥尔科特对日本在亚洲的“新气味”的讽刺引用，尤其是当他设法将其插入果冻和 Ovaltine 等产品的商业促销活动时。“新气味”的嘲笑也逗乐了上海的居民雷娜·克拉斯诺。她还回忆起奥尔科特“柔和的声音”和“令人愉快的音调”，这使得听他说话是一种愉快的经历。克拉斯诺甚至记得奥尔科特关于日本军队做些什么能从他那里得到一个好话的半开玩笑的建议。她认为，有些令人惊讶的是，尽管日本人的压力不断上升，但他从未失去过麦斯韦尔屋(Maxwell House)和贝克利特面包(Bakerite Bread)等品牌的赞助。他为什么要这样？奥尔科特把自己塑造成了中国听众最多的美国播音员。[60]

然而，当涉及美国外交官时，奥尔科特的受欢迎程度变小了。美国驻上海领事理查德·布特里克喜欢通过强调日本干扰的无效嘲笑他的日本同行，他试图主动争取华盛顿的支持。他要求美国国务院“考虑指示驻东京大使馆与日本政府一起处理这个案子”。他的上司，美国国务院远东事务部的麦克斯韦尔·汉密尔顿回应说，华盛顿认为奥尔科特的 XMHA 广播相当于“来自上海公共租界的党派宣传”。汉密尔顿抱怨说，这样的广播往往会“加剧局势”，并威胁到“上海公共租界的完整性”。[61]

上海公共租界工部局同意了。在抗日战争爆发时，上海公共租界工部局曾试图镇压该公共租界的反日广播电台。如果这个公共租界成为具有破坏性的抗日分子的避风港，日本帝国军队毫无疑问将绕过上海公共租界工部局，自己处理这个问题。上海公共租界工部局不想看到他们自己的权威被日本人单方面进入他们的管辖范围所破坏，他们也不想给日本人任何在公共租界独立行动的法律权力。这意味着要利用上海公共租界工部局现有的权力来解决这个问题。为此，上海公共租界工部局及其警方与日本无线电控制委员会合作,识别并关闭了所有播放抗日宣传的中国电台。通过使用自己的警察,上海公共租界工部局希望劝阻日本军队不要擅自侵入其管辖范围。到 1939 年,没有一家中国电台在上海继续播放反日消息。[62]

然而,XMHA 电台为美国人所有。因此,它主张享有域外法权,这使其处于适用的美国法律的管辖范围之内。因此,上海公共租界工部局没有任何合法手段来反对它。上海公共租界巡捕房只能对 XMHA 被认为是"损害法律和秩序,在国际上海公共租界不受欢迎"的广播进行惩罚。E.L.希利拒绝了上海公共租界巡捕房的立场,因为"对美国人的言论自由没有法律限制"。当上海公共租界巡捕房直接向卡罗尔·奥尔科特提出投诉时,他毫不意外地被描述为——也许是很轻描淡写——"并没有和解"。由于顽固不化的奥尔科特仍然面临死亡威胁,上海公共租界巡捕房被迫向他提供特别的警察保护,尽管他们憎恶他的广播。让奥尔科特不受保护可能会迫使日本人独立于警方采取行动,一劳永逸地让奥尔科特保持沉默,上海公共租界巡捕房将这解释为他们在公共租界维护法律和秩序的责任的更不可容忍的攻击。[63]

最后,XMHA 电台和奥尔科特的广播节目经受住了美国政府、上海公共租界工部局和日本政府的压力。事实证明,这三方都无力控制有煽动性的广播节目。在优先考虑努力防止美日关系中断的时候,华盛顿对该节目的挑衅性质感到不满。然而,国务院官员不会对自己守法的公民采取任何正式行动。事实上,当美国的反日情绪加剧时,华盛顿试图扼杀著名的奥尔科特的国内政治影响无疑是令人不快的。与此同时,上海公共租界工部局也对奥尔科特对日本人的煽动性攻击感到不满。就在上海公共租界巡捕房试图拒绝日本要求允许其在公共租界行使权力以压制反日广播的要求时,这些不合时宜的攻击发生了。上海公共租界工部局没有将权力让给日本,而是反对中国广播公司播出抗日节目。然而,上海公共租界工部局不能起诉奥尔科特,他受到域外法权的保护。上海公共租界工部局也不愿意允许日本人对奥尔科特和 XMHA 单方面采取行动。当日本对进攻性广播采取行动时,上海公共租界工部局却视而不见,这可能会导致其迫切希望保留的上海公共租界内的权力减少。

日本在中国的军队对 XMHA 电台和卡罗尔·奥尔科特最为不满,可最终只能维持现状。除了干扰和业余手段外，他们拒绝采取任何更激进的身体恐吓行动。日本人在上海有足够的军事力量去践踏这些法律条令，但在这种情况下并不值得。为了扼杀那些令人“讨厌”的中国广播电台，上海公共租界工部局表示愿意参与日本人的竞标。尽管存在 XMHA 电台的情况，但实际上上海公共租界工部局在这项任务中非常有效。上海公共租界工部局温和的态度强烈阻止了日本在这一点上采取任何更大胆的举措。人们无法确定，在更积极的努力破坏上海公共租界工部局在公共租界的国际公认权威之后，会出现什么国际难题。当然，如果奥尔科特被监禁或谋杀，或者美国拥有的 XMHA 电台被占领或摧毁，华盛顿就不能从这一局势抽身。这将要求华盛顿加入战斗，无论其多么不情愿。鉴于这些情况，虽然是无效的，但最好的选择仍然是对奥尔科特和 XMHA 电台采取低级别战斗，强调干扰和恐吓。

与 W6XBE-KGEI 电台情况一样，屏蔽 XMHA 电台只会让渴望新闻的听众需要更多类似的电台和新闻。这并没有任何帮助，在上海由于日本干扰方法的技术缺陷，该市大部分地区的广播仍然非常清晰。听众们想知道有趣的卡罗尔·奥尔科特接下来要说什么，他们知道他们能听到。雷娜·克拉斯诺回忆说：“有些人，比如我，听奥尔科特广播的时候，拿着纸和铅笔一字不差地记下他大胆的话。”这些词成为克拉斯诺社交圈里的热门话题。[64]类似的情况也在其他城市发生。例如，在北京，詹姆斯·霍尔塞马记得他听过奥尔科特被干扰，他意识到周围普遍期待奥尔科特接下来会说什么，日本人不希望任何人听到。[65]对于被日本人试图阻止播音员激怒的听众来说，奥尔科特描绘的一个恶毒的日本“他者”相当令人信服。对这些听众来说，这种故意的、用来战斗的干扰只是证实了日本的形象。

卡罗尔·奥尔科特很幸运。1941 年 10 月，他离开中国，前往美国进行一次短途旅行。1941 年 12 月 7 日，当日本人袭击珍珠港时，他们还占领了上海公共租界。如果奥尔科特那天在上海，他无疑会被监禁，并面临和他的朋友、印刷记者同事约翰·鲍威尔一样的待遇，鲍威尔是《密勒氏评论报》著名的反日编辑。鲍威尔曾担任维奥拉·史密斯成立的听政委员会的主席，目的是寻找日本干扰 W6XBE-KGEI 电台的证据。他的评论是如此的反日，以至于中国国民党大量订阅购买。鲍威尔勉强逃脱了他那次残酷的监禁。

在日本监禁将近一年,他遭受了身体虐待,失去了所有的脚趾。[66]

奥尔科特 1941 年 11 月在华盛顿与联邦通信委员会会面,讨论 W6XBE-KGEI 电台如何调整 XMHA 的一些方法来报道新闻。这样的会议凸显了联邦通信委员会反对国务院最初想要缓和 W6XBE-KGEI 电台与日本冲突的愿望(尽管到了 1941 年 11 月,美国国务院本身已经接受了几乎不可避免的对日战争,为利用 W6XBE-KGEI 来支持美国的战争努力扫清了道路)。1941 年 12 月后,奥尔科特拒绝了返回中国的机会,他很快就加入了辛辛那提市的 WLW,美国广播史上的先驱电台。可以肯定的是,他在 WLW 的停留时间很短暂——他在新工作一年多后被解雇,原因是与电台同事发生冲突。首先,他用他的新节目贬低了格雷戈尔·阿特温·齐默的评论质量,他是奥尔科特之后节目的德裔美国主持人。齐默在直播中被侮辱后,在大厅里激烈地质问奥尔科特。奥尔科特回应称他为纳粹。当齐默大声侮辱奥尔科特作为报复时,奥尔科特在 WLW 工作室里向他的对手泼了一盆冷水。事实上,这结束了这位前 XMHA 电台播音员在该电台的短暂任期,然而这次职业生涯上的挫折却是暂时的。在那次惨败之后,奥尔科特的职业生涯回到正轨,他成为哥伦比亚广播公司的一名获奖电台评论员,住在加州洛杉矶,直到 1965 年去世,卡罗尔·奥尔科特再也没有回过中国。[67]

小　结

驻上海的美国贸易专员维奥拉·史密斯宣布,国际广播是“促进美国和太平洋邻国之间的友谊和理解”的工具。[68]日本官方 NHK 广播网络赞同史密斯的说法,称国际广播促进“全球人民之间能够很好地理解”。[69]如果说世界上有一个地区可以从电台的祝福中受益,那么 20 世纪 30 年代末和 40 年代初的东亚就是这样。在抗日战争中,美国人和日本人都对这些跨越国际边界、接触到国际听众的广播新闻表现出了极大的兴趣。然而,由于这场战争使美日关系紧张,国际广播新闻无法实现促进东亚和平与友谊的崇高目标。如果说有什么不同的话,那就是它的效果恰恰相反。

在某种程度上,原因相当简单。技术不可避免地与人们遇到和使用它的更广泛的环境联系在一起。抗日战争期间围绕广播新闻的背景是美日两国在政府和个人层面上的敌意日益增长。毫不奇怪,广播新闻在其节目、人物和政策中都表现出了这种敌意。面对这种形式,观察者声称广播可以克服这种仇恨,推动更大的国际团结。无论是维奥拉·史密斯还是在她之前、期间或之后的无数美国人,这种技术决定论长期以来一直牢牢控制着很多美国人,他们认为技术可能对社会产生巨大影响。尽管有持续不断的反面证据,但它的长久性证明了这种决定论的力量。

评估技术和社会之间关系的一个更有价值的起点是关注用户的观点和用户所做出的选择。不同的用户对一种特定的技术有什么要求?他们的选择是如何被这些用户生活的更广泛的环境所影响的呢?维奥拉·史密斯可能已经表达了乌托邦式的观点,比如电台统一人民的力量,但实际上她主要要求美国广播电台严格地对美国人说话。XMHA 和 W6XBE-KGEI 等电台响应了这个号召。1938 年,XMHA 电台的管理层选择卡罗尔·奥尔科特作为该电台的主要新闻播音员,主要是因为他的反日声誉。为了实现这一期望,奥尔科特明确表达了一系列美国人对日本人的看法和刻板印象,这些观点在当时的许多美国人中普遍存在。他在众多志同道合的美国听众中吸引了大量忠实的听众。

日本人也对广播新闻做出了选择。通过 XMHA 和 W6XBE-KGEI,像无线电控制委员会主席阿萨诺卡·苏沃这样的人在日本试图扩大其影响力和控制范围的环境中遇到了这一报道。长期以来,日本人一直在不无道理地指责美国新闻业在其听众中培养对日本的偏见。从这个角度来看,试图限制这种令人不快的广播新闻的传播是一个合乎逻辑的选择。因此,日本人的回应是选择使用无线电技术来达到自己的目的:他们进行干扰。他们还选择使用其他技术,如他们的枪支、炸弹和汽车,来恐吓最敌对的播音员卡罗尔·奥尔科特。这些选择促成了美日分歧的爆发,而不是缓解。

然而,尽管在战时中国出现了围绕美国广播新闻的对抗关系,在太平洋战争前夕东京和华盛顿的高层外交中,这个特殊的日美争议从未成为一个有争议的问题。美国和日本官员做出了选择,以确保广播对高层外交互动的影响是最小的。两国的外交官还面临着其他导致两国走向战争的问题,他们不能被广播分心。日本从未推动其广播政策超出干扰和恐吓卡罗尔·奥尔科特的范围,因为他们从未实际伤害过他。华盛顿从未积极捍卫

W6XBE-KGEI 电台或 XMHA 电台的合法权利,甚至公开表示对奥尔科特的广播内容表示不满。尽管自广播出现以来,广播对国际关系的好坏都被大肆宣传,但 XMHA 和 W6XBE-KGEI 电台在美日关系的最高水平上都没有产生明显的影响,他们做出了一些选择以确保这样的结果。

最后,W6XBE-KGEI 和 XMHA 电台在战时中国的报道仍然更多的是关于身份认同,而不是外交手段。短波广播等媒体技术使距离较远的人们能够直接交换信息,其他方式则不可能。W6XBE-KGEI 和 XMHA 电台允许在中国的美国广播听众来满足他们在动荡的战时中国对新闻和娱乐的需求。当然,这并不是一种独特的美国现象。日本有诸如 XJOB、JZI 和 JZJ 等电台。其他政府如德国、英国和意大利,运营着他们自己的与民族意识密切联系的官方电台。对于在中国的外国人来说,努力满足一种特殊的民族认同不仅需要知道谁属于这个群体,还要知道谁被排除在外。在这种情况下,美国人在其他跨国背景下参与他们的电台的过程,显示了听众在跨国背景下参与的"国家"媒体存在潜在文化分歧。"我们对他们"的动态定义了战时中国对美国广播新闻的争论。W6XBE-KGEI 和 XMHA 电台既没有减轻现有的偏见,也没有制造新的偏见。相反,广播新闻和围绕广播的战斗提供了一种新工具来阐明、放大和强化旧工具。正如美国在战时中国的广播所表明的那样,由广播创造的和平与友谊的全球乌托邦的愿景不可避免地没有实现,因为这些愿景与听众参与国际广播的实际情况脱节了。

结　　语

在两次世界大战之间，东亚国际广播电台声称将建立一个共同繁荣和以友谊为基础的国际社会，但这一说法始终没有实现。美国三番五次想在中国无线电和广播事业中提升自身影响力，这些具体举措导致美国与东亚关系之间相当大的冲突。两次世界大战之间许多无线电爱好者所幻想的以友谊和贸易为基础的国际社会仍然遥不可及。相反，从 1919 年到 1941 年，美国在中国的广播活动始终是在制造和挑拨中美日三国对于东亚未来愿景的不和谐要素。

三个反复出现的模式定义了不同的美国广播项目，有助于解释那些持续遇到的问题。首先，有关技术和通信的文化假设持续影响着美国在华的广播计划。这些假设包含了一些不切实际的观点，认为技术和通信的力量可能会产生一些积极的变化。在这一过程中，他们也暴露出一种将有关技术和技术发展的美国理念与普遍真理混为一谈的倾向。

其次，在广播的积极影响力方面，那些强烈但有误导性的信念阻碍了对美国广播所处环境的深入思考。这一缺陷往往助长了一些代表广播电台做出的令人怀疑又不符合当时形势的美式决定和行动。从中国民族主义者和国家建设者以及日本侵略者和帝国主义者的角度来看，美国广播电台显然不是以增强跨国经济和文化交流来弥合国家间分歧的工具。对他们而言，美国广播电台无疑是一个在不同阶段挑衅中国和日本在东亚基本利益的美国项目。在这些情况下，从中国和日本的角度来看，美国广播电台不得不遭受质疑。

第三,也是最后一点,可能由于对手实力较弱,美国人总是低估了那些美国广播电台的中日竞争者。这种低估反映了美国人对广播力量势不可挡的坚信与中日竞争者为服务自身目的而塑造广播的决心之间的脱节。最终,中国和日本的竞争者有效地抵制和削弱了曾经充满希望的美国广播项目。在 1919 年至 1941 年间发起的美国广播项目中,没有一项达到了当初预期的崇高目标。

有关技术和通信的文化假设通常伴随着美国的广播项目进入中国。其中最普遍的观点认为,跨太平洋无线电通信有望弥合文化和国际差异,同时推动互惠互利的经济交流。这些想法在 20 世纪 20 年代被合众电信公司和美国无线电公司(RCA)项目的支持者所接受,因为其有助于证实和促进各自的商业活动。同样,在 20 世纪 30 年代中后期,美国在华短波广播的前景也触动其在中国的美方发起人产生类似主张。这些预测捕捉到了流行但却具有决定性的观点,认为通信技术是变革的必然和积极因素。按照这种观点,技术的运作独立于周围的社会环境,而且不受任何政治、经济、社会或文化力量的影响。

在这种言论的理想主义背后,存在着更多自私自利的担忧。合众电信公司和美国无线电公司的中美无线电联通项目承诺向更多的美国贸易和商品开放中国市场。因此,作为中间的联络商,合众电信公司和美国无线电公司将从中获取丰厚利润。通用电气公司在美国对中国的短波广播中,可能以扩大美国广泛的经济和文化利益的形式来促进贸易,甚至以宗教为传播宗旨的福音广播电台(XMHD),其管理者也关注到了理想与利益之间的张力。该电台成立于 1934 年,虽然名义上是为了在中国传播普世基督教,但该电台的节目实际上反映了一种与美国人的情感密切相关的基督教。

这种所谓的普遍互利交流与美国对东亚明显的单向影响相结合,突显了美国外交关系中一种更广泛、更长期的模式。正如埃米莉·罗森堡(Emily Rosenberg)在其 1982 年关于美国文化和经济在海外扩张的开创性研究中所指出的那样,许多美国人认为他们国家的历史不仅在 20 世纪是独特卓越的,而且提供了一种普遍的发展模式,从根本上说应该适用于发展中国家的任何地方。在这一过程中,普遍利益的概念尤其与美国利益交织在一起。从这方面而言,美国为提升广播电台对中国的影响而做出的努力与 20 世纪早期通过有线电报、电影、航空和新闻等工具在全球范围扩张美国通信势力的举措相辅相成。与其他例子一样，广播项目的支持者反复使用普遍主义的修辞支持美国的各种广播倡议，即使有时出于刻意的自私自利的目的，这表明这些理想在预期的美国听众中广受欢迎。否则，从一开始就没有必要使用这种花言巧语。[1]

无论何种假设起主导作用，美国广播利益集团及其支持者从未认真地考虑过发展的阻力。但可以肯定的是，中国在 20 世纪 20 年代和 30 年代初的弱势地位似乎不足以对抗美国广播。合众电信公司认为，凭借 1919 年签订的建设第一条中美无线电联通项目的合同，自己在中国市场就有了重要的立足点。20 世纪 20 年代中期，该公司见证了一众短命军阀政权在北京的兴起与覆灭。由伦尼・施韦林(Rennie Schwerin)领导的合众电信公司，与美国无线电公司(RCA)合作，在美国外交官的支持下，一再阻挠中国提出重新谈判一些不平等条约的要求。合众电信公司幻想着迟早会有一个亲美政权占领北京，届时他们再以原有形式推进该项目。[2]

由于军阀政权的软弱和不稳定，合众电信公司眼见自己的项目被无休止地拖延，也毫不动摇地坚持其顽固立场。仅仅通过扣留必要的债券发行和土地购买所必需的签名，这些政权就能实现拖延。即使一个 1922 年上台掌权的短命军阀政权多么亲美，也不可能冒险与合众电信公司的项目合作，除非该公司同意删除修改原始条约中一些剥削性的内容。1924 年末，当一个亲日的军阀政权控制北京时，合众电信公司的不妥协为日本拖延一个从一开始就反对的项目提供了完美的掩护。合众电信公司的顽固态度帮助掩盖了日本在这一事件上的自私自利，更具有讽刺意味的是，它使得亲日政权在坚决阻挠该项目的同时，宣称中国民族主义得到了伸张。这样的局势一直停滞不前，直到 1927 年蒋介石国民党在民族主义和反帝国主义的帮助下上台掌权。新的国民党政府取消了包括合众电信公司在内的所有外国无线电项目条约，并重新开始发展中国的国际无线电市场。

美国无线电公司认为它不会犯合众电信公司的错误，但它也摔了大跟头。在合众电信退出中国市场后，美国无线电公司便结束了与它的合作关系，企图成为占据中国国际无线电报市场的美国龙头企业。1928 年，该公司与中国近代首个拥有国家控制权的中央政府签订协议。可以肯定的是，它仍然是一个充斥着政治派系斗争和军阀残余势力的政府。尽管如此,美国无线电公司还是成功地让两个电台投入运营,一个在上海,另一个在满洲的奉天。1931 年,日本入侵东北后,该公司知道其保留奉天站运营的决定充满争议,将激起新的国民政府强烈反对。果不其然,中国强烈反对美国无线电公司与日本在从中国暴力掠夺的领土上合作。然而,美国无线电公司不相信这个无法保卫领土不受日本侵犯的弱小政权能够阻止日本继续与脱离中国政府管辖的奉天电台合作。于是美国广播公司对中国的抗议视而不见。

美国无线电公司与日占区的满洲合作冒犯了中国的民族主义和爱国之情。就像之前的合众电信公司一样,美国无线电公司低估了中国捍卫其通信利益的决心。为了将美国无线电公司驱逐出上海以示反击,交通部与国际电话电报公司(ITT)达成协议,但美国无线电公司对此不屑一顾。美国无线电公司声称,ITT 协议侵犯了其现有的条约权利。在了解到该协议与蒋介石在交通部的反对派有关联之后,美国无线电公司猜想蒋介石政府重新掌控交通部将会废除 ITT 协议。然而,蒋介石的消极抗日政策导致了越来越多的反对意见,其拥护者认为,一旦重新执掌交通部,新的政府继续支持 ITT 协议,抵制不受欢迎的美国无线电公司将利好政治。美国无线电公司和中国之间关于 ITT 协议的争端最终到达海牙,并于 1935 年在这里做出了一项有利于中国的裁决,让美国无线电公司大跌眼镜。在海牙的失败是美国无线电公司决定开始削减其在全球电信领域利益的主要因素。归根结底,在海牙胜诉成果以美国无线电公司为代价,维护了中国在无线电领域的主权,有助于改善中国的弱势地位。

20 世纪 20 年代和 30 年代初,美国对中国新兴的广播市场采取了同样的无视态度。在此期间,美国国务院和驻华人员认为,鉴于广播业这些年的发展,中国对无线电所有权和运营的法律限制是不合逻辑的。其中不少官员声称,中国人民不具备发展广播的能力,更有甚者臆测中国人会非理性地抵制这一最新的技术奇迹。因此, 美方官员鼓励美国公民无视中国的无线电法律和针对外国租界的无线电限制性条约。即使面对中方的强烈抗议,纳尔逊·詹森(Nelson Johnson)等官员仍主张继续进口收音机和零件,以及继续运营美资广播电台。这一建议基于这样一种假设:弱势的中国政府几乎无法阻止美国人以他们认为合适的方式在中国享受广播,尤其是在上海等不在中国政府直接管辖范围内的通商口岸。

这种对中国广播市场和国家力量的误读,作为低估民族主义的代价,为美国人提供了又一个有益教训。在20世纪20年代末和30年代初的中国政治背景下,美国认为中国的无线电法律可以被视为可有可无的这种立场令人费解。鉴于20世纪20年代中国出现了一个蓬勃发展的广播市场,一些美国人曾断言中国缺乏发展广播的兴趣或能力,其无知几乎滑稽可笑。事实上,由于那个时代的中国听众正沉浸在民族主义和反帝国主义情绪中,美国广播节目侵入中国市场便激起了他们的反对。因为大部分美国非法广播活动发生在由外国管辖的上海公共租界内,纳尔逊·詹森等美国官员认为没有理由去服从惯例性的民族主义抵抗。这一逻辑忽视了那些曾经由外国控制的区域已经被中国收归管辖的事实。在这些地区,中国仅仅从美国人手中没收了违规设备。上海作为中国新兴广播市场的中心,即使对公共租界缺乏管辖权也阻碍不了国民政府。通过相对简单且成本低廉的干扰,国民政府针对美资广播电台,要么迫使其注册登记,要么将其完全停播。面对坚定的国民政府当局,一处治外法权保护下的飞地也无法为美资广播电台提供避风港。到1936年,尽管美国有意绕过中国当局,但国民政府仍然通过其有限的权力,对中国的广播业建立了有效管控。

在上述每一场较量中的美方主要参与者——合众电信公司、美国无线电公司和美国官员,都犯了同样的错误:他们将中国政府的弱小与无能混淆了。美国人对广播能达到美国目标的能力过于自信,并倾向于将美国利益与普遍期望的目标等同起来,这导致了对美国广播所面临的大环境的严重误判。事实证明,弱小的中国政府并不需要动用武力才能有效地抵制那些似乎过于偏袒美国狭隘利益的无线电项目。20世纪二三十年代的中国政府,无论是国民党政权还是之前较弱的军阀势力,都有长期控制中国的野心。在民族主义和反帝主义高涨的时代背景下,这些政权不可能支持任何以牺牲中国利益为代价而有利于外国的广播项目。当蒋介石和新生的国民党中央政府成功地带领中国走出军阀时代时,该政府得到的民众支持很大程度上要归功于它在中国成功地拉拢了反帝国主义和民族主义。但这种支持不是无条件的,很容易因政策制定不当而被辜负浪费。考虑到以最小的代价和力量管控美资广播的可能性,不可能允许其毫无争议地继续运营。

然而,美资广播并不总是与国民政府为敌。在某些情况下,美资广播甚至可以被视为中国的盟友。国民党政府对美国传教士创办的福音广播电台(XMHD)的支持证实了这一点。在这个例子里,美国传教运动和国民政府的国家建设措施之间的紧密联系有利于这个特殊的美资广播电台发展。美国传教士和国民政府在农村、教育和公共卫生改进等各种发展措施中的合作,不仅有助于电台争取政府的支持,而且也能帮助国民政府高层官员通过电台树立社会形象。可以肯定的是,该电台在节目的性质、风格和内容等方面都具有鲜明的美国特色。事实上,没有实质性证据表明,福音广播电台如同它许多拥护者所承诺的那样,显著增加了中国人皈依基督教的数量。与其他美资广播的举措一样,尽管这些承诺还不完美,但也反映了人们对广播影响力的看法。与其他考虑不周的美资广播的关键区别在于,福音广播电台与中国支持的传教士改革相契合,以一种与国民政府合作而非挑战的形式展示其美国特色。

尽管如此,福音广播电台还是引起了不小的争议。由于认同中国的关切并与之结盟,该电台最终引起了日本的反对。中国是从当时的国家建设、民族主义和反帝国主义的角度看待美国广播,而日本则是从其自身在中国的侵略扩张和帝国主义目标的角度来看待美国广播。这一解释框架在 20 世纪 20 年代早期助长了日本对合众电信公司无线电项目的反对,认为这是对日本在华通讯利益的挑衅。然而,日本这一观点实际上在 20 世纪 30 年代初促成了其与美国无线电公司满洲站的合作,以此作为一种建立国际支持的手段,从而支持日本在备受谴责之下将满洲从中国领土中分割出来。福音广播电台让美资电台重新扮演了挑衅日本利益的角色。1937 年抗日战争全面爆发后,该电台对日本在华行动进行了特别的批评性报道,展现了该电台的亲华倾向以及与美国的深厚关系。从日本的立场来看,这种不利的报道反映了他们所看到的对于日本更大的国际偏见,并破坏了日本的政策和目标。因此,日本认为福音广播电台对他们在华关键利益构成了挑衅。随后,日本采取举措干扰该电台的广播,这与日本通过压制关键的新闻来源(通常是美国的),从而管理到达东亚的信息等努力相一致。

总部位于加利福尼亚的短波电台 W6XBE-KGEI 和总部位于上海的 XMHA 遭受了来自日本的类似待遇。其战时新闻节目也给日本带来了负面影响。在 XMHA 的例子里,资深记者卡罗尔·奥尔科特(Carroll Alcott)通过多次的每日新闻故意挑衅日本人。然而,奥尔科特坚持认为,他在新闻中包含的反日情绪完全符合实际。他声称,这些有力的作品源于他对手头的事实进行公正核查之后得出的结论。在 20 世纪 30 年代末和 40 年代初,美日两国的新闻战场,充斥着客观新闻的理想与基于对事实的客观评价而站队倾向之间的张力。鉴于奥尔科特的故意嘲弄,可以理解为什么日本希望让 XMHA 和奥尔科特本人保持沉默。W6XBE-KGEI 短波电台的新闻广播也遭到了日本的类似待遇,尽管该台的新闻报道源自美国,而且并不像奥尔科特那样带有明确的反日意图。从日本的角度来看,问题不在于奥尔科特是一个无赖的美国记者,利用他在上海的广播平台让日本难堪,而是奥尔科特代表了一种非常典型的美式新闻报道方式,一味地抨击日本,丝毫不顾及日本所谓的他们在东亚的合法利益。因此,无论是来自福音广播电台、美商华美广播电台还是 W6XBE-KGEI 短波电台的美国广播新闻,在 20 世纪 30 年代末和 40 年代初都成为日本干扰的一贯目标。

对这些广播电台影响力的信念,无论好坏,还突显了两次世界大战之间流行但有缺陷的媒体权力观的另一个方面。例如,在上海的美国贸易专员维奥拉·史密斯(Viola Smith)在 1935 年指出,扩大美国广播在中国的广播业务是可取的,因为它可以确保"美国的文化、政治和经济思想,以及关于美国生活和理想的背景可以直接传播"。这一说法反映了二战前流行之后又被质疑的关于媒介效果的"魔弹论"或"皮下注射论"。这些理论在那个时代的传播学研究中占有一席之地,它们假设受众的观念和行为会因接触媒体内容而发生可预见的改变。在这些概念中,大众媒体是"魔弹"或"注射针头",直接向可操纵的受众传递新的思想和行为。这种观点显然不是美国独有的,因为日本全力干扰电台——甚至一度试图在 W6XBE-KGEI 短波电台自行播出英语新闻节目——表明了他们同样相信受众具有可操纵性和可塑性。

然而,受众并不是信息的被动接收者。个人对他们所参与的媒体内容建构自己的意义和重要性。不同群体的解读会有所不同,这取决于媒体内容在任何特定时间如何与各自的信仰、关注点和兴趣相碰撞。第三章提到的中国听众抵制中国电台播放棕榄公司的商业广告,就是这样一个鲜活例子。这位听众非但没有像维奥拉·史密斯所预料的那样——对美国产品产生兴趣,反而察觉到帝国主义入侵中国广播后感到愤怒。与此同时,卡罗尔·奥尔科特在中国的美国受众中很受欢迎,他们已经倾向于反感日本,而出于显而易见的原因,日本人对奥尔科特充满敌意的广播新闻的解读则差很多。就 W6XBE-KGEI 短波电台而言,其新闻节目并不是为了贬低日本而制作的。尽管如此,由于美国新闻业前期对日本表现出的偏见,日本仍然坚信短波电台是一个具有攻击性的威胁。同时,疏远日本观众并不一定能确保中国受众接受 W6XBE-KGEI 短波电台。珍珠港事件发生后不久,该电台努力制作汉语新闻节目,但是中文不好的播音员将这些节目翻译和播报得非常糟糕,按照交通部的说法,这些广播听起来"很像是来自日本方面的宣传"。[3] 总的来说,这些例子表明了受众能以意想不到的方式掌控各种节目的意义和重要性。

因此,W6XBE-KGEI 短波电台以美国节目吸引美国受众,从而取得了巨大成功也就不足为奇了。这一成功提供了本研究中唯一的例子,即美国广播项目实际上至少实现了其中一个目标,尽管不是核心目标。维奥拉·史密斯(Viola Smith)承认该电台对生活在中国的美国人具有潜在的吸引力,这只是她为该电台所做的整体宣传中相对较小的一部分。史密斯把她的重点放在宣传该电台的能力上,即通过扩大影响力——尤其是美国对中国的影响,促进普惠的经济和文化交流。这些理想主义的观念无关立场,该电台只是在迎合美国受众方面表现出色。其美式新闻广播、NBC 广播节目和特别的《周日邮包》(Sunday Mailbag)节目为该电台在中国和更广泛的东亚地区培养了一批忠实的美国听众。

W6XBE-KGEI 的影响并不在于它通过传播新信息而改变了受众。该电台没有鼓励美国人和亚洲人之间所谓的跨国文化和经济交流。相反,它的主要贡献是为美国人提供了一个接触熟悉的媒体内容和文化形式的新机会。在这方面,W6XBE-KGEI 归属于非常多元的美国传媒环境,包括印刷出版物、好莱坞电影、美国消费品、邮政服务、留声机、照片和交通等介质,使这些外籍人士与他们遥远的祖国保持密切联系。W6XBE-KGEI 最终证明了全球媒体如何真正应对双向的文化交流。该电台通过为美国人提供熟悉而便于接触的媒体内容,使得美国人可以与他们周围本土化的陌生媒介环境保持距离。此外,正如日本人和中国人抵制美国广播节目的例子所表明的,同样的节目对于生活在国外的美国人来说是如此熟悉和舒适,但在不同文化和政治背景下的观众中却引起了截然不同的反应。

以美国为代表的国际传播扩张总模式,通过努力将其广播利益延伸至中国,从而为这些参与者的持久争夺创造了一个新的领域——无线电。针对帝国主义、民族主义、条约权利和主权的更深层次的斗争被纳入了关于无线电的新的斗争中。从 20 世纪 20 年代到 40 年代初,美国试图通过广播发动这些争端,但往往忽视了东亚广播的背景。他们采取的行动方案表明,他们几乎盲目地相信仅靠这项技术就能实现美国的目标。由于政策和行动往往与当时环境不相适应,因此没有能力实现所追求的目标,这也无怪乎美国在中国的无线电计划从未达到其崇高的期望。

对新通信和媒介技术不切实际的期望仍然充斥在美国话语中。据一位畅销书作家和受人尊敬的学者称,21 世纪新的数字技术有望成为“一种吸引人们进入更加和谐的美好世界的自然力量”。网络服务供应商先驱美国在线(AOL Online)的创始人兼首任首席执行官史蒂夫·凯斯(Steve Case)对此表示赞同。他声称,互联网将成为“许多席卷世界的变革推动者”,有望“改变经济和社会的几乎每一个方面”,同时打破“旧的限制和障碍”。

与无线电一样,这些对 21 世纪通信的夸大和过于肯定的预期忽视了技术所处的更广泛的社会背景。互联网不仅鼓励信息的自由流动,而且还为国家提供了用于管控和监视的新通讯工具。近年来,互联网通信发展历程中的“赛博空间”并不仅仅是将人们聚集在一起,而是成为国际关系中一个备受争议的领域。类似美国广播电台曾经受到的干扰,就像日本试图干扰 W6XBE-KGEI 短波电台并替换播出经日本批准的英语新闻一样。由于日本与美国新闻网有着“不解之缘”,日本也许对这些指控感同身受,可能是回想起了他们因为 1991 年第一次海湾战争期间是否支持美国对伊拉克的行动犹豫不决而遭到 CNN 的歪曲报道感到愤怒。[4]

通过对美国在 20 世纪二三十年代将广播扩张到中国的探讨,本研究旨在展现通信和媒体如何与其更广泛的社会背景密不可分地交织在一起。主导这些行动的美国人往往缺乏对这种复杂关系的正确把握。意料之外的社会、文化、政治、经济和技术变化(或这些变量的某种组合)甚至会对这些项目背后最深思熟虑的假设、计划和预测造成严重破坏。[5] 两次世界大战之间美国在华的无线电计划属于考虑不周的项目,更容易受到来自意外因素的干扰。美国广播电台在中国遇到的许多困难都是因为其多个主导者将通信技术误解为社会变革的主要因素,做出的决定忽视了现状的复杂性,并且将他们对国际通信和全球媒体的观念建构在存在问题的未来愿景之上。就这样,美国每一个起初很有前景的在华无线电项目,最终都沦为因目光短浅和由此产生误判而导致的牺牲品。

引文注释

导　言
“广播将为这片古老而人口众多的土地带来巨大的变化”：美国的预期与中国的广播

1.“节目八点开始：新闻、音乐、娱乐”，《大陆报》，1923 年 1 月 23 日，转交给国务卿查尔斯·休斯的文章副本，893.74/278，记录组 59，《1910—1929 年国务院中央十进制文件》(*Department of State Central Decimal files* 1910–29)，马里兰州大学伯克分校美国国家档案馆(United States National Archives at College Park, Maryland)(下文简称为 DSNA，后面是所引用的收藏中涵盖的年份，如 1910–29、1930–39 等)；卡尔顿·本森(Carlton Benson)，《从茶馆到广播：讲故事与 20 世纪 30 年代上海文化的商业化》(*From Teahouse to Radio: Storytelling and the Commercialization of Culture in* 1930*s Shanghai*)(Ph.D. Diss., University of California at Berkeley, 1996)，78–82。

2.“节目八点开始：新闻、音乐、娱乐”。

3. 艾琳·库恩(Irene Kuhn)，《探险》(*Assigned to Adventure*)(Philadelphia: J.B. Lippincott Company, 1938)，312–14。库恩在她的回忆录中错误地将迪莱电视台定位为中国第一家广播电台。

4. C.H.罗伯逊(C.H.Robertson)，《中国 10000 英里广播演讲》(10,000 Miles of Radio Lectures in China)，《无线电广播》(*Radio Broadcast*)，1923 年 9

月,382-91,该演讲举办于马里兰大学帕克分校(University of Maryland at College Park)美国广播先驱图书馆(Broadcast Pioneers Library of American Broadcasting)(以下简称:美国广播图书馆)。关于罗伯逊及其在中国的工作雪莉·S.加勒特(Shirley S. Garrett),《中国城市的社会改革家:中国 Y.M.C.A., 1895-1926》(*Social Reformers in Urban China: The Chinese Y.M.C.A., 1895-1926*)(Cambridge, MA: Harvard University Press, 1970),91,131;彼得·陈(Peter Chen-main Wang),《20 世纪 20 年代动荡中改变中国的爱国基督教领袖余日章》(A Patriotic Christian Leader in Changing China-Yu Rizhang in the Turbulent 1920),《透视中国民族主义:历史和近期案例》(*Chinese Nationalism in Perspective: Historical and Recent Cases*),编辑:魏楚雄(C.X.George Wei)和刘晓燕(Xiaoyan Liu)(Westport, CT: Greenwood Press, 2001),36。

5. 戴维·奈(David Nye),《第二次创造的美国:新开端的技术与叙事》(*America as Second Creation: Technology and Narratives of New Beginnings*)(Cambridge, MA: MIT Press, 2003),esp. 1-20,289-92。另见托马斯·P.休斯(Thomas P. Hughes),《美国创世记:热衷发明和技术的世纪》(*American Genesis: A Century of Invention and Technological Enthusiasm*)(New York: Viking Press, 1989);戴维·奈(David Nye),《美国技术升华》(*American Technological Sublime*)(Cambridge, MA: MIT Press, 1994);梅里特·罗伊·史密斯(Merritt Roe Smith),《美国文化中的技术决定论》(Technological Determinism in American Culture),见《技术推动历史吗? 技术决定论的困境》(*Does Technology Drive History? The Dilemma of Technological Determinism*),梅里特·罗·史密斯(Merritt Roe Smith)和利奥·马克斯(Leo Marx)主编(Cambridge,MA:MIT Press,1994),1-36。

6. 迈克尔·阿达斯(Michael Adas),《机器作为人的尺度》(*Machines as the Measure of Men*)(Ithaca,NY:Cornell University Press,1989)。

7. 阿达斯(Adas),《机器作为人的尺度》(*Machines as the Measure of Men*),408-409。有关对美国的更多关注,请参见迈克尔·阿达斯(Michael Adas),《设计主导:技术的必要性和美国的文明使命》(*Dominance by Design: Technological Imperatives and America's Civilizing Mission*)(Cambridge, MA: Harvard University Press, 2006)。

8. 入江昭(Akira Iriye),《跨越太平洋:美国与东亚关系的内在历史》(修订版)(*Across the Pacific:An Inner History of American East Asian Relations*)(Chicago: Imprint Publications, 1992),18。

9. 迈克尔·亨特(Michael Hunt),《意识形态与美国外交政策》(*Ideologyand U.S. Foreign Policy*)(New Haven, CT: Yale University Press),15。

10. 阿瑟·鲍尔·杜登(Arthur Power Dudden),《美国太平洋:从旧中国贸易到现在》(*The American Pacific: From the Old China Trade to the Present*)(New York: Oxford University Press, 1992),vii。迈克尔·亨特(Michael Hunt),《建立特殊关系:1914 年的美国和中国》(*The Making of a Special Relationship: The United States and China to* 1914)(New York: Columbia University Press, 1983), 312-13。入江昭(Akira Iriye),《跨越太平洋》(*Across the Pacific*), xvi。阿达斯(Adas),《设计主导》(*Dominance by Design*), 31, 430。另见乔纳森·斯彭斯(Jonathan Spence),《改变中国:1620—1960 年西方顾问在中国》(修订版)(*To Change China: Western Advisors in China*, 1620-1960)(New York:Penguin Books, 1980),293。在某种程度上,这项研究回应了沃尔特·拉夫伯尔(Walter LaFeber)在其文章《技术与美国外交关系》(Technology And U.S. Foreign Relations)中呼吁更多地关注技术在美国外交事务中所起的作用,《外交史 24》(*Diplomatic History* 24),第一期(2000 年冬):1-19。

11.《无线电十年》(*The Radio Decade*),RCA 出版物,1930,pp. 7,10,系列 134《无线电广播史》(*History of Radio Broadcasting*),信箱 537,史密森学会美国历史博物馆档案中心(National Museum of American History at the Smithsonian Institution),《乔治·H.克拉克广播资料集》(George H.《克拉克广播资料集》),(以下简称《克拉克广播资料集》)。

12. 哈里·戴维斯(Harry Davis),《广播的持久性:一项科学创新如何在 18 个月内发展成为一项必要的大众服务——目前的局限性和未来的延伸线》(The Permanency of Broadcasting: How a Scientific Novelty Developed in Eighteen Months to a Necessary and Popular Service-Present Limitations and the Line of Future Extension),《无线时代》(*Wireless Age*),1922 年 5 月,pp. 26-8,载于系列 134《无线电广播史》(*History of Radio Broadcasting*),信箱 533,

《克拉克广播资料集》。

13.《柯立芝总统在国际无线电报会议开幕式上的讲话》(Address of President Coolidge at the Opening Meeting of the International Radiotelegraph Conference),华盛顿特区,1927 年 10 月 4 日,文件夹“Radio: Conferences-International-Washington (1927)-Addresses by Hoover, Coolidge, et. al., 1927, October and November” ,信箱 492,艾奥瓦州西区赫伯特 · 胡佛总统图书馆赫伯特 · 胡佛商务部文件 492 号信箱(Herbert Hoover Commerce Department Papers, Herbert Hoover Presidential Library, West Branch, Iowa)(以下简称《胡佛商业文件》)。

14. 国家广播协会特别顾问斯瓦加 · 谢利先生(Swagar Sherley, Esquire)在 1939 年 7 月 14 日、15 日和 17 日联邦通信委员会听证会上就“国际短波广播规则 42.03(a)提出的问题”发表的声明和论点,见第 5—6 页。这本小册子的副本可在美国广播图书馆获得。

15.《通过无线电实现世界和平:RCA 候任总裁 J.G.哈伯德少将在伊利诺伊州制造商协会第二十五届年会上的讲话》,发表于 1922 年 12 月的《制造商新闻》(*Manufacturers News*),7-8, 12,副本存于系列 95《关于无线电主题的文章》(Articles on Radio Subjects),《克拉克广播资料集》,信箱 392。

16. 1927 年 10 月 15 日,美国无线电公司总裁 J.G.哈伯德在酒店广场为国际无线电报会议代表举行的晚宴上致辞,文件夹“Radio: Conferences-International-Washington(1927)-Addresses by Hoover, Coolidge, et. al., 1927, October and November”, 信箱 492,《胡佛商业文件》。

17. 引用苏珊 · J.道格拉斯(Susan J. Douglas)的《发明美国广播》(*Inventing American Broadcasting*)(Baltimore, MD: Johns Hopkins University Press, 1987),306;有关 20 世纪 20 年代大众对广播的热情分析,请参见 292—314。

18. 马丁 · P.赖斯(Martin P.Rice),《无线电广播的未来》(The Future of Radio Broadcasting),收录于《花押字 1》(*The Monogram* 1), 第四期(1924 年 1 月),7。通用电气公司的这份出版物可在纽约州斯克内克塔迪市的斯克内克塔迪博物馆档案馆的《通用电气报》(*General Electric Papers*)上查阅。

19. “1936 年美国全国广播公司外国广播的增长预测”,《美国全国广播公司每日新闻报道》(NBC Daily News Report),1936 年 5 月 14 日,系列 134《无线电广播史》(*History of Radio Broadcasting*), 信箱 531,《克拉克广播资料集》。

20. 博伊德 · W.布洛克(Boyd W.Bullock)关于通用公司"斯克内克塔迪后台"(Backstage in Schenectady)系列短波程序的吸引力的采访,1936 年 1 月 7 日,档案 89-6(General Electric), 信箱 365,RG173, 联邦通信委员会(Federal Communications Commission),主任办公室,普通通信,1927—1946,马里兰州帕克分校美国国家档案馆(United States National Archives at College Park,Maryland,以下简称《FCC 记录 1927-46》)。

21. 艾米丽 · 罗森博格(Emily Rosenberg),《传播美国梦:美国经济和文化扩张,1890—1945》(*Spreading the American Dream: American Economic and Cultural Expansion*,1890-1945)(New York: Hill and Wang, 1982), esp. 89, 92, 94, 96; 引述自第 121 页。关于第一次世界大战对美国思考国际广播的影响,请参见乔纳森 · 里德 · 温克勒(Jonathan Reed Winkler),《联结:第一次世界大战中的战略通信与美国安全》(*Nexus: Strategic Communications and American Security in World War I*)(Cambridge, MA:Harvard University Press, 2008), esp. 11, 40, 50, 60, 95, 163。

22. 利奥 · 马克思(Leo Marx)和梅里特 · 罗伊 · 史密斯(Merritt Roe Smith),马克思和史密斯主编,《技术推动历史》(*Does Technology Drive History*)绪论,ix-xii, esp.xi。

23. 引自梅纳赫姆 · 布隆德海姆(Menahem Blondheim),《新网络:美国的电报和公共信息流,1844—1897》(*New Over the Wires: The Telegraph and the Flow of Public Information in America*, 1844 - 1897)(Cambridge, MA: Harvard University Press, 1994), 191。

24.《无线电的问题和前景》(The Problems and Prospects of Radio),J.G.哈伯德(J.G.Harbord)将军在肉类包装研究所(Meat Packers Institute)和芝加哥大学(University of Chicago)的演讲,1925 年 10 月 21 日,#305a, 系列 95《关于无线电主题的文章》(Articles on Radio Subjects), 信箱 393,《克拉克广播资料集》。

25. 约翰 · 蒂尔尼(John Tierney),《超越,我们最古老的电脑升级版》

(Better. Our Oldest Computer Upgraded),《纽约时报》(*New York Times*),第 6 节(杂志),1997 年 9 月 28 日,46。

26. 帕特 · 纳森(Pat Nason),《分析:播客是新的广播吗?》(Analysis: Is Podcasting the New Radio?)2005 年 4 月 7 日,国际联合新闻社(*United Press International*),http://www.upi.com/Odd_News/2005/04/07/Analysis_Is_podcasting_the_new_radio/UPI-28111112890695.(最后访问日期:2010 年 9 月 26 日)。

27. 詹姆斯 · 施沃茨(James Schwoch),《全球电视:新媒体与冷战,1946—1969》(*Global TV: New Media and the Cold War*, 1946-1969)(Urbana: University of Illinois Press, 2009)。引自 152。

28. 简 · 阿巴特(Jane Abbate),《发明互联网》(*Inventing the Internet*)(Cambridge, MA: MIT Press, 1999), 5-6。

29. 本森(Benson),《从茶馆到广播》(*From Teahouse to Radio*);卡尔顿 · 本森(Carlton Benson),"消费者也是士兵:新生活运动期间南京路的颠覆性歌曲"(Consumers are also Soldiers: Subversive Songs From Nanjing Road during the New Life Movement),见《南京路的发明:上海的商业文化,1900—1945》(*Inventing Nanjing Road: Commercial Culture in Shanghai*, 1900-1945),舍曼 · 科克伦(Sherman Cochran)编辑(*Ithaca, NY: Cornell University Press*, 1999);卡尔顿 · 本森,《一切如常:上海孤岛商业广播的复兴》(Back to Business as Usual: The Resurgence of Commercial Radio in Gudao Shanghai),见《朝阳的阴影:日本占领下的上海》(*In the Shadow of the Rising Sun: Shanghai Under Japanese Occupation*)一书中,克里斯汀 · 亨利奥(Christian Henriot)和叶文心(Wen-hsin Yeh)主编(New York: Cambridge University Press, 2004)。

30. 格雷戈里 · 卡萨(Gregory Kasza),《1918—1945 年日本的国家和大众媒体》(*The State and Mass Media in Japan*, 1918 - 1945)(Berkeley: University of California Press, 1988);罗杰 · W.珀迪(Roger · W.Purdy),《"信息帝国主义"与日本》("Information Imperialism" and Japan),《美国与东亚关系杂志 1》(*Journal of American East Asian Relations* 1)第 3 期(1992 年秋季), esp.295-325。

31. 例如,见帕克斯 · 柯博文(Parkes Coble)《面对日本:中国政治与日本帝国主义,1931—1937》(*Facing Japan: Chinese Politics and Japanese Imperialism*, 1931-1937)(Cambridge, MA: Harvard University Press,1991);约翰·菲茨杰拉德(John Fitzgerald),《觉醒的中国:民族主义革命中的政治、文化和阶级》(*Awakening China: Politics, Culture, and Class in the Nationalist Revolution*)(Stanford, CA: Stanford University Press, 1996);熊玠(James C.Hsiung)和史蒂文·莱文(Steven I.Levine)合编的《中国的苦胜:1937—1945年的日本战争》(*China's Bitter Victory: The War With Japan*, 1937-1945 (*Armonk, NY: M.E. Sharpe*, 1992);孙友利(Youli Sun)《中国与太平洋战争的起源》(*China and the Origins of the Pacific War*)(New York: St. Martins Press, 1993);弗雷德里克·瓦克曼(Frederic Wakeman,Jr.)《1927—1937年上海的治安》(*Policing Shanghai* 1927-1937)(Berkeley: University of California Press, 1995)。

第一章

"感情上,我们不欠他们什么":合众电信公司、"门户开放"和华盛顿系统在20世纪20年代的中国

1.《舒尔曼致国务卿查尔斯·休斯》,1921年9月27日,893.74/193,DSNA 1910-29。本文件转载于《合众电信公司与中国政府签订的协定:通信和文件》(*The Federal Telegraph Company's Contract with the Chinese Government: Correspondence and Documents*)(Washington, DC: Government Printing Office, 1925),79-80(以下简称《合众电信:通信和文件》)。对于协定的具体内容,参见"《中美无线电台协定》(The Federal Telegraph Company's Contract with the Chinese Government),1921年1月8日",《合众电信:通信和文件》附件一,i-iv。本章的研究始于DSNA 1910-29文件。我随后使用了已出版的《合众电信:通信和文件》卷宗。这两份文献有重叠之处,但并不完全相同。有许多我一开始在国家档案馆找到的材料也出现在了《合众电信:通信和文件》中,但有些没有。一些转载于《合众电信:通信和文件》卷宗的原始资料被改写或修改了。任何转载于《合众电信:通信和文件》的资料,包括我在研究国务院文件时首次发现的资料,都会被标记。DSNA 1910-29中

的资料未做标记,原因是在转载《合众电信:通信和文件》卷宗时,该卷宗已在更完整的国务院文件中做了标记。

2.《舒尔曼致休斯》,1921 年 9 月 27 日,893.74/193,DSNA 1910-29,转载于《合众电信:通信和文件》79-80。

3. 关于莱因施对合众的支持,见《莱因施致国务卿罗伯特·兰辛》,1919 年 3 月 27 日,893.74/18,DSNA 1910-29。有关莱因施的背景,请参阅孔华润(Warren Cohen):《中国、美国与东亚关系》(*The Chinese Connection and American-East Asian Relations*)(New York: Columbia University Press, 1978),301;入江昭(Iriye),《横跨太平洋》(*Across the Pacific*),133-4;詹姆斯·里德(James Reed):《传教士的思想与美国东亚政策》(*The Missionary Mind and American East Asia Policy*),1911—1915 年(Cambridge, MA: Harvard University Press, 1983),49,50,88。引用自《保罗·莱因施,一位美国驻华外交官》(*Paul Reinsch, An American Diplomat in China*)(Garden City, NY: Doubleday, Page, and Company, 1922;重印, Taipei: Ch'eng-wen Publishing Company, 1967),80。

4. 背景资料来自小雅各布·J.苏尔兹巴赫(Jacob J. Sulzbach, Jr.)《查尔斯·克莱恩、伍德罗·威尔逊与渐进改革:1909—1921》(*Charles Crane, Woodrow Wilson, and Progressive Reform*: 1909-1921)(Ph. D. diss., Texas A&M University, 1994),esp.1-8。克莱恩的引文来自《克莱恩致国务卿班布里奇·科尔比》,1921 年 2 月 9 日,893.74/91,DSNA 1910-29,转载于《合众电信:通信和文件》,5。

5. 舒尔曼的背景信息摘自《讣告:雅各布·古尔德·舒尔曼,1854—1942》,《科学》(*Science*)第 96 期(1942 年 8 月 28 日),197。《舒尔曼致休斯》,1921 年 9 月 27 日。

6."门户开放"政策见亨特,《建立特殊关系》(*The Making of a Special Relationship*);保罗·A.瓦格(Paul A. Varg),《神话的形成:美国和中国,1897—1912》(*The Making of a Myth*: *The United States and China*)(Westport, CT: Greenwood Press, 1968);玛丽莲·B.杨(Marilyn B.Young),《帝国的修辞:美国对华政策》(*The Rhetoric of Empire*: *American China Policy*),1895—1901 年(Cambridge, MA: Harvard University Press, 1968);托马斯·J.麦考

密克(Thomas J. McCormick),《中国市场:美国对非正式帝国的追求》(*China Market: America's Quest for Informal Empire*),1893—1901 年(Chicago: Quadrangle Books, 1967)。

7. 关于军阀时代,请参阅齐锡生 *(Hsi-Sheng Ch'i)《中国的军阀政治:1916—1928》(*Warlord Politics in China, 1916-1928*)(Stanford, CA.: Stanford University Press, 1976)。(* 齐锡生,芝加哥大学博士,主修国际关系和政治学,1967 年至 1991 年任教于美国北卡罗来纳大学,1991 年至 2002 年参与香港科技大学的建校工作,研究兴趣包括中国近代以来的内政外交、国际关系理论和军备战略问题,作品《中国的军阀政治:1916—1928》《剑拔弩张的盟友》《从舞台边缘走向中央》。后两书合并起来,即为"从外交视角看抗战"的全史——译者注。)

8. 杨(Young),《帝国的修辞》(*Rhetoric of Empire*), esp. 12; 亨特(Hunt),《建立特殊关系》(*Making of a Special Relationship*), esp. 299。另见大卫·安德森(David Anderson),《帝国主义和理想主义:1861—1898 年美国驻华外交官》(*Imperialism and Idealism: American Diplomats in China*, 1861-1898), (Bloomington: Indiana University Press, 1985), esp.192;杰里·伊斯雷尔(Jerry Israel),《进步主义与"门户开放"政策:1905—1921 年美国人与中国》(*Progressivism and the Open Door: American and China*, 1905-1921), (Bloomington: Indiana University Press, 1985), esp.176-202。

9.《合众电信公司总裁伦尼·P.施韦林致休斯》,1921 年 6 月 8 日。893.74/142,DSNA 1910-29,转载于《合众电信:通信和文件》,53-7。

10. 施韦林、沃尔特·罗杰斯(华盛顿会议上国务院无线专家)和纳尔逊·约翰逊(国务院远东事务司司长)之间的对话备忘录,1921 年 12 月 30 日。893.74/211,DSNA 1910-29。

11. 关于施韦林的背景,请参见休·艾特肯(Hugh Aitke),《延伸的电波:1900—1932 年技术与美国无线电广播》(*The Continuous Wave: Technology and American Radio*, 1900-1932)(Princeton, NJ: Princeton University Press, 1985),294-9;E.莫布雷·塔特(E. Mowbray Tate),《跨太平洋蒸汽:1867—1941 年从北美太平洋海岸到远东和对太平洋的蒸汽航行故事》(*Transpacific Steam: The Story of Steam Navigation from the Pacific Coast of North America to*

the Far East and the Antipodes, 1867－1941), (New York: Cornwall Books, 1986),253-5。

12. 艾特肯(Aitken),《延伸的电波》(*Continuous Wave*),298-300;《休斯(Hughes)致日本委托人爱德华·贝尔(Edward Bell)》,1921 年 7 月 1 日,893.74/115,DSNA 1910-29,转载于《合众电信:通信与文件》,63。

13. 三井物产会社是日本主要的财阀之一,这是一家以工业为基础的大型家族银行集团,在推动日本现代经济的同时,得益于有利的政府经济政策和与军方的密切关系。

14. 迈克尔·J.霍根(Michael J. Hogan),《非正式协约:1918—1928 年英美经济外交合作的私人结构》(*Informal Entente: The Private Structure of Cooperation in Anglo－American Economic Diplomacy*, 1918－1928), (Columbia: University of Missouri Press, 1977),129-58;艾特肯(Aitken),《延伸的电波》(*Continuous Wave*),492;丹尼尔·海德里克(Daniel Headrick,《隐形武器:1851—1945 年电信与国际政治》(*The Invisible Weapon: Telecommunications and International Politics*, 1851-1945), (New York: Oxford University Press, 1991),188。另见 1928 年 8 月 19 日《纽约时报》(*New York Times*)第 41 期《中国旧有线电视交易回顾》(Old Cable Deals in China Recalled)。

15.《日本驻美国公使小幡谕吉致克兰》,1921 年 2 月 16 日,附于《克兰致科尔比》,1921 年 2 月 17 日,893.74/111,DSNA 1910-29,转载于《合众电信:通信和文件》,16。关于保证日本收入的特定合同条款,参见《休斯致舒尔曼》,1923 年 3 月 13 日,893.74/278a,DSNA 1910-29,转载于《合众电信:通信和文件》,115-16。"三井—合众"竞争和铁路竞争引自《贝尔致休斯》,1921 年 4 月 11 日,893.74/115,DSNA 1910-29,转载于《合众电信:通信和文件》,35-6。

16. 有关日本精英的各种立场的信息,请参见迈克尔·A.巴恩哈特(Michael A. Barnhart)《1868 年以来的日本与世界》(*Japan and the World Since 1868*) (New York: Edward Arnold, 1995),47-72,esp.48。赫伯特·比克斯(Herbert Bix)关于裕仁(Hirohito)的传记令人信服地表明,以裕仁为代表的日本君主制比以往更加积极地参与到日本的治理中,尤其是在涉及军队的事务上。1921 年 11 月,在合众电信的争议中,裕仁成为摄政王,代理患有身体和精神疾病的父亲的执政权。1926 年,裕仁正式登基。见赫伯特·P.比克斯(Herbert P. Bix),《裕仁与现代日本的形成》(*Hirohito and the Making of Modern Japan*)(New York: Harper Collins, 2000),91-123。关于日本电子通信制造业和出口的增长,见克里斯托弗·豪(Christopher Howe),《日本贸易霸权的起源:从 1540 到太平洋战争的亚洲的发展和技术》(*The Origins of Japanese Trade Supremacy: Development and Technology in Asia from* 1540 *to the Pacific War*)(Chicago: University of Chicago Press, 1996),302-3。1936 年《字林西报》(*North China Daily News*)的一篇文章强调了这些出口在未来十年中稳步增长的重要性。这篇文章评论说,自 1930 年以来,"日本(在中国的无线电进口方面)的增长最为显著,其对中国的发货量大幅增加",参见《1936 年 4 月 28 日字林西报摘录》,25,文件 U001-04-0002812,"传输电子信息:无线电广播"和"接收站:控制",上海公共租界工部局记录(以下简称《SMC 记录》)。

17. 沃尔特·拉夫伯尔(WalterLaFeber),《冲突:历史上的美日关系》(*The Clash: U.S.-Japanese Relations Throughout History*)(New York: W.W. Norton, 1997),134。

18. 研究来源于 A.P.温顿(A.P. Winton)在美国国务院经济情报部(State Department's Economic Intelligence Department)对外贸易顾问办公室编写的研究报告,1919 年 3 月 19 日,第 8 栏(保密通信,1917-26),RG 38,记录来源于马里兰州大学公园美国国家档案馆海军作战司令(the Chief of Naval Operations, United States National Archives, College Park, Maryland)。我要感谢乔纳森·温克勒提请我注意这份文件。

19. 各种国家元首、总理和内阁的名单见于齐锡生的《中国的军阀政治》,243。

20. 哈里·W.卡梅伦(Harry W. Kirwin),《合众电信公司:"门户开放"政策的考验》(The Federal Telegraph Company: A Testing of the Open Door),《太平洋历史评论 22》(*Pacific Historical Review* 22),第 3 季刊(1953 年 8 月),281。众所周知,寻求合作的外国利益集团还包括一笔预付款——有人称之为贿赂——以促使某部门签署协议,从侧面进一步让各部(或部长)富裕了。

21.《中国委托人 A.B.鲁多克(A.B.Ruddock)致休斯》,1921 年 8 月 27 日,893.74/185,DSNA 1910-29,转载于《合众电信:通信和文件》,75-6。

22.《鲁多克致休斯》,1921 年 8 月 27 日。

23. 颜惠庆的传记信息来自约翰·本杰明·鲍威尔(John Benjamin Powel)和霍林顿·孔·唐(Hollington Kong Tong),《中国名人录:一些中国政治、金融、商业和专业领导人的照片和传记集合》(*Who's Who in China, Containing the Pictures and Biographies of Some of China's Political, Financial, Business, and Professional Leaders*),第二版(上海密勒氏评论报发行,1920),309-10,以及罗伯塔·奥尔伯特·戴耶(Roberta Allbert Dayer)《中国银行家和外交官》(*Bankers and Diplomats in China*),1917 年至 1925 年(Totowa, NJ: Frank Cass and Company, Ltd., 1981),113, 73。

24.《鲁多克致休斯》,1921 年 8 月 26 日,893.74/174,DSNA 1910-29,转载于《合众电信:通信和文件》,74-5。

25.《鲁多克致休斯》,1921 年 8 月 22 日(893.74/187,DSNA 1910-29),1921 年 8 月 26 日和 1921 年 8 月 27 日;所有之前的文件均转载于《合众电信:通信和文件》,74-6。

26.《鲁多克致休斯》,1921 年 9 月 7 日,893.74/177,DSNA 1910-29,转载于《合众电信:通信和文件》,78。

27.《休斯致鲁多克》,1921 年 8 月 29 日,893.74/174,DSNA 1910-29,转载于《合众电信:通信和文件》,77。

28.《鲁多克致休斯》,1921 年 8 月 26 日;《鲁多克致休斯》,1921 年 9 月 7 日;另见《鲁多克致休斯》,1921 年 9 月 2 日,893.74/175,DSNA 1910-29,转载于《合众电信:通信和文件》,77。

29. 施韦林(Schwerin),"关于合众电信公司陈述的备忘录",1922 年 6 月 9 日,附于 RCA 秘书约翰·埃尔伍德(John Elwood)致通用电气副总裁 A.G.戴维斯(A.G. Davis),1922 年 6 月 19 日;RCA 总法律顾问约翰·格里格斯(John Griggs),"1921 年 1 月 8 日的原始协议和 1921 年 9 月 19 日的补充协议中包含的关于中华民国和合众电信公司之间协议的法律建议备忘录",这两份文件都位于 87.2.125.B 号文件,264A 文件夹,125B 邮箱,欧文·D.扬的文件(Owen D. Young),特别收藏和档案,纽约州坎顿圣劳伦斯大学(以下简称《欧文·扬文件》)。

30.《施韦林致休斯》,1921 年 9 月 27 日。

31. 有关于美国强硬对华政策的观点,见亨特(Hunt),《建立特殊关系》(*Making of a Special Relationship*),197-8。关于舒尔曼的背景和观点,请参阅杜登(Dudden),《美国的太平洋》(*The American Pacific*),90(包括引用);彼得·W.斯坦利(Peter W. Stanley),《一个正在形成的国家:1899—1921 年菲律宾和美国》(*A Nation in the Making*: *The Philippines and the United States*, 1899-1921),(Cambridge, MA: Harvard University Press, 1974),58,62;H.W. 布兰兹(H.W. Brands),《束缚帝国:美国和菲律宾》(*Bound to Empire*: *The United States and the Philippines*) (New York: Oxford University Press),52,67-8,75;雅各布·古尔德·舒尔曼(Jacob Gould Schurman),《菲律宾基本原则》(Philippine Fundamentals),载于《冈顿杂志》(*Gunton's Magazine*)第二十二期(1902 年 1 月至 6 月), esp.313-15。

32. 入江昭(Akira Iriye),《帝国主义之后:远东新秩序的探索》(*After Imperialism : The Search for a New Order in the Far East*),1921—1931 年,第二版,(Chicago: Imprint Publications, 1990),17-19;林蔚(Arthur Waldron),《从战争到民族主义:1924—1925 年中国的转折点》(*From War to Nationalism*: *China's Turning Point*, 1924-1925)(New York: Cambridge University Press, 1995),163。

33. 关于合众电信不稳定的财政状况的讨论见《舒尔曼至休斯》,1922 年 2 月 10 日,893.74/219;《罗杰斯致休斯》,1922 年 3 月 10 日,893.74/347;《休斯致舒尔曼》,1922 年 5 月 17 日,893.74/238。关于施韦林的引述,见《施韦林致休斯》,1922 年 8 月 2 日,893.74/244;DSNA 1910-29 以前的文件;转载于《合众电信:通信和文件》,88, 91, 98-100。另见约翰·P.罗西(John P. Rossi),《1919—1928 年美国政府、RCA 和与东亚的无线电通信》(The U.S. Government, RCA, and Radio Communications with East Asia,1919-1928),《激进历史评论 3》(*Radical History Review* 3)第 3 期(1985), 38-42。

34. 艾特肯(Aitken),《延伸的电波》(*Continuous Wave*),491-3。

35. 格里格斯(Griggs),《法律建议备忘录》(*Memorandum of legal suggestions*)。

36. 格里格斯(Griggs),《法律建议备忘录》(*Memorandum of legal suggestions*)。

37. RCA 和加利福尼亚州合众电信之间的协议转载于在《合众电信:通信和文件》(上文第 1 条)、附件 IV 和附件 IV-A,xii-xvii;另见彼得·胡吉尔(Peter Hugill),《1844 年以来的全球传播:地缘政治与技术》(*Global Communications Since* 1844: *Geopolitics and Technology*)(Baltimore: Johns Hopkins University Press, 1999),122。关于施韦林的中国之行以及他希望实现的目标,见《施韦林致休斯》,1922 年 8 月 29 日,893.74/246;《代理国务卿威廉·菲利普致施韦林》,1922 年 8 月 31 日,893.74/246;《休斯致舒尔曼》,1923 年 9 月 2 日,893.74/231;《菲利普浦致舒尔曼》,1922 年 9 月 7 日,893.74/246;《舒尔曼致休斯》,1922 年 11 月 29 日,893.74/259;DSNA 1910-29 的所有文件,转载于《合众电信:通信和文件》,100-3。

38. 施韦林的评论转载自《舒尔曼致休斯》,1923 年 6 月 12 日,893.74/318,DSNA 1910-29,转载于《合众电信:通信和文件》,131-2(在转载中,引用的部分记载与原文略有不同)。

39. 关于吉泽的威胁,见《施韦林致 RCA》,1923 年 6 月 8 日,随附哈伯德致休斯的信, 1923 年 6 月 9 日, 893.74/322, DSNA 1910-29, 转载于《合众电信:通信和文件》, 129。关于谷原的立场,见《国务院远东事务司司长约翰·V.A.麦克默里致休斯》,1923 年 5 月 18 日,893.74/247,DSNA 1910-29;关于谷原与休斯的关系,见拉夫贝尔(LaFeber),《冲突》(*The Clash*),185。施韦林的评论转载于在 1923 年 6 月 12 日施韦林致休斯的信中(在转载中,引用部分的内容与原文略有不同)。

40.《舒尔曼致休斯》,1923 年 7 月 13 日,893.74/352,DSNA 1910-29,转载于《合众电信:通信和文件》,144。哈伯德和杨的评论附在这封信中。引文来自《舒尔曼致休斯》,1923 年 7 月 18 日,893.74/376,DSNA 1910-29,转载于《合众电信:通信和文件》,146。顾维钧的传记作者斯蒂芬·G.克拉夫特(Stephen G.Craft)将顾维钧描述为一位致力于使中国强大和现代化的爱国者,基于他的教育和经验,他将美国视为中国的天然伙伴,可以帮助其实现这一目标。见斯蒂芬·G.卡夫特(Stephen G. Kraft),《顾维钧与现代中国的崛起》(*V.K. Wellington Koo and the Emergence of Modern China*)(Lexington:

University Press of Kentucky, 2004),第一章,esp.21-2。

41. 早在世纪之交,中法两国就赔偿金问题发生了争执而催生了这一问题。法国利用这一争端为推迟批准华盛顿会议关税修订条约辩护。美国人、英国人和日本人——已经对中国日益增长的激进主义及其对他们在中国利益的影响感到震惊——以此为由拖延批准条约,直到与法国的问题得到圆满解决(从而给了他们额外的时间来确保自己在中国的地位)。参见林蔚(Waldron),《从战争到民族主义》(*From War to Nationalism*),30-4;入江昭(Iriye),《帝国主义之后》(*After Imperialism*),27-37。

42. 关于财政部在利息支付方面的立场,请参阅 RCA 副总裁兼总检察长威廉·布朗(William Brown)与国务院远东事务司代表之间的对话备忘录,1924 年 1 月 10 日,893.74/429;1924 年 1 月 18 日,893.74/424,DSNA,1910-29, 1924 年 1 月 18 日的文件在转载于《合众电信:通信和文件》,182。中国政府对该项目任命一名具有决策权的中国官员并向双方审计员公开账目的立场,见"1921 年 1 月 8 日,中国政府对特拉华合众电信公司修改和增加协议条款的要求","1921 年 9 月 19 日,补充协议"及"1923 年 7 月 13 日的信函",随函附上 1924 年 9 月 8 日施韦林致麦克默里的信函 893.74/495,以及 1924 年 9 月 20 日贝尔致休斯的信函 893.74/496,DSNA 1910-29,分别转载于《合众电信:通信和文件》,214-15,216-17。1924 年 1 月 23 日,893.74/432,DSNA 1910-29;《贝尔致休斯》,1924 年 9 月 9 日,893.74/491,DSNA 1910-29,转载于《合众电信:通信和文件》,215。

43.《舒尔曼致休斯》1924 年 4 月 23 日,893.74/459,DSNA 1910-29,转载于《合众电信:通信和文件》,200。

44. 施肇基的传记资料来自鲍威尔和唐主编的《中国现代名人录》(*Who's Who in Modern China*)*,186157-8。(*据考或指:上海《密勒氏评论报》发行的《中国名人录》,英文原名 *Who's Who in China*,该书第三版于 1925 年发行——译者注。)

45. 1924 年 11 月 10 日,《哈伯德致施韦林》,随函附上 1924 年 11 月 10 日《哈伯德至休斯》,893.74/497,DSNA 1910-29,转载于《合众电信:通信和文件》,218。

46.助理国务卿利兰·哈里森和麦克默里与 RCA 布朗的对话备忘录,

1923 年 6 月 13 日,893.74/329,DSNA,1910-29。

47.《舒尔曼致休斯》,1924 年 5 月 30 日,893.74/471,DSNA 1910-29,转载于《合众电信:通信和文件》,205-6。

48.《麦克默里致休斯》,1924 年 6 月 9 日,893.74/471,DSNA,1910-29。

49.《贝尔致休斯》,1924 年 9 月 20 日。

50. 1923 年 8 月 27 日,《哈伯德致扬》,1923 年 11 月 8 日,《哈伯德致施韦林》,87.2.125 号文件,264B 文件夹,欧文·扬文件。

51. 日本驻国务院大使馆,1924 年 12 月 24 日,893.74/502,DSNA 1910-29,转载于《合众电信:通信和文件》,222-3。

52. 林蔚(Waldron),《从战争到民族主义》,3204-7;伊里耶,《帝国主义之后》,27。

53. 有关直隶—奉天之战的起源和影响,请参阅瓦尔德隆(Waldro),《从战争到民族主义》(*From War to Nationalism*),esp. 3, 46, 90, 127, 175-80, 204-7。

54.《布朗致哈里森》,1925 年 3 月 31 日,893.74/556,DSNA 1910-29,转载于《合众电信:通信和文件》,239-40。在这封信中,RCA 的布朗向华盛顿转发了 RCA 驻北京代表曼顿·戴维斯(Manton Davis)在 1925 年 3 月 17 日的电报中发送的信息。

55.《哈伯德致国务卿弗兰克·凯洛格和哈里森》,1925 年 7 月 1 日,87.2.126 号文件,264E 文件夹,欧文·扬文件。在与华盛顿的通信中,哈伯德(Harbord)引用了日本 1925 年 6 月 1 日的回复文本。

56.《舒曼致凯洛格》1925 年 4 月 12 日,893.74/546,DSNA 1910-29,转载于《合众电信:通信和文件》,244;RCA 驻华代表曼顿·戴维斯上校(Colonel Manton Davis)的电报,1925 年 6 月 19 日,893.74/578,DSNA 1910-29。

57.《团琢磨致查尔斯·M.穆齐尼奇》(于美国机车销售公司),1925 年 2 月 3 日,87.2.126 号文件,文件夹 264E,欧文·扬文件。

58.《麦克默里致休斯》,1924 年 6 月 9 日,893.74/471;《麦克默里致休斯》,1923 年 5 月 18 日,893.74/347,DSNA 1910-29。有关麦克默里(MacMurray)的背景,请参阅孔华润(Waren Cohen),《美国对中国的反应:中美关

系史》(*America's Response to China*: *A History of Sino-American Relations*),第三版(纽约:哥伦比亚大学出版社,1990年),92-4;另请参见林蔚(Arthur Waldron)专著的序言:约翰·V.麦克默里(John V. MacMurray)与林蔚(Arthur Waldron),《和平是如何失去的:1935年备忘录,影响美国远东政策的事态发展》(*How the Peace Was Lost*: *The* 1935 *Memorandum*, *Developments Affecting American Policy in the Far East*),林蔚(Arthur Waldron)编,(Stanford, CA: Hoover Institution Press, 1992),1-2,10。

59. 乔纳森·斯宾塞(Jonathan Spence),《寻找现代中国》(*The Search for Modern China*),第二版(New York: W.W. Norton, 1999),322-3;卡伦·加纳(Karen Garner),《珍贵之火:莫德·拉塞尔与中国革命》(*Precious Fire*: *Maud Russell and the Chinese Revolution*)(Amherst: University of Massachusetts Press, 2003),68-70。索伯恩(Thorburn)的引语来自加纳书(the Garner book)的第69至70页。

60. 孔华润(Cohen),《美国对中国的反应》(*American Response to China*),93-6;林蔚(Waldron)序,麦克默里与林蔚,《和平是如何失去的》(*How the Peace Was Lost*),麦克默里(John V. MacMurray)与林蔚(Arthur Waldron),1-4, 8-10, 35-9;《麦克默里致凯洛格》(MacMurray to Kellogg),1926年6月11日,893.74/691,DSNA 1910-29。

61. 哈伯德将军(General Harbord)与国务院的谈话备忘录,1926年5月12日,87.2.126号文件,264E文件夹,欧文·扬文件。

62. 关于麦克默里(MacMurray)和凯洛格(Kellogg),见孔华润(Cohen),《美国对中国的反应》(*American Response to China*),89,96;林蔚《序》,麦克默里(MacMurray)与林蔚(Waldron),《和平是如何失去的》(*How the Peace Was Lost*),21-6。

63. 关于短波传输与旧的"长波"替代方案的成本,参见丹尼尔·海德里克(Daniel Headrick),《短波无线电及其对战争间国际通信的影响》(Shortwave Radio and Its Impact on International Communications Between the Wars),载于《历史与技术》(*History and Technology*)第11期,第1季(1994),24。

64. 关于国民党在北伐前几年政治、军事和经济实力的增长,请参见齐锡生《中国的军阀政治》,esp.196-239。关于北伐,见唐纳德·乔丹(Donald Jordan),《北伐:1926—1928 年中国的国民革命》(*The Northern Expedition: China's National Revolution of* 1926-1928)(Honolulu: University Press of Hawaii, 1976)。

65. 哈伯德(Harbord)将施韦林(Schwerin)的观点转述给国务院远东事务司司长纳尔逊·约翰逊(Nelson Johnson),1928 年 8 月 2 日,893.74/854,DSNA 1910-29);1928 年 8 月 2 日,《哈伯德致施韦林》,893.74/854,DSNA 1910-29。

66.《麦克默里(现为美国驻华公使)致中国外交部长王成泽》,1929 年 10 月 31 日,893.74/880,转载于《1929 年,美国与美国外交关系有关的文件》(*United States, Papers Relating to the Foreign Relations of the United States*, 1929),第 2 卷,(Washington, DC: Government Printing Office, 1943), 830-1。

67. 艾特肯(Aitken),《延伸的电波》(*Continuous Wave*),493。

68. 19 世纪末,中国铁路和电报技术合并战略的影响,见 Zhang Zhong(中文名不详),《中国的网络技术转向,1860—1898》(*The Transfer of Network Technologies to China*, 1860-1898)(Ph.D. dissertation, University of Pennsylvania, 1989);另见艾瑞·克巴克(Erik Baark),《闪电线:1860—1890 年电报与中国的技术现代化》(*Lightning Wires: The Telegraph and China's Technological Modernization*, 1860 - 1890),(Westport, CT.: Greenwood Press, 1997)。

69. 入江昭(Iriye),《帝国主义之后》(After Imperialism),87;林蔚,《从战争到民族主义》(*From War to Nationalism*),172。

70.《影响美国远东政策的发展》(*Developments Affecting American Policy in the Far East*),约翰·范·安特卫普·麦克默里(John Van Antwerp MacMurray)为国务院编写,711.93/383,DSNA 1930-39,转载于麦克默里(MacMurray)和林蔚(Waldron),《和平是如何失去的》(*How the Peace Was Lost*),67-8126。

第二章
“我们对政治形势不感兴趣”:南京国民政府时期的美国无线电公司,1928—1937 年

1.“RCA 通信公司在旧金山和上海之间开通直接无线电报服务时交换的信息文本。”n.d., #316a,信箱 196, Series 14 (General History),《克拉克广播资料集》。

2.《RCA 新闻稿》,1930 年 12 月 6 日,信箱 131, 系列 5《无线电公司的历史》(History of Radio Companies),《克拉克广播资料集》。

3. 本章对“跨国组织”(transnational structuring)概念的应用,源自格雷戈里·诺埃尔(Gregory Nowell),《1900—1939 年商业国家和世界石油垄断组织》(*Mercantile States and the World Oil Cartel*, 1900-1939)(Ithaca, NY: Cornell University Press, 1995), esp. 33-5, 43。

4.《张静江(又名张人杰)致 RCA 的董事会》[Chang Ching-kiang (Zhang Jingjiang, a.k.a. Zhang Renjie) to RCA's Board of Directors],1928 年 7 月 10 日,文件《中国:1933 年中国仲裁通信》(9 of 13)(China: Chinese Arbitration Correspondence 1933),581 邮箱,MCI 国际股份有限公司(MCI International, Inc.)记录,特拉华州威尔明顿哈格利博物馆和图书馆(Hagley Museum and Library, Wilmington, Delaware,以下简称 MCI 国际文件)(MCI 在 1987 年收购了 RCA 通信公司,这也是为什么这些 RCA 文件被保存在 MCI 档案中的原因);《RCA 行长詹姆斯·哈伯德致洛杉矶第一国民银行行长(和卡尔文·库利奇总统的经济顾问)亨利·M.罗宾逊》[RCA President James Harbord to First National Bank of Los Angeles President(and economic advisor to President Calvin Coolidge) Henry M. Robinson],1927 年 9 月 27 日,87.7.126号文件,264D 文件夹,126 邮箱,欧文·扬文件;《哈伯德致特拉合众电信公司总裁 R.P.施韦林》(Harbord to Federal Telegraph Company of Delaware President R.P. Schwerin),1928 年 8 月 2 日,893.74/854, DSNA 1910-29。关于张静江与蒋介石的关系,见陈明銶,《危险的平衡:中英之间的香港,1842—1992 年》(*Precarious Balance: Hong Kong between China and Britain*, 1842-1992)

(Hong Kong: Hong Kong University Press, 1994), 87, n.7。张静江甚至主持了蒋介石 1921 年与第二任妻子陈洁如的婚礼,见《陈洁如,蒋介石的秘密过去:他第二任妻子陈洁如的回忆录》,(*Chen Jieru, Chiang Kai-Shek's Secret Past: The Memoir of his Second Wife, Ch'en Chieh-ju*)(Boulder, CO: Westview Press, 1993), 38。

5. 关于 RCA 通信计划出售给 ITT,见罗伯特 · 索贝尔(Robert Sobel),《美国国际电话电报公司:机会管理》(*ITT: The Management of Opportunity*)(New York: Times Books, 1983), 61-4。关于萨尔诺夫(Sarnoff)的发言,参见《国会、参议院、州际商务委员会、通信委员会第 71 届国会第二次会议》(Congress, Senate, Committee on Interstate Commerce, Commission on Communications, 71st Congress, 2nd Session),1929 年 12 月 10 日,1247。

6. 关于北伐,见约旦(Jordan),《北伐》(*The Northern Expedition*)。国民党国家建设的努力,见劳埃德 · 伊士曼(Lloyd Eastman),《南京十年期间的民族主义中国》[Nationalist China During the Nanking (Nanjing) Decade],文章编于《1927—1949 年中国的民族主义时代》(*The Nationalist Era in China, 1927-1949*),主编:劳埃德 · 伊士曼(Lloyd Eastman)、陈志让(Jerome Ch'en)、苏珊娜 · 佩珀(Jerome Ch'en)和莱曼 · 范 · 斯莱克(Jerome Ch'en)(New York: Cambridge University Press, 1991), 1-52;以及罗伯特 · 贝德斯基(Robert Bedeski),《中国的战时状态》(China's Wartime State),文章编于熊玠(Hsiung)和莱文(Levine),《中国的苦胜》(*China's Bitter Victory*),33-49。爱德华 · 麦科德(Edward McCord)在《国民党时期中国的地方民兵和国家权力》(Local Militia and State Power in Nationalist China)中探讨了地方层面上国民党国家政权的扩张及其对 1949 年后共产主义最终崛起的影响。[《现代中国 25》(*Modern China* 25), 第二期(1999), 115-41。]

7. 朱家骅,《中国邮政及其他通信服务部门》[*Chia-hua (Zhu Jiahua), China's Postal and Other Communications Services*] (London Kegan Paul, Trench, Trubner & Co., Ltd., 1937), 151。在担任教育部部长和交通部部长之前,朱家骅曾担任浙江省民政专员。1929 年,他当选国民党中央执行委员会委员,后来成为浙江省政府主席。他还曾担任过南京中央大学的校长。参见 R.基思 · 肖帕(R. Keith Schoppa),《血之路:中国革命沈定一的奥秘》

(*Blood Road*: *The Mystery of Shen Dingyi in Revolutionary China*)(Berkeley: University of California Press, 1995), 12;唐纳德·A.乔丹(Donald A. Jordan)《中国抵制日本炸弹:1931—1932 年中国"革命外交"的失败》(*Chinese Boycotts versus Japanese Bombs*: *The Failure of China's "Revolutionary Diplomacy*," 1931-1932),(Ann Arbor: University of Michigan Press, 1991), 242。

8. 郭泰祺引用于《美国驻华部长约翰·麦克默里致国务卿弗兰克·凯洛格》,1928 年 1 月 9 日,893.74/800,DSNA1910-29,转载于美国国务院,《1928 年的美国外交关系》(*Foreign Relations of the United States* 1928),第 2 卷(Washington, DC: Government Printing Office, 1943), 557-8。

9. 美国驻华贸易专员维奥拉·史密斯(A.Viola Smith)"中国电信"(Telecommunications China)特别报告编号 s-11,1937 年 7 月 23 日,RG 151 信箱 124,与商务专员报告相关的记录,见马里兰州大学帕克分校美国国家档案馆商务部外国和国内商务局(BFDC)(以下简称 BFDC 专员报告);另见《蒋介石致 RCA 董事会》,1928 年 7 月 10 日;有关 1929 年《电信法》(Telecommunications Act),请参见朱家骅,《中国邮政和其他通信服务》(*China's Postal and Other Communications Services*),152。

10. 关于国际协议和中国国内和国际无线电报的扩展,见鲁道夫·洛文撒尔(Rudolf Löwenthal),《1937 年 7 月以前的中国公共通信》(Public Communications in China, before July 1937),《中国社会政治科学评论 22》(*The Chinese Social and Political Science Review* 22),第 1 季(1938 年), 53-5;文玉庆(Wen Yu-ching),《电子通讯》(Electrical Communications),《英文中国年鉴》(*Chinese Year Book*)第二期(1936-37 年),1086-95, 1122-4;文玉庆(Wen Yu-ching),《电子通讯》(Electrical Communications),《英文中国年鉴》(*Chinese Year Book*), 第一册(1935-36),966, 969-74, 988-91;A.V.史密斯(A. V. Smith),《通讯调查问卷特别报告第 S-22 号》(Communications Questionnaire, Special Report No.S-22),1935 年 10 月 30 日,9-12,120 邮箱,文件夹"Foreign Service-Copies of Reports-Peiping-1935-October-November", BFDC 附件的报告。在改善财政管理方面,在欧柏林大学接受过教育的孔祥熙(Kong Xiangxi)和在哈佛大学接受过教育的宋子文(Song Ziwen)利用他们与中国金融世界的关系,提高了中国官僚机构的效率,见吴天威(Tien-wei

Wu),《抵抗期间的政治力量》(Contending Political Forces during the War of Resistance),文章编于熊玠(Hsiung)和莱文(Levine),《中国的苦胜》(*China's Bitter Victory*),51-78。设备采购,见颜仁光(Yen Jen-kuang),"电信"(Telecommunications),《英文中国年鉴》(*Chinese Year Book*),第一册(1935-36),688。用无线电收益补贴其他电信服务,见朱家骅,《中国邮政和其他通信服务部》(*China's Postal and Other Communications Services*),196。

11. 大卫·斯特兰德(David Strand)评论张作霖对国家领导地位的渴望(以及这种渴望实现十分渺茫),见《北京的黄包车:20 世纪 20 年代的城市人物与政治》(*Rickshaw Beijing: City People and Politics in the 1920s*)(Berkeley: University of California Press, 1989), 8-10;关于奉天合同,见《RCA 中国代表乔治·谢克伦(George Shecklen)致 RCA 通信公司副总裁兼总经理威廉·A.温特伯顿(William A. Winterbottom)》,1934 年 1 月 18 日,文件"China: Chinese Arbitration Correspondence, 1928-1934 (13 of 13)", 信箱 581,MCI 国际文件。关于国民党对 RCA 承认其权威的担忧,见《蒋介石致 RCA 董事会》,1928 年 7 月 10 日。

12. 朱家骅指出,上海终点站通常被认为是一个站,但实际上这个"高功率站"是三个独立的站点:中央接收站建在 Liuhong,中央发射站在 Chenju,和在 Fenglinchao(*三个独立站点中文地名不详——译者注)的分支站——这些全都在上海附近。详情请参见朱家骅,《中国邮政和其他通信服务部》(*China's Postal and Other Communications Services*),152。

13. 关于张学良与日本的关系,见迈克尔·A.巴恩哈特(Michael A. Barnhart),《日本准备发动全面战争:寻求经济安全,1919—1941 年》(*Japan Prepares for Total War: The Search for Economic Security*, 1919-1941)(Ithaca, NY: Cornell University Press, 1987), 30;拉夫伯尔(LaFeber),《冲突》(*The Clash*),152。关于张学良从日本得到的援助的更具体参考,见林蔚(Waldron),《从战争到民族主义》(*From War to Nationalism*),3,204-7;入江昭(Akira Iriye),《帝国主义之后》(*After Imperialism*),27。关于张学良和日本的关系在北伐和中国日益崛起的民族主义中如何伤害了他,见约旦(Jordan)《北伐》(*The Northern Expedition*),160。关于 1928 年选举中的立宪政友会—立宪民政党的政治分歧,见巴恩哈特(Barnhart)《日本和世界》(*Japan and the*

World),78-87;拉夫伯尔(LaFeber),《冲突》(*The Clash*),134,151-3, 162。关于张学良在20世纪20年代末和30年代初与中国国民党和日本的关系,见巴恩哈特(Barnhart)《日本和世界》(*Japan and the World*),31;拉夫伯尔(LaFeber),《冲突》(*The Clash*),152-3, 162;柯博文(Coble),《面对日本》(*Facing Japan*),21-31。关于满洲东北的远程无线电和远程电报管理局与南京政权之间的关系,见美国驻奉天副领事约翰·哈布纳(John Hubner),《奉天领事区无线电广播接收报告》(Report on Radio Broadcasting and Receiving in the Mukden Consular District)1931年12月8日,893.76/11, DSNA 1930-39;在写这篇报告两个月前张学良就被赶出了满洲,但报告描述了张学良退出之前的情况。关于国民党对奉天合同,随后的上海—旧金山线路合同,以及对这些合同的快速执行的承认,见《谢克伦(Shecklen)致温特伯顿(Winterbottom)》,1934年1月18日。

14. 关于满洲事件,见柯博文,《面对日本》,11-18;拉夫伯尔,《冲突》,164-74。关于日本的大萧条,满洲对日本的意义,以及大萧条对关东军对满洲的看法的影响,见巴恩哈特《日本和世界》,91-2,以及拉夫伯尔,《冲突》,161-3。关于日本人普遍认为将满洲与解决日本国内疾病的方法联系起来,见安德鲁·戈登(Andrew Gordon),《战前日本的劳动与帝国民主》(*Labor and Imperial Democracy in Prewar Japan*)(Berkeley: University of California Press, 1991), esp. 262。关于张学良努力减少日本在满洲的影响力,见柯博文,《面对日本》,22-3。关于日本国内政治及其与满洲事件的关系,见巴恩哈特《日本和世界》,92-7。关于日本立宪民政党命运逆转更详细的研究,见戈登·马克·伯杰(Gordon Mark Berger),《1931—1941年日本下台的政党》(*Parties out of Power in Japan*, 1931-1941)(Princeton, NJ: Princeton University Press, 1977), esp. 37-43。

15. 关于电台的爆炸事件,见美国驻华公使馆第一秘书《科利亚斯·范·H.恩格特(Corenlius Van H. Engert)致国务卿亨利·斯廷森(Henry Stimson)》,1931年11月12日,893.74/939,DSNA,1930-39;W.J.理查兹(W.J. Richards),《中国广播》,H.G.W.伍德海德(H.G.W. Woodhead),1936年的《英文中国年鉴》(*The China Year Book* 1936),(Shanghai: North China Daily News & Herald; repr., Nendeln: Kraus Reprint, 1969), 304。关于日本要求

RCA 恢复运作的请求,见《美国驻华公使馆参赞马龙·F.珀金斯(Mahlon F. Perkins)为美国驻华部长纳尔逊·约翰逊(Nelson Johnson)致斯廷森(Stimson)》,1932 年 3 月 8 日,893.74/957,DSNA1930-39。

16. 罗伯特·索贝尔(Robert Sobel),《美国无线广播公司》(*RCA*)(New York: Stein and Day, 1986), 89-91, 99;见格里森·阿彻(Gleason Archer),《大商业和广播》(*Big Business and Radio*)(New York: The American Historical Company, Inc., 1939), 361。

17. 关于蒋介石对满洲事件的外交政策,见孙友利(Youli Sun)《中国与太平洋战争的起源》(*China and the Origins of the Pacific War*),19-39。关于 RCA 在日本的胜利,《海外 RCA—在日本》(RCA Abroad-In Japan),载于《RCA 家庭圈》(*RCA Family Circle*),第 2 卷,第 8 期(1936 年 8 月),2。关于 1931 年的广播交流,见《国家广播公司的国际项目列表》(The listings of National Broadcasting Company's international programs),9 号文件夹,38 邮箱,麦迪逊威斯康星州历史协会的大众通信历史中心(Mass Communications History Center of the State Historical Society of Wisconsin, Madison),《国家广播公司记录的中央办公室文件》(Central Office files of National Broadcasting Company Records)。关于 RCA 美日线路的盈利能力和脆弱性,见罗西(Rossi),《美国政府,美国无线电公司和东亚无线电通信》(The U.S. Government, RCA, and Radio Communications with East Asia),40;《威廉·温特伯顿致 RCA 日本代表弗朗西斯·哈里斯》(William Winterbottom to RCA representative in Japan J. Francis Harris),1933 年 3 月 11 日,文件《日本:通信和协议,1916—1935 年》(Japan: Correspondence and Agreements, 1916-1935)(1 of 4),586 邮箱,MCI 国际文件。在建立一个相互竞争的日美线路的背景下提到取消条款来自《RCA 总法律顾问曼顿·戴维斯致温特伯顿》(RCA General Counsel Manton Davis to Winterbottom),1934 年 6 月 18 日,文件《日本:通信和协议,1916-1935 年》(Japan: Correspondence and Agreements, 1916-1935),(1 of 4),586 邮箱,MCI 国际文件。

18. 谢克伦对身处中国的美国人的一般性评论来自 1932 年 4 月 7 日《谢克伦致温特伯顿》,文件夹《中国:通信部(满洲)1929—1940 年》[China: Correspondence (Manchuria) 1929-1940],582 邮箱,MCI 国际文件。对奉天站的具体评价来自 1932 年 9 月 16 日《谢克伦致温特伯顿》,文件夹“中国:中国仲裁信函(China: Chinese Arbitration Correspondence, July – November 1932)(4 of 13)”,1932 年 7 月至 11 月,581 邮箱,MCI 国际文件。

19.《谢克伦致温特伯顿》,1932 年 4 月 7 日。

20.《介入者简介:美国无线电公司通信公司》(Brief of the Intervener, RCA Communications, Inc.),马凯无线电电报公司(Mackay Radio and Telegraph Company)诉联邦通信委员会(Federal Communications Commission)案;美国无线电公司通信公司(RCA Communications, Inc.);以及西联电报公司(the Western Union Telegraph Company),No.6970[美国哥伦比亚特区上诉法院(United States Court of Appeals for the District of Columbia),1938 年],25。

21.《温特伯顿致谢克伦》,1932 年 5 月 2 日,文件夹《中国:通信部(满洲)1929—1940 年》[China: Correspondence(Manchuria)1929–1940],582 邮箱,MCI 国际文件。

22.《约翰逊致斯廷森》,1932 年 4 月 4 日,893.74/959,DSNA,1930–39。

23.《中国交通部国际电报局给谢克伦的电报》,1932 年 4 月 4 日,《中国:通信部(满洲)1929—1940 年》[China: Correspondence(Manchuria)1929–1940]文件,582 邮箱,MCI 国际文件。

24.《谢克伦致温特伯顿的电报》,1932 年 4 月 6 日,《中国:通信部(满洲)1929—1940 年》[China: Correspondence (Manchuria) 1929–1940]文件,582 邮箱,MCI 国际文件。

25.《约翰逊致斯廷森》(Johnson to Stimson),1932 年 4 月 4 日;引用国务院远东事务司司长斯坦利·霍恩贝克(Stanley Hornbeck)的备忘录,1932 年 4 月 8 日,811.7493 (M) RCA/6, DSNA 1930–39,转载于美国国务院《1932 年美国的外交关系》(Foreign Relations of the United States 1932),第 3 卷,《远东》(*The Far East*)(Washington, DC: Government Printing Office, 1948),685–6。

26. 关于美国和外国之间声称要授予信息传输专有权利的无线电合同的备忘录,未指定路线,1928 年 5 月 22 日,893.74/828, DSNA 1910–29;见《A.B.C.斯库尔致 J.R.麦克多诺》(A.B.C. Scull to J.R. McDonough),1930 年

3 月 12 日,87.2.126 号文件,264F 文件夹,126 邮箱,欧文·扬文件。麦克多诺(McDonough)和斯库尔(Scull)都是 RCA 的母公司通用电气公司的高管。

27. 孙(SunYouli),《中国和太平洋战争的起源》,21-4;见柯博文,《面对日本》,esp. 17-18。

28. 关于奉天站和奉天交通合同及其对中国政府的影响的记录,随附《戴维斯给海因里希·舒罗夫的信函》(correspondence from Davis to Heinrich Schuloff),1934 年 6 月 5 日,文件"中国:中国仲裁信函,1928—1934 年(China: Chinese Arbitration Correspondence, 1928-1934)(13 of 13)",581 邮箱,MCI 国际文件。戴维斯(Schuloff)和来自维也纳的律师舒罗夫(Schuloff)在海牙之前都是 RCA 的代表。直接引用自本文件的第 7 页。

29. 西方对日本工业化的看法,见阿达斯(Adas),《机器作为人的尺度》(*Machines as the Measure of Men*)。关于胡佛在中国的经历,见赫伯特·胡佛,《赫伯特·胡佛的回忆录,1874—1920 年:多年的冒险》(*The Memoirs of Herbert Hoover*, 1874-1920: *Years of Adventure*)(New York: The Macmillan Company, 1951), 35-72;直接引用 70-1。美国关于中国和满洲事件的政策,见孔华润(Warren Cohen),《美国领导人在东亚,1931—1938 年》(American Leaders in East Asia, 1931-1938),编于《1931—1949 年,美国、中国和日本对战时亚洲的看法》(*American, Chinese, and Japanese Perspectives on Wartime Asia*, 1931-1949),入江昭(Akira Iriye)和孔华润(Warren Cohen)编辑,(Wilmington, Delaware: Scholarly Resources, 1990), 1, 3-5;巴恩哈特(Barnhart),《日本准备发动全面战争》(*Japan Prepares for Total War*), 50-63;阿尔弗雷德·L.卡斯尔(Alfred L. Castle),《外交现实主义:威廉·卡斯尔和美国外交政策,1919—1953 年》(*Diplomatic Realism: William R. Castle, Jr., and American Foreign Policy*, 1919-1953)(Honolulu: Samuel N. and Mary Castle Foundation 1998), 67-91。

30. 索贝尔(Sobel),《国际电话电报公司》(*ITT*), 58-60。关于马凯协议的签署,见《乔治·谢克伦致朱家骅》,1933 年 4 月 28 日,文件"中国:中国仲裁(China: Chinese Arbitration),1932—1933 年(5 of 13)",581 邮箱,MCI 国际文件。关于马凯线路对美国的开放,见《与西方密切接触;美国就职中的电台连接》,1933 年 5 月 19 日,《字林西报》(*North China Daily News*),文章副本(和其他报纸的类似文章)位于文件“中国:中国仲裁(China: Chinese Arbitration),1932—1933 年 (6 of 13)”,581 邮箱,MCI 国际文件。

31.《美国广播公司与中华民国国家政府仲裁案的裁决》(Decision in the Arbitration Case between Radio Corporation of America versus the National Government of the Republic of China),载于《美国国际法杂志 30》(*American Journal of International Law* 30)第 3 期(1936 年),538,544-7。

32.《温特伯顿(Winterbottom)致 RCA 主席大卫·萨尔诺夫(DavidSarnoff)》,1934 年 5 月 4 日,文件“日本:通信和协议(Japan: Correspondence and Agreements),1916—1935 年 (1 of 4)”,586 邮箱,MCI 国际文件;阿彻(Archer),《大商业和电台》(*Big Business and Radio*),361,398。

33.《谢克伦致温特伯顿》,1932 年 7 月 22 日,文件“中国:中国仲裁信函(China: Chinese Arbitration Correspondence),1927—1932 年(1 of 13)”,581 邮箱,MCI 国际文件。《哈里斯致温特伯顿》,1933 年 2 月 6 日;《威廉·温特伯顿致·J.弗朗西斯·哈里斯》,1933 年 3 月 11 日;《温特伯顿致哈里斯》,1933 年 4 月 25 日;《戴维斯致温特伯顿》,1934 年 6 月 18 日;来自文件“日本:通信和协议(Japan: Correspondence and Agreements),1916—1935 年(1 of 4)”,586 邮箱,MCI 国际文件。

34. 中国对 RCA 施加压力修改收入分配协议,见《中国交通部无线电管理局局长文玉庆致谢克伦》(China's Director of the Communications Ministry's Radio Administration Yu Ching-wen to Shecklen),1930 年 4 月 21 日,《RCA 远东代表柯蒂斯·H.南斯致温特伯顿》(RCA Far Eastern representative Curtis H. Nance to Winterbottom),1930 年 10 月 17 日,文件“中国:通信(China: Correspondence),1929—1938 年(6 of 6)”,582 邮箱,MCI 国际文件。《温特伯顿致萨尔诺夫》,见 MCI 国际文件,1932 年 9 月 14 日,文件“一般通信协议(General Correspondence),1919—1939 年,(3 of 3)”,570 邮箱;《温特伯顿致谢克伦》,1932 年 10 月 1 日,文件“中国:通信(China: Correspondence)1929—1938 年 (1 of 6)”,582 邮箱;《RCA 副总裁兼总检察长威廉·布朗致温特伯顿》,1932 年 10 月 10 日,文件“一般通信和协议(General Correspondence and Agreements),1919—1939 年”,570 邮箱。关于 ITT 致力于阻碍上海站建设,见《麦克多诺致斯库尔的通信附件》,1930 年 3 月 12 日。

关于 ITT 削减其有线电视费率和 RCA 随后的财务损失,见《哈伯德和杨的备忘录》,1930 年 11 月 6 日,87.2.126 号文件,265 号文件夹,126 邮箱,欧文·扬文件。

35.《谢克伦致温特伯顿》,1933 年 6 月 6 日,“中国:中国仲裁(China: Chinese Arbitration)1933 年”文件,581 邮箱,MCI 国际文件。

36. 谢克伦和上海的美国地方检察官乔治·塞莱特博士(Dr. GeorgeSellett),《中国—麦凯交通协议的合法性:中国是否放弃恢复控制电力通信的政策?》(Legality of Sino-Mackey Traffic Agreement: Is China Abandoning her Policy to Regain Control of Her Electrical Communications?),《密勒士评论报》初稿,1932 年 9 月 10 日,文件“中国:中国仲裁信函(China: Chinese Arbitration Correspondence),1932 年 7—11 月(4 of 13)”,581 邮箱,MCI 国际文件。

37. 温特伯顿关于 ITT 入侵和两家美国公司“现在正在思考如何最好地向外国政府表示诚意”的引用,见《温特伯顿致萨尔诺夫》,1932 年 9 月 14 日。温特伯顿关于外国政府寻求“最大的收入份额”的引用,见《温特伯顿致萨尔诺夫》,1932 年 9 月 15 日,文件“一般通信协议(General Correspondence and Agreements)(3 of 3)1919—1939 年”,570 邮箱,MCI 国际文件。

38. 引用于索贝尔(Sobel),*ITT*,50。

39.《谢克伦致温特伯顿》,1932 年 11 月 16 日,文件“中国:中国仲裁信函(China: Chinese Arbitration Correspondence)1932 年 7—11 月 (4 of 13)”,581 邮箱,MCI 国际文件。

40.《谢克伦致中国交通部长》,1932 年 8 月 20 日,《谢克伦致温特伯顿》,1932 年 12 月 21 日,文件“中国:中国仲裁信函(China: Chinese Arbitration Correspondence),1927—1932 年 (1 of 13)”,581 邮箱,MCI 国际文件。

41.《谢克伦致温特伯顿》,1932 年 12 月 21 日。

42. 陈铭枢和黄绍竑引用于《黄绍竑宣布马凯协议的真实地位》[Huang Shao Hsiung (Huang Shaoxiong) Declares Real Status of Mackay Agreement],1932 年 7 月 22 日,《申报》(*Shun Pao*),文章翻译副本存档于文件“中国:中国仲裁信函(China: Chinese Arbitration Correspondence),1927—1932 年 (1 of 13)”,581 邮箱,MCI 国际文件。

43. 陈铭枢对蒋介石的反对，见劳埃德·E.伊士曼（Lloyd E. Eastman），《流产革命：国民党统治下的中国，1927—1937 年》（*The Abortive Revolution: China under Nationalist Rule*, 1927-1937），（Cambridge, MA: Harvard University Press, 1974），85-139, esp. 88-93, 108, 137-9；也见于《中国和太平洋战争的起源》（*China and the Origins of the Pacific War*），17。关于陈铭枢和电台争议，见《谢克伦致 RCA 外国总代表塞缪尔·雷伯（Samuel Reber）》，1932 年 9 月 1 日；《谢克伦致温特伯顿》，1932 年 9 月 16 日；"陈铭枢再次辞职"，1932 年 10 月 22 日，《时报》（*China Times*，作者译）；所有文件来自"中国：中国仲裁信函（China: Chinese Arbitration Correspondence）1932 年 7 月至 11 月（4 of 13）"，581 邮箱，MCI 国际文件。

44.《谢克伦致雷伯》，1932 年 9 月 1 日。

45. 谢克伦（Shecklen）和塞莱特（Sellett），《中国—麦凯交通协议的合法性》（Legality of Sino-Mackey Traffic Agreement）（原草案中下划线）；见《谢克伦致温特伯顿》，1934 年 1 月 18 日；《谢克伦致雷伯》，1932 年 9 月 1 日。

46.《谢克伦致雷伯》，1932 年 9 月 1 日。

47."交通合同：作为与联邦无线电委员会总法律顾问帕特里克先生讨论基础的备忘录草案"，1932 年 8 月 22 日，文件"一般通信协议（General Correspondence and Agreements）（3 of 3）1919—1939 年"，570 邮箱，MCI 国际文件。

48. 索贝尔（Sobel），*RCA*，92-121。

49.《谢克伦致温特伯顿》，1932 年 12 月 21 日。

50.《南京政府不能取消与马凯广播的外交服务协议》（Nanking Government Cannot Cancel Deal With Mackay Radio for Foreign Service），1932 年 11 月 1 日，《日本广告商》（*Japan Advertiser*）（东京），文章副本在文件"中国：中国仲裁信函（China: Chinese Arbitration Correspondence）1932 年 7 月至 11 月（第 4 页）"，581 邮箱，MCI 国际文件。

51. 朱家骅，《中国的邮政和其他通信服务部门》（*China's Postal and Other Communications Services*），149-51，154；朱家骅的引用来自 154。关于国民党取消马凯协议的考虑，见《谢克伦致温特伯顿》，1932 年 8 月 31 日，《谢克伦致雷伯》，1932 年 9 月 1 日，文件"中国：中国仲裁信函（China: Chinese

Arbitration Correspondence)1932 年 7 月至 11 月(4 of 13)",581 邮箱,MCI 国际文件。

52. 关于仲裁对中国的优势,见《戴维斯致萨尔诺夫》,1933 年 1 月 25 日,文件"中国:中国仲裁(China: Chinese Arbitration)1933 年 1—5 月 (10 of 13)",581 邮箱,MCI 国际文件。关于朱家骅成功地从麦凯公司获得了额外的让步,见朱家骅,《中国邮政和其他通信服务》(*China's Postal and Other Communications Services*),154。

53.《朱家骅致谢克伦》,1933 年 4 月 22 日,文件"中国:中国仲裁信函(China: Chinese Arbitration Correspondence)1932 年 7 月至 11 月 (4 of 13)",581 邮箱,MCI 国际文件。

54. ITT 引用 RCA 通信公司华盛顿办公室 F.P.格思里(F.P. Guthrie)与 RCA 通信公司交通经理 J.B.罗斯顿(J.B. Rostron)的对话,1932 年 8 月 17 日,文件"中国:中国仲裁信函(China: Chinese Arbitration Correspondence)1932 年 7—11 月(第 4 页)",581 邮箱,MCI 国际文件。

55. 关于 RCA 对马凯协议合法性的看法,见谢克伦和塞莱特的《中国—马凯无线电通信协议的合法性》(Legality of Sino-Mackey Radio Traffic Agreement)。关于中国与 RCA 在国内的法律纠纷之间的联系,见《交通合同:作为与联邦无线电委员会总法律顾问帕特里克先生讨论基础的备忘录草案》(Traffic contracts: draft memorandum for use as a basis of discussion with Mr. Patrick, general counsel of the Federal Radio Commission)。1932 年 8 月 22 日,见《戴维斯致萨尔诺夫》,1933 年 1 月 25 日;见《戴维斯致萨尔诺夫》,1934 年 6 月 5 日;以及曼顿·戴维斯(Manton Davis),《法律当局备忘录,指控不是裁决,仅因未裁决的指控而产生非法推定》(Memorandum of legal authorities that allegation is not adjudication and no presumption of illegality arises from a mere unadjudicated charge),1934 年 6 月 5 日,文件"中国仲裁信函(Chinese Arbitration Correspondence)1928—1934 年 (3 of 13)",581 邮箱;《中国仲裁:司法部会议备忘录》(Chinese Arbitration: Memorandum of Conference at the Department of Justice),1933 年 5 月 1 日,文件"中国:中国仲裁(China: Chinese Arbitration),1933 年 1 月至 5 月(10 of 13)",581 邮箱。

56.《仲裁案件中的裁决》(Decision in the Arbitration Case),535-6。

57.《仲裁案件中的裁决》,538,544-7。

58.《仲裁案件中的裁决》, 540, 543-4, 549。关于 ITT 与日本的合同,见《温特伯顿致萨尔诺夫》,1934 年 5 月 4 日。

59.《交通合同:作为与联邦无线电委员会总法律顾问帕特里克先生讨论基础的备忘录草案》,1932 年 8 月 22 日。

60. 关于温特伯顿在美国通信委员会面前的证词摘录(引用的来源),见《介入者简介:美国无线电公司通信公司》(Brief of the Intervener, RCA Communications, Inc.),25-6。

61. 关于 RCA 国际业务的下降和随后的退出,见赫吉尔(Hugill),《自 1844 年以来的全球通信》(*Global Communications Since* 1844),125。

62. 索贝尔(Sobel), *ITT*, 5-7。

63. 关于太平洋战争之路,见巴恩哈特(Barnhart),《日本准备发动全面战争》(*Japan Prepares for Total War*)。关于战争后果,见约翰 · 道尔(John Dower),《拥抱失败:第二次世界大战后的日本》(*Embracing Defeat: Japan in the Wake of World War II*)(New York: W.W. Norton, 1999)。关于这些主题的更简明的内容,见拉夫伯尔(LaFeber),《冲突》(*The Clash*),160-213,257-95。

64. 安东尼 · 桑普森(Anthony Sampson),《ITT 的主权国家》(*The Sovereign State of ITT*)(New York: Stein and Day, 1973), esp. 303. 尽管许多作家已经发现了国际通信技术对主权构成的威胁(其中一些问题将在后面的注释中讨论),应该指出的是桑普森关于 ITT 挑战国家主权的争论不是基于任何关于电信技术本身破坏主权的力量的假设。桑普森关于跨国公司对国家主权的威胁的观点是基于他对该公司的商业行为和全球战略的分析,而这些分析实际上并不依赖于国际沟通。桑普森确实明确承认,通信可以在多大程度上强化民族国家,同时对 20 世纪 70 年代早期 ITT 与苏联的关系进行了批判性的评估。通信技术转移到苏联的潜力困扰着桑普森。桑普森写道:“看着一个超级国家与中央式技术的结合——尤其是一种通信技术,我们不难对不受竞争或反垄断干扰的统一规划系统和受控市场的前景感到恐惧。”见 293 页。

65. 丹尼斯 · 麦奎尔(DenisMcQuail)认为,“增加跨国和多媒体操作可能削弱国家文化完整性甚至削弱政治主权”是“一直被认为是社会其他方面的问题”和“引起对规范原则或改革建议的复审”几个发展之一;见丹尼斯·麦奎尔,《大众传播理论:导论》(*Mass Communication Theory: An Introduction*)第 3 版(London: Sage Publications, 1994), 122。同样见汉斯·斯皮尔(Hans Speier),《国际传播:精英和大众》(International Communication: Elite vs. Mass),在《世界政治 4》(*World Politics* 4), 第 3 期(1952), 305-17, esp. 307。在全球化分析的背景下提出的关于这一概念的最近的表述是托马斯·弗里德曼(Thomas Friedman)的《世界是平坦的:21 世纪的简史》(*The World Is Flat: a Brief History of the Twenty-First Century*), 修订版 ,(New York: Farrar, Straus and Giroux, 2007), 236-7。弗里德曼讨论了他所称的从电报到互联网的全球通信的“扁平化”特征。弗里德曼引用哈佛大学教授迈克尔·J.桑德尔(Michael J. Sandel)的话,认为这些传播媒体是为了创造“一个完美高效、无摩擦的全球市场”,然后弗里德曼将他的注意力转移到了民族国家上。弗里德曼写道:“当然,最大的摩擦来源一直是民族国家,它有着明确界定的边界和法律。”“边界是我们应该保护的摩擦源吗,甚至可以在一个平坦的世界里保护吗?”弗里德曼含蓄地暗示,在国际传播方面,任何维护这些边界的努力都可能是徒劳的。“扁平化的力量越减少摩擦和障碍,它们对民族国家、特定文化、价值观、国家身份、民主传统和约束纽带构成的挑战就越强烈,这些在历史上为工人和社区提供了一些保护和缓冲。”

66. 格雷戈里·诺埃尔(Gregory Nowell)对跨国组织(transnational structuring)概念的阐述特别是指这个过程可能产生的多种结果,这取决于不同的行为者如何相互作用和相互利用。见诺埃尔(Nowell),《商业国家和世界石油垄断组织》(*Mercantile States and the World Oil Cartel*)。

67. 例如,见罗伯特·贝德斯基(RobertBedeski),《中国的战时状态》(*China's Wartime Stat*)33-49,以及威廉·柯比(William Kirby),《中国战争经济》(*The Chinese War Economy*)185-212,熊玠(Hsiung)和莱文(Levine)编,《中国的苦胜》(*China's Bitter Victory*)。关于对正在进行的民族主义时代重新评估的更广泛的研究,见弗雷德里克·瓦克曼(Frederic Wakeman)和理查德·路易斯·埃德蒙兹(Richard Louis Edmonds),《重新评价中国》(*Reappraising Republican China*)(New York: Oxford University Press, 2000)。

第三章
“有些人怀疑中国人是否会成为广播迷”：两次世界大战之间的中美关系与中国广播

1.《埃斯特斯(W.A. Estes)致国务院》,日期不详,1925 年 4 月 21 日签收,893.74/548,DSNA 1910-29。关于中国无线法,请参见美国驻华部长《雅各布·舒尔曼(Jacob Schurman)致国务卿查尔斯·休斯(Charles Hughes)》,1923893.74/284, DSNA 1910 - 29。另见《无线电设备违禁品》(Radio Apparatus Contraband),《字林西报》(*North China Daily News*),1923 年 2 月 3 日,《舒尔曼致休斯》的副本,1923 年 2 月 28 日,893.74/281,DSNA 1910-29。1915 年的法律要求进口或经营无线电设备(主要是无线电报和无线电话设备)必须获得特别许可。到 1925 年,北京的中国政府还没有调整法律以适应广播,尽管外国呼吁这样做。

2. 迈克尔·阿达斯(MichaelAdas)在《机器作为人的尺度》(*Machines as the Measure of Men*)中探讨了这种思维模式。阿达斯特别提到了美国第一次世界大战后对这种世界观的特殊热情,408-409。

3. 1922 年 4 月 19 日《阿维德·斯科菲尔德(Avid Scofield)致休斯》,1922 年 5 月 17 日《助理国务卿利兰·哈里森(Leland Harrison)致阿维德·斯科菲尔德》,2893.74/237,RG 59,DSNA 1910-29。由于斯科菲尔德的要求早于中国第一家广播电台的成立时间,传教士显然想“收听”遥远电台的声音。米歇尔·希姆斯(Michelle Hilmes)在《1922—1952 年广播之声:美国广播》(*Radio Voices:American Broadcasting*,1922-1952)对此进行了研究(Minneapolis: University of Minnesota Press, 1997),34-74。关于非西方人对西方技术非理性的反对,见阿达斯,《机器作为人的尺度》,306。

4. 尼古拉斯·R.克利福德(Nicholas R.Clifford),《被宠坏的帝国之子:上海的西方人与 20 世纪 20 年代的中国革命》(*Spoilt Children of the Empire*: *Westerners in Shanghai and the Chinese Revolution of the* 1920*s*)(Hanover, NH: Middlebury College Press, 1991),16-17。

5. 1921 年至 1922 年华盛顿会议上签署的《九国条约》(Nine Power

Treaty)规定,一个国家的无线电法律在指导外籍人士的无线电活动方面具有至高无上的地位。有关美国对该条约如何适用于美国在华无线电运营商的解释,请参阅《美国驻上海总领事埃德温·坎宁安(Edwin Cunningham)致国务卿科德尔·赫尔(Cordell Hull)》,1934 年 4 月 17 日,893.76/18,DSNA 1930-39。

6. 自组装电台在美国的普及见道格拉斯(Douglas)《发明美国广播》(*Inventing American Broadcasting*), 197; 和丽莎贝斯·科恩(Lizabeth Cohen),《新政:芝加哥的工业工人,1919—1939》(*New Deal: Industrial Workers in Chicago*, 1919-1939)(New York: Cambridge University Press, 1990), 132。卡尔顿·本森(Carlton Benson)在《一切如常》(*Back to Business as Usual*)中记录了中国的这种做法,286;另见《字林西报》的《无线电设备违禁品》(Radio Apparatus Contraband)。

7. 库恩(Kuhn),《委派探险队》(*Assigned to Adventure*),313。

8. 关于上海作为外国控制的通商口岸的发展,参见克利福德(Clifford)《宠坏的帝国之子》(*Spoilt Children of the Empire*)。卡尔顿·本森(Carlton Benson)估计,在 1923 年至 1927 年间,至少建立了四家外资电视台——一家英国电视台、一家日本电视台和两家美国电视台,1927 年出现了一家中国电视台;《从茶馆到广播:讲故事与 20 世纪 30 年代上海文化的商业化》(From Teahouse to Radio: Storytelling and the Commercialization of Culture in 1930s Shanghai)(Ph.D. diss., University of California at Berkeley,1996),78-82。

9. 美国驻上海领事馆向华盛顿通报了英国海关专员 L.A.李亚尔(L.A. Lyall)处理进城非法无线电的步骤:见《坎宁安(Cunningham)致舒尔曼(Schurman)》,1925 年 3 月 9 日,893.74/539;《坎宁安致舒尔曼》,1925 年 3 月 24 日,893.74/549;《舒尔曼致国务卿弗兰克·凯洛格(Frank Kellogg)》,1925 年 4 月 10 日,893.74/545;全部来自 DSNA 1910-29。哈里森对埃斯特斯的回复,见《哈里森(Harrison)致埃斯特斯(W.A. Estes)》,1925 年 4 月 21 日和 1925 年 4 月 25 日,893.74/548 和 893.74/549,DSNA 1910-29。

10. 詹姆斯·施沃茨(James Schwoch),《1900—1939 年美国无线电产业及其拉丁美洲活动》(*The American Radio Industry and Its Latin American Activities*, 1900-1939)(Urbana: University of Illinois Press, 1990), 96-123;罗森

博格(Rosenberg),《传播美国梦》(*Spreading the American Dream*),102-3。

11. 关于广播电台的数量,见朱家骅,《中国邮政和其他通信服务》,192;关于接收人的数量,见《美国驻华部长约翰·麦克默里(John V. A. MacMurray)致凯洛格》,1926 年 2 月 17 日,893.74/667,DSNA 1910-29。

12. 关于无线电进口和国际竞争的描述主要来自以下领事馆通信报告:《美国驻北京领事费迪南德·梅耶(Ferdinand Mayer)致凯洛格》,1925 年 5 月 1 日,893.74/573;美国驻天津领事大卫·伯杰(David Berger),《天津领事区广播》(Radio in the Tientsin District Consular District),1925 年 6 月 19 日,893.74/584;《美国驻大连达里安领事馆李奥·斯特金(Leo Sturgeon)致凯洛格》,1925 年 8 月 10 日,893.74/608;《美国驻哈尔滨领事馆乔治·汉森(George Hanson)致凯洛格》,转发《哈尔滨每日新闻》(*Harbin Daily News*)的简报《广播法》(Radio Broadcasting Act),1926 年 9 月 24 日,893.741/1;《美国驻奉天领事萨缪尔·索博金(Samuel Sobokin)致凯洛格》,《中国满洲广播条例》(Chinese Broadcasting Regulations for Manchuria),1926 年 11 月 8 日,893.741/3;《汉森致凯洛格》,《北满洲广播法》(Radio Broadcasting Act for North Manchuria),1926 年 12 月 10 日,893.741/5;《美国驻奉天迈尔斯总领事》(American Consul in Charge at Mukden Myrl Myers)(现为北京临时代办),1926 年 12 月 30 日,893.741/6;《汉森致凯洛格》,1927 年 1 月 29 日,893.74/744;《梅耶(现为北京公使馆参赞)致凯洛格》,1927 年 8 月 23 日,574.D7/972;美国驻奉天梅耶总领事,《奉天广播电台》,1927 年 10 月 14 日,893.74/778;迈尔斯,《东部三省无线发展》,1927 年 10 月 31 日,893.74/780;坎宁安,《上海广播》,1928 年 3 月 5 日,893.74/818;美国驻上海领事杰·C. 休斯顿(Jay C. Huston),《中国上海广播形势》(The Radio Situation in Shanghai, China),1928 年 7 月 23 日,893.74/853。所有上述文件均来自 DSNA 1910-29。

13. 美国驻香港贸易专员托马斯·C.巴林格(Thomas C. Barringer)于 1932 年 5 月 5 日提交给 BFDC 电气设备部,544 号文件,“中国广播电台,1919-1928”,RG 151,BFDC 一般记录 1914-58,美国马里兰州帕克分校国家档案馆(以下简称 BFDC 一般记录 1914-58)。

14. 例如,参见 1927 年 8 月 23 日《美国驻厦门领事约翰·普特南(R.

Putnam)致麦克默里(MacMurray)》,574.D7/973;《美国驻广州总领事道格拉斯·詹金斯(Douglas Jenkins)致麦克默里》,"广州领事区广播电台",1928 年 8 月 7 日,893.74/855;1927 年 9 月 8 日,《美国驻云南府领事约瑟夫(Joseph E. Jacobs)·雅各布斯致梅耶(临时代理)》,893.741/16;《美国驻云南省副领事卡尔弗·张伯伦(Culver B. Chamberlain)致凯洛格》,1928 年 4 月 30 日,800.74/81 991h;《张伯伦致坎宁安》,1928 年 8 月 19 日,93.74/863;所有上述文件均来自 DSNA 1910-29。

15. 伯杰(Berger),"天津领事区广播",1925 年 6 月 19 日。

16. 大卫·E.奈(David E.Nye),《使美国电气化:新技术的社会意义》(*Electrifying America: Social Meanings of a New Technology*)(Cambridge,MA: MIT Press,1990), 277-86。关于对广播的特别关注,请参见道格拉斯·B.克雷格(Douglas B.Craig),《炉边政治:美国广播与政治文化,1920—1940》(*Fireside Politics:Radio and Political Culture in the United States*, 1920-1940)(Baltimore: Johns Hopkins University Press, 2000),14-17;苏珊·J.道格拉斯(Susan J.Douglas),《收听:从阿莫斯·N.安迪到沃尔夫曼·杰克和霍华德·斯特恩的广播和美国想象》(*Listening In: Radio and the American Imagination from Amos 'n' Andy to Wolfman Jack and Howard Stern*)(New York: Times Books, 2000),72-8,128。

17. 伯杰(Berger),"天津领事区广播",1925 年 6 月 19 日。关于休闲时间、家庭和广播在美国兴起之间的关系,见道格拉斯(Douglas),《发明美国广播》(*Inventing American Broadcasting*),esp.301-2。

18. 根据美国拥有的《大陆报》的一篇报道,"该电台的一大特色是一个特殊的接收装置,使用 14 个真空管,正在准备接收美国广播公司(Radio Corporation of America)和西屋公司(Westinghouse Company)正在建设的新的 5 千瓦广播电台的音乐和声音" 。参见《永安大厦广播周四开始播音》(Wing On Tower Broadcasting to Start Thursday),《大陆报》,1923 年 5 月 29 日,剪贴附于《舒尔曼致休斯》,1923 年 6 月 21 日,893.74/362,DSNA 1910-29。

19.《坎宁安致中国外交事务特别专员上海徐远(Hsu Yuan)》,1923,893.74/362,DSNA 1910-29。

20. 交通部立场引自《外交部副部长沈瑞麟(Shen Jui-lin)致舒尔曼》,

1923 年 4 月 21 日,893.74/362,DSNA 1910-29。

21. 坎宁安,《在上海广播》,1928 年 3 月 5 日。关于上海第一家中国运营的广播电台,见本森(Benson),《从茶馆到广播》(*From Teahouse to Radio*),81。我无法找到 20 世纪 20 年代外国和中国接收机所有权的资料来验证坎宁安的说法。

22. 坎宁安,《在上海广播》,1928 年 3 月 5 日。欲了解坎宁安的性格,请参阅海伦·福斯特·斯诺(Helen Foster Snow)的《我的中国岁月:海伦·福斯特·斯诺的回忆录》(*My China Years*:*A Memoir by Helen Foster Snow*)(New York:William Morrow and Company, Inc., 1984), 60, 66, 68(引自第 66 页);克利福德(Clifford),《被宠坏的帝国之子》(*Spoilt Children of the Empire*),34;埃德娜·李·布克(Edna Lee Booker),《新闻是我的工作》(*News is My Job*)(New York:Macmillan, 1940), 29, 118-19,235;哈利特·阿本德(Hallett Abend),《我在中国的生活,1926—1941》(*My Life in China*, 1926-1941)(New York: Hardcourt,Brace and Company, 1943), 136;斯特拉·唐(Stella Dong),《1842—1949 年的上海:颓废城市的兴衰》(*Shanghai* 1842-1949:*The Rise and Fall of a Decadent City*)(New York: William Morrow, 2000),108。

23. 这是指 1904—1905 年日俄战争后从俄罗斯转移到日本的辽东半岛领土权利。

24. 斯特金(Sturgeon)在提交报告时指出,尽管在 100 多万人的领土上只颁发了 100 份许可证,但申请过程才刚刚开始。

25. 斯特金(Sturgeon),《关东租界无线电广播和无线电设备市场》[Radio Broadcasting and the Market for Radio Apparatus in the Kwantung (Guandong) Leased Territory],BFDC 电气部第 269 号特别通告,1924 年 7 月 15 日,544 号文件,"中国广播电台,1919—1928",BFDC 一般记录 1914-58;《斯特金致凯洛格》,1925 年 8 月 10 日;斯特金,《无线电广播在关东租界开始》[Radio Broadcasting Commences in the Kwantung (Guandong) Leased Territory],BFDC 电气部第 445 号特别通告,1925 年 8 月 21 日,544 号文件,"中国广播电台,1919—1928"BFDC 一般记录 1914—1958 年。关于日本在广播发展中的领导地位的引述来自 1925 年 7 月 21 日的文件;其他来自 1925 年 8

月 10 日的文件。正如 1925 年 8 月 10 日的文件所指出的那样,所报价格反映的是现行汇率,一日元兑换的美元略高于四十美分。

26. 据迈克尔·阿达斯(Michael Adas)所说,许多关于 19 世纪末日本快速发展的评论中的一个基本主题是:"进步的日本是一个与停滞不前的中国截然不同的社会。"马修·雅各布森(Matthew Jacobson)讨论了美国对中国的普遍看法,认为中国是一个落后的国家,顽固地坚持前现代传统,与美国人自己假定的进步特征(包括他们对技术的接受)形成对比。参见阿达斯(Adas),《机器作为人的尺度》(*Machines as the Measure of Men*),360;马修·弗莱·雅各布森(Matthew Frye Jacobson),《野蛮人的美德:1876—1917 年美国在国内外遇到外国人》(*Barbarian Virtues: The United States Encounters Foreign Peoples at Home and Abroad*, 1876-1917)(New York: Hill and Wang, 2000), 36-7, 141。

27. 1927 年秋天,法国的法国电信公司(SociétéFrançaise des téléphones Interurbanes)完成了一个国家控制的广播电台的建设,该电台白天的射程为 1500 英里,夜间的射程为 3000 英里。见迈尔斯(Myers),"奉天广播电台",1927 年 10 月 14 日。

28.《索博金致凯洛格》(Sobokin to Kellogg),《中国满洲广播条例》(Chinese Broadcasting Regulations for Manchuria),1926 年 11 月 8 日。

29. 迈尔斯,"奉天广播电台",1927 年 10 月 14 日。

30. 然而,就在这个时候,张作霖开始与日本保持距离,导致他于 1928 年被暗杀;参见巴恩哈特(Barnhart),《日本准备全面战争》(*Japan Prepares for Total War*),30。

31. 詹姆斯·施沃赫(James Schwoch)在此期间审查了拉丁美洲的美国领事报告,发现了对美国广播风格的类似推广;参见施沃赫,《美国无线电产业及其拉丁美洲活动》(The American Radio Industry and Its Latin American Activities),96-123。一些来自中国的报道回避了预测,只是描述了当时的情况。关于更直接的报告,请参见《普特南致麦克默里》(Putnam to MacMurray),1927 年 8 月 23 日(关于厦门);《张伯伦致麦克默里》(Chamberlain to MacMurray),1927 年 7 月 21 日(关于汕头);《梅耶(担任美国驻中国总领事)致凯洛格》,1928 年 3 月 13 日,574。DSNA 1910-29 第 5594 号信箱

D7/1095(关于北京);1932 年 5 月 5 日,BFDC 电气设备部律师(关于香港)。

32. 关于询问华盛顿对中国各种广播法的建议的问题,见《梅耶致凯洛格》,1928 年 3 月 13 日。华盛顿的回应载于 1928 年 4 月 2 日《助理国务卿纳尔逊·约翰逊(Nelson Johnson)致美国驻日本大使查尔斯·麦克维(Charles MacVeagh)》的信中。DSNA 1910-29,RG 59,邮箱 5594,574.D7/1095。关于约翰逊对中国的态度,见孔华润(Cohen),《中国联系》(*The Chinese Connection*),172-3;入江昭(Iriye),《帝国主义之后》(*After Imperialism*),84,150;詹姆斯·C.汤姆森(James C. Thomson, Jr.),《中国面对西方:1928—1937 年民族主义中国的美国改革家》(*While China Faced West: American Reformers in Nationalist China*, 1928 - 1937)(Cambridge, MA: Harvard University Press, 1969), 28。

33. 新闻界请参见斯蒂芬·麦金农(Stephen R. MacKinnon),《迈向民国时期的中国新闻史》(Toward a History of the Chinese Press in the Republican Period),《现代中国 23》(*Modern China* 23)(1997),3-32;伊士曼(Eastman),《流产的革命》(*The Abortive Revolution*),24-30。关于电影,请参阅萧志伟的《构建新的民族文化:南京十年的电影审查与粤语、迷信和性问题》(Constructing a New National Culture: Film Censorship and the Issues of Cantonese Dialect,Superstition, and Sex in the Nanjing Decade),1922—1943 年,张英进主编,《上海电影与城市文化》(*Cinema and Urban Culture in Shanghai*),(Stanford, CA: Stanford University Press, 1999), 183-99。萧志伟证明,由于政权固有的弱点和分裂,南京实际上在实现这一政策的统一目标方面没有取得什么成功。关于电影和音乐,请参见苏珊·图希(Susan Tuohy),《都市之声:20 世纪 30 年代的音乐与中国电影》(Metropolitan Sounds: Music and Chinese Films of the 1930s),张英进主编,《上海电影与城市文化》,200-21, esp.206-7。关于留声机与音乐,见安德鲁·琼斯(Andrew F. Jones),《黄色音乐:中国爵士乐时代的媒体文化与殖民现代性》(*Yellow Music: Media Culture and Colonial Modernity in the Chinese Jazz Age*)(Durham, NC: Duke University Press, 2001); 这句话是民族主义官员兼音乐政策主任萧友梅在 20 世纪 30 年代初说的,在 51 页。

34. 萧友梅和民族主义广播标准,引自琼斯(Jones),《黄色音乐》(*Yellow*

Music), 51, 118。有关电影、流行歌曲和广播之间的联系,请参阅希图(Tuohy),206-7。音乐成为 1934 年发起的民族主义者新生活运动的一部分。此举旨在通过加强人民的道德品质和在法西斯路线下的民族主义政权背后实现社会军事化来改变中国。关于新生活运动与音乐之间的联系,请参见琼斯,48-52、113、117-19。有关新生活运动的更多一般性讨论,请参见斯彭斯(Spence),《寻找现代中国》(*The Search for Modern China*),356-359。关于普通话的使用和 1936 年对民族主义广播条例的修改,见美国驻华贸易专员 A.维奥拉 · 史密斯(A.Viola Smith),《中国广播市场》(Radio Markets-China),1937 年 3 月 11 日,6-8,档案"Foreign Service-Copies of Reports-Peiping [Beiping/Beijing]-1937-March",信箱 124,BFDC 专员的报告。

35. A.V.史密斯(A.V.Smith),《世界广播市场——中国》(World Radio Markets-China),1939 年 8 月 15 日,esp. pp. 2, 24-5,档案"Foreign Service-Copies of Reports-Peiping-1939-July-August",信箱 128,BFDC 专员的报告。

36. 一位美国贸易官员指出,美国公司能够比竞争对手更可靠地为其电视机提供替换零件,这是他们在市场上占据主导地位的主要原因。实际上,日本的销售量比美国的多,但他们的低价(和低质量)使这种贸易的实际价值相当低。见 A.维奥拉 · 史密斯(A.Viola Smith),《中国广播市场》(Radio Markets-China),1937 年 3 月 11 日,104-5,111-12。

37.《中国贸易月报》(Monthly Trade Report, China, Issued at Shanghai),上海发布,1937 年 4 月 1 日,文件夹"Foreign Service-Copies of Reports-Peiping-1937-April,"信箱 125,BFDC 专员的报告。到抗日战争前夕,中央电气制造厂的工作已成为一项关键的民族主义经济举措。但当战争开始时,日本摧毁了它,以及中国大部分新兴的工业基础设施。见柯比(Kirby),《中国战争经济》(The Chinese War Economy),185-212, esp. 194。另见 A.维奥拉 · 史密斯(A.Viola Smith),《中国广播市场》(Radio Markets-China),1938 年 5 月 19 日,档案"Foreign Service-Copies of Reports-Peiping-1938-May",信箱 126,BFDC 专员的报告。

38. 政府参与广播不仅仅是为了增加电台数量。交通部还通过将上海的广播电台从 1933 年的 57 个减少到抗战前夕的 37 个,对广播电台进行了管理。参见《美国驻南京领事威利斯 · 派克(Willys R. Peck)致国务卿亨利·斯廷森》,1933 年 2 月 13 日,893.74/972,DSNA 1930-1939。

39. 关于流行节目,请参见本森(Benson),《从茶馆到广播》(*From Teahouse to Radio*),73-140。本森讲述了一些富有启发性的轶事(例如,听众听到一个广播员在家里工作,邀请一个演说家和他一起躺在床上吸食鸦片,另一个在室内小便器中小便),见第 85 页。有关"混合"节目(本森的术语)的更多信息,请参阅 A.V.史密斯(A.V.Smith),《世界广播市场——中国》(World Radio Markets-China),1937 年 3 月 11 日,第 10 页。根据这份报告,其他受欢迎的中国节目包括由两位音乐家和三位歌手组成的喜剧表演,以及由两位说书人、两位音乐家和一位歌手组成的五人新奇团体。

40. A.V.史密斯(A.V.Smith),《广播新闻》(Radio News),1935 年 9 月 5 日,档案"Foreign Service - Copies of Reports - Peiping - 1935 - August - September",信箱 120, BFDC 专员的报告, 2。A.V.史密斯(A.V.Smith),《中国广播市场》(Radio Markets-China),1937 年 3 月 11 日,73-88;A.V.史密斯(A.V.Smith),《世界广播市场——中国》(World Radio Markets-China),1939 年 8 月 15 日,8-15。

41. 美国驻上海助理贸易专员埃德加·奥哈罗(Edgar W. O′Harow),"上海无线电接收机、部件和设备市场",1933 年 1 月 4 日,10-11,档案"Shanghai-Special Reports-January 1933",信箱 117, BFDC 专员的报告";A.V.史密斯(A.V.Smith),《中国广播市场》(Radio Markets-China),1937 年 3 月 11 日,73-5。1949 年共产党将国民党赶下台后,广播业继续扩张。在接下来的三十年里,中国农村广播的关键组成部分变成了基于当地和政府控制的有线网络,公共广播减少了对个人接收器和电气化家庭的需求,短波传输克服了山区等地理障碍。参见赵月枝:《媒体、市场和民主:在党的路线和底线之间》(*Media, Market, and Democracy: Between the Party Line and the Bottom Line*)(Urbana, IL: University of Illinois Press, 1998), 16-17; 菲茨杰拉德(Fitzgerald),《觉醒的中国》(*Awakening China*),119;安德鲁·内森(Andrew Nathan),《中国民主》(*Chinese Democracy*),(New York: Columbia University, 1985),151-71。

42.《查尔斯·克莱恩(Charles Crane)致富兰克林·罗斯福总统》,1936 年 12 月 31 日,文件夹"PPF 462-Crane, Charles R.",总统个人档案,富兰克

林·罗斯福总统图书馆,纽约海德公园;《1934 年贸易和工业年度报告,中国上海》(Annual Report of Trade and Industry for 1934, Shanghai, China),1935 年 1 月 30 日,文件夹"Foreign Service-Copies Of Reports-Peiping-January 1935",信箱 119, BFDC 专员的报告;A.V.史密斯(A.V.Smith),《中国广播市场》(Radio Markets-China),1937 年 3 月 11 日,73;朱家骅,《中国邮政和其他通信服务》,194。这些观察结果与利兰·哈里森(Leland Harrison)1922 年的假设相矛盾,即中国农民会本能地抵制广播,以及随后不久领事馆对中国广播未来的否定。

43. 见巴克(Baark),《避雷线》(*Lightning Wires*);Zhang(中文名不详),《1860—1898 年网络技术向中国的转让》(The Transfer of Network Technologies to China,1860-1898",84-129。

44. 1921—1922 年华盛顿会议后,中国代表团强烈反对外国无视中国广播法。他们的反对意见被写入了一系列国际通信条约。然而,正如第一章所记录的那样,在缺乏强有力的中央政府支持这些反对意见的情况下,这些反对意见几乎没有实际意义。见《中国国际电报局局长温玉清(Wen Yu-Ch'ing)致坎宁安》,1935 年 5 月 24 日,893.76/30,DSNA 1930-39。另见基思·克拉克(Keith Clark),《国际传播:美国人的态度》(*International Communications: The American Attitude*)(New York: Columbia University Press, 1931), 194。

45. 本森(Benson),《从茶馆到广播》(*From Teahouse to Radio*)。有关节目和录音室信息,请参见 84-6。第 3 章"消费者也是士兵",141-211。本森的《一切照旧》讲述了爱国广播的主题。本森的《从茶馆到广播》讨论了听众对外国产品广告的抗议,134(包括直接引用)。总的来说,本森认为上海广播电台的观众高度参与这了一新的娱乐媒体。

46.关于蒋介石在试图应对日本和领导一个在建设上有内在缺陷的政权的挑战时失去了民族主义者的支持,见苏维初,《1932—1937 年国民党对日政策的制定》(The Making of the Guomindang's Japan Policy,1932-1937),《现代中国 28》(*Modern China* 28)(2002),213-52;徐晓群(Xiaoqun Xu),《救亡与文化重建:上海教授对 20 世纪 30 年代民族危机的反应》(National Salvation and Cultural Reconstruction: Shanghai Professors' Responses to the National Crisis in the 1930s),魏楚雄等(Wei, C. X. George and Liu Xiaoyuan)主编,《透视中国民族主义》(*Chinese Nationalism in Perspective*),53-74;吴天威(Tien-wei Wu),《中国共产党运动》(The Chinese Communist Movement),熊玠(Hsiung)和莱文(Levine)编,《中国的苦胜》(*China's Bitter Victory*),79-106;查尔默斯·A.约翰逊(Chalmers A.Johnson),《农民民族主义和共产主义权力:1937—1945年革命中国的崛起》(*Peasant Nationalism and Communist Power: The Emergence of Revolutionary China*, 1937-1945)(Stanford, CA: Stanford University Press, 1962);吴天威(Tien wei Wu),《西安事变》(*The Sian Incident*)(Ann Arbor: University of Michigan Press,1976)。近年来,一些历史学家坚持认为,蒋介石避免与日本直接对抗的逻辑是合理的,因为他对中国对抗日本的机会进行了评估。例如,罗伯特·贝德斯基(Robert Bedeski)和威廉·柯比(William Kirby)的作品支持这种解释。然而,弗雷德里克·韦克曼(Frederic Wakeman)辩称,政权本身的根本缺陷将损害民族主义者长期统治中国的能力,而不管抗日战争如何。参见罗伯特·贝德斯基(Robert Bedeski),《中国的战时状态》(*China's Wartime State*);柯比(Kirby),《中国战争经济》(*The Chinese War Economy*);维克曼(Wakeman),《上海警务》(*Policing Shanghai*), esp. xvi。

47. 关于扩大中国特别是交通部在无线电方面的权力,见朱家骅,《中国邮政和其他通信服务》,149-51(引自151);另请参见A.V.Smith,《电信—中国》(Telecommunications-China),S-11号特别报告,1937年7月23日,信箱123,BFDC专员的报告。关于党内竞争,请参见弗雷德里克·韦克曼(Frederic Wakeman Jr.),《南京十年的修正主义观点:儒家法西斯主义》(A Revisionist View of the Nanjing Decade: Confucian Fascism),摘自维克曼(Wakeman)和埃德蒙兹(Edmonds)编辑的《重新评估共和国》(*Reappraising Republican China*),141-78, esp. 150;另请参见吴天威(Tien-wei Wu),《抗战期间的政治力量》(Contending Political Forces during the War of Resistance)。唐纳德·乔丹(Donald Jordan)的《中国抵制日本炸弹》(*Chinese Boycotts Versus Japanese Bombs*)一书出色地分析了1931—1932年间党内竞争如何加剧了与日本的问题;参见第2章和第14章。关于尽量减少共产主义和军阀势力的努力,见威廉·魏(William Wei),《中国的反革命:苏联时期江西的民族主义者》(*Counterrevolution in China*: *The Nationalists in Jiangxi During the Soviet Period*)(Ann Arbor:University of Michigan Press, 1985)。关于 1932 年抗战期间上海战争及其与满洲接管的关系,请参见唐纳德 A.乔丹(Donald A. Jordan),《中国的枪战审判:1932 年上海战争》(*China's Trial By Fire*: *The Shanghai War of* 1932)(Ann Arbor:University of Michigan Press,2001)。

48. 菲利普·罗森(PhilipT.Rosen),《现代扩音器:无线电广播与联邦政府》(*The Modern Stentors*: *Radio Broadcasting and The Federal Government*, 1920-1934)(Westport, CT:Greenwood Press, 1980),121-3。欲了解美国广播业的发展(尤其是业余运营商、商业利益集团和政府之间的动态)对特定频率分配和监管指南的贡献,请参阅希姆斯(Hilmes),《无线电之声》(*Radio Voices*),38-51,特别是第 49 章,针对"业余"和"商业广播公司"的许可和节目划分。另见道格拉斯,《发明美国广播》,292-303。

49. 关于斯坦顿(Stanton)的立场,见《约翰逊(自 1929 年起担任美国驻华公使)致赫尔》,1934 年 3 月 2 日,893.76/20,DSNA 1930-1939。

50. 1934 年 3 月 22 日,《约翰逊致赫尔》,国务院对约翰逊的支持以相同的十进制数字存档,日期为 1934 年 5 月 3 日。约翰逊对民族主义者的轻视,见孔华润,《美国对中国的反应》,103;要更广泛地了解约翰逊的外交政策方针,请参阅赫伯特·J.伍德(Herbert J.Wood),"纳尔逊·特鲁斯勒·约翰逊(Nelson Trussler Johnson):善意实用主义的外交",摘自《危机中的外交官:1919—1941 年美中日关系》(*Diplomats in Crisis*: *United States-Chinese-Japanese Relations*, 1919-1941),理查德·迪恩·伯恩斯(Richard Dean Burns)和爱德华·贝内特(Edward M.Bennett)编辑,(Santa Barbara, CA: ABC-Clio Press, Inc., 1974),16。

51. 关于汉口和外国租界回归中国控制的总体比例,见威廉·柯比(William Kirby),《中国的国际化》(the Internationalization of China),韦克曼(Wakeman)和爱德蒙(Edmonds)主编,《重新评估共和国》(*Reappraising Republican China*),186-7;欲了解汉口租界回归中国控制的更多详情,请参阅 C.马丁·威尔伯(C.Martin Wilbur),《1923—1928 年中国的民族主义革命》(*The Nationalist Revolution in China*, 1923-1928)(New York: Cambridge University Press, 1983),73-7。有关米勒处境的详情,请参见 1934 年 8 月 4 日

约翰逊致美国驻汉口总领事埃德温·斯坦顿(Edwin Stanton),893.76/28,以及克拉伦斯·高斯(Clarence Gauss)驻赫尔公使馆参赞,1934年10月3日,893.76/29),均在DSNA 1930-1939。

52. 约翰逊的外交策略见《约翰逊致赫尔》,1935年6月21日,893.76/30,DSNA 1930-1939,以及《约翰逊致斯坦顿(Stanton)》,1934年8月4日(约翰逊的引用来自1935年6月21日的信件)。约翰逊甚至试图通过让FCC威胁骚扰美国的中国无线电运营商来报复中国;参见国务院条约司代表哈维·奥特曼与联邦通信委员会国际事务处代理处长希梅尔(B. J. Shimeall)之间的对话备忘录,1936年10月9日,893.76/35,DSNA 1930-39。关于其他一些涉及约翰逊的业余无线电冲突,见《温致坎宁安》,1935年5月24日;《约翰逊致赫尔》,1936年5月25日,893.76/35;《坎宁安致约翰逊》,1935年6月8日,893.76/30;全部来自DSNA 1930-39。朱的引用来自朱家骅,《中国邮政和其他通信服务》,194-5。

53. 法国和日本外交官对中国的立场表示保留,但英国采取了与美国相同的官方立场(尽管约翰逊是自由职业者)。见莱斯利·贝内特·特里博莱(Leslie Bennett Tribolet),《太平洋地区电气通信的国际方面》(*The International Aspects of Electrical Communications in the Pacific Area*)(Baltimore: Johns HIopkins University Press, 1929),132-5。

54. 见A.V.Smith,《中国广播市场》,1937年3月11日。

55.《坎宁安致约翰逊》(日期不详,可能是1934年春天),893.76/22,DSNA 1930-39。中国的许可法与英国现行的许可程序相似,这或许可以解释英国缺乏官方关注的原因。关于约翰逊的立场,见1934年3月22日《约翰逊致赫尔》。

56. 国际结算的居民选举上海市议会成员,这些成员通常与上海的重要商业利益相关。理事会成员的数量从20世纪20年代初的9名到20世纪90年代末的14名不等,当时的代表人数为5名英国人、5名中国人、2名美国人和2名日本人。参见克利福德(Clifford),《被宠坏的帝国之子》(*Spoilt Children of the Empire*),21-2;小弗雷德里克·韦克曼(Frederic Wakeman, Jr.)《上海荒原:1842—1949年战时恐怖主义和城市犯罪》(*Shanghai Badlands: Wartime Terrorism and Urban Crime*, 1937-1941)(New York: Cam-

bridge University Press, 1996), 182, n. 44;唐(Dong),《1842—1949 年的上海》(*Shanghai* 1842-1949),83-4,181-2;艾琳·史高丽(Eileen P.Scully),《从远处与国家讨价还价:1844—1942 年条约港中国的美国公民身份》(*Bargaining with the State from Afar: American Citizenship in Treaty Port China*, 1844-1942)(New York:Columbia University Press,2001),166。

57. 上海公共租界工部局(SMC)在无线电方面的立场发展可参见文件 U001-04-0002812 和 U001-04-0002813,这两个文件标题均为"传输电子信息:无线电广播和接收站—控制",SMC 记录。在文件 U001-04-0002812 中,请参阅 esp.上海市警察局长办公室副秘书肯尼斯·伯恩(Kenneth W. Bourne),1927 年 5 月 5 日,档案第 13 页;1932 年 12 月 10 日,与 RCA 中国代表乔治·谢克伦(George Shecklen)和菲尔科销售公司(Philco Sales Corporation)销售经理贝斯特(E.A.L.Best)先生会面的备忘录,176;1933 年 6 月 12 日,SMC 对执行中国无线电法规的立场的无标题文件 137;1934 年 3 月 14 日,《上海外国居民协会秘书塔瓦雷斯(J.M.Tavares)致 SMC 秘书琼斯(J.R. Jones)》,92;SMC 秘书长《斯特林·费森登(Sterling Fessenden)致塔瓦雷斯》,1934 年 3 月 20 日,90。在文件 U001-04-0002813 中,《琼斯致鼓浪屿市政委员会秘书贝斯(G.R.Bass)》,1934 年 4 月 17 日,文件第 119 页;1937 年 5 月 9 日,95-7,《SMC 戈弗雷·飞利浦(G.Godfrey Philips)致高斯的秘书》,主题为"通信操作和维护条例"。引自 1933 年 6 月 12 日的无标题文件。

58. SMC 对执行中国无线电法规的立场的无标题文件,1933 年 6 月 12 日,137,档案 U001-04-0002812,SMC 记录。

59. "交通部上海电报局关于在贝加尔湖路 119 号涉嫌安装无线传输设备的活动",特别分支机构报告,1935 年 10 月 9 日, 37-9,档案 U001-04-0002813,SMC 记录。

60. 朱家骅,《中国邮政和其他通信服务》,195。有关 1934 年注册的电台,请参见本森的《从茶馆到广播》,9,83。关于 1937 年注册的电视台,请参见 Leo Oufan Lee 和 Andrew Nathan,《大众文化的开端:清末及以后的新闻与小说》(The Beginnings of Mass Culture: Journalism and Fiction in the Late Ch'ing and Beyon),摘自《中华帝国后期的大众文化》(*Popular Culture in Late*

Imperial China）,编辑 David Johnson、Andrew Nathan 和 Evelyn Rawski（Berkeley：University of California Press，1985）,374–5.

61.《上海呼叫》（Shanghai Calling）,1934 年 4 月 26 日，88,档案 U001-04-0002812,SMC 记录。

62. 琼斯（Jones）关于颁布无线电法规的困难的手写说明,写于 1934 年 3 月 28 日之前,122,档案 U001-04-0002813,SMC 记录。

63. 詹姆斯·拉斐特·哈奇森（James Lafayette Hutchison）,《中国手》（*James Lafayette Hutchison*）（New York：Grosset and Dunlap，1936）,377–8。

64.《上海市议会主席阿恩霍尔德（H.E. Arnhold）阁下致英国天津市议会主席皮特（E. C. Peters）》,1936 年 1 月 17 日，101,档案 U001-04-0002813,SMC 记录。

65. 对民族主义者控制大众媒体的努力的研究往往强调,面对北伐战争后国内深刻的政治分歧和无法忽略的军阀权力基础,民族主义者的控制实际上是多么有限。在媒体方面,请看麦金农（MacKinnon）的《走向中国媒体的历史》（*Toward a History of the Chinese Press*）；在音乐方面,请看琼斯（Jones）的《黄色音乐》（*Yellow Music*）；在电影方面,请看 Xiao（中文名不详）的《构建新的民族文化》（Constructing a New National Culture）。

66. 对于英美电台对民族主义无线电法规的倾向,见 A.V.Smith《中国广播市场》,1937 年 3 月 11 日,8；据报道,法国和日本电台也忽视了有关官方广播转播的民族主义规定。关于美国电台被迫停业的报道,见 A.V.Smith《中国的广播发展》,特别报告编号 S–2,1937 年 7 月 7 日,信箱 125,BFDC 专员的报告。

67. 关于美国促进自身发展模式的努力,见罗森博格（Rosenberg）《传播美国梦》（*Spreading the American Dream*）。关于对中国的更多关注,请参见 T. 克里斯托弗·杰斯珀森（T.Christopher Jesperson）,《1931—1949 年美国的中国形象》（*American Images of China*，1931–1949）（Stanford，CA：Stanford University Press，1996）；亨特（Hunt）,《建立特殊关系》（*Making of a Special Relationship*）；伊萨里尔（Israel）,《进步主义和开放的大门》（*Progressivism and the Open Door*）；里德（Reed）,《传教士思想》（*The Missionary Mind*）。乔纳森·斯彭斯（Jonathan D.Spence）在《改变中国》（*To Change China*）一书中阐述了

这一主题,并指出了它对西方人的作用。以上引用的研究也表明,人们倾向于摒弃日益高涨的中国民族主义。入江昭(Iriye)的《后帝国主义》(*After Imperialism*)(第 87 页)和林蔚(Waldron)的《从战争到民族主义》(*From War to Nationalism*)(第 172 页)的研究强调,对崛起的中国民族主义的不良反应是所谓的华盛顿东亚国际合作体系在 20 世纪 20 年代中期消亡的关键因素。关于让步的回归,请参见柯比(Kirby),《中国的国际化》(The Internationalization of China),187。

第四章
“我们如同住在美国堪萨斯州的缅因州街”:战时中国的短波广播和美国大众传媒

1. 美国驻上海贸易专员维奥拉·史密斯(A.Viola Smith)致美国商务部(BFDC)电气部,1939 年 2 月 21 日,档案 544 号,“Radio-China-1939”,信箱 2478,BFDC 一般记录 1914-58。

2. 本尼迪克特·安德森(Benedict Anderson),《想象的共同体:对民族主义起源和传播的反思》(*Benedict Anderson,Imagined Communities: Reflections on the Origins and Spread of Nationalism*),修订版,(New York: Verso Press),1991 年出版。自安德森最初的研究发表以来,“想象的共同体”这一概念为后续许多研究提供了参考,包括:理查德·R.约翰(Richard R. John),《传递新闻:从富兰克林到莫尔斯的美国邮政系统》(*Spreading the News: The American Postal System from Franklin to Morse*)(Cambridge, MA: Harvard University Press,1995);周永明(Yongming Zhou),《历史语境中的网络政治:中国的电报、互联网和政治参与》(*Historicizing Online Politics: Telegraphy, the Internet, and Political Participation in China*)(Stanford, CA: Stanford University Press 2006);门罗·普莱斯(Monroe E. Price),《电视、公共领域和国家认同》(*Television, the Public Sphere, and National Identity*)(New York: Oxford University Press,1995),伊莱休·卡茨(Elihu Katz),《摆脱分化》(Deliver Us From Segmentation),载于《通信聚宝盆:马可基金会信息政策论文》(*A Communications Cornucopia: Markle Foundation Essays on Information*

Policy),罗杰·诺尔(Roger G. Noll)和门罗·普莱斯(Monroe E.Price)编辑,(Washington,DC:Brookings Institution,1998),99-112。关于安德森提供的广播历史的两个例子,参见希尔姆斯(Hilmes),《广播之声》(*Radio Voices*),与乔伊·伊丽莎白·海斯(Joy Elizabeth Hayes),《1920—1950 年墨西哥的广播民族、传播、流行文化和民族主义》(*Radio Nation, Communication, Popular Culture, and Nationalism in Mexico*,1920-1950)(Tuscon:University of Arizona Press,2000)。

3. 关于广播的独特口头属性及其对人类思维的影响,请参见道格拉斯(Douglas)的《倾听》(*Listening In*),4-8, 12, 22-36(esp. 26-7)。另见爱德华·D.米勒(Edward D. Miller),《紧急广播和 1930 年代美国广播》(*Emergency Broadcasting and* 1930*s American Radio*)(Philadelphia: Temple University Press, 2003), 7-10,以及翰·杜翰姆·彼得斯(John Durham Peters),《对空言说:传播的观念史》(*Speaking into the Air: A History of the Idea of Communication*)(Chicago: University of Chicago Press, 1999), 214-17。直接引述来自道格拉斯(Douglas),《倾听》(*Listening In*),23-4。

4. 直接引用转载于彼得斯(Peters)《对空言说》(*Speaking into the Air*),215。

5.《A.V.史密斯致 BFDC 电气部》,1935 年 9 月 20 日,档案 544 号,"China-Radio-1929-36",信箱 2478,BFDC 一般记录 1914-58。有关维奥拉·史密斯及其在商务部外事部门工作的背景信息,请参阅《美国驻上海女助理引述》(U.S. Woman Aide at Shanghai Cited),1937 年 10 月 18 日于《纽约时报》(*New York Times*)第 19 期。也可以参见《BFDC 助理主任 O.P.霍普斯金(O.P.Hopkins)致商务部长赫伯特·胡佛(Herbert Hoover)的助理劳伦斯·里奇(Lawrence Richey)》, 1928 年 1 月 17 日,以及《里奇(Richey)致克拉拉·伯德特(Clara Burdette)》,1928 年 1 月 19 日; 这两封信位于"Smith, A.B.-Alber W;1922-1927",信箱 562, 胡佛商业文件(Hoover Commerce Papers)。

6. 有关主要吸引白人中产阶级的全国商业性网络广播增长数据,可参见苏珊·斯莫林(Susan Smulyan),《贩卖广播:1920—1934 年美国广播的商业化》(*Selling Radio: The Commercialization of American Broadcasting*, 1920-

1934)(Washington, DC:Smithsonian Institution Press, 1994)。通过传播共通的文化符号,实现广播潜在的统一效果,可参见希尔姆斯(Hilmes),《广播之声》(*Radio Voices*), 1-33。然而,必须意识到国家广播可以同时起到统一和分裂的效果,远离或较少关注这些主流符号或价值观的人群,可能会被充斥在广播中的所谓的主流节目进一步边缘化、孤立和排斥。关于国家广播的分裂倾向,可参见克雷格(Craig),《炉边政治》(*Fireside Politics*), esp. 281;兰德尔·帕特诺德(Randall Patnode),《"人们需要的是无线电":美国的新技术、媒体和其他方面》("What These People Need is Radio": New Technology, the Press, and Otherness in America), 见《技术与文化44》(*Technology and Culture*44)第2期(2003年4月刊), 285-305。参考早期墨西哥广播分裂过程,可参见海斯(Hayes),《无线电国家》(*Radio Nation*),7。

7. 关于20世纪30年代中期国际短波广播的总体发展,可参见费耶斯(Fejes)的《帝国主义、媒体和好邻居:新政外交政策和美国对拉丁美洲的短波广播》(*Imperialism, Media, and the Good Neighbor: New Deal Foreign Policy and United States Shortwave Broadcasting to Latin America*)(Norwood, NJ: Ablex Publishing Corporation, 1986), 54-60;也可见杰罗姆·S.伯格(Jerome S.Berg),《1923—1945年的短波:无线电先驱时期的广播收听》(*On the Short Waves, 1923-1945:Broadcast Listening in the Pioneer Days of Radio*)(Jefferson, NC: McFarland & Company, 1999), 47-57, esp.56-57。关于史密斯希望在美国西海岸设立一个电台,以填补对亚洲的广播空白,可参见《A.V.史密斯致BFDC的电气部》,1935年9月20日。

8. 关于在上海的美国和其他外国共同体,可参见克利福德(Clifford),《帝国宠坏的孩子》(*Spoilt Children of the Empire*), 42;詹姆斯·赫斯(James Huskey),《世界性的联系:两次世界大战期间在上海的美国人和中国人》(The Cosmopolitan Connection: Americans and Chinese in Shanghai during the Interwar Years),载于《外交史11》(*Diplomatic History* 11)第3期(1987年), 228。关于传教士,可参见费正清(John K. Fairbank)主编《中美传教活动》(*The Missionary Enterprise in China and America*)(Cambridge, MA: Harvard University Press, 1974); 里德(Reed),《美国东亚政策中的传教士思想》(*The Missionary Mind in American-East Asian Policy*); 以及帕特里夏·尼尔

(Patricia Neils)主编,《美国对中国的态度和政策:美国传教士的影响》(*United States Attitudes and Policies Toward China: The Impact of American Missionaries*)(Armonk, NY: M.E. Sharpe, 1990)。对上海人口的估算来自 A.V. 史密斯的《中国广播市场》(Radio Markets-China),30,1937 年 3 月 11 日,文件"Foreign Service-Copies of Reports-Peiping-1937-March",信箱 124,BFDC 随员报告(BFDC 专员的报告)。

9. 我对"外籍人士"的用法可能会让人产生误解。在 20 世纪初,一名被认定为"外籍人士"的美国人可能被怀疑降低了对美国的忠诚度和爱国情谊,并被质疑对美国公民身份的承诺。在本章的讨论中,我不会带着任何暗示含义来使用这个词。我主要是把它作为"美国公民"的简写,他们选择在国外生活,同时毫无疑问地保留着美国身份。事实上,我对这个词的使用更接近于最近对在外国享有特权地位的"外籍人士"的理解,而不涉及个人对其国家公民身份的承诺。可参见南茜·格林(Nancy Green),《外派、外派人员和外派人员:美国观念的转变》(Expatriation, Expatriates, and Expats: The American Transformation of a Concept),《美国历史评论 114》(*American Historical Review*114),第 2 期(2009 年 4 月出版),307-28,esp. 32-3。

10. 史密斯的人事档案中对她作为贸易专员的能力大加赞赏;可参见档案"传记",第 8 卷(Ricardo Giceta Sabella-Edward A. Symms),信箱 5,有关外国商务局历史和人员的记录,1914-39,BFDC 一般记录 1914-58。霍普金斯(Hopkins)和里奇(Richey)之间的通信引自上文第 5 条,通信中(不是很怜悯地)评论了史密斯作为先锋女性在男性主导行业中经历的性别歧视。关于影响史密斯职业生涯的性别问题进行更彻底的审查,可参见爱泼斯坦(Epstein),《战争期间的国际女权主义和帝国建设》(International Feminism and Empire-Building Between the Wars),699-719;亚历山德拉·爱泼斯坦(Alexandra Epstein),《将一个国家与世界联系起来:女性国际主义者,加利福尼亚和太平洋,1919—1939》(Linking a State to the World: Female Internationalists, California, and the Pacific, 1919-1939)(Ph.D. diss., University of California at Santa Barbara, 2003),154-217;关于史密斯对上海短波接收的报道,可参见《A.V.史密斯致 BFDC 的电气部》,1935 年 9 月 20 日;《A.V.史密斯致 BFDC 的电气部》,1938 年 1 月 11 日,档案 544,"Radio-China-Gen-

eral, 1937-38",信箱 2478,BFDC 一般记录 1914-58; A.V.史密斯,《中国广播市场》(Radio Markets-China),1937 年 3 月 11 日 ,30; A.V.史密斯,《中国广播市场》(Radio Markets-China)1938 年 5 月, 15-16,19 档案"Foreign Service-Copies of Reports-Peiping-1938-May",信箱 126,BFDC 随员报告(BFDC 专员的报告)。

11. 参见《伊丽莎白·鲁(Elizabeth Rue) 致我亲爱的女孩们》, 1937 年 2 月 9 日,档案 2, 信箱 173, 玛格丽特·玛丽·鲁(Margaret Mary Rue)和伊丽莎白·鲁·亨博尔德(Elizabeth Rue Hembold)文章,RG 8,中国记录项目(China Records Project),耶鲁大学神学院图书馆特别收藏(Yale Divinity School Library Special Collections),康涅狄格州纽黑文(New Haven,Connecticut)。

12. 关于美国产品的销售和重要的中国潜在听众,可参见 A.V.史密斯,《中国广播市场》(Radio Markets-China),1937 年 3 月 11 日,31。关于接收器销售,《A.V.史密斯致 BFDC 的电气部》, 1935 年 9 月 20 日。直接引用自 1937 年 3 月 11 日的报告。

13.《A.V.史密斯致 BFDC 的电气部》, 1935 年 9 月 20 日;《A.V.史密斯致全国对外贸易协会》, 1936 年 7 月 18 日,档案 544,"Radio-China-1929-1936", 信箱 2478, BFDC 一般记录 1914-58;《A.V.史密斯致 BFDC 的电气部》, 1937 年 8 月 2 日,档案 544, "Radio-China-General,1937-38",信箱 2478,BFDC 一般记录 1914-58。

14. 对于美国流行的关于广播具有文化和地理统一潜力的观点,可参见斯莫林(Smulyan),《贩卖广播》(*Selling Radio*), 31-6; 关于上海的美国世界主义,也可见赫斯基(Huskey),《世界性联系》(The Cosmopolitan Connection)。关于美国共同体中的狭隘主义,可参见马克·威尔肯森(Mark F. Wilkenson),《1937—1949 年的上海美国共同体》(The Shanghai American Community, 1937-1949), 载于罗伯特·比克斯(Robert Bickers)和克里斯蒂安·亨里奥(Christian Henriot)编的《新边疆:1842—1953 年帝国主义在东亚的新共同体》(*New Frontiers:Imperialism's New Communities in East Asia*,1842-1953)(New York: Manchester University Press, 2000), 231-49。埃德加·斯诺(Edgar Snow)引用于唐(Dong),《1842—1849 年的上海》,224。

15. 关于这项申请,可参见审查员报告(Examiner's Report) No. I-462,关于通用电气公司的申请,1937 年 6 月 30 日,档案 89-6(通用电气),信箱 365,FCC 记录 1927-46。关于海外的美国人对接收美国国际广播的投诉,可参见《联邦通信委员会秘书 T.J.斯洛维(T.J. Slowie)致牛顿 · 安德伍德(Newton Underwood)先生》,1937 年 9 月 21 日,档案 89-6(通用电气),信箱 365,FCC 记录 1927-46。关于授予通用电气公司许可证的决定, 可参见《联邦通信委员会关于加利福尼亚州贝尔蒙特通用电气公司的决定》(Decision of the Federal Communications Commission in the Matter of General Electric Company, Belmont, California), 关于建设许可, 可参见《4467 号案卷》(Docket No.4467),1937 年 8 月 4 日提交,1937 年 11 月 9 日决议,档案 89-6(通用电气),信箱 365,RG 173,FCC 记录 1927-46。关于美国联邦通信委员会修改短波法规并增加国际广告条例,可参见伯格(Berg),《关于短波》(*On the Shortwaves*),56-7。

16.《A.V.史密斯致 BFDC 的电气部》,1939 年 2 月 21 日,档案 544,"Radio-China-1939" , 信箱 2478, BFDC 一般记录 1914-58;《美国太平洋海岸电台开始广播》(U.S. Pacific Coast Radio Broadcasts Inaugurated),《密勒氏评论报》, 1939 年 2 月 18 日, 360。一周后,《大陆报》发表了一篇类似的文章,请听众将反馈发送给维奥拉 · 史密斯(Viola Smith);参见"W6XBE-KGEI 广播节目今天可能恢复",《大陆报》,1939 年 2 月 26 日,3。

17. 关于电台传达,可参见《W6XBE-KGEI 电台节目今天可能恢复》(W6XBE-KGEI Radio Programs May Resume Today),载于《大陆报》, 1939 年 2 月 26 日, 3。关于"平庸"的节目质量,引自《美国驻上海贸易专员(史密斯)致 BFDC 电气部》"宝岛电台 W6XBE",1939 年 3 月 30 日,544 号文件,"Radio-China-1939",BFDC 1914-58,RG 151,信箱 2478。批评"摇摆乐"和其他"平淡的音乐数字",引自《A.V.史密斯致 BFDC 的电气部》,1939 年 5 月 3 日,档案 544,"Radio-China-General, 1939" ,信箱 2479, BFDC 1914-58。关于通讯和同时性的概念,可参见斯蒂芬 · 克恩(Stephen Kern),《1880—1918 年的时空文化》(*The Culture of Time and Space*, 1880 - 1918)(Cambridge, MA: Harvard University Press, 1983), esp. 314-15, 318。

18.《A.V.史密斯致 BFDC 的电气部》,"宝岛电台 W6XBE",1939 年 3 月

30 日。原始文件中"American(美国)"有下划线。关于史密斯所呼应的改革主义理想,参见琼·雪莱·鲁宾(oan Shelley Rubin),《中庸文化的形成》(*The Making of Middlebrow Culture*)(Chapel Hill: University of North Carolina Press, 1992), 266-329。

19.《A.V.史密斯致 BFDC 的电气部》,1939 年 5 月 3 日。

20. 1930 年,《大陆报》的所有权转移给了一个中国私人联合会(syndicate)(董显光,后来是蒋介石政府的官员,曾担任主笔),但它保留了其美国注册信息,维持原貌,并强烈关注着美国新闻。在 20 世纪 30 年代,该报确实允许对当地涉及美国的事件进行更详细的报道,并以对美国的关注著称,这也使居住在上海的读者对其更感兴趣。关于这些报纸的"国籍",请参见赵明恒(Thomas Ming-Heng Chao),《中国的外国报刊》(*The Foreign Press in China*)(Shanghai: Institute of Pacific Relations,1931),64-88,esp.69-70; 以及董显光(Hollington K. Tong),《中国与世界报刊》(*China and the World Press*)(Nanjing: publisher not identified, 1948), 9-10,24。关于美国与佛朗哥统治下的西班牙的关系,见《威尔斯说,承认佛朗哥等待》,《大陆报》,1939 年 2 月 19 日,第 1 期。有关转载美国政治漫画的许多例子,请参阅《芝加哥论坛报》(*Chicago Tribune*)的两部漫画、《芝加哥每日新闻》(*Chicago Daily News*)的一部漫画和《赫布洛克》(Herblock)的一部讲述 1939 年国际关系紧张状态的漫画,这部漫画于 1939 年 2 月 11 日,325-6,2 月 11 日在《密勒氏评论报》(*China Weekly Review*)上转载。1936 年 2 月 22 日,《密勒氏评论报》(*China Weekly Review*)中提到了在上海举行的纪念乔治·华盛顿生日的年度舞会(文章列举了导致取消该年度舞会的复杂因素)。1937 年 7 月 10 日出版的《密勒氏评论报》(*China Weekly Review*)报道了纪念美国国庆节假期的活动。12 月发行的《密勒氏评论报》(*China Weekly Review*)为即将到来的圣诞节提供大量参考资料;对于圣诞节的具体提及,说明了美国媒体环境的特殊理念,参见《美国圣诞节的繁荣:5000 名额外的员工被雇佣来处理邮件》(Christmas Prosperity in the United States: 5000 Extra Men Employed to Handle Mail),载于《密勒氏评论报》,1937 年 1 月 2 日, 170。在 1939 年 2 月 24 日版的《大陆报》中,漫画可以在第 7 页找到。除了上面提到的动画片外,《大陆报》还在其漫画版中刊登了《洗涤桶》(Wash Tubbs)、《雀斑女和他的朋友》(Freckles and His Friends)、《靴子和她的朋友》(Boots and Her Buddie)以及《空中接力》(Alley Oop)。讨论芝加哥小熊队世界大赛冠军可能性的文章可在 1939 年 3 月 9 日的《大陆报》中找到。

21. 洛文塔尔(Lowenthal)《1937 年 7 月前中国的公共传播》(Public Communications in China, before July, 1937)中英文和美国电影的百分比, 48-9。所列具体电影的广告见《大陆报》, 1939 年 2 月 19 日, 5。"内心年轻"(Young at Heart)广告出现在《大陆报》,1939 年 3 月 1 日,12-13。

22. 珍妮丝(The Zenith),冠军(Champion) 和 白雪公主粉(Snow White Powder)广告出现在 1939 年 2 月 18 日的《大陆报》上;Ovaltine(后来被称为"Ovalmaltine")、可口可乐和 Daggett & Ramsdell 的广告出现在 1939 年 2 月 19 日的《大陆报》上。福特广告出现在了 1936 年 2 月 15 日出版的《大陆报》的封底上,同一个月,福特广告也在美国主要出版物上刊登,包括 1936 年 2 月 24 日出版的《时代》杂志。《时代》杂志广告吹嘘该车的"高质量和现代设计"及其"易于控制",总的来说,它承诺"在动力、加速、平顺性和全方位的驾驶满意度方面会更好" 。有关在更广泛的历史背景下对这一时代汽车广告的讨论,请参见梅里特 · 罗伊 · 史密斯(Merrit Roe Smith),《美国文化中的技术决定论》(Technological Determinism in American Culture),19-21。

23. 关于上海电话广告,见《大陆报》,1939 年 2 月 23 日,3;关于威廉姆斯医生的粉红色药丸,见《密勒氏评论报》,1936 年 1 月 11 日,213;有关婴儿自己的平板电脑广告,请参见《密勒氏评论报》,1936 年 2 月 22 日,461。

24. 有关上海燃气公司的广告,请参阅《大陆报》, 1939 年 2 月 22 日,2;《大陆报》,1939 年 2 月 28 日,2。要将这些广告与美国出版物中的广告放在一起考虑,请参见罗兰 · 马钱德(Roland Marchand),《为美国梦做广告:1920—1940 年为现代性让路》(*Advertising the American Dream: Making Way for Modernity*,1920-1940)(Berkeley: University of California Press, 1985);关于这个时代的广告如何反映理想化的美国白人社会世界的讨论,请参见埃尔斯佩斯 · H.布朗(Elspeth H.Brown),《企业之眼:1884—1929 年摄影与美国商业文化的合理化》(*The Corporate Eye: Photography and the Rationalization of American Commercial Culture*,1884-1929)(Baltimore: Johns Hopkins University Press, 2005),168-9。

25. 国际电报,见丹尼尔·海德里克(Daniel Headrick),《进步的触角:1850—1940 年帝国主义时代的技术转让》(*The Tentacles of Progress: Technology Transfer in the Age of Imperialism*,1850-1940)(New York:Oxford University Press, 1988),97-144; 海德里克(Headrick),《无形武器》(*The Invisible Weapon*),11-115; 吉尔·希尔斯(Jill Hills),《控制全球通信的斗争:形成世纪》(*The Struggle For Control of Global Communication: The Formative Century*)(Urbana: University of Illinois Press, 2002), 1-92; 赫吉尔(Hugill)《1844 年以来的全球通信》(*Global Communications since* 1844), 1-52。关于航运,海德里克,《进步的触角》(*Tentacles of Progress*), 18-48。关于中国铁路和电信网络的发展,请参见张(Zhang),《1860—1898 年向中国转让网络技术》(*The Transfer of Network Technologies to China*, 1860 - 1898); 巴克(Baark),《避雷线》(*Lightning Wires*)。关于不断扩大的电信网络与美国外交部与华盛顿的密切关系,见大卫·保尔·尼克尔斯(David Paull Nickles),《电线下:电报如何改变外交》(*Under the Wire: How the Telegraph Changed Diplomacy*) (Cambridge, MA: Harvard University Press, 2003)。有关国际邮件,请参阅海德里克(Headrick),《进步的触角》(*Tentacles of Progress*), 20-1,37; 丹尼尔·海德里克(Daniel Headrick),《信息时代:1700—1850 年理性和革命时代的知识技术》(*When Information Came of Age: Technologies of Knowledge in the Age of Reason and Revolution*, 1700-1850)(New York: Oxford University Press, 2000), 181-93;F.H.威廉姆森(F.H. Williamson),《国际邮政服务和万国邮政联盟》(The International Postal Service and the Universal Postal Union),载于《皇家国际事务研究所学报 9》(*The Journal of the Royal Institute of International Affairs* 9), 第 1 期(1930 年 1 月出版),68-78,esp.68-71;保罗·莱茵施(Paul Reinsch),《国际工会及其管理》(International Unions and their Administration),载于《美国国际法杂志 1》(*The American Journal of International Law* 1), 3 (1907 年 7 月), 579-623, esp. 581, 586-8;《万国邮政联盟成立纪念碑揭幕》(*Unveiling the Monument Commemorating the Founding of the Universal Postal Union*), 载于《美国国际法杂志 4》(*The American Journal of International Law* 4), 1 (1910 年 1 月), 185-6。关于美国邮政系统的发展及其与美国人身份的关系,请参见约翰(John),《传递新闻》

(*Spreading the News*), esp. 13,29,158,161。关于中国国内邮政网络的扩展,请参见朱家骅(Chu),《中国邮政和其他通信服务》(*China's Postal and Other Communications Services*),27。

26. 正如哈米德·纳西夫(HamidNacify)着眼于当代美国媒体的全球影响力所言,"美国流行文化的全球化不会自动转化为美国控制的全球化"。接触美国媒体的人"可能会用美国文化产品思考,但他们不认为自己是美国人"。参见哈米德·纳西夫(Hamid Nacify),《流亡文化的形成:洛杉矶的伊朗电视台》(*The Making of Exile Cultures: Iranian Television in Los Angeles*)(Minneapolis: University of Minnesota Press,1993),2。

27. 罗森博格(Rosenberg),《传播美国梦》(*Spreading the American Dream*)。

28. 亨特(Hunt),《意识形态与美国外交政策》(*Ideology and U. S. Foreign Policy*)。

29.《NBC 副总裁弗兰克·梅森(Frank Mason)致 BFDC 电气部门主管约翰·佩恩(John Payne)》, 1939 年 4 月 18 日,档案 544,"Radio-China-General,1939",信箱 2479,BFDC 一般记录 1914-58。

30. 关于娱乐节目,请参见 A.V.史密斯(A.V. Smith),《美国短波广播:上海接收 KGEI》(Shortwave Broadcasts from the United States: Shanghai Reception of KGEI),1941 年 3 月 11 日, 894.74/274,DSNA 1940-44;在总统广播中,请参见 A.V.史密斯,《美国短波广播:上海接收 KGEI》,1941 年 3 月 18 日, 894.74/273, DSNA 1940-44。关于史密斯在 1939 年底对 W6XBE 的评论,请参见 A.V.史密斯,《世界无线电市场与中国》(World Radio Markets-China),1939 年 8 月 15 日,档案"Foreign Service-Copies of Reports-Peiping-1939-July-August",信箱 128,RG151,BFDC 附加报告(BFDC 专员的报告)。

31.《美国广播》(American Broadcast),致编辑的信,《密勒士评论报》,1939 年 2 月 25 日,381。有关后续社论,请参阅《宝岛新闻报道应该在这里重播》(Treasure Island News Reports Should Be Rebroadcast Here),《密勒士评论报》, 1939 年 5 月 29 日, 362;《上海广播的现状和未来展望》(The Shanghai Broadcasting Situation and Future Prospects),《密勒士评论报》,1939 年 6 月 24 日,99。

32.《M.梅根(M. Morgan)致 KGEI (W6XBE)》的一组信件,由通用电气吉普森(Gibson)广播经理助理转交给国务院助理国务卿朗(Long),1940 年 6 月 25 日,894.74/254,DSNA 1940-44(在本组中转发的信件称为 W6XBE-KGEI 1940 信函,894.74/254,DSNA 1940-44);《文森特 · 莫里森牧师(Reverend Vincent Morrison)致通用电气》,特雷热艾兰(Treasure Island), 1940 年 4 月 23 日,W6XBE-KGEI 1940 Letters,894.74/254,DSNA 1940-44;《伯恩赛德牧师(Reverend W. M. Burnside)致 W6XBE》,1939 年 4 月 15 日,包含在 1939 年 7 月 7 日由车站经理哈里斯(E.T.B.Harris)转交给指挥官康纳(F.W. Connor)的一组信件中,随后由康纳(Connor)转交给国务院,894.74/182,DSNA 1930-39(这组信件在下文中称为 W6XBE-KGEI 1939 信函,894.74/182,DSNA 1930-39)。1940 年,W6XBE 将其电话信函改为 KGEI,这就是为什么使用电话信函 KGEI 来识别 W6XBE Morgan 的信件的原因。

33.《戈德斯伯勒(E.G. Goldsborough)致 W6XBE》, 1939 年 4 月 16 日, W6XBE-KGEI 1939 信函, 894.74/182,DSNA 1930-39。

34. 历史学家莱因霍尔德 · 瓦格纳(ReinholdWagnleitner)将这一时期的拉丁美洲称为"实验室",在这里,美国政府和企业利益开始协调媒体战略和方法的发展,以使外国人民接受美国文化理想,这些战略后来在冷战中得到了更广泛的应用。然而,弗雷德 · 费耶斯(Fred Fejes)评论说,尽管采取了这种文化外交,美国与拉丁美洲的关系仍然"非常不稳定"。莱因霍尔德 · 瓦格纳(Reinhold Wagnleitner),《可乐殖民主义与冷战:二战后美国在奥地利的文化使命》(*Coca-Colonization and the Cold War: The Cultural Mission of the United States in Austria After the Second World War*),戴安娜 · M.沃尔夫(Diana M. Wolf)译,(Chapel Hill: University of North Carolina Press,1994), 51; 费耶斯(Fejes),《帝国主义、媒体和好邻居》(*Imperialism, Media, and the Good Neighbor*), esp. 63-114 (引自 109)。

35.《阿黛尔 · 威廉姆斯(Adele Williams)致 W6XBE》(署名为 Frank S. Williams 夫人) ,日期不详, W6XBE-KGEI1939 信函, 894.74/182, DSNA 1930-39。

36. 有关她第一次购买的收音机以及随后接收效果不佳的信息,请参见《维尔瓦 · 布朗(Velva Brown)致弗朗西斯 · 克劳森(Frances Clausen)》,

1936 年 9 月 17 日，档案 13，信箱 31，维尔瓦·布朗文件，RG 8，中国记录项目，耶鲁神学院图书馆（Yale Divinity School Library），康涅狄格州纽黑文（New Haven, Connecticut）（以下简称为维尔瓦·布朗文件）；在社区的四台收音机，请参见《布朗致克劳森》，1938 年 10 月 30 日，档案 15，信箱 31，维尔瓦·布朗文件；有关对美国接待的持续投诉，请参阅《布朗致克劳森》，1938 年 9 月 25 日，档案 15，信箱 31，维尔瓦·布朗文件。

37. 关于在中国和美国实施的社会福音，请参见邢军（Jun Xing），《在革命之火中受洗：1919—1937 年美国社会福音和基督教青年会在中国》（*Baptized in the Fire of Revolution: The American Social Gospel and the YMCA in China*, 1919-1937）（Cranberry, NJ: Lehigh University Press, 1996），特别是第一章《美国的社会福音和基督教青年会》（The Social Gospel and the YMCA in the United States）和第二章《社会福音与中国基督教青年会》（The Social Gospel and the YMCA in China）。有关美国社会福音应用的简要概述，请参见乔治·布朗·廷德尔（George Brown Tindall）和大卫·埃默里·施（David Emory Shi），《美国：叙事史》（*America: A Narrative History*），第 7 版，（New York: W.W.Norton, 2007），609-11。

38. 有关推动日本向中国和更广泛的东亚扩张的外交政策，请参见巴恩哈特（Barnhart），《日本与世界》（*Japan and the World*），esp. 1-115。唐纳德·乔丹（Donald Jordan）是三部曲的作者，该三部曲探讨了 1926 年至 1932 年间蒋介石在国内挑战和日本帝国主义背景下的崛起和巩固：见乔丹（Jordan），《北伐》（*The Northern Expedition*）；乔丹（Jordan），《中国抵制日本炮火》（*Chinese Boycotts versus Japanese Bombs*）；乔丹（Jordan）《中国战火中的审判》（*China's Trial By Fire*）。有关 1931 年至 1937 年间中国民族主义和日本帝国主义之间的冲突最终导致抗日战争的分析，请参见柯博文（Coble），《面对日本》（*Facing Japan*）；关于蒋介石西安事件的绑架和暗杀事件的细节见 334—74 页。关于 1937 年战争爆发后中国试图与日本作战的灾难及其对中国作战方式的影响，请参见高龙江（John Garver），《中国的战时外交》（*China's Wartime Diplomacy*），6-7，以及马文·威廉姆森（Marvin Williamsen），《1937—1941 年的军事方面》（The Military Dimension, 1937-1941），熊玠（Hsiung）和莱文（Levine）编，《中国的苦胜》（*China's Bitter Vic-*

tory), 142-7。

39. 有关汕头战争的影响,请参见许龙勋(Hsu Long-hsuen)和张明凯(Chang Ming-kai),《中日战争史(1937—1945)》(*History of The Sino-Japanese War* (1937-1945)), 第二版,文哈雄翻译(Wen Ha-hsiung)(Taipei: Chung Wu Publishing, 1971) 492-3。维尔瓦·布朗(Velva Brown)在市郊对战争开始后发生的爆炸事件及其对汕头的影响发表了评论。"人们开始慢慢返回……所以我被告知,"她写道,"我还没来得及去汕头……事实上,汕头四天的炮击和轰炸造成了相当大的破坏。"见《布朗致家人》(Brown to the Folks at Home),1937 年 10 月 4 日,档案 14, 信箱 31,《维尔瓦·布朗文件》。1941 年 8 月 6 日,布朗向家里的人发表了他对捡食物充饥的危机的评论,引用自《布朗致家里的朋友》(Brown to Friends at Home),1941 年 2 月 18 日;两封信件都在档案 18,信箱 31,《维尔瓦·布朗文件》。

40.《布朗致克劳森》(Brown to Clausen), 1937 年 5 月 21 日,档案 14;《布朗致克劳森》, 1938 年 11 月 20 日,档案 15; 两封信件都在信箱 31,《维尔瓦·布朗文件》。

41.《布朗致未知收件人》(首页遗失), 1939 年 4 月 11 日,档案 16, 信箱 31,《维尔瓦·布朗文件》。这封信实际上没有注明日期。根据该信的提交地点、维尔瓦·布朗提及的复活节广播"昨夜"的情况,以及中美之间日期和时间的变化,布朗很可能是在 1939 年 4 月 11 日写这封信的。

42. 有关布朗在 W6XBE-KGEI 成立之前关于国际邮件在美国媒体和通信环境中的地位,请参阅以下维尔瓦·布朗(Velva Brown)写给她的朋友弗朗西斯·克劳森(Frances Clausen)的信,这些信存档在《维尔瓦·布朗文件》的信箱 31 中:1937 年 10 月 30 日,档案 14;1938 年 10 月 23 日,1938 年 11 月 7 日和 1938 年 12 月 20 日,档案 15;1940 年 9 月 23 日,档案 17。又见《布朗致英格》,1931 年 6 月 30 日,档案 8,信箱 31,《维尔瓦·布朗文件》。

43.《布朗致克劳森》,1938 年 1 月 20 日,档案 15,信箱 31,《维尔瓦·布朗文件》。

44. 布朗的信(第一页缺失),1939 年 4 月 11 日。

45. 布鲁斯·伦塔尔(Bruce Lenthall),《广播的美国:大萧条与现代大众文化的兴起》(*Radio's America: The Great Depression and the Rise of Modern*

Mass Culture)(Chicago: University of Chicago Press, 2007), 53-82, esp. 54, 72,73,81。

46.《布朗致克劳森》,1940 年 10 月 21 日,档案 17,信箱 31,《维尔瓦·布朗文件》。

47.《布朗致到克劳森》,1940 年 12 月 23 日,档案 17,信箱 31,《维尔瓦·布朗文件》。

48.《布朗致克劳森》,1941 年 3 月 7 日,档案 18,信箱 31,《维尔瓦·布朗文件》。

49. 拉塞尔(Russell)对广播的个人反思记录在她的"日记,1937-1950"(两个文件夹),信箱 47,莫德·拉塞尔(Maud Russell)论文,特别收藏,纽约公共图书馆(以下简称"莫德·拉塞尔文件")。1939 年和 1940 年的几条记录表明,她喜欢听广播,并邀请人们加入她的行列。1940 年 6 月 3 日至 13 日期间,她忙碌着接待客人。1940 年 2 月 22 日的条目特别提到了她的飞行员无线电命令。1940 年 4 月 26 日的条目评论了富兰克林·罗斯福的泛美演讲。有关她直接写给电台的信,请参见《莫德·拉塞尔致 KGEI 电台》,1940 年 5 月 9 日,W6XBE-KGEI 1940 信函,894.74/254,DSNA 1940-44。

50. 有关拉塞尔(Russell)的传记信息,请参阅卡伦·加纳(Karen Garner),《中国与美国激进主义的联系》(The 'Chinese Connection' to American Radicalism),见《美国东亚关系杂志 3》(*Journal of American-East Asian Relations* 3),第 2 期(1994 年夏季),127-53;以及加纳(Garner),《珍贵的火》(*Precious Fire*)。有关车站接待的引用来自《莫德·拉塞尔致 KGEI 电台》,1940 年 5 月 9 日。

51. 拉塞尔阅读的《密勒氏评论报》,请参见加纳(Garner),《珍贵的火》(*Precious Fire*), 34。有关该出版物名称的更改,请参见赵明恒(Chao),《中国的外国报刊》(*Foreign Press in China*), 75-6。其余信息来自莫德·拉塞尔(Maud Russell)的文章。有关她的记录收听习惯,请参见"维克多记录(Records-Victor)",未注明日期,档案"1919 年信件",信箱 1;有关拉塞尔对美国电影在中国上映的反应,请参见《拉塞尔致阿西洛马(Asilomar Division)》,1929 年 11 月 25 日,档案"往来信件,1929 年",信箱 3;有关无法操作的收音机,请参见《莫德·拉塞尔致李尔》,1938 年 12 月 15 日,档案"往来信件,1938 年” ,信箱 3; 有关购买新收音机的信息,请参阅 1940 年 2 月 22 日,“日记, 1937-1950”(两个文件夹),信箱 47。

52.《拉塞尔致格特鲁德(Gertrude)和所有人》,1940 年 11 月 28 日,以及《拉塞尔致格特鲁德(Gertrude)和所有人》, 1940 年 12 月 8 日,档案“往来信件,1940” , 信箱 3,《莫德 · 拉塞尔文件》。

53.《拉塞尔致家人》, 1940 年 11 月 10 日,档案“往来信件,1940” , 信箱 3,《莫德 · 拉塞尔文件》。

54. 里德(Reed),《传教士思想》(*The Missionary Mind*),esp.24。

55. 艾琳 · 史高丽(Eileen Scully),《门口的陌生人:1900 年前中美关系的近期研究》(Still Strangers at the Gate:Recent Scholarship on Pre-1900 Sino-American Relations》,载于孔华润(Warren I.Cohen)主编,《太平洋通道:二十一世纪前夕美国与东亚关系研究》(*Pacific Passage*:*The Study of American-East Asian Relations on the Eve of the Twenty-First Century*)(New York: Columbia University Press, 1996), 130;查尔斯 · 海福德(Charles W. Hayford),《打开大门的拉吉:1900—1945 年中美文化关系》(The Open Door Raj:Chinese-American Cultural Relations 1900 - 1945), 载于《太平洋通道》(*Pacific Passage*), 143; 保罗 · 哈里斯(Paul Harris),《文化帝国主义与美国新教传教士:19 世纪中期中国的合作与依赖》(Cultural Imperialism and American Protestant Missionaries: Collaboration and Dependency in Mid-Nineteenth-Century China),载于《太平洋历史回顾 60》(*The Pacific Historical Review* 60), 第 3 期(1991 年 8 月), 309-38。美国传教士和许多去教堂的非宗教人士的共同立场也是詹姆斯 · 里德在《传教士思想和美国东亚政策》中分析的一个重要组成部分,他分析了为什么传教士的努力会对公众对中国的看法产生如此大的影响。

56. 简 · 亨特(Jane Hunter),《绅士福音:世纪之交的美国传教士妇女》(*The Gospel of Gentility*: *American Missionary Women in Turn-of-the-Century China*)(New Haven, CT: Yale University Press, 1984), esp.128-73, 263。另见陈嘉玲(Carol C. Chin),《仁慈的帝国主义者:二十世纪之交在中国的美国女传教士》(Beneficent Imperialists: American Women Missionaries in China at the Turn of the Twentieth Century),载于《外交史 27》(*Diplomatic History* 27),

第三期（2003 年 6 月）,327-52。

57.《布朗致克劳森》, 1939 年 9 月 2 日,档案 16,信箱 31,《维尔瓦 · 布朗文件》。

58.《玛丽 · 凯瑟琳 · 拉塞尔致母亲和所有人》,1941 年 8 月 24 日,档案 11,信箱 10,RG 30,《阿瑟 · 卡森文件》(Arthur Carson Papers),记录组 8,中国记录项目,耶鲁大学神学院图书馆,康涅狄格州纽黑文。有关拉塞尔的传记信息,请参阅查尔斯 · 霍奇 · 科贝特(Charles Hodge Corbett),山东基督教大学(*Shantung Christian University*) (New York: United Board for Christian Colleges in China, 1955), 219。

59. 租用无线电接收器时,请参阅《埃勒罗伊 · 史密斯日记》(Elleroy Smith diary entry), 1936 年 2 月 29 日,档案 1,信箱 197,《埃勒罗伊(Elleroy)和梅贝尔 · 史密斯(Maybelle Smith)文件》,记录组 8,中国记录项目,耶鲁大学神学院图书馆,康涅狄格州纽黑文(此后,称为《埃勒罗伊和梅贝尔 · 史密斯文件》)。通过收音机接收个人信息时,请参见《埃勒罗伊 · 史密斯日记》,1936 年 3 月 3 日和 1937 年 9 月 16 日,两本日记均来自档案 1,信箱 197[此处所指的“艾米(Aimee)”是艾米 · 米利肯(Aimee Millican),在第五章中有详细介绍]。来自爱荷华州的邮件,请参阅《埃勒罗伊 · 史密斯日记》,1941 年 10 月 12 日,档案 1,信箱 197。埃勒罗伊(Elleroy)和梅贝尔 · 史密斯(Maybelle Smith)都在 1941 年 8 月 17 日的日记里记录了他们在没有收到任何消息时,没有表现出任何失望的表情;《埃勒罗伊 · 史密斯日记》, 1941 年 8 月 17 日,档案 1,信箱 197,《梅贝尔 · 史密斯日记》,1941 年 8 月 17 日;《五年日记:1938—1942》,档案 7,信箱 195。

60. 有关阅读的书籍,请参阅史密斯一家日记的背面;埃勒罗伊 · 史密斯在 1940 年 7 月 12 日的日记中提到了完成《飘》(*Gone With the Wind*)的具体内容, 而《丧钟为谁而鸣》(*For Whom the Bell Tolls*)则出现在梅贝尔 · 史密斯 1938—1942 年日记后面的阅读列表中(在 1941 年编制的名单中)。关于提到的特定电影,请参见 1938 年 11 月 20 日的《梅贝尔 · 史密斯日记》和 1937 年 4 月 15 日至 1940 年 5 月 1 日的《埃勒罗伊 · 史密斯日记》。在发给史密斯夫妇的报纸上,参见埃勒罗伊 · 史密斯 1940 年 9 月 15 日至 1940 年 11 月 18 日的日记条目。有关选定的节日庆祝活动,请参见 1940 年 11 月 20

日至 1941 年 12 月 25 日的《梅贝尔·史密斯日记》和 1936 年 11 月 28 日、1936 年 12 月 18 日至 1936 年 10 月 25 日《埃勒罗伊·史密斯日记》(他在信中评论道,“圣诞老人像往常一样慷慨大方”),1938 年 7 月 4 日。有关通过邮件送达的杂志,请参阅《埃勒罗伊·史密斯日记》,1938 年 1 月 27 日。《梅贝尔·史密斯日记》,档案 7,第 195 框;《埃勒罗伊·史密斯日记》,档案 1,信箱 197;《埃勒罗伊和梅贝尔·史密斯的文件》。

61. 以下所有引用信息均来自《埃勒罗伊和梅贝尔·史密斯的文件》。无线电租赁评论引自《埃勒罗伊·史密斯日记》,1936 年 2 月 29 日。要了解从美国接收信息和收听广播节目的热情,请参阅《埃勒罗伊·史密斯日记》,1936 年 3 月 3 日,1937 年 9 月 16 日和 1937 年 9 月 24 日;均来自档案 1,信箱 197。《埃勒罗伊·史密斯日记》中关于听富兰克林·罗斯福(Franklin Roosevelt)就职典礼的引述,1937 年 1 月 20 日,档案 1,信箱 197;以及《梅贝尔·史密斯日记》,1937 年 1 月 20 日,档案 6,信箱 195。有关收听宗教节目和史密斯广播收听习惯的社区性质,请参阅《梅贝尔·史密斯日记》,1937 年 8 月 17 日和 1937 年 12 月 19 日,档案 6,信箱 195;以及《埃勒罗伊·史密斯日记》,1936 年 12 月 25 日、1937 年 1 月 1 日、1932 年 2 月 19 日、1933 年 12 月 21 日、1934 年 3 月 6 日、1936 年 8 月 17 日、1935 年 9 月 16 日、1930 年 9 月 24 日、1931 年 12 月 19 日和 1938 年 7 月 4 日,档案 1,信箱 197。

62. 要为埃勒罗伊·史密斯的父母购买收音机,请参见《埃勒罗伊·史密斯日记》1938 年 12 月 31 日。感谢查理·麦卡锡(Charlie McCarthy)的演讲,请参见《埃勒罗伊·史密斯日记》,1939 年 8 月 13 日。有关百货商店购物,请参阅 1939 年 3 月 11 日《埃勒罗伊·史密斯日记》和《梅贝尔·史密斯日记》1939 年 8 月 14 日、1939 年 8 月 21 日和 1939 年 9 月 5 日。有关棒球比赛,请参见《梅贝尔·史密斯日记》1939 年 7 月 21 日。有关世博会参观,请参阅《梅贝尔·史密斯日记》1939 年 7 月 19 日。在休假期间,史密斯夫妇的日记中都提到看电影。有关《绿野仙踪》(*Wizard of Oz*)的具体参考信息,请参阅《埃勒罗伊·史密斯日记》1939 年 8 月 28 日和《梅贝尔·史密斯日记》1939 年 8 月 28 日。《埃勒罗伊·史密斯日记》,档案 1,信箱 197,《埃勒罗伊和梅贝尔·史密斯的文件》。《梅贝尔·史密斯日记》在档案 7,信箱 195,《埃勒罗伊和梅贝尔·史密斯的文件》。

63.《埃勒罗伊·史密斯日记》,1940 年 3 月 24 日,档案 1,信箱 197,《埃勒罗伊和梅贝尔·史密斯的文件》。

64.《劳拉·沃德(Laura Ward)致海伦·沃德(Helen Ward)》,1941 年 9 月 1 日,档案 9,信箱 207,《劳拉·沃德文件》,记录组 8,中国记录项目,耶鲁大学神学院图书馆,康涅狄格州纽黑文(以下简称《劳拉·沃得文件》)。

65. 有关劳拉·沃德的传记信息,请参阅劳拉·德怀特·沃德(Laura Dwight Ward),《生活素描》(*Life Sketch*),1914 年 5 月 27 日;劳拉·德怀特·沃德,《教义声明》(*Doctrinal Statement*), 1914 年 5 月 27 日; 以及《劳拉·D. 沃德小姐》(Miss Laura D. Ward)未注明日期的剪报,无出版信息,所有文件在档案 10,信箱 207,《劳拉·沃得文件》。沃德数学学位的具体参考资料来自沃德的传记素描,该素描与霍利约克山学院沃德家庭论文的查找工具一起提供。通过霍尔约克山学院档案馆和特别收藏网站访问该查找工具,http://asteria. fivecolleges. edu/findaids/mountholyoke/mshm205. html.(最后访问日期:2010 年 9 月 26 日)。有关沃得休假的更多信息,请参阅露丝·德斯蒙德(Ruth Desmond),《沃德小姐描述的中国》(*Miss Ward Describes Conditions in China*)[Granite State Free Press(New Hampshire)], 1937 年 10 月 15 日,档案 10,信箱 207,《劳拉·沃德文件》。有关通过邮件送达的报纸和杂志,请参阅《劳拉·沃德致家人》,1932 年 3 月 31 日,档案 8,信箱 207。有关留声机和唱片收藏,请参阅《劳拉·沃德致我的家人》,1940 年 4 月 29 日, 以及《劳拉·沃德致我的家人》,1941 年 2 月 3 日,档案 9,信箱 207。有关购买美国消费品的参考信息,请参阅《劳拉·沃德致家人》,1940 年 10 月 2 日,档案 9,信箱 207。

66.《劳拉·沃德致我的家人》,1940 年 11 月 29 日,档案 9,信箱 207,《劳拉·沃德文件》。

67. 摘自鲍勃·麦克卢尔(Bob McClure)1940 年 7 月 18 日至 8 月 2 日的信,档案 10,信箱 122,《珍妮·麦克卢尔的文件》,记录组 8,中国记录项目,耶鲁大学神学院图书馆特别收藏,康涅狄格州纽黑文(以下简称《珍妮·麦克卢尔论文件》),又见鲍勃·麦克卢尔(Bob McClure)1940 年 8 月同一个档案和信箱中。

68. 比尔·特伦特(Bill Trent),《罗伯特·麦克卢尔博士:杰出的传教士外科医生》(Dr. Robert McClure: missionary-surgeon extraordinaire),《加拿大医学协会杂志》(*Canada Medical Association Journal*)第 132 期(1985 年 2 月),431-4。

69. 除了《我的心在美国》(My heart is in the USA),所有引用部分来自鲍勃·麦克卢尔(Bob McClure)1940 年 8 月的信,档案 10,信箱 122,《珍妮·麦克卢尔的文件》。后一段引用摘自鲍勃·麦克卢尔 1940 年 7 月 18 日至 8 月 2 日的信。

70.《A.霍姆斯·约翰逊(A. Holmes Johnson)致联邦通信委员会》,1939 年 3 月 16 日,文件 89-6,信箱 365,FCC 记录 1927-46。有关 A.霍姆斯·约翰逊在科迪亚克(Kodiak)的图书馆遗产的信息,可在该图书馆的网站上找到,该网站:http://www.city.kodiak.ak.us/Library/Pages/default.aspx.(最后访问时间:2010 年 9 月 26 日)。我从约翰逊的儿子鲍勃·约翰逊博士那里收到了更多关于约翰逊的信息,他现在仍居住在科迪亚克(给作者的电子邮件,2010 年 1 月 27 日收到)。

71. 直接引用来自《格雷斯·莫里森·博因顿(Grace Morrison Boynton)的日记》(按出现顺序)1939 年 6 月 13 日、1939 年 8 月 12 日和 1939 年 9 月 20 日。关于博因顿以及她在中国接触美国传播、媒体和文化的其他信息来自以下日期的日记:1937 年 3 月 13 日、1937 年 4 月 17 日、1933 年 7 月 6 日、1936 年 7 月 28 日、1939 年 1 月 3 日、1938 年 2 月 26 日、1935 年 5 月 18 日、1930 年 7 月 31 日、1941 年 10 月 19 日和 1943 年 12 月 26 日。1937 年“日记,1937 年 1 月 5 日至 12 月 22 日打字稿”文件 A-1557;1939 年“日记,1939 年 1 月 3 日至 12 月 25 日打字稿”,文件 A-1559;1941 年“日记,1941 年 1 月 3 日至 12 月 28 日——打字稿”,文件 A-15513;1943 年摘自“日记,1943 年 1 月 1 日至 12 月 26 日——打字稿文件 A-15517;信箱 1 和信箱 2;《格雷斯·莫里森·博因顿文件》(Grace Morrison Boynton Papers),马萨诸塞州剑桥哈佛大学阿瑟和劳拉·施莱辛格图书馆(Arthur and Laura Schlesinger Library, Harvard University, Cambridge, Massachusetts)。

72. 在对美国移民的研究中,各种形式的大众媒体(尤其是种族媒体)在吸引侨民身份观念和保持移民群体与祖国“联系”方面所起的作用是一个突出的主题。例如,参见马修·弗莱·雅各布森(Matthew Frye Jacobson),《特殊的悲伤:在美国的爱尔兰、波兰和犹太移民的流散想象》(*Special Sorrows: The Diasporic Imagination ofIrish, Polish, and Jewish Immigrants in the United States*)(Cambridge, MA: Harvard University Press, 1995);余任丘(Renqiu Yu),《拯救中国,拯救我们自己:纽约华人人工洗衣店联盟》(*To Save China, To Save Ourselves: The Chinese Hand Laundry Alliance of New York*)(Philadelphia: Temple University Press, 1992);布莱恩·正勝·林(Brian Masamuru Hayashi),《为了我们的日本同胞:1895—1942 年洛杉矶日本人的同化、民族主义和新教》(*For the Sake of Our Japanese Brethren': Assimilation, Nationalism, and Protestantism Among the Japanese of Los Angeles*, 1895-1942)(Stanford, CA: Stanford University Press, 1995)。

73. 道格拉斯(Douglas),《倾听》(*Listening In*),24。

第五章
"通过广播传播基督":宗教广播与中国民族主义下的美国宣教运动

1. 身份不明的富商张先生的转化故事,来自《上海基督教广播协会》(Shanghai Christian Broadcasting Association),《中文记录》(*Chinese Recorder*),1937 年 2 月,129;杨先生加入基督教的故事来自 A.H.L.克拉克(A.H.L. Clark),《这是 XMHD 电台》(This is Station XMHD),《基督教广播公报 2》(*Christian Broadcast Bulletin* 2),第 3 期(1938 年 1 月至 3 月),2-3;《上海基督教广播协会记录》(Shanghai Christian Broadcasting Association Record),历史记录(HR)154,特别收藏,耶鲁大学神学院图书馆(Yale University Divinity School Library),康涅狄格州纽黑文(以下简称 SCBA 记录)。

2. C.J. 洛(C. J. Lowe),《社论》(Editorials),《基督教广播公报 1》(*Christian Broadcast Bulletin* 1),第 3 期(1937 年 1 月至 3 月),1,摘自耶鲁大学图书馆收藏的缩微胶卷。这本书与我在耶鲁大学神学院图书馆"传教士小册子收藏"中所研究的不同,如上文第 1 条所述。微缩胶片收藏比"传教士小册子收藏"更为广泛,但每个收藏都有其他收藏没有的问题。关于微缩胶片将在下文中被称为"耶鲁大学图书馆微缩胶片"(Yale University Library

Microfilm),以便与耶鲁神学院图书馆“传教士小册子收藏”(Missionary Pamphlet Collection)区分开。

3. 约瑟夫 · 金(Joseph King),《基督教广播协会的开端》(The Beginning of the Christian Broadcasting Association),载于《基督教广播公报 1》(*Christian Broadcast Bulletin* 1),(1936 年 8 月至 9 月),1,SCBA 记录。

4. 虽然美国人在这个故事中显得很突出,但值得注意的是,20 世纪 30 年代和 40 年代初,中国的基督教广播并不仅仅是一个美国项目,其他传教士和中国人也是中国宗教广播发展的重要力量。分析基督教对这些不同群体意味着什么,以及他们如何以自己的方式参与基督教广播,本身就很重要,但这种分析超出了本章的研究范围。本章的重点是美国参与基督教广播,以及它如何谈论美国民族认同和反日政治的特定问题,并不意味着其他故事不那么重要。

5. 不平等条约、域外权利和其他特权常常帮助传教士及其中国入教者获得财产、建立教堂,并以他们希望有助于其传教的方式逃避中国管辖权。这些做法也使传教士及其入教者容易受到民族主义和仇外情绪的影响。关于在这种民族主义日盛的背景下输出基督教的政治复杂性,见亨特,《建立特殊关系》,293—294。关于文化差异如何使西方基督教难以在中国传播的分析,请参见谢和耐(Jacques Gernet),《中国和基督教的影响:文化冲突》(*China and the Christian Impact*: *A Conflict ofCultures*),珍妮特 · 劳埃德(Janet Lloyd)译,(New York: Cambridge University Press, 1985) esp. 146, 150-1,196,246;查尔斯 · 韦伯(Charles Weber),《中国冲突的文化传统:十九世纪的浸礼会教育工作》(Conflicting Cultural Traditions in China: Baptist Educational Work in the Nineteenth Century),尼尔斯(Neils)编,《美国对中国的态度和政策》(*United States Attitudes and Policies Toward China*),41。

6.《通过广播为基督赢得中国》(*Win China For Christ Through Radio*),未注明日期,但可能来自 20 世纪 30 年代末,档案“中国基督教广播协会”(China Christian Broadcasting Association),中国基督教广播协会记录,HR108,特别收藏,耶鲁神学院图书馆,康涅狄格州纽黑文(事实上,中国基督教广播协会与上海基督教广播协会是同一组织)。关于中国本土基督教的发展,参见裴士丹(Daniel Bays),《独立基督教在中国的成长》(The Growth of

Independent Christianity in China),载于《18 世纪至今中国的基督教》(*Christianity in China From the Eighteenth Century to the Present*),裴士丹主编 ,(Stanford, CA: Stanford University Press, 1996), 307-16, esp. 310。亚瑟·刘易斯·罗森鲍姆(Arthur Lewis Rosenbaum)指出,大多数中国基督教徒实际上对燕京大学等主要受社会福音影响的基督教传教机构中的自由新教几乎没有兴趣。参见刘易斯,《基督教、学术与中国的救亡:1924—1949 年的燕京大学》(Christianity, Academics, and National Salvation in China: Yenching University,1924-1949)《美国东亚关系杂志》(*Journal of American-East Asian Relations*)第 13 期(2004-06),39。

7.《通过广播为基督赢得中国》(Win China For Christ Through Radio);K.S.李(K.S.Lee),《基督教广播电台的一些吸引人的事实》(Some Appealing Facts About the Christian Broadcasting Station),《基督教广播公报 1》(*Christian Broadcast Bulletin* 1),第 1 期(1936 年 8 月至 9 月),2,档案"1936—1938 年上海基督教广播协会",SCBA 记录。我将 K.S.李(K.S.Lee)的名字保留在韦德·贾尔斯(Wade Giles)的原始罗马字母中,因为我找不到首字母"K"和"S"所代表的含义,因此无法准确地写出他名字的拼音。在拼音中,姓氏是"Li"。

8.《通过广播为基督赢得中国》(Win China For Christ Through Radio)。电台注册信息来自美国驻上海贸易专员维奥拉·史密斯(A.Viola Smith),《中国广播市场》(Radio Markets-China),1937 年 3 月 11 日,第 30 页,档案"Foreign Service-Copies of Reports-Peiping-1937-March",信箱 124, BFDC 随员报告。有关陈文元(Chen), 顾子仁(Koo), 以及赵西安(Zau)的背景信息,请参阅邢军(Xing),《在革命之火中受洗》(*Baptized in the Fire of Revolution*), esp. 69, 160;莱西(Walter N.Lacy),《美以美会在华百年史》(*One Hundred Years of China Methodism*)(New York: Abingdon-Cokesbury, 1948), 61;《来自中国的主教》(Bishop from China),《时代》(*Time*)杂志,1944 年 3 月 13 日, 检索自 http://www. time. com/ time/magazine/article/0, 9171, 932420,00.html.(最后一次访问时间为 2010 年 9 月 26 日);爱德华·斯莱克,《鸦片、国家与社会:1924—1937 年中国的毒品经济与国民党》(*Opium, State, and Society: China's Narco-Economy and the Guomindang*, 1924-1937)

(Honolulu: University of Hawaii Press, 2001), 58-9; 凯文·斯科特·王(Kevin Scott Wong)和陈素贞(Sucheng Chan)《声称美国:在排斥时代构建华裔美国人身份》(*Claiming America: Constructing Chinese American Identities During the Exclusion Era*)(Philadelphia: Temple University Press, 1998), 175。关于美国的宗教广播,见托娜·J.汉根(Tona J.Hangen),《救赎拨号盘:美国的广播、宗教和流行文化》(*Redeeming the Dial: Radio, Religion, and Popular Culture in America*)(Chapel Hill: University of North Carolina Press, 2002), 24-6。

9.《马德拉斯系列:根据国际传教士理事会在印度马德拉斯坦巴拉姆举行的会议发表论文》(*The Madras Series: Presenting Papers Based Upon the Meeting of the International Missionary Council at Tambaram, Madras, India, December 12th to 29th*),12 月 12 日至 29 日,第三卷,《福音》(Evangelism)(New York: International Missionary Council, 193);《武汉基督教广播协会》(Wuhan Christian Broadcasting Association),《中文记录》(*Chinese Recorder*),1936 年 4 月,253。

10.《现状:北平基督教广播》(The Present Situation: Christian Broadcasting in Peiping),《中文记录》(*Chinese Recorder*),1936 年 6 月,382。

11.《广播福音》(Radio Evangelism),《中文记录》(*Chinese Recorder*),1937 年 6 月,400。

12.《艾米·米利肯(Aimee Millican)致家中之友》,1940 年 2 月 9 日,档案 10,信箱 1,RG 199,宾夕法尼亚州费城长老会历史学会米利肯(Millican)家族文件(以下简称《米利肯家族文件》)。

13.《A.米利肯致伊迪丝·米利肯(Edith Millican)》,1940 年 4 月 2 日,档案 10,信箱 1,《米利肯家族文件》。

14. A.米利肯(记为 F.R.米利肯夫人),《通过无线电广播为基督建立一个完整的家庭》(A Whole Family For Christ Through the Radio Broadcast),《基督教广播公告 1》(*Christian Broadcast Bulletin* 1),第 1 期(1936 年 8 月至 9 月),2,档案《1936—1938 年上海基督教广播协会》(Shanghai Christian Broadcasting Association, 1936-1938),SCBA 记录。

15. K.S.李(K.S. Lee),《关于基督教广播电台的一些吸引人的事实》

(Some Appealing Facts About the Christian Broadcasting Station),2。关于对美国广播为盲人和其他残疾人带来益处的看法,1933 年,美国全国广播公司副总裁弗兰克·阿诺德(Frank Arnold)宣布,广播是"唯一一个对盲人与有两只好眼睛的人一样好的媒体",引用自克雷格 Craig,《炉边政治》(*Fireside Politics*),22。另一位评论员写道:"对于盲人、聋人、自闭者来说,无线电广播已经成为一种新的阳光。"广播确保了这些不幸的人不再"对快速的文明步伐视而不见"(遗憾的是,作者没有详细说明聋人如何从广播中受益)。这篇文章的草稿题为《广播及其对世界不幸者的影响》(Radio And What It Does To The World's Unfortunate),遗憾的是,没有进一步的作者或出版信息。可在档案 477a,信箱 198,系列 14 (一般史),克拉克·雷迪亚纳收藏(《克拉克广播资料集》)中找到。这篇文章似乎写于 20 世纪 20 年代。

16. 关于宗教与技术之间的联系,见大卫·F.诺布尔(David F.Noble),《技术的宗教:许多人的神性和发明的精神》(*The Religion of Technology*: *The Divinity of Many and the Spirit of Invention*)(New York: Alfred A. Knopf, 1997)。有关对美国背景的分析,请参见奈(Nye),《美国作为第二创造》(*A-merica as Second Creation*)。

17. F.R.米利肯,《无线电作为一种有益的工具》(Radio as an Instrument for Good),《基督教广播公报 1》(*Christian Broadcast Bulletin* 1),第 3 期(1937 年 1 月至 3 月),8,耶鲁大学图书馆缩微胶片。

18. 海深德(Lee S.Huizenga),《传播福音信息》(Broadcasting the Gospel Message),《基督教广播公报 5》(*Christian Broadcast Bulletin* 5),第 1—4 期(1940 年),14,耶鲁大学图书馆缩微胶片。

19. A.R.加利摩(A. R. Gallimore),《基督教广播电台》(The Radio in Christian Service),《基督教广播公告 2》(*Christian Broadcast Bulletin* 2),第 1 期(1937 年 7 月至 9 月),3—4,耶鲁大学图书馆缩微胶片。

20. H.G.C.Hallock,《广播与祈祷》,《基督教广播公报》第 4 期,第 2—4 期(1939 年 7—12 月),3—4,耶鲁大学图书馆缩微胶片。

21. 马德拉斯系列(上文第 10 条),140-1。

22. F.W.普林斯(F. W. Price),《福音和宗教教育》(Evangelism and Religious Education),《中文记录》(*Chinese Recorder*),1936 年 4 月,236。

23. K.J.福克纳(K.J. Faulkner),《收音机:把他带进来的方法》(The Radio. A Means to Bring Him In),《基督教广播公报 4》(*Christian Broadcast Bulletin* 4),第 2—4 期(1939 年 7—12 月),13,耶鲁大学图书馆缩微胶片。

24.《上海广播形势与未来展望》(Shanghai Broadcasting Situation and Future Prospects),《密勒氏评论报》,1939 年 6 月 24 日,98。

25. 例如,在任何基督教广播公告中都可以看到中英文的日常节目。对于本段中的描述,我特别参考了 1937 年 1 月至 3 月和 1940 年 1 月至 12 月的版本(附表中的页面没有提供页码)。周日时间表的描述来自马德拉斯系列,141。[我要感谢我的同事克里斯汀·穆莱迪·斯通(Kristin Mulready Stone)在翻译中文节目表方面的帮助]。

26. 劳伦斯·凯斯勒(Lawrence D.Kessler),《江阴传教站:1895—1951 年美国传教士在华社区》,(*The Jiangyin Mission Station: An American Missionary Community in China*, 1895-1951)(Chapel Hill: University of North Carolina Press, 1996), 158-9。瑞安·邓奇(Ryan Dunch),《1857—1927 年,福州新教徒与现代中国的建立》(*Fuzhou Protestants and the Making of a Modern China*,1857-1927)(New Haven, CT: Yale University Press, 2001), 150, 194。

27. 普林斯(Price),《福音和宗教教育》(*Evangelism and Religious Education*),231-2,236。有关社会福音项目给预算带来负担的怨恨的信息,请参阅凯斯勒(Kessler),《江阴传教站》(*Evangelism and Religious Education*),158-9;邢军(Xing),《在革命之火中受洗》(*Baptized in the Fire of Revolution*),60-1。

28. 关于 XMHD 的接收范围,请参见《马德拉斯系列》(The Madras Series),141。广播能够触及教堂附近的听众,参见《现状:北平的基督教广播》(*The Present Situation:Christian Broadcasting in Peiping*),382。关于基督教广播作为"大众"广播所感知的有害影响的解毒剂,参见任美丹(Jen-Mei Tan),《基督教青年与教育》(Christian Youth and Education),《中文记录》(*Chinese Recorder*),1939 年 12 月,714。关于类似的关注,参见陈天华(Paul T.H. Chen),《通过图书服务进行基督教教育》(Christian Education Through Book Service),《中文记录》(*Chinese Recorder*),1941 年 8 月,412。关于米利

肯与牛津集团的联系,请参见保罗·弗伦克(Paul French),《镜里看中国:从鸦片战争到毛泽东的中国外国记者》(*Through the Looking Glass: China's Foreign Journalists from Opium Wars to Mao*)(Hong Kong: Hong Kong University Press, 2009), 187。弗伦克还提到了牛津集团与匿名酗酒者的联系。有关该故事的更广泛讨论,请参见约翰·H.彼得森(John H. Peterson, Jr.)《匿名酗酒者的国际起源》(The International Origins of Alcoholics Anonymous),《当代毒品问题 19》(*Contemporary Drug Problems* 19),第 1 期(1992 年春), 53-74。

29.《广播福音》(Radio Evangelism),400。

30.《XMHD 站的成果》(Fruits of Station XMHD),《基督教广播公报 2》(*Christian Broadcast Bulletin* 2),第三期(1938 年 1 月至 3 月),6—7, 耶鲁大学图书馆缩微胶片。有趣的是,没有一个听众的证词是用入教者自己的笔写的。相反,传教士将这些故事间接地报告给了 SCBA。尽管这难免引发人们对这些报道真实性的一些怀疑,但它也强调了这些传教士听众从福音而非社会福音的角度看待电台的事实。

31. 哈洛克(Hallock),《广播和祈祷》(*Radio and Prayer*),3 。哈洛克的传记信息摘自《利玛窦 21 世纪中国基督教史圆桌会议》(The Ricci 21st Century Roundtable on the History of Christianity in China)网站上的大都会长老会传教团(Metropolitan Presbyterian Mission)。http://ricci. rt. usfca. edu/institution/view. aspx? institutionID=384.(最后一次访问日期为 2010 年 9 月 26 日),以及《教会新闻》(Church News),载于《普特南县信使》(*The Putnam County Courier*),1895 年 1 月 11 日,http://www.localar-chives.org/WorkArea/downloadasset.aspx? id=26853.(最后一次访问日期为 2010 年 9 月 26 日)。

32. 阿达斯(Adas),《机器作为人的尺度》(Machines as the Measure of Men), 6-7, 205-8;查尔斯·爱德华·杰斐逊(Charles Edward Jefferson),《寻找经文》(Searching the Scriptures),1939 年 5 月 22 日 XMHD 广播,《基督教广播公报 4》(*Christian Broadcast Bulletin* 4), 第 2—4 期 (1939 年 7 月至 12 月),15—20,耶鲁大学图书馆缩微胶片。[杰斐逊(Jefferson)在广播前去世,因此别的人通过广播读了准备好的文本;引自 17 页]。在来中国之前,杰斐逊曾在 1898 年至 1929 年间在百老汇联合基督教会(the Broadway

United Christian Church)的前身任职,见 http://www.broadwayucc.org/p_ jefferson.php.(最后一次访问日期为 2010 年 9 月 26 日)。

33. 关于收听 W6XBE-KGEI,请参阅《弗兰克·米利肯致 A.米利肯》,1941 年 9 月 11 日和 1941 年 9 月 28 日,信箱 1,《艾米肯家庭文件》。关于给女儿伊迪丝(Edith)的信,见《F.米利肯致 E.米利肯》,1938 年 4 月 12 日,档案 30,信箱 1,《艾米肯家庭文件》。

34. 埃勒罗伊·史密斯(Elleroy Smith)关于 XMHD 的信,见《基督教广播公报 1》(*Christian Broadcast Bulletin* 1)第 3 期(1937 年 1 月至 3 月),13,耶鲁大学图书馆缩微胶片。

35. 西蒙·科尔曼(Simon Coleman)和彼得·柯林斯(Peter Collins),《导言:对宗教、身份和民族的模糊依恋》(Introduction: Ambiguous Attachments-Religion, Identity, and Nation),载于西蒙·科尔曼和彼得·柯林斯合编的《宗教、身份和变革:全球变革的视角》(*Religion, Identity, and Change: Perspectives on Global Transformations*)(Burlington, VT: Ashgate, 2004), 4-6;格尔德·鲍曼(Gerd Baumann),《多元文化之谜:重新思考民族、族裔和宗教身份》(*The Multicultural Riddle: Rethinking National, Ethnic, and Religious Identities*)(New York: Routledge, 1999), 21; 谢尔顿·斯特里克(Sheldon Stryker)和彼得·J.伯克(Peter J. Burke),《同一性理论的过去、现在和未来》(The Past Present and Future of an Identity Theory), 载于《社会心理学季刊 63》(*Social Psychology Quarterly* 63), 第 4 期(2000 年 12 月),esp. 287, 289, 292; 彼得·J.伯克,《多重身份下的关系》(Relationships Among Multiple Identities),载于《同一性理论和研究进展》(*Advances in Identity Theory and Research*),彼得·J.伯克(Peter J. Burke)、蒂莫西·J.欧文斯(Timothy J. Owens)、理查德·T.谢尔普(Richard T. Sherpe)和佩吉·索伊特(Peggy Thoits)编辑,(New York: Kluwer Academic/Plenum Publishers, 2003), esp. 201-2; 佩吉·索伊特(Peggy A. Thoits),《多重角色身份中的个人代理》(Personal Agency in Multiple Role Identities),载于《同一性理论和研究进展》(*Advances in Identity Theory and Research*), esp.181-3.

36.《埃勒罗伊(Elleroy)和梅贝尔·史密斯(Maybelle Smith)致我们亲爱的朋友》,1937 年 11 月 10 日,第 4—6 页,档案 7,信箱 1,《米利肯家族文件》。

37. 斯特里克(Stryker)和伯克(Burke),《同一性理论的过去、现在和未来》(*The Past, Present and Future of an Identity Theory*), 288-90;关于拉塞尔在中国的故事,请看加纳(Garner),《珍贵的火》(*Precious Fire*);另见本研究报告第4章。

38. 加里·威尔斯(Gary Wills),《上帝之下:宗教与美国政治》(*Under God: Religion and American Politics*)(New York:Simon and Schuster,1990),19,22,25,207-8;理查德·卡沃丁(Richard Carwardine),《"一无所知"党、新教福音派团体和美国国家理念》(The Know-nothing party, the protestant evangelical community, and American national identity),载于斯图尔特·缪斯(Stuart Mews)主编,《宗教与国家身份:在教会历史学会第十九届夏季会议和第二十届冬季会议上宣读的文件》(*Religion and National Identity: Papers Read at the Nineteenth Summer Meetingand the Twentieth Winter Meeting ofthe Ecclesiastical History Society*)(Oxford: Basil Blackwell, 1982),449-64。

39. 杰弗里·斯旺森(Jeffrey Swanson),《响应号召:厄瓜多尔美国传教士的身份和意识形态》(*Echoes of the Call: Identity and Ideology Among American Missionaries in Ecuador*)(New York:Oxford University Press, 1995),158-9; 里德(Reed),《传教士思想》(*The Missionary Mind*), 23-34; 威廉·哈奇森(William Hutchison),《世界使命:美国新教思想与外交使团》(*Errand to the World: American Protestant Thought and Foreign Missions*)(Chicago: University of Chicago Press,1987),9,44-5,51-60。

40. A.米利肯(A.Millican),未注明日期和标题的未发表文章草稿,档案28,信箱1,《米利肯家庭文件》。

41. 斯旺森(Swanson),《响应号召》(*Echoes of the Call*),148。

42. 关于"特殊关系"概念的发展,参见亨特(Hunt),《建立特殊关系》(*Making of a Special Relationship*)。关于中国的宗教运动与美国国内广大民众之间的相互联系,参见里德(Reed),《传教士思想》(*The Missionary Mind*)。

43. 汤姆森(Thomson),《中国面对西方》(*While China Faced West*), esp. 153-4; 杰斯珀森(Jespersen),《美国的中国形象》(*American Images of China*),24-5,84-5。

44. 汤姆森(Thomson),《中国面对西方》(*While China Faced West*),153-95,226-30;杰斯珀森(Jespersen),《美国的中国形象》(*American Images of China*),34-5。

45.《A.米利肯致 E.米利肯》,1936 年 1 月 5 日,档案 6,信箱 1,《米利肯家族文件》。关于进一步的合作努力,见《F.米利肯致 E.米利肯》,1937 年 4 月 5 日,档案 30,信箱 1,《米利肯家族文件》。米利肯的信并没有指明张群的名字。我通过《中国的名人录:中国领导人传记》,第 5 版(*Who's Who in China: Biographies of Chinese Leaders, 5th ed*)(Shanghai: China Weekly Review, 1936), 5—6,认出她是张群。根据这本书,张群于 1935 年 12 月被任命为外交部长。有关张群张的更多信息,请参见《好,好!》(Hao Hao!)1947 年 4 月 28 日,《时代周刊》(*Time*),在线获取 http://www.time.com/time/magazine/article/0,9171,793568,00.html.[最后一次次访问日期:2010 年 9 月 26 日]。不幸的是,这些资料并没有提供他"迷人"的妻子的名字(《时代周刊》使用的形容词)。

46.蒋介石,《我对耶稣受难节的精神构想》(My Spiritual Conception of Good Friday),《基督教广播公报 1》(*Christian Broadcast Bulletin* 1),第 4 期(1937 年 4 月至 6 月),1, 耶鲁大学图书馆缩微胶片。有关蒋介石和宋美龄的小册子,请参见 C.J.洛(C.J.Lowe),《机会》(*Opportunity*), 1-2,在同一期《基督教广播公报》(*the Christian Broadcast Bulletin*)中;前几期《公报》还包含听众要求电台向他们发送宋的小册子的信件。赞扬蒋介石基督教的信件摘自《基督教广播公报 1》(*Christian Broadcast Bulletin* 1),第 3 期(1937 年 1 月至 3 月),12, 耶鲁大学图书馆缩微胶片。

47.《A.米利肯致 E.米利肯》,1936 年 7 月 1 日,档案 6,信箱 1,《米利肯家族文件》。

48.《A.米利肯致 E.米利肯》,1937 年 1 月 3 日,档案 7,信箱 1,《米利肯家族文件》。另见杰斯珀森(Jesperson),31-34.

49. 孙友利(Youli Sun),《中国与太平洋战争的起源》(*China and the Origins of the Pacific War*),87-91。

50.《F.米利肯致 E.米利肯》,1937 年 8 月 21 日;《A.米利肯致 E.米利肯》,1937 年 8 月 29 日;《F.米利肯致 E.米利肯》,1937 年 11 月 7 日,档案

30,信箱 1,《米利肯家族文件》。

51. 所有引文均出自《埃勒罗伊和梅贝尔·史密斯致我亲爱的朋友们》(Elleroy and Maybelle Smith to Our Dear Friends),1937 年 11 月 10 日。弗兰克·米利肯(Frank Millican)也用“大看台座位”(Grand Stand Seat)一词来描述他们在上海公寓里对战争的看法,见《F.米利肯致 E.米利肯》, 1937 年 9 月 14 日,档案 30,信箱 1,《米利肯家族文件》。有关米利肯在上海的战时经历的进一步描述,请参见《A.米利肯致 E.米利肯》,1937 年 10 月 3 日,档案 7,信箱 1,《米利肯家族文件》。

52.《A.米利肯致 E.米利肯》,1937 年 12 月 12 日,档案 7,信箱 1,《米利肯家族文件》。

53. 对日本新闻的反应(包括引用)来自《A.米利肯致 E.米利肯》,1937 年 11 月 5 日,档案 7,信箱 1,《米利肯家族文件》。米利肯为使入教者能够收听重庆广播所做的努力引自《A.米利肯致 E.米利肯》,1939 年 10 月 27 日和《A.米利肯致 E.米利肯》,1939 年 12 月 31 日,档案 9,信箱 1,《米利肯家族文件》。有关日本在战争期间对传到东亚的新闻进行控制的内容主要在下一章。

54. 有关 XMHD 遭受的损坏以及完成修复工作的困难的信息,来自 XMHA 第三次面向基督教传教士的广播记录。参见《XMHA 电台 NCC 广播记录》(*Transcript of NCC Broadcast from Station XMHA*),1937 年 9 月 19 日,纽约公共图书馆(New York Public Library)非流通材料,编号:ZDZ(《中国基督教全国委员会,新闻简报,广播》)(*National Christian Council of China. Bulletin. Broadcast*)(以下简称《NCC 广播公告》)。有关台风对 XMHD 影响的更多信息,请参阅 A.H.克拉克夫人(Mrs. A.H. Clark),《这是 XMHD 电台》(This is Station XMHD),《基督教广播公报 2》(*Christian Broadcast Bulletin* 2),第三期(1938 年 1 月至 3 月),2, 耶鲁大学图书馆缩微胶片。

55. 关于美国在中国基督教青年会的影响,见邢军(Xing),《在革命之火中受洗》(*Baptized in the Fire of Revolution*); 又见加勒特(Garrett),《中国城市的社会改革家》, esp. 28-44;查尔斯·A.凯勒(Charles A. Keller),《基督教学生运动、基督教青年会与民国时期的跨国主义》(The Christian Student Movement, YMCAs, and Transnationalism in Republican China),《美国东亚关

系杂志13》(*Journal of American-East Asian Relations* 13),第1期(2004-06),esp. 64-6。关于美国在NCC中的影响力,请参见汤姆森(Thomson),《中国面对西方》(*While China Faced West*),50-8。关于基督教青年会与全国基督教青年会的合作,见邢军(Xing),《在革命之火中受洗》(*Baptized in the Fire of Revolution*),56-61,以及汤姆森(Thomson),《中国面对西方》(*While China Faced West*),204。关于这两个集团与中国政府之间的关系,请参见汤姆森(Thomson),《中国面对西方》(*While China Faced West*),66-75,191,204以及邢军(Xing),《在革命之火中受洗》(*Baptized in the Fire of Revolution*),119-20。第六章阐述了XMHA的抗日情况。

56.《XMHA电台NCC广播记录》(*Transcript of NCC Broadcast from Station XMHA*),1937年10月10日和1937年3月27日,《NCC广播公报》,纽约公共图书馆(NYPL)。

57.《XMHA电台NCC广播记录》(*Transcript of NCC Broadcast from Station XMHA*),1937年9月26日、1938年1月23日和1937年10月24日,《NCC广播公报》,纽约公共图书馆(NYPL)。

58.《XMHA电台NCC广播记录》(*Transcript of NCC Broadcast from Station XMHA*),1937年3月13日,《NCC广播公报》,纽约公共图书馆(NY-PL)。

59. 罗纳德·里斯(RonaldRees)编辑,《行动中的基督徒:七位传教士在战时中国的工作记录》(*Christians in Action: A Record of Work in War-time China by Seven Missionaries*)(London: Longmans, Green and Co.,1939),第xi章,14-15。编辑罗纳德·里斯(Ronald Rees)是一名英国人,也是NCC周日节目的另一位播音员。他在广播时的语气也比写作时更为克制。尽管他声称自己和其他贡献者"对那些造成所有这些残酷痛苦的人没有任何怨恨",但他后来指出,遍布全国的传教士大院往往成为日本士兵所犯下的"人民免遭强奸和谋杀的唯一安全之地"(vii,10)。

60. 美国驻福州领事爱德华·赖斯(Edward E. Rice),《1941年4月政治报告》(Political Report for April 1941),1941年5月7日,893.00 P.R. Foochow/159,DSNA 1940-44。简要概述抗日战争爆发后日本对美国财产和公民的侵犯,见孔华润(Cohen),《美国对中国的反应》(*America's Response to*

China),120。

61. 对于 XMHD 的维修,参见《编辑简报》(Editorial Briefs),《基督教广播公报 4》(*Christian Broadcast Bulletin* 4),第 1 期(1939 年 1 月至 6 月),1,耶鲁大学图书馆缩微胶片;关于 1937 年南京战役中一个家庭的艰难生活的广播,参见 T.L.陈(T.L. Chen),《个人证词》(A Personal Testimony),《基督教广播公报 5》(*Christian Broadcast Bulletin* 5),第 1—4 号(1940 年 1 月至 12 月),13, 耶鲁大学图书馆缩微胶片(新闻稿中未提及此次广播的具体日期)。有关比思(Beath)广播的信息来自斯特林·比思(Sterling Beath),《广播的影响》(The Influence of the Radio),XMHD 广播,1939 年 2 月 5 日,载于《基督教广播公报 4》(*Christian Broadcast Bulletin* 4),第 1 期(1939 年 1 月至 6 月),19-20, 耶鲁大学图书馆缩微胶片(引用自 19 页)。有关斯特林·比思的其他图像信息来自 http://evansvillehistory. net/107WESTLIbery. html.(最后一次访问日期为 2010 年 9 月 26 日)。

62.《XMHD 现在是干扰的对象》(XMHD is Now Object of Interference),《大陆报》,1940 年 4 月 26 日,D6813/14/X(40),文件中的文章副本 RG 263,上海市警察局记录,美国国家档案馆缩微胶片(场外研究)](以下简称《SMP 记录》); 1940 年 8 月 15 日,《美国驻上海领事理查德·布特里克(Richard Butrick)致美国国务卿科德尔·赫尔(Cordell Hull)》,893.102S/2186,DSNA 1940-44,提及了电台广播的广泛影响;订阅报纸的推广来自《中国广播公报 5》(*China Broadcast Bulletin* 5),第 1—4 号(1940 年 1 月至 12 月), 4,耶鲁大学图书馆缩微胶片。

63. 所有权和登记转让,见《巴特里克(Butrick)致赫尔(Hull)》,1940 年 8 月 15 日。本文件将 XMHD 确定为值得美国官方支持的美国电台。战前文件,包括 A.V.史密斯(A.V.Smith)《中国广播市场》(*Radio Markets China*),1937 年 3 月 11 日将该电台识别为中国电台。上海市警察局与日本人合作压制中国电台,请参阅本森(Benson),《一切如常》(*Back to Business as Usual*),esp. 282,296。警方让中国电台经理签署的承诺副本已存档《在国际定居点运营的中文和半中文广播电台》(Chinese and semi-Chinese radio broadcasting stations operating in the International Settlement),《上海市警察局报告》(*Shanghai Municipal Police Report*),1937 年 11 月 30 日,档案 D 6813/

14/VI,《SMP 记录》。

64. 中国各地的城市向华盛顿发送的领事报告提供了这些战略的具体例子。例如,来自汕头的外交报道记录了 1941 年 6 月和 7 月的事件,并对日本控制的报纸的反美语气进行了评论。1940 年 5 月,来自上海的政治报告指出了一个长期存在的问题,即对抵达中国的美国邮件的审查,以及美国广播的干扰。1940 年 8 月的《上海政治报告》包含了大量的例子,包括 XMHD 的干扰、日本控制的媒体对美国的尖锐批评、日本阻止美国传教士在上海停靠美国船只,以及针对在上海的美国媒体的恐怖主义。有关这些文件,请参见《美国驻汕头领事肯尼斯 · 耶尔斯(Kenneth Yearns)致赫尔(Hull)》,《1941 年 6 月政治评论》(Political Review for June 1941),1941 年 7 月 5 日,893.00 P. R. Swatow/163;《肯尼斯 · 耶尔斯(Kenneth Yearns)致赫尔(Hull)》,《1941 年 7 月政治评论》(Political Review for July 1941),1941 年 8 月 4 日,893.00 P.R. Swatow/164;《布瑞克(Butrick)致赫尔(Hull)》,《1940 年 5 月的政治报告》(Political Report for May,1940),1940 年 6 月 11 日,893.00 P.R. Shanghai/140;《布瑞克(Butrick)致赫尔(Hull)》,《1940 年 8 月政治报告》(Political Report for August,1940),1940 年 9 月 7 日,893.00 P.R. Shanghai/143;所有文件均来自 DSNA 1940-44。DSNA 1940-44 中 893.00 P.R.文件集合提供了更多相关示例。

65.《布瑞克(Butrick)致赫尔(Hull)》,《1940 年 8 月政治报告》(Political Report for August,1940),1940 年 9 月 7 日,893.00 P.R.Shanghai/143,DSNA 1940-44。

66.《XMHD 现在是干扰的对象》(XMHD is Now Object of Interference),另见《布瑞克(Butrick)致赫尔(Hull)》,1940 年 8 月 15 日。关于美国和日本在进入中印问题上的紧张关系,见乔纳森 · 马歇尔(Jonathan Marshall),《拥有与否:东南亚原材料与太平洋战争的起源》(*To Have and Have Not: Southeast Asian Raw Materials and the Origins of the Pacific War*)(Berkeley: University of California Press, 1995),80-5。

67.《布瑞克(Butrick)致赫尔(Hull)》,1940 年 8 月 15 日;《布瑞克(Butrick)致赫尔(Hull)》, 1940 年 9 月 18 日,893.102 S/2276(文件 893.76/120 中交叉引用);《布瑞克(Butrick)致赫尔(Hull)》,《1940 年 8 月政治报

告》(Political Report for August,1940),1940 年 9 月 7 日;《布瑞克(Butrick)致赫尔(Hull)》,《1940 年 9 月的政治报告》(Political Report for September,1940)。1940 年 10 月 (具体日期难以辨认),893.00 P.R.Shanghai/144;《布瑞克(Butrick)致赫尔(Hull)》,《1940 年 11 月的政治报告》(Political Report for November,1940),1940 年 12 月 7 日,893.00 P.R.Shanghai/146;所有文件均来自 DSNA 1940-44。

68. 卡尔顿 · 莱西(CarltonLacey),《圣经在家中的使用》(The Usage of The Bible in The Home),《中国圣经之家》(*China Bible House*)于 1938 年 8 月 22 日在 XMHD 上播出,转载于《基督教广播公报 4》(*Christian Broadcast Bulletin* 4),第 1 期(1939 年 1 月至 6 月),6-8,耶鲁大学图书馆缩微胶片(引用自 6 页)。

第六章
“非官方电台的兴风作浪”:太平洋战争前夕的广播新闻和美日冲突

1. 卡罗尔 · 奥尔科特(Carroll Alcott),《我与日本的战争》(*My War With Japan*)(New York: H. Holt & Co.,1943),296-8;另见《上海新闻播音员》(Newscaster of Shanghai),《时代周刊》(*Time*),1940 年 7 月 20 日,http://www.time.com/time/magazine/article/0,9171,764298,00.html.(最后一次访问时间为 2010 年 9 月 26 日)。

2. 奥尔科特(Alcott),《我与日本的战争》(*My War With Japan*),17,22,279,282-3,340-1;引述自第 279 页。另见《国外新闻:上海新秩序》(Foreign News:New Order in Shanghai),《时代杂志》(*Time*),1940 年 7 月 29 日,http://www.time.com/time/magazine/article/0,9171,764271,00.html. (最后一次访问时间为 2010 年 9 月 26 日)。马特 · 温斯托克(Matt Weinstock)提到了 1933 年的餐馆事件,见《有些工作尝试会出现奇怪的转折》(Some Job Tryouts Take an Odd Turn),《洛杉矶时报》(*Los Angeles Times*),1965 年 5 月 20 日,a 部分,6。

3. 关于大众媒体如何从不同国家视角的受众中引发对比反应,请参见本尼迪克特·安德森(Benedict Anderson),《比较的幽灵:民族主义、东南亚和世界》(*The Spectre of Comparisons: Nationalism, Southeast Asia, and the World*)(New York:Verso Press,1998),58-74。

4.《维尔瓦·布朗致弗朗西斯·克劳森》,1937年10月4日,档案14,信箱31,以及《布朗致克劳森》,1938年11月13日和1938年12月20日,档案15,信箱31,《维尔瓦·布朗文件》。引用部分来自1937年10月4日的信件。

5. 无线电新闻记录在《布朗致克劳森》中被提及,1937年10月4日,档案14;收听来自伦敦、柏林和澳大利亚的报道在《布朗致克劳森》中被提及,1938年11月13日,档案15;决定停止写信去听广播新闻在《布朗致克劳森》中被提及,1937年10月30日,档案14;所有信件来自信箱31,《维尔瓦·布朗文件》。

6. 美国驻上海贸易专员A.维奥拉·史密斯(A.Viola Smith)提交的许多报告因其提供的有关XMHA的信息而弥足珍贵。参见《广播、航空信标和无线电设备》(Broadcasting, Airways Beacons, and Radio Equipment),1935年4月,4—5,信箱119;《中国广播市场》(Radio Markets-China), 1938年5月19日,档案《外交部,报告副本,北平—1938年5月》(Foreign Service, Copies of Reports, Peiping-1938-May),信箱126;《中国广播市场》(Radio Markets-China),1939年8月15日,38,档案《外交部,报告副本,北平—1939年7—8月》(Foreign Service-Copies of Reports-Peiping-1939-July-August),信箱126;史密斯的所有报告均来自BFDC专员的报告。另请参见《上海市警察局长肯尼斯·M.伯恩(Kenneth M. Bourne)致上海市议会秘书长戈弗雷·菲利普斯(G.Godfrey Phillips)》,1939年1月6日,46-51,《伯恩致菲利普斯》,1939年3月9日,31,档案U001-04-0002813 。(《传输电子信息:无线电广播和接收站:控制》)(Transmission Electrical Messages: Radio Broadcasting and Receiving Stations:Control),《SMC记录》;《国务院当前信息部部长迈克尔·麦克德莫特(Michael J.McDermott)致国务院远东事务部麦克斯韦尔·汉密尔顿(Maxwell Hamilton)》,1941年10月15日,893.76/141, DSNA 1940-44;奥尔科特(Alcott),《我与日本的战争》(*My War With Japan*),15-16;王薇(Vivian Wang),《上海食物大战中的白手起家》(Rags to riches in Shanghai

food fight),2003 年 7 月 31 日,《上海英文星报》(*Shanghai Star*),访问地址:http://app1.chinadaily.com.cn/star/2003/0731/cu18-2.html.(最后访问日期为 2010 年 9 月 26 日)。

7. BFDC 专员的报告见 A.V.史密斯(A.V. Smith),《中国广播市场》(Radio Markets-China),1937 年 3 月 11 日,2,9-10,12,102,信箱 124;A.V.史密斯(A.V. Smith),《中国的无线电发展》(Radio Developments in China),1937 年 7 月, 3,7,信箱 125;A.V.史密斯(A.V. Smith),《中国广播市场》(Radio Markets-China),1939 年 8 月 15 日,38,48-9;A.V.史密斯(A.V. Smith),《中国广播市场》(Radio Markets-China)(特别报告 No.S-99),1938 年 6 月 8 日,档案《外交部,报告副本,北平—1938 年 6 月》(Foreign Service-Copies Of Reports-Peiping-1938-June)信箱 126,另见《A.V.史密斯致 BFDC 电气部门》,1939 年 1 月 13 日,档案 544,"Radio-China-1939",信箱 2479,BFDC 一般记录 1914-58。

8. A.V.史密斯(A.V. Smith),《中国广播市场》(Radio Markets-China),1937 年 3 月 11 日, 31,34,108;《A.V.史密斯致 BFDC 电气部门》,1937 年 11 月 11 日,档案 544, "Radio-China-1937-38", 信箱 2478,BFDC 一般记录 1914-58。

9. 关于美国广播新闻的历史,请参见爱德华·布利斯二世(Edward Bliss,Jr.),《现在的新闻:广播新闻的故事》(*Now The News: The Story of Broadcast Journalism*)(New York: Columbia University Press,1991),esp. 76-118,以及格尔德·霍顿(Gerd Horten),《广播走向战争:二战期间宣传的文化政治》(*Radio Goes to War:The Cultural Politics of Propaganda During World WarII*)(Berkeley: University of California Press,2003),22-40。大卫·卡尔伯特(David Culbert)对广播新闻和外交事务的研究表明,这一时期可能广播新闻普遍缺乏客观性;参见大卫·霍尔布鲁克·卡尔伯特(David Holbrook Culbert),《普通人的新闻:30 年代美国的广播和外交事务》(*News For Everyman: Radio and Foreign Affairs in Thirties America*)(Westport, CN: Greenwood Press, 1976),esp. 5-6。1938 年 1 月 11 日,A.V.史密斯(A.V. Smith)向 BFDC 电气部门提交的 544 号文件中指出,新闻广播作为其他国家短波广播努力的一部分而流行,"Radio-China-1937-38",信箱 2478,BFDC 一般记录

1914-58。有关国际短波新闻和宣传广播之间模糊界限的讨论,请参阅詹姆斯·伍德(James Wood),《国际广播史》(*History of International Broadcasting*)(London: Peregrinus, 1992),31-48;伯格(Berg),《关于短波》(*On the Shortwaves*)。

10. 关于战时接收器销售和自制装置,请参见卡尔顿·本森(Carlton Benson),《一切如常》(Back to Business as Usual),286-7。

11. 关于奥尔科特对公共广播收听的观察,请参见奥尔科特(Alcott),《我与日本的战争》(*My War With Japan*), 248。有关奥尔科特的信件和中国医生的信件,请参阅《A.V.史密斯致 BFDC 电气部门》, 1939 年 3 月 8 日,档案 544,"Radio-China-General-1939" ,信箱 2479,RG 151,BFDC 一般记录 1914-58。有关朱莉亚·摩根(Julia Morgan)的信件,请参阅《朱莉亚·摩根(Julia Morgan)致她的父亲》,1937 年 8 月 16 日和 1938 年 1 月 3 日,档案 143-7,信箱 143,《朱莉亚·摩根文件》,RG 8,中国记录项目,耶鲁大学神学院图书馆特别收藏,耶鲁大学,康涅狄格州纽黑文。

12.《辉煌的新闻成就》(A Splendid Journalistic Achievement),《中国研究》(*The China Journal*), 1937 年 9 月,141。史密斯一家接到取消上海之行的消息,请参阅埃勒罗伊·史密斯(Elleroy Smith), 1937 年 9 月 16 日和 9 月 24 日的日记,档案 1,信箱 197,《埃勒罗伊和梅贝尔·史密斯文件》。有关通过广播了解战争新闻的其他努力,请参阅 1937 年 8 月 15 日、1937 年 7 月 17 日和 1937 年 9 月 26 日的梅贝尔·史密斯日记,档案 6,信箱 195,以及梅贝尔·史密斯,1937 年 8 月 15 日的日记,档案 1,信箱 197,《埃勒罗伊和梅贝尔·史密斯文件》。

13. A.V.史密斯(A.V. Smith),《中国广播市场》(Radio Markets-China), 1938 年 5 月 19 日, 5。

14. 奥尔科特(Alcott),《我与日本的战争》(*My War With Japan*),16。

15.《汉密尔顿(Hamilton)致麦克德莫特(McDermott)》,1941 年 10 月 9 日,《汉密尔顿(Hamilton)致麦克德莫特(McDermott)》,1941 年 10 月 15 日,893.76/141,DSNA 1940-44。

16. 关于约翰逊与洛克菲勒基金会有关的工作的一般性讨论,"社会福音",还有中国民族主义者,参见汤姆森(Thomson),《中国面对西方》(*While*

China Faced West), esp. 50-66,221-41。广播作为新闻来源、晚宴体验和其他优势来自《威廉·约翰逊(William R. Johnson)致伊娜·约翰逊(Ina Johnson)》,1938年1月16日,档案58;由于工作迟到而错过广播新闻的遗憾,参见《威廉·约翰逊致詹姆斯(I.James)和劳拉(Laura)》,1937年11月19日58;约翰逊的新闻笔记打字参考了《威廉·约翰逊致詹姆斯和劳拉》,1937年11月19日,档案58;约翰逊看到自己恢复了对广播新闻的访问感到高兴,这在一封约翰逊的信中可以看到,这封信的封面上没有注明日期和收件人;该信在第63号文件中存档,很可能发送给他的家人,写于1939年5月至8月之间;上述信件来自信箱4,《威廉·R.约翰逊文件》,RG 8,康涅狄格州纽黑文耶鲁大学耶鲁神学院图书馆特别藏品中国记录项目(以下简称《威廉·R.约翰逊文件》)。

17.《弗兰克·罗林森(Frank Rawlinson)与孩子们》,1937年8月3日,档案32,信箱161《罗林森家族文件》, RG 8,康涅狄格州纽黑文耶鲁神学院图书馆中国记录项目(以下简称《罗林森家族文件》)。

18. 关于战争爆发后上海的总体情况,包括流浪炸弹、难民和“日本城”的保护,见帕克斯·M.柯博文(Parks M. Coble),《走向“最后关头”:1931—1937——中国民族国家构建中的日本因素》(*Chinese Capitalists in Japan's New Order: The Occupied Lower Yangzi*, 1937-1945)(Berkeley: University of California Press, 2003), 11-12; 唐(Dong),《1842—1949年的上海》(*Shanghai* 1842-1949),252-3。

19. “大屠杀”,参阅《中国在上海爆炸案中被判有罪》(China Held Guilty in Shanghai Blast),《纽约时报》(*New York Times*),1937年8月27日,3。关于伤亡数字,炸弹落下后的场景描述,包括被斩首的警察,见唐(Dong),253-4。罗林森死亡的情况见《弗兰克·罗林森博士》(Dr. Frank Rawlinson),《密勒士评论报》,1937年8月21日,422,427。罗林森的儿子阿尔弗雷德在老罗林森的最后一封信的顶部写道,这封信是在家人接到他去世的通知后寄来的;参见《F.罗林森致孩子们》,1937年8月3日,档案32,信箱161,《罗林森家族文件》。罗林森的另一个儿子约翰·罗林森(John Rawlinson)也是一篇关于他父亲在中国生活和工作的学术文章的作者。参见约翰·罗林森,《弗兰克·罗林森,1902—1937年中国传教士的资深代表》(Frank

Rawlinson,China Missionary, 1902-1937:Veteran Deputationist),载于尼尔斯(Neals)主编,《美国对中国的态度和政策》(*United States Attitudes and Policies Toward China*),111-32。

20.《弗兰克·罗林森博士》(Dr. Frank Rawlinson),《密勒士评论报》,1937 年 8 月 21 日,422,427;《玛格丽特·汤姆森(Margaret Thomson)致南希·汤姆森(Nancy Thomson)》,1937 年 8 月 15 日,档案 30, 信箱 2,《玛格丽特·汤姆森文件》,马萨诸塞州剑桥哈佛大学阿瑟和劳拉·施莱辛格图书馆;《约翰逊(W.R. Johnson)致家人》,1937 年 8 月 20 日,档案 59,信箱 4,《威廉·R.约翰逊文件》。

21. 关于博因顿、战争爆发、与邻居一起收听广播以及引用邻居的信息,请参见格雷斯·博因顿(Grace M. Boynton),《1937 年 8 月,燕京大学:1912 年,燕京英语系成员格雷斯·M.博因顿(Grace M.Boynton,Wellesley)的一封信》(At Yenching University, August 1937: A Letter from Grace M. Boynton, Wellesley, 1912, a member of the Department of English at Yenching), 2-4,档案 92,信箱 27,《威廉·R.约翰逊文件》。与 1914 年从 1939 年 8 月 25 日的日记相似,244,档案 A-155 9,信箱 1,《格雷斯·莫里森·博因顿文件》,1925—1951 年,阿瑟和劳拉·施莱辛格图书馆特别藏品,哈佛大学,马萨诸塞州剑桥;关于博因顿使用无线电追踪同一收藏中的战争新闻的其他参考资料,请参见 1937 年 7 月 14 日日记, 32,1937 年 7 月 27 日日记,48,1937 年 8 月 1 日日记, 68,档案 A-155 5,信箱 1;1939 年 8 月 12 日日记,236,档案 A-155 9,信箱 1;1941 年 10 月 19 日日记条目,68,档案 A-155 13,信箱 2。关于燕京大学及其使命,参见菲利普·韦斯特(Philip West),《1916—1952 年的燕京大学与中西关系》(*Yenching University and Sino-Western Relations*, 1916-1952 (Cambridge, Mass.:Harvard University Press,1976),esp. 22; 另见罗森鲍姆(Rosenbaum),《基督教、学术与中国的救国》(Christianity, Academics,and National Salvation in China),25-54。罗森鲍姆指出,该大学实际上是从作为一个保守的福音机构开始的,但考虑到自由主义新教的影响力日益增长和 20 世纪 20 年代中国国内政局的动荡,它调整了自己的使命,转向社会福音视角。

22.《莫德·拉塞尔致 KGEI 电台》,1940 年 5 月 9 日,《摩根(天津)至

KGEI 电台》,无日期, 以及《文森特·莫里森牧师致 KGEI 电台》,1940 年 4 月 23 日,W6XBE-KGEI 1940 信函,894.74/254, DSNA 1940-44。有关维奥拉·史密斯的意见,请参阅《A.V.史密斯致 BFDC 电气部门》,1939 年 3 月 30 日,档案 544,"Radio-China-1939", 信箱 2478,BFDC 一般记录1914-58。

23.《沃尔特·T.沙利文(Walter T. Sullivan)致 A.V.史密斯》,1939 年 4 月 25 日,894.74/201,以及《美国驻上海总领事克拉伦斯·高斯(Clarence Gauss)致国务卿科德尔·赫尔(Cordell Hull)》,1939 年 8 月 25 日(第 2 节),894.74/188,DSNA 1930-39。

24.《高斯致赫尔》,1939 年 8 月 30 日(第 2 节)和 1939 年 9 月 30 日(第 3 节),894.74/188,DSNA 1930-39.在上述引文的"第 3 节"中,高斯对史密斯的故意干涉指控是否准确表示怀疑,但随后的调查证明这些指控属实。

25. 关于日本对西方新闻机构的不信任,见罗杰·W.珀迪(Roger W. Purdy),《信息帝国主义》(*Information Imperialism*), 295-325。关于满洲事变后日本短波广播的政治化以及这些广播针对美国的明确批评,见简·罗宾斯(Jane Robbins),《介绍日本:1931—1937 年满洲事变期间日本海外广播的作用》(Presenting Japan: The Role of Overseas Broadcasting by Japan during the Manchurian Incident, 1931-7),《日本论坛 13》(*Japan Forum* 13),第一期(2001):esp. 43-6。澳大利亚新闻广播中的引述来自露西·D.梅奥(Lucy D. Meo),《1941—1945 年日本对澳大利亚的无线电战争》(*Japan's Radio War on Australia*, 1941-1945)(Melbourne, Australia: Melbourne University Press, 1968),39-40。

26. 珀迪(Purdy),《信息帝国主义》(*Information Imperialism*),esp. 309 和 314。日本新闻人岩永雄吉(Iwanaga Yukichi)在 1927 年的一篇文章中探讨了日本在西方新闻中的代表性问题,文章标题为《看我国新闻业务的贫乏:羡慕美国新闻业务的发展》(A Look at the Meagerness of Our Nation's News Operations:Envy for the Development of American News Operations);有关这一引文,请参阅珀迪的文章第 309 页。另见卡萨(Kasza),《日本的国家和大众传媒》(*The State and Mass Media in Japan*),155。关于在中国电台使用日本同盟通信社(Domei)报道以及假定的广播电台对日本设计构成威胁的问题,请参阅《上海广播的现状与展望》(The Shanghai Broadcasting Situation

and Prospects),《密勒氏评论报》社论,1939 年 6 月 24 日,97。这篇文章是高斯(Gauss)发给国务院的,这一事实突显了国务院对日美广播紧张局势不断升级的关注,1939 年 9 月 1 日,894.74/201,DSNA 1930-39;这篇文章也被转载于徐淑希(Shuhsi Hsü),《日本和第三大国》(*Japan and the Third Powers*),第三卷,(Shanghai:Kelly and Walsh,1941),630-43。

27. 关于阿姆尼(Armny)的优势及其对广播的影响,见卡萨(Kasza),《日本的国家和大众传媒》(*The State and Mass Media in Japan*),72-101(esp. 95),121-68 (esp. 121,124-5,140-1,151, 157), 252-65 (esp. 254 和 254 n. 9), 285。关于大萧条对日本政治和社会的影响,见拉夫伯尔(LaFeber),《冲突》(*The Clash*),170。NHK 的"国际性"目标引用于《日本广播公司:北美、中国和南海的海外广播》(Nippon Hoso Kyokai: Overseas Broadcast For North American,China,And The South Seas),《日本广播公司 1940 年 6 月第 48 号公报》(Bulletin 48 for June 1940 of the Broadcasting Company of Japan),随附美国驻横滨领事理查德 · 博伊斯(Richard F.Boyce)的报告,1940 年 5 月 21 日,894.76/17,DSNA 1940-44。

28.《当地美国人要求调查日本所谓的西海岸广播堵塞》(Local Americans Ask Probe of Alleged West Coast Broadcast Jam By Japanese),《大陆报》,1939 年 10 月 4 日,2;《宣传取代新闻,战争审查员开始行动》(Propaganda Replaces News as War Censors Go Into Action),《密勒氏评论报》,1939 年 9 月 16 日,80。有关国际广播和宣传的一般性讨论,请参阅伍德(Wood),《国际广播史》(*History of International Broadcasting*), 36-103。关于新闻客观性理想的发展,见理查德 · 卡普兰(Richard L. Kaplan),《1865—1920 年政治与美国媒体:客观性的兴起》(*Politics and the American Press: The Rise of Objectivity*, 1865-1920) (New York: Cambridge University Press, 2002); 另见西奥多 · L.格拉瑟(Theodore L. Glasser)和詹姆斯 · S.埃特玛(James S. Ettema),《调查性新闻与道德秩序》(Investigative Journalism and the Moral Order),载于《媒体与社会的批判视角》(*Critical Perspectives on Media and Society*),编辑罗伯特 · K.艾弗里(Robert K. Avery)和戴维 · 伊森(David Eason)(New York:The Guilford Press,1991), 207; 哈泽尔 · 迪肯 · 加西亚(Hazel Dicken-Garcia),《十九世纪美国的新闻标准》(*Journalistic*

Standards in Nineteenth Century America)(Madison: University of Wisconsin Press,1989),98。尽管19世纪末的历史模式和转变有助于美国接受客观性作为新闻理想,但基于事实的报道的公认价值在美国新闻史上有着更深的根源;见大卫·保罗·诺德(David Paul Nord),《目的论与新闻:1630—1730年美国新闻业的宗教根源》(Teleology and News: The Religious Roots of American Journalism, 1630-1730),载于《美国历史杂志77》(*Journal of American History* 77),第1期(1990年6月),esp. 10-11。

29.《A.V.史密斯致BFDC电气部门》,BFDC,1935年9月20日,档案544,"China-Radio-1929-1936",信箱2478, RG 151,BFDC一般记录1914-58; A. V. 史密斯(A. V. Smith),《中国广播市场》(Radio Markets-China), 1937年3月11日, 31; A.V.史密斯(A.V. Smith),《国际短波广播的政治和/或商业用途》(Political and/or Commercial Use of International Shortwave Broadcasting),1938年1月11日;直接引用自1938年1月11日的文件。

30. 毕恩来(T.A. Bisson),《日本侵华》(*Japan in China*)(New York: Macmillan Company, 1939), 22,309,310,317。哈雷特·亚朋德(Hallett Abend),《亚洲的混乱》(*Chaos in Asia*)(New York:Ives Washburn,1939), 67-72; 兰德尔·古尔德(Randall Gould),《引人注目的中国》(*China in the Sun*)(New York: Doubleday & Company,1946),264。约翰·本杰明·鲍威尔(John B. Powell),《我在中国的二十五年》(*My Twenty-Five Years in China*)(New York:Macmillan Company,1945),297。詹姆斯·R.杨(James R. Young),《旭日背后》(*Behind the Rising Sun*)(New York:Doubleday,Doran and Company,1941), 148。爱狄密勒(G. E. Miller),《上海:冒险家的乐园》(*Shanghai: The Paradise of Adventurers*)(New York:Orsay Publishing House, 1937), 99-100.詹姆斯·贝特兰(James Bertram),《没有被征服的人:在华北战斗农民中间一年惊险生活的日记》(*Unconquered:Journal of a Year's Adventures Among the Fighting Peasants of North China*)(New York:John Day Company,1939), 19。《W.R.约翰逊致I.约翰逊》, 1938年10月8日,档案61,信箱4,《威廉·约翰逊文件》。关于历史学家对日本媒体中中国形象的评价,请参见路易斯·杨格(Louise Young),《日本帝国总动员:满洲与战时帝国主

义文化》(*Japan's Total Empire*:*Manchuria and the Culture of Wartime Imperialism*)(*Berkeley*: *University of California Press*, 1998),100-1。

31. 关于美国对中国和日本态度的转变,见迈克尔·沙勒(MichaelSchaller),《美国十字军在中国,1938—1945》(*The U.S. Crusade in China*,1938-1945)(New York: Columbia University Press, 1979),esp. 17。美国新闻媒体,特别是《时代》杂志及其在中国出生的出版商亨利·卢斯的亲中偏见已经被充分证明。见拉夫伯尔(LaFeber),206。关于《时代》杂志的亲中倾向,请参见杰斯珀森(Jespersen),《美国的中国形象》(*American Images of China*),esp. 24-44。美国电台新闻广播的反日基调在卡尔伯特(Culbert),《普通人的新闻》(*News for Everyman*),202 页中进行了阐述。卡尔伯特(Culbert)用"坏国家"一词将日本和德国混为一谈,他还指出,尽管对日本的态度是消极的,但亚洲的事件在广播新闻中受到的关注远远少于影响欧洲的事态发展。

32.《对上海邮局邮件的干扰》(Interference with the Mail in the Shanghai Post Office》,《密勒氏评论报》,1939 年 6 月 24 日,95;多丽丝·鲁本斯(Doris Rubens),《日本在上海的宣传活动》(Japanese Propaganda Efforts in Shanghai),《密勒氏评论报》,1939 年 8 月 12 日,332-6;《日本要求严格控制报纸》(Japanese Ask Rigid Control of Newspapers),《大陆报》,1939 年 4 月 15 日,2;《古尔德看到的日本新闻界停电》(Nippon Press Blackout Seen by R. Gould),《大陆报》,1939 年 11 月 30 日,2;《通缉:结束目前的邮政混乱,美国商会应打头阵》(Wanted: An End to Present Postal Chaos; American Chamber Should Take the Lead),《密勒氏评论报》,1941 年 8 月 16 日,227-8。有关日本镇压、恐吓甚至杀害被认定为对日本侵华战争持敌对态度的外国记者的努力的简要审查,请参见弗伦克(French),《镜里看中国》(*Through the Looking Glass*),198-202。

33. 户坂裕二(Yuji Tosaka),《反美主义和好莱坞电影的论述:1937—1941 年日本电影进口管制》(The Discourse of Anti - Americanism and Hollywood Movies: Film Import Controls in Japan, 1937-1941),《美国东亚关系杂志 12》(*Journal of American-East Asian Relations* 12),第 1—2 期(2003 年春夏),59-73。

34. 关于日本干扰,见《W.R.约翰逊致亲属》,1937年11月24日以及《W.R.约翰逊致家人》, 1937年12月31日,档案57,信箱4,《威廉·约翰逊文件》。

35.《A.V.史密斯致高斯》,1939894.74/216,DSNA 1930-1939;A.V.史密斯,《干扰旧金山金银岛KGEI电台的广播节目》(Interference with Broadcast Programs from Station KGEI, Treasure Island, San Francisco),1940年4月4日,894.74/250, DSNA 1940-44。另见《日本电台干扰美国新闻广播》(Japanese Stations Jam American News Broadcasts),1939年10月7日,《密勒氏评论报》,220。史密斯"倾听委员会"的主席是《密勒氏评论报》著名的抗日编辑约翰·鲍威尔,他本人也经历过几次日本暗杀企图;见华百纳(Bernard Wasserstein),《上海的密战:第二次世界大战期间的谍战、阴谋与背叛》(*Secret War in Shanghai: An Untold Story of Espionage, Intrigue, and Treason in World War II*)(Boston: Houghton Mifflin Company, 1999),63-4。

36.《J.希尔(Sheil)在香港致W6XBE》,1939年4月5日;《伯恩赛德(W.M. Burnside)牧师致W6XBE》,1939年4月15日;《戈德斯伯勒(E.G. Goldsborough)致W6XBE》,1939年4月13日;以上所有信函来自W6XBE-KGEI 1939信函,894.74/182,DSNA 1930-39。

37.《美国驻华大使馆参赞弗兰克·洛克哈特(Frank Lockhart)致赫尔部长》,1939年10月13日,894.74/197,DS 1930-1939,RG 59;《美国驻巴达维亚总领事厄尔·迪克沃(Erle Dickover)致赫尔》,1939年11月30日,894.74/225,DSNA 1930-39。另见《迪克沃致W6XBE经理达林顿(E.S. Darlington)》,1939年12月21日, W6XBE-KGEI 1939 Letters, 894.74/182, DSNA 1930-39。

38. 沃尔多·海因里希(Waldo Heinrichs),《富兰克林·D.罗斯福与战争风险》(Franklin D. Roosevelt and the Risks of War),载入江昭(Iriye)和孔华润(Cohen)编辑,《美国人,中国人,日本对战时亚洲的看法》(*American, Chinese, and Japanese Perspectives on Wartime Asia*),147-78。

39. 关于FCC国务院围绕W6XBE-KGEI的交流,见《助理国务卿乔治·梅塞斯史密斯(George Messersmith)致联邦通信委员会主席劳伦斯·弗莱(Lawrence Fly)》,1940年1月23日,894.74/225;《弗莱致赫尔》,1940年

1月29日,893.74/229;《国务院国际通信司哈维·奥特曼(Harvey Otterman)备忘录》,1940年2月7日,894.74/ 235;《弗莱致赫尔》,未注明日期,但国务院在1940年2月29日收到,894.74/236;上述信函来自DSNA 1940-44。维奥拉·史密斯对接待的反馈来自A.V.史密斯,《美国短波广播:上海接收KGEI》(*Shortwave Broadcasts from the United States*:*Shanghai Reception Of KGEI*),1941年3月11日,894.74/274,DSNA 1940-44。

40. 有关这一总体思路的更多信息,请参阅迪维亚·C.麦克米林(Divya C. McMillin),《国际媒体研究》(*International Media Studies*)(Malden, MA: Blackwell Publishing,2007),esp. 140。

41. 克莱尔·布斯(Clare Boothe),《美国史迪威将军在缅甸前线指挥中国军队》(U.S. General Stilwell Commands Chinese on Burma Front),改编自《生活》杂志(*Life*),1942年4月27日,访问http://cbi-theater-2.home.comcast.net/burmafront/burmafront.html.(最后一次访问是2010年9月26日)。克莱尔·布特(ClareBootheLuce)后来嫁给了坚定支持中国的《时代生活》出版商亨利·卢斯(HenryLuce)。

42.《蒋介石夫人宣布,在上海看到战争的恐怖后,中国并不害怕》(Mme.Chiang Declares China Is Not Afraid After She Sees Horrors of War in Shanghai),1937年8月29日,《纽约时报》(*New York Times*),29(文章来源于美联社)。

43.《汉密尔顿(Hamilton)致麦克德莫特(McDermott)》,1941年10月9日。奥尔科特(Alcott),《我与日本的战争》(*My War With Japan*),15-16,[奥尔科特对霍顿(Horton)评论的回忆引自第16页]。有关胜利牌留声机公司(RCA Victor)和XMHA的交易,请参阅A.V.史密斯,《中国广播市场》(*Radio Markets-China*),1939年8月15日,38,48。

44. 奥尔科特(Alcott),《我与日本的战争》(*My War With Japan*),238-39。又见唐(Dong),《1842—1949年的上海》(*Shanghai 1842-1949*),253-4。

45. 奥尔科特(Alcott),《我与日本的战争》(*My War With Japan*),238-44。

46.《镜里看中国》(*Through the Looking Glass*)一书的作者保罗·弗伦克

(Paul French)采访了许多在完成研究过程中认识他的幸存“上海人”,并与我分享了奥尔科特(Alcott)在 2010 年 9 月 17 日的一封个人电子邮件。

47. 奥尔科特(Alcott),《我与日本的战争》(*My War With Japan*),15-16,18。

48. 奥尔科特(Alcott),《我与日本的战争》(*My War With Japan*),18-23。又见弗伦克(French),《镜里看中国》(*Through the Looking Glass*), 199-200。所提到的宣传片是弗兰克·卡普拉(Frank Capra)的《认识你的敌人——日本》(Know Your Enemy: Japan)(1945) ,约翰·道尔(John Dower)对此进行了讨论,《无情之战:太平洋战争中的种族与强权》(*War Without Mercy:Race and Power in the Pacific War*)(New York:Pantheon Books,1986),15-32。这部电影的引文出现在第 19 页。

49. 克雷格·克劳福德(Craig Crawford),《攻击信使:政客如何让你反对媒体》(*Attack the Messenger:How Politicians Turn You Against The Media*)(New York:Rowman and Littlefield,2006),127。另见 MSNBC 节目主持人基思·奥尔伯曼(Keith Olbermann)于 2006 年 6 月 21 日和乔·斯卡伯勒(Joe Scarborough)于 2007 年 1 月 8 日对克雷格·克劳福德(Craig Crawford)的采访;抄本在 http://www.msnbc.msn.com/id/13459394/和 http://www.msnbc.msn.com/id/16541962/(最后一次访问时间为 2010 年 9 月 26 日)。

50. 奥尔科特(Alcott),《我与日本的战争》(*My War With Japan*),22;英国大使馆国务院,《控制日本军事占领下中国部分地区鸦片和其他麻醉药品的贩运问题》(Problem of Controlling the Traffic in Opium and Other Narcotic Drugs in Parts of China Under Japanese Military Occupation),1939 年 2 月 16 日,附“国务院备忘录”,1939 年 1 月 14 日,893.114 Narcotics/2458,DSNA 1930-39,转载于《美国外交关系文件》(*Foreign Relations of the United States Diplomatic Papers*),1939 年,第 4 卷,《远东、近东和非洲》(*The Far East,the Near East and Africa*)(Washington, DC: Government. Printing Office, 1955),431。

51. 1938 年 12 月 4 日、5 日、6 日和 7 日,奥尔科特的系列文章出现在《大陆报》头版。关于日本和中国在 20 世纪 30 年代中国毒品贸易中的参与以及美国对中国和日本的不同程度的衡量,见威廉·沃克(William O. Walk-

er),《鸦片与外交政策:1912—1954 年英美在亚洲寻求秩序》(*Opium and Foreign Policy: The Anglo - American Search for Order in Asia*, 1912 - 1954) (Chapel Hill: University of North Carolina Press, 1991), 83 - 105, esp. 92 - 5, 104;有关奥尔科特的引述,请参见奥尔科特(Alcott),《我与日本的战争》(*My War With Japan*),22。

52. 关于奥尔科特对两起暗杀事件的不同处理,请参见奥尔科特,《我与日本的战争》(*My War With Japan*)(247-8),提及日本的"新气味"(333-6),要求奥尔科特"说点好话"(258-61),以及奥尔科特参与定居点选举(318-22);直接引自第 322 页。有关《时代》的文章,请参见《上海新闻播音员》(Newscaster of Shanghai),有关政治暗杀和助长暗杀的更广泛背景的信息,请参阅魏斐德(Wakeman),《上海歹土》(*Shanghai Badlands*),17; 以及科布尔(Coble),《日本新秩序中的中国资本家》(Chinese Capitalists in Japan's New Order),72。

53. 沃纳 · 格鲁尔(Werner Gruhl),《苦难的亚太:1931—1945 年日本从满洲到广岛的战争》(The Great Asian-Pacific Crescent of Pain: Japan's War from Manchuria to Hiroshima, 1931-1945),载彼得 · 李(Peter Li)主编,《日本战争罪行:寻求正义》(*Japanese War Crimes: The Search for Justice*)(New Brunswick, NJ: Transaction Publishers, 2003),249。这些暴行中最著名的例子是南京大屠杀(常被称为"强奸南京"),当时日军在攻占中国首都后,强奸、掠夺和掠夺了南京的平民。见傅佛果(Joshua A. Fogel),《历史与史学中的南京大屠杀》(*The Nanjing Massacre in History and Historiography*)(Berkeley: University of California Press, 2000)。更广泛地审视日本的政策和行动,尤其是日本军队的政策和行动,见家永三郎(Saburo Ienaga),《1931—1935 年太平洋战争》(*The Pacific War*, 1931-1935)(New York: Pantheon Books, 1978), esp. 第 8 章,《大东亚共同繁荣圈:解放还是剥削?》(The Greater East Asia Co-Prosperity Sphere: Liberation or Exploitation?),153-80。在这一章中,家永讲述了整个日本占领的东亚地区强奸、酷刑、参与毒品交易、使用强迫劳动、掠夺农业和无数其他暴行的频率。孔华润(Warren Cohen)提到日本人对"各地的中国人"施加的暴行,并将日本的一些行为描述为"近乎种族灭绝"。迈克尔 · 巴恩哈特(Michael Barnhart)指出,"日本对中国的占领是残酷的。"人

江昭(Akira Iriye)引用皇军文件证明,日本人视自己为劣等中国人的主人,而劣等中国人"只被视为……剥削的对象"。沃尔特·拉斐伯还指出了日本占领中国的剥削特点。罗伯特·史密斯·汤姆森(Robert Smith Thomson)引用约瑟夫·格罗夫(Joseph Grew)大使对包括有影响力的日本经济和政治领导人在内的听众的讲话,警告日本在华暴行对美国舆论的有害影响。然而,日本外相在回应演讲时坚称,日本的政策不会改变。见孔华润(Warren Cohen),《以东亚为中心:与世界接触的四千年》(*East Asia at the Center: Four Thousand Years of Engagement with the World*)(New York: Columbia University Press, 2000), 352;孔华润(Warren Cohen),《亚裔美国人的世纪》(*The Asian American Century*)(Cambridge, MA: Harvard University Press, 2002), 12;巴恩哈特(Barnhart),《日本与世界》(*Japan and World*), 120;拉夫伯尔(LaFeber),《冲突》(*The Clash*), 189;入江昭(Akira Iriye),《权力与文化:1941—1945年日美战争》(*Power and Culture: The Japanese American War, 1941-1945*)(Cambridge, MA: Harvard University Press, 1981), 44;罗伯特·史密斯·汤普森(Robert Smith Thompson),《太平洋上的帝国:第二次世界大战和争夺亚洲霸权的斗争》(*Empire's on the Pacific: World War II and the Struggle for Mastery of Asia*)(New York: Basic Books, 2001), 78-9。

54.《美国驻天津总领事约翰·考德威尔(John K. Caldwell)致赫尔》,《1941年2月的政治报告》,893.00 PR Tientsin/153,又见《1941年3月政治报告》,1941年4月10日,893.00 PR Tientsin/155);《美国驻上海总领事弗兰克·洛克哈特(Frank Lockhart)致赫尔》,《1940年12月政治报告》,1941年1月14日,893.00 PR Shanghai/147;上述文件来自DSNA 1940-44。有关产生干扰的方法的更多信息来自奥尔科特,270-1,以及《NCDN计划设立电台以对抗纳粹的"本地"呵呵勋爵》(NCDN Plans Station to Counter Nazis' Local 'Lord Haw-Haw),《密勒氏评论报》,1940年4月27日,296-7。

55. 关于广播电台监督办公室的设立,见本森(Benson),《一切如常》(*Back to Business as Usual*), 292。关于XMHA干扰来源的发现、奥尔科特对其的广播以及避免干扰的努力,请参见《美国驻上海律师理查德·布瑞克(Richard Butrick)致赫尔》,1940年4月17日,包括信函附件,来自《希利(E. L. Healy)致美国总领事馆》,1940年4月16日,896.76/116,DSNA 1940-44;

《上海新闻播音员》(Newscaster of Shanghai),1940年7月29日,《时代周刊》(*Time*)。关于与上海市警方和日本人举行的会议,以及确认日本人确实是XMHA干涉的幕后黑手,见《对XMHA电台的干扰》(Interference with Radio Station XMHA),《麦卡迪(D.S.I. MacAdie)上海市警方报告》,1940年12月23日,档案D6813/14/X(17),《SMP记录》。

56. 关于奥尔科特对警方请求的拒绝,请参阅《卡罗尔·奥尔科特与助理警务专员约克(K.W. Yorke)》, 1940年10月10日,以及《对XMHA电台的投诉》(Complaint Against Radio Station XMHA),被伯恩(伯恩专员)专员载于档案d,1940年10月18日,档案D6813/14/X(17),《SMP记录》。关于希利对匿名威胁的描述,请参阅《警察报告》(*Police Report*),由泰勒(D.S.I.A. Taylor)记录,1941年3月25日,档案D6813/14/X(17),《SMP记录》。

57. 关于奥尔科特与日本大使馆官员的争执,见奥尔科特,285-86;一名日本记者告诉奥尔科特,他无意杀死他,《我与日本的战争》(*My War With Japan*), 295。另见《上海新闻播音员》(Newscaster of Shanghai),《时代周刊》(*Time*),1940年7月20日;哈利特·阿本德(Hallet Abend),《上海保卫美国作家》(Shanghai Guards American Writers),《纽约时报》(*New York Times*),1940年7月21日,19。又见《广播与亚洲》(Radio and Asia),《时代周刊》(*Time*),1941年12月29日,访问http://www.time.com/time/magazine/ article/0,9171,772937,00.html.(最后一次访问时间为2010年9月26日)。

58. "日军蓄意干涉"一词来源于《美国电台在这里抗议日本的干涉》(American Radio Station Here Protests Against Japanese Interference),1940年4月7日,《大陆报》,保存在档案6813/14/X(17),《SMP记录》。上海市警方保存的1940年12月的文章集,见《干扰XMHA电台》(Interference with Radio Station XMHA)之后的剪报,《警察报告》(*Police Report*)档案d,由麦卡迪(D.S.I. MacAdie)记录,1940年12月23日,档案6813/14/X(17),《SMP记录》;本段中特别引用的文章和信件来自这些《SMP记录》。参见《无线电干扰:如何规避》(Radio Jamming:How to Circumvent)(作者名字不详),1940年12月20日以及《建议设立一个基金》(A Fund Suggested)(署名达纳姆)(D'Arnum),1940年12月21日,《字林西报》(所列日期为文件所附日期,可

能比文章实际印刷日期晚一到两天);《外国电台的广播不断受到日本的干扰》(Broadcasting of Foreign-owned Radio Station Continuously Interfered With ByJapanese),1940 年 12 月 17 日,郑燕宝(Cheng Yien Pao)[Zheng Yan Bao];《干扰美国电台》(Interference with an American Radio Station)《华裔美国日报》(*Chinese-American Daily News*),日期不详(但可能从 1940 年 12 月下旬开始)。

59. 据估计,"远远超过 250,000 名"听众,来自《上海新闻播音员》,《时代周刊》(*Time*),1940 年 7 月 29 日。据估计,500,000 名听众来自阿斯特里德·弗雷伊森(Astrid Freyeisen),《"XGRS 上海呼叫:二战期间德国在东亚的广播宣传》(XGRS-Shanghai Calling: Deutsche Rundfunkpropaganda in Ostasien während des Zweiten Weltkriegs),载于《广播与历史:来自德国广播档案馆的新闻 29》(Rundfunk und Geschichte: Mitteilungen des Studienkreises Rundfunk und Geschichte Informationen aus dem Deutschen Rundfunkarchiv29》,1/2 期(2003 年 1 月/4 月),42。《上海广播的现状和未来前景"(编辑通讯)》(The Shanghai Broadcasting Situation and Future Prospects),《密勒氏评论报》,1939 年 6 月 24 日,99。"美国学校"请愿书来自雷娜·克拉斯诺(Rena Krasno),《永远的陌生人:战时上海的一个犹太家庭》(*Stranger Always: A Jewish Family in Wartime Shanghai*)(Berkeley, CA: Pacific View Press,1992),139-40。

60.《布朗致克劳森》,1940 年 6 月 23 日,信箱 31,档案 17,《维尔瓦·布朗文件》。威廉·约翰逊(William Johnson)从未提及他所收听的电台或个人的名字,但可以肯定的是,他在一封信中提到,他在中国中部内陆的哨所收听的是从上海传出的美国新闻,当时他正在听奥尔科特(Alcott)和 XMHA(XMHA)的充满力量的信号;见《约翰逊(W. Johnson)信件》(收件人姓名难以辨认),1938 年 11 月 27 日,档案 61,信箱 4,《威廉·约翰逊文件》。另见埃勒罗伊·史密斯 1940 年 1 月 12 日和 1941 年 5 月 1 日的日记,档案 1,信箱 197,《埃勒罗伊和梅贝尔·史密斯的文件》。詹姆斯·哈尔塞马日记发布在堪萨斯大学东亚研究中心的网站上;见 http://www. ceas.ku.edu/publications/epp/Halsema%20Diary/jasc3.html.(最后访问日期:2010 年 9 月 26 日)。克拉斯诺(Krasno),《永远的陌生人》,139-40。

61.《布瑞克(Butrick)致赫尔》,1940 年 4 月 17 日;《布瑞克(Butrick)致日本驻华总领事三浦义明(Yoshiaki Miura)》,1940 年 4 月 9 日 893.76/116;《布瑞克(Butrick)致赫尔》,《1940 年 4 月的政治报告》,1940 年 5 月 9 日,893.00 P.R.Shanghai/139;《洛克哈特(Lockhart)致美国驻华大使纳尔逊·约翰逊(Nelson Johnson)》,《1940 年 12 月政治报告》,1941 年 1 月 14 日,893.00 PR Shanghai/147;《汉密尔顿致麦克德莫特》,1941 年 10 月 17 日,FW 893.76/141; 所有文件 DSNA 1940-44。

62. 本森,《一切照如常》,293,297。

63. 希利(E.L. Healy)的话来自《每天从 XMHA 广播法语新闻》(French News Broadcast Daily from XMHA),《洛根(D.S.I. Logan)的警察报告》,1940 年 12 月 9 日,档案 6813/14/X(17),《SMP 记录》。对于奥尔科特的"不是特别想和解"见他与警方的访谈中,见《约克(Yorke)致伯恩》,1940 年 10 月 17 日。在他自己关于这一主题的报告中,警察局长在阅读了约克的信后,使用了相同的短语来描述奥尔科特。两位侦探提到的答复也包含在同一微缩胶卷上的同一份文件中。见《卡罗尔·奥尔科特致助理警务专员约克(R.W. Yorke)》,1940 年 10 月 10 日。有关奥尔科特的所有上述信函和采取的其他行动,请参见档案 6813/14/X(17),RG 263,《SMP 记录》。伯恩专员随后也向上海市议会通报了奥尔科特的"不太和解的态度";见《伯恩致 SMC 秘书长兼专员戈弗雷·菲利普斯(G.Godfrey Phillips)》,1941 年 10 月 18 日, 3,档案 U001-04-0002820(对广播的投诉),《SMP 记录》。治外法权并没有为美国侨民提供宪法的充分保护(如保障正当程序或陪审团审判),但它确实规定了最高法院在 1891 年的一项裁决中不准确地宣称的"基本权利"。见史高丽(Scully),《从远处与国家讨价还价》(*Bargaining with the State from Afar*),esp. 87-8。

64. 克拉斯诺(Krasno),《永远的陌生人》(Stranger Always),141-2。

65.《詹姆斯·哈尔塞马(James Halsema)日记》。

66.《日本的头号敌人》(Jap's Enemy No. 1),《时代周刊》(*Time*),1942 年 9 月 7 日,访问 http://www. time. com/time/magazine/article/0, 9171, 773509,00.html.(最后一次访问在 2010 年 9 月 26 日);鲍威尔讲述了他的经历,载于鲍威尔(Powell),《我在中国的二十五年》(*My Twenty-Five Years in China*),370-404。关于鲍威尔参与倾听委员会,见《A.V.史密斯致高斯》,1939 年 10 月 4 日。关于中国对他的抗日报纸的资助,见华百纳,《上海的密战》(*Secret War in Shanghai*),63。鲍威尔讲述了他的经历。

67. 奥尔科特(Alcott),《我与日本的战争》(*My War With Japan*), 342-4;《上海新闻播音员》(Newscaster of Shanghai),《时代周刊》(*Time*),1940 年 7 月 29 日;《广播与亚洲》(Radio and Asia),《时代周刊》(*Time*),1941 年 12 月 29 日;《谁是骗子?》(Who's a Phony),《时代周刊》(*Time*),1943 年 5 月 31 日,访问 http://www.time.com/time/magazine/ article/0,9171,851715,00.html.(最后一次访问是 2010 年 9 月 26 日);《评论员卡罗尔·奥尔科特去世,享年 64 岁》,《洛杉矶时报》(*Los Angeles Times*),1965 年 5 月 16 日,b 段,15。

68.《A.V.史密斯致 BFDC 电气部门》, 1937 年 8 月 2 日,档案 544,"Radio-China-General, 1937-38" ,信箱 2478, BFDC 一般记录 1914-58。

69.《日本广播协会:北美、中国和南海的海外广播》(*Nippon Hoso Kyokai:Overseas Broadcast For North American, China, And The South Seas*)。

总 结

1. 罗森博格(Rosenberg),《传播美国梦》(*Spreading the American Dream*),esp. 7;亨特(Hunt),《意识形态与美国外交政策》(*Ideology and U.S. Foreign Policy*),15。

2.《美国驻上海贸易专员 A.维奥拉·史密斯致 BFDC 的电气部门》,1935 年 9 月 20 日,档案 544,"Radio-China-1929-1936", 信箱 2478, BFDC 一般记录,1914-58;关于二战前的媒体理论,见霍顿(Horten),《电台开战》(*Radio Goes to War*),63。

3.《美国驻重庆大使馆致国务卿科德尔·赫尔》,1942 年 1 月 27 日,893.76/127,DSNA 1940-44。

4. 尼古拉斯·尼葛洛庞帝(Nicholas Negroponte),《数字化生存》(*Being Digital*)(New York:Vintage Books,1995), 230,引自大卫·奈(David Nye),《技术课题:生活中的问题》(*Technology Matters: Questions to Live With*)(Cam-

bridge, MA: 2006),19;史蒂夫·凯斯(Steve Case)(时任美国在线首席执行官),《互联网的普及将扩大我们的控制范围,改善我们的生活》(Internet's Reach Will Extend Our Grasp, Improve our Lives),见《今日美国》(*USA Today*),1999 年 6 月 22 日,e 版,4;比尔·克林顿(Bill Clinton)引自詹姆斯·C.卢(James C. Luh),《互联网不能解放中国》(The Internet Can't Free China),《纽约时报》(*New York Times*),2000 年 7 月 25 日,a 版,25。

5. 关于中国互联网用户数量,见卡勒姆·麦克劳德(Calum MacLeod),《中国网民数量超过美国》(China Vaults Past USA in Internet Users),《今日美国》(*USA Today*),2008 年 4 月 21 日,a 版,1;《中国有 2.1 亿互联网用户》(210 million Internet users in China),载于《人民网》(People's Daily Online),1928 年 1 月 21 日,http://english. peopledaily. com. cn/90001/90781/90877/6341926.html.(最后一次访问是 2010 年 12 月 20 日)。有关中国对美国网站的破坏,请参见伊丽莎白·贝克尔(Elizabeth Becker),《FBI 警告说,中国可能会破坏美国网站》(F. B. I. Warns that Chinese May Disrupt U. S. Web Sites),《纽约时报》(*New York Times*),2001 年 4 月 28 日。1990 年波斯湾战争期间,日本人对 CNN 的不满在珀迪(Purdy)《信息帝国主义》(Information Imperialism)一文中得到了阐述,321-5。

6. 奈(Nye),《技术课题》(*Technology Matters*),38。

参考文献

档案来源

Grace Morrison Boynton Papers. Arthur and Elizabeth Schlesinger Library, Harvard University, Cambridge Massachusetts.

Broadcast Pioneers Library of American Broadcasting. University of Maryland at College Park.

Velva V. Brown Papers. Record Group 8, China Records Project, Yale Divinity School Library, New Haven, Connecticut.

Arthur Carson Papers. Record Group 8, China Records Project, Yale Divinity School Library, New Haven, Connecticut.

China Christian Broadcasting Association Records, Historical Records 108, Special Collections, Yale Divinity School Library, New Haven, Connecticut. George H. Clark Radioana Collection. Archives Center at the National Museum of American History, Smithsonian Institution, Washington, D.C.

General Electric Papers. Schenectady, New York.

Herbert Hoover Department of Commerce Papers. Herbert Hoover Presidential Library, West Branch, Iowa.

William R. Johnson Papers. Record Group 8, China Records Project. Yale Divinity

School Library, New Haven, Connecticut.

Millican Family Papers. Presbyterian Historical Society, Philadelphia, Pennsylvania.

Julia Morgan Papers. Record Group 8, China Records Project. Yale Divinity School Library, New Haven, Connecticut.

National Broadcasting Company Central Files. Wisconsin State Historical Society, Madison, Wisconsin.

National Christian Council Broadcast Bulletins from Station XMHA. New York Public Library, Manhattan, New York.

Radio Corporation of America, Corporate Publications. New York Public Library, Manhattan, New York.

Radio Corporation of America Corporate Archives (part of the Records of MCI International, Inc.). Hagley Library, Wilmington, Delaware.

Rawlinson Family Papers. Record Group 8, China Records Project. Yale Divinity School Library, New Haven, Connecticut.

Margaret Mary Rue and Elizabeth Rue Hembold Papers. Record Group 8, China Records Project, Yale Divinity School Library, New Haven, Connecticut.

Maud Russell Papers. New York Public Library, Manhattan, New York.

David Sarnoff Papers. David Sarnoff Library, Princeton, New Jersey.

Shanghai Christian Broadcasting Association Records, Historical Records 154, Special Collections, Yale University Divinity School Library, New Haven, Connecticut

Shanghai Municipal Council Papers. Shanghai Municipal Archives, Shanghai, China.

Shanghai Municipal Police Records. Record Group 263, United States National Archives. College Park, Maryland.

Elleroy and Maybelle Smith Papers. Record Group 8, China Records Project, Yale Divinity School Library, New Haven, Connecticut.

Margaret Cook Thomson Papers. Arthur and Elizabeth Schlesinger Library, Harvard University, Cambridge, Massachusetts.

United States Department of State, Central Decimal Files (1910-29, 1930-39, 1940-44). Record Group 59, United States National Archives, College Park, Maryland.

United States Chief of Naval Operations Records. Record Group 38, United States National Archives, College Park, Maryland.

United States Bureau of Foreign and Domestic Commerce Records. Record Group 151, United States National Archives, College Park, Maryland.

United States Federal Communications Commission Records. Record Group 173, United States National Archives, College Park, Maryland.

Owen D. Young Papers. Special Collections and Archives, St. Lawrence University, Canton, New York.

已发行一手资源和回忆录

Abend, Hallett. *Chaos in Asia.* New York: Ives Washburn, Inc., 1939.

——. *My Life in China*, 1926 - 1941. New York: Hardcourt, Brace and Company, 1943.

Alcott, Carroll Duard. *My War with Japan.* New York: H. Holt and Co., 1943.

Bertram, James. *Unconquered: Journal ofa Year's Adventures among the Fighting Peasants of North China.* New York: John Day Company, 1939.

Bisson, T.A. *Japan in China.* New York: The Macmillan Company, 1939.

Booker, Edna. *News is My Job: A Correspondent in War-Torn China.* New York: MacMillan Company, 1940.

Chao, Thomas Ming-heng, et al. *The Foreign Press in China.* Shanghai: Institute of Pacific Relations, 1931.

Chen, Jieru. *Chiang Kai-Shek's Secret Past: The Memoir of His Second Wife, Ch'en Chieh-ju.* Boulder, CO: Westview Press, 1993.

Chu Chia-hua. *China's Postal and Other Communications Services.* London: Kegan Paul, Trench, Trubner & Co., Ltd., 1937.

Clark, Keith. *International Communications: The American Attitude.* New York:

Columbia University Press, 1931.

Corbett, Charles Hodge. *Shantung Christian University* (*Cheeloo*). New York: United Board for Christian Colleges in China, 1955.

"Decision in the Arbitration Case between Radio Corporation of America Versus the National Government of the Republic of China." *American Journal of International Law*30.3(1936):535-51.

Gould, Randall. *China in the Sun*. New York: Doubleday & Co:, 1946.

Hoover, Herbert. *The Memoirs of Herbert Hoover*, 1874-1920: *Years of Adventure*. New York: The Macmillan Company, 1951.

Hsü, Shuhsi. *Japan and the Third Powers*. Shanghai: Kelly & Walsh, 1941.

Hutchison, James Lafayette. *China Hand*. New York: Grosset and Dunlap, 1936.

Krasno, Rena. *Strangers Always: A Jewish Family in Wartime Shanghai*. Berkeley, CA: Pacific View Press, 1992.

Kuhn, Irene. *Assigned to Adventure*. Philadelphia: J.B.Lippincott Company, 1938.

Löwenthal, Rudolf. "Public Communications in China, before July 1937." *The Chinese Social and Political Science Review* 22.1 (1938): 42-58.

MacMurray, John V. and Arthur Waldron. *How the Peace Was Lost: The* 1935 *Memorandum: Developments Affecting American Policy in the Far East*. Stanford, CA: Hoover Institution Press, 1992.

The Madras Series: Presenting Papers Based upon the Meeting of the International Missionary Council at Tambaram, Madras, India, December 12th to 29th. Vol.III (Evangelism). New York: International Missionary Council, 1939.

Miller, G.E. *Shanghai: The Paradise of Adventurers*. New York: Orsay Publishing House, Inc., 1937.

Perleberg, Max. *Who's Who in Modern China (from the Beginning of the Chinese Republic to the End of* 1953). Hong Kong: Ye Olde Printerie, Ltd., 1954.

Powell, John Benjamin and Hollington Kong Tong. *Who's Who in China, Containing the Pictures and Biographies of Some of China's Political, Financial, Business, and Professional Leaders*. 2nd ed. Shanghai: Millard's Review, 1920.

Powell, John Benjamin. *My Twenty - Five Years in China.* New York: The Macmillan Company, 1945.

Rees, Ronald.*Christians in Action: A Record of Work in War-Time China.* New York: Longmans,Green and Co., 1939.

Reinsch, Paul S.*An American Diplomat in China. Garden City*, NY: Doubleday, Page, and Company, 1922; repr., Tapei: Ch'eng - wen Publishing Company, 1967).

——."International Unions and their Administration." *The American Journal of International Law* 1.3 (1907): 579-623.

Richards, W.J."*Radio in China.*" *The China Year Book.* Ed.H.G.W.Woodhead. Shanghai: North China Daily News & Herald, 1936; repr., Nendeln:Kraus Reprint,1969.

Schurman, Jacob Gould. "Philippine Fundamentals." *Gunton's Magazine* XXII (January-June 1902):303-15.

Snow,Helen Foster.*My China Years:A Memoir by Helen Foster Snow.*New York: William Morrow and Company,Inc.,1984.

Tong,Hollington Kong.*China and the World Press.* Publisher unknown, 1948.

Tribolet,Leslie Bennett.*The International Aspects of Electrical Communications in the Pacific Area.* Baltimore:Johns Hopkins University Press, 1929.

United States Congress.Senate.Committee on Interstate Commerce.*Commission on Communications*, 71st Congress, 2nd Session, December 10, 1929.

United States, Department of State. *The Federal Telegraph Company's Contract with the Chinese Government: Correspondence and Documents.* Washington, DC: Govt. Printing Office,1925.

——.*Foreign Relations of the United States* 1928. Vol. 2. Washington, DC: Government Printing Office, 1943.

——.*Foreign Relations of the United States* 1929. Vol. 2.Washington,DC: Government Printing Office, 1943.

——.*Foreign Relations of the United States*:1932.Vol. 3 (the Far East).Washington, DC: Government Printing Office,1948.

——.*Foreign Relations of the United States*: 1939. Vol. 4 (the Far East, the Near East and Africa). Washington, DC: Government Printing Office, 1955.

Williamson, F. H. "The International Postal Service and the Universal Postal Union." *Journal of the Royal Institute of International Affairs* 9.1(1930): 68-78.

Yen Jen-kuang. "Telecommunications." *The Chinese Year Book* 1st issue (1935):673-98.

Young, James R.*Behind the Rising Sun*.New York: Doubleday, Doran and Co., Inc.,1941.

Wen Yu-ching. "Electrical Communications." *Chinese Year Book*, 2nd issue (1936-37):1082-25.

——."Electrical Communications." *Chinese Year Book*, 3rd issue (1936-37): 965-91.

Who's Who in China; *Biographies of Chinese Leaders*. 5th ed. Shanghai: The China Weekly Review,1936.

报纸、杂志

Cheng Yien Pao[*Zheng Yan Bao*]

China Press

China Journal

China Times

China Weekly Review

Chinese-American Daily News

Chinese Recorder

Christian Broadcast Bulletin

Harbin Daily NewS

Los Angeles Times

Manufacturers News

The Monogram (*General Electric*)

New York Times

North China Daily News

People's Daily Online

Putnam County Courier

Radio Broadcast

Radio Decade (*RCA*)

RCA Family Circle

Science

Shanghai Calling

Shanghai Star

Shanghai Times

Shun Pao (*Shen Bao*)

Sunday Telegraph (*London*)

Time

United Press International (*online*)

USA Today

Wireless Age

二手资源

Abbate, Janet. *Inventing the Internet*. Cambridge, MA: MIT Press, 1999.

Adas, Michael. *Dominance by Design: Technological Imperatives and America's Civilizing Mission*. Cambridge, MA: Belknap Press of Harvard University Press, 2006.

——. *Machines as the Measure of Men: Science, Technology, and Ideologies of Western Dominance*. Ithaca, NY.: Cornell University Press, 1989.

Aitken, Hugh. *The Continuous Wave: Technology and American Radio, 1900–1932*. Princeton, NJ: Princeton University Press, 1985.

Anderson, Benedict. *Imagined Communities: Reflections on the Origin and Spread of Nationalism*. Rev. and extended ed. New York: Verso, 1991.

——.*The Spectre of Comparisons: Nationalism, Southeast Asia, and the World*. New York: Verso, 1998.

Anderson, David. *Imperialism and Idealism: American Diplomats in China, 1861–1898*. Bloomington: Indiana University Press, 1985.

Archer, Gleason. *Big Business and Radio*. New York: The American Historical Company, Inc., 1939.

Avery, Robert K. and David Eason, eds. *Critical Perspectives on Media and Society*. New York: The Guilford Press, 1991.

Baark, Erik. *Lightning Wires: The Telegraph and China's Technological Modernization, 1860–1890*. Westport, CT: Greenwood, 1997.

Barnhart, Michael A. *Japan and the World since 1868*. New York: Edward Arnold, 1995.

——.*Japan Prepares for Total War: The Search for Economic Security, 1919–1941*. Ithaca, NY: Cornell University Press, 1987.

Baumann, Gerd. *The Multicultural Riddle: Rethinking National, Ethnic, and Religious Identities*. New York: Routledge, 1999.

Bays, Daniel H. *Christianity in China: From the Eighteenth Century to the Present*. Stanford, CA: Stanford University Press, 1996.

——. "The Growth of Independent Christianity in China, 1900–1937." *Christianity in China: From the Eighteenth Century to the Present*. Ed. Daniel H. Bays. Stanford, CA: Stanford University Press, 1996.

Bedeski, Robert E. "China's Wartime State." *China's Bitter Victory: The War with Japan, 1937–1945*. Ed. Steven I. Levine and James C. Hsiung. Armonk, NY: M.E. Sharpe, 1992. pp.33–50.

Benson, Carlton. "Back to Business as Usual: The Resurgence of Commercial Radio in Gudao Shanghai." *In the Shadow of the Rising Sun: Shanghai Under Japanese Occupation*. Ed. Christian Henriot and Wen-hsin Yeh. New York: Cambridge University Press, 2004.

——."Consumers are also Soldiers: Subversive Songs from Nanjing Road during the New Life Movement." *Inventing Nanjing Road*: *Commercial Culture in Shanghai*, 1900 – 1945. Ed. Sherman Cochran. Ithaca, NY: Cornell University Press, 1999.

——. "From Teahouse to Radio: Storytelling and the Commercialization of Culture in 1930s Shanghai." Ph.D. Diss., University of California at Berkeley, 1996.

Berg, Jerome S. *On the Short Waves*, 1923–1945: *Broadcast Listening in the Pioneer Days of Radio*. Jefferson, NC: McFarland & Co., 1999.

Berger, Gordon Mark. *Parties Out of Power in Japan*, 1931–1941. Princeton, NJ: Princeton University Press, 1977.

Bickers, Robert A. and Christian Henriot, eds. *New Frontiers*: *Imperialism's New Communities in East Asia*, 1842 – 1953. New York: Manchester University Press, 2000.

Bix, Herbert P. *Hirohito and the Making of Modern Japan*. New York: Harper Collins Publishers, 2000.

Bliss, Edward. *Now the News*: *The Story of Broadcast Journalism*. New York: Columbia University Press, 1991.

Blondheim, Menaheim. *New Over the Wires*: *The Telegraph and the Flow of Public Information in America*, 1844 – 1897. Cambridge, MA: Harvard University Press, 1994.

Brands, H.W. *Bound to Empire*: *The United States and the Philippines*. New York: Oxford University Press, 1992.

Brown, Elspeth H. *The Corporate Eye*: *Photography and the Rationalization of American Commercial Culture*, 1884 – 1929. Baltimore: Johns Hopkins University Press, 2005.

Burke, Peter J., ed. *Advances in Identity and Research*. New York: Kluwer Academic/ Plenum Publishers, 2003.

——. "Relationships among Multiple Identities." *Advances in Identity and Research*. Ed. Peter J. Burke, et al. New York: Kluwer Academic/Plenum Publishers, 2003. 195–216.

Burns, Richard D. and Edward M. Bennett, eds.*Diplomats in Crisis*: *United States – Chinese – Japanese Relations*, 1919 – 1941. Santa Barbara, CA: ABC – Clio, 1974.

Carwardine, Richard. "The Know – Nothing Party, the Protestant Evangelical Community, and American National Identity." *Religion and National Identity*: *Papers Read at the Nineteenth Summer Meeting and the Twentieth Winter Meeting of the Ecclesiastical History Society*. Ed. Stuart Mews. Oxford: Basil Blackwell, 1982.449–464.

Castle, Alfred L.*Diplomatic Realism*: *William R. Castle*, *Jr.*, *and American Foreign Policy*, 1919 – 1953. Honolulu: Samuel N. and Mary Castle Foundation, 1998.

Ch'i, Hsi–sheng.*Warlord Politics in China*, 1916–1928. Stanford: Stanford University Press, 1976.

Chin, Carol C."*Beneficent Imperialists*: *American Women Missionaries in China at the Turn of the Twentieth Century.*" Diplomatic History 27. 3 (2003): 327–52.

Chor, So Wai. "The Making of the Guomindang's Japan Policy, 1932–1937." *Modern China* 28.2 (2002): 213–52.

Clifford, Nicholas R.*Spoilt Children of the Empire*: *Westerners in Shanghai and the Chinese Revolution of the* 1920*s.* Hanover, NH: Middlebury College Press, 1991.

Coble, Parkes M.*Chinese Capitalists in Japan's New Order the Occupied Lower Yangzi*, 1937–1945. Berkeley: University of California Press, 2003.

——.*Facing Japan*: *Chinese Politics and Japanese Imperialism*, 1931 – 1937. Cambridge, MA: Harvard University Press, 1991.

Cochran, Sherman.*Inventing Nanjing Road*: *Commercial Culture in Shanghai*, 1900–1945. Ithaca, NY: Cornell University Press, 1999.

Cohen, Lizabeth.*Making a New Deal*: *Industrial Workers in Chicago*, 1919 – 1939. New York: Cambridge University Press, 1990.

Cohen, Warren I."American Leaders in East Asia, 1931–1938."*American*, *Chi-*

nese, and Japanese Perspectives on Wartime Asia, 1931 – 1949. Ed. Akira Iriye and Warren Cohen. Wilmington, DE: Scholarly Resources, 1990.

——.*America's Response to China: A History of Sino American Relations*. 3rd ed. New York:Columbia University Press, 1990.

——. *The Asian American Century*. Cambridge, MA: Harvard University Press, 2002.

——.*The Chinese Connection and American-East Asian Relations*. New York: Columbia University Press,1978.

——.*East Asia at the Center:Four Thousand Years of Engagement with the World*. New York:Columbia University Press, 2000.

Cohen, Warren I, ed. *Pacific Passage: The Study of American – East Asian Relations on the Eve of the Twenty-First Century*. New York: Columbia University Press, 1996.

Coleman, Simon and Peter Collins. "Introduction:Ambiguous Attachments-Religion, Identity, and Nation." *Religion, Identity and Change: Perspectives on Global Transformations*. Ed.Simon Coleman and Peter Collins. Burlington, VT: Ashgate,2004.1-25.

——.*Religion, Identity, and Change: Perspectives on Global Transformations*. Burlington, VT:Ashgate, 2004.

Craft, Stephen G.*V.K. Wellington Koo and the Emergence of Modern China*. Lexington: University Press of Kentucky, 2003.

Craig, Douglas B. *Fireside Politics: Radio and Political Culture in the United States*, 1920-1940. Baltimore: Johns Hopkins University Press,2000.

Crawford, Craig. *Attack the Messenger: How Politicians Turn You Against the Media*. Lanham,MD: Rowman & Littlefield Publishers, Inc., 2006.

Culbert, David Holbrook. *News for Everyman: Radio and Foreign Affairs in Thirties America*.Westport,CT:Greenwood Press, 1976.

Dayer, Roberta Allbert.*Bankers and Diplomats in China*, 1917-1925:*The Anglo-American Relationship*. Totowa, NJ: Frank Cass and Company,Ltd.,1981.

Dicken-Garcia, Hazel.*Journalistic Standards in Nineteenth Century America*.Madison, WI: University of Wisconsin Press, 1989.

Dong, Stella. *Shanghai 1842–1949: The Rise and Fall of a Decadent City*. New York: William Morrow, 2000.

Douglas, Susan J. *Listening in: Radio and the American Imagination from Amos 'n' Andy and Edward R. Murrow to Wolfman Jack and Howard Stern*. New York: Times Books, 1999.

——. *Inventing American Broadcasting*, 1899–1922. Baltimore: Johns Hopkins University Press, 1987.

Dower, John W. *Embracing Defeat: Japan in the Wake of World War II*. New York: W.W.Norton, 1999.

——. *War without Mercy: Race and Power in the Pacific War*. New York: Pantheon Books, 1986.

Dudden, Arthur P. *The American Pacific: From the Old China Trade to the Present*. New York: Oxford University Press, 1992.

Dunch, Ryan. *Fuzhou Protestants and the Making of a Modern China*, 1857–1927. New Haven, CT: Yale University Press, 2001.

Eastman, Lloyd E., Jerome Ch'en, Suzanne Pepper, and Lyman Van Slyke, eds. *The Nationalist Era in China*, 1927–1949. New York: Cambridge University Press, 1991.

Eastman, Lloyd E. *The Abortive Revolution: China Under Nationalist Rule*, 1927–1937. Cambridge, MA: Harvard University Press, 1974.

"Nationalist China during the Nanking Decade." *The Nationalist Erain China*, 1927–1949. Ed. Lloyd E. Eastman, Jerome Ch'en, Suzanne Pepper, and Lyman Van Slyke. New York: Cambridge University Press, 1991. 1–52.

Epstein, Alexandra. "International Feminism and Empire-Building between the Wars: The Case of Viola Smith." *Women's History Review* 17, no. 5 (2008): 699–719.

"Linking a State to the World: Female Internationalists, California, and the Pacific, 1919 – 1939." Ph. D. diss., University of California at Santa Barbara, 2003.

Fairbank, John King. *The Missionary Enterprise in China and America*. Cambridge, MA: Harvard University Press, 1974.

Fejes, Fred. *Imperialism, Media, and the Good Neighbor: New Deal Foreign Policy and United States Shortwave Broadcasting to Latin America*. Norwood, NJ: Ablex Publishing Corporation, 1986.

Fitzgerald, John. *Awakening China: Politics, Culture, and Class in the Nationalist Revolution.* Stanford, CA: Stanford University Press, 1996.

Fogel, Joshua A. *The Nanjing Massacre in History and Historiography*. Berkeley: University of California Press, 2000.

French, Paul. *Through the Looking Glass: China's Foreign Journalists from Opium Wars to Mao*. Hong Kong: Hong Kong University Press, 2009.

Freyeisen, Astrid. "XGRS–Shanghai Calling: Deutsche Rundfunkpropaganda in Ostasien Während Des Zweiten Weltkriegs." in*Rundfunk und Geschichte: Mitteilungen des Studienkreises Rundfunk und Geschichte Informationen aus dem Deutschen Rundfunkarchiv* 29.1/2 (2003): 38–46.

Friedman, Thomas L. *The World is Flat: A Brief History of the Twenty–First Century*, rev. ed. New York: Farrar, Straus and Giroux, 2007.

Garner, Karen. "The 'Chinese Connection' to American Radicalism." *Journal of American–East Asian Relations* 3.2 (1994): 127–53.

——. Precious Fire: Maud Russell and the Chinese Revolution. Amherst: University of Massachusetts Press, 2003.

Garrett, Shirley S. *Social Reformers in Urban China: The Chinese Y. M. C. A.*, 1895–1926. Cambridge, MA: Harvard University Press, 1970.

Garver, John W. "China's Wartime Diplomacy." *China's Bitter Victory: The War with Japan*, 1937–1945. Ed. James C. Hsiung and Steven I. Levine. Armonk, NY: M.E.Sharpe, 1992.3–32.

Gernet, Jacques. *China and the Christian Impact: A Conflict of Cultures*. New York: Cambridge University Press, 1985.

Glasser, Theodore L. and James S. Ettema. "Investigative Journalism and the Moral Order." *Critical Perspectives on Media and Society*. Ed. Robert K. Avery and David Eason.New York:The Guilford Press, 1991. 203-25.

Gordon, Andrew.*Labor and Imperial Democracy in Prewar Japan*. Berkeley: University of California Press, 1991.

Gruhl, Werner. "The Great Asian-Pacific Crescent of Pain: Japan's War from Manchuria to Hiroshima, 1931-1945." *Japanese WarCrimes: The Search for Justice*. Ed. Peter Li. New Brunswick, NJ: Transaction Publishers, 2003. 243-58.

Green, Nancy. "Expatriation, Expatriates, and Expats: The American Transformation of a Concept," *American Historical Review* 114. 2 (April 2009): 307-28.

Hangen, Tona J.*Redeeming the Dial: Radio, Religion, and Popular Culture in America*. Chapel Hill: University of North Carolina Press, 2002.

Harris, Paul W. "Cultural Imperialism and American Protestant Missionaries: Collaboration and Dependency in Mid-Nineteenth-Century China." *Pacific Historical Review* 60.3 (1991): 309-38.

Hayashi, Brian Masamuru.*'For the Sake of Our Japanese Brethren': Assimilation, Nationalism, and Protestantism among the Japanese of Los Angeles*, 1895-1942. Stanford, CA: Stanford University Press, 1995.

Hayes, Joy Elizabeth.*Radio Nation: Communication, Popular Culture, and Nationalism in Mexico*, 1920 - 1950. Tucson: University of Arizona Press, 2000.

Hayford, Charles W. "The Open Door Raj: Chinese-American Cultural Relations 1900-1945." *Pacific Passage: The Study of American-East Asian Relations on the Eve of the Twenty-First Century*. Ed. Warren I. Cohen. New York: Columbia University Press, 1996.

Headrick, Daniel R.*The Invisible Weapon: Telecommunications and International Politics*, 1851-1945. New York: Oxford University Press, 1991.

——. "Shortwave Radio and its Impact on International Telecommunications between the Wars." *History and Technology* 11.1 (1994): 21-32.

——.*The Tentacles of Progress: Technology Transfer in the Age of Imperialism*,

1850–1940. New York: Oxford University Press, 1988.

——. *When Information Came of Age: Technologies of Knowledge in the Age of Reason and Revolution*, 1700 – 1850. New York: Oxford University Press, 2000.

Heinrichs, Waldo. "Franklin D. Roosevelt and the Risks of War, 1939–1941." *American, Chinese, and Japanese Perspectives on Wartime Asia*, 1931–1949. Ed. Akira Iriye and Warren I. Cohen. Wilmington, DE: Scholarly Resources, 1990

Henriot, Christian and Wen–hsin Yeh. *In the Shadow of the Rising Sun: Shanghai Under Japanese Occupation.* New York: Cambridge University Press, 2004. Hills, Jill. The Struggle for Control of Global Communication: The Formative Century.

Urbana: University of Illinois Press, 2002.

Hilmes, Michelle. *Radio Voices: American Broadcasting*, 1922 – 1952. Minneapolis: University of Minnesota Press, 1997.

Hogan, Michael J. *Informal Entente: The Private Structure of Cooperation in Anglo–American Economic Diplomacy*, 1918–1928. Columbia: University of Missouri Press, 1977.

Horten, Gerd. *Radio Goes to War: The Cultural Politics of Propaganda during World War II*. Berkeley: University of California Press, 2002.

Howe, Christopher. *The Origins of Japanese Trade Supremacy: Development and Technology in Asia from* 1540 *to the Pacific War*. Chicago: University of Chicago Press, 1996.

Hsiung, James C. and Steven I. Levine. *China's Bitter Victory: The War with Japan*, 1937–1945. Armonk, NY: M.E. Sharpe, 1992.

Hsu, Long–hsuen and Mingkai Chang. *History of the Sino–Japanese War* (1937–1945). Taipei: Chung Wu Publishing Company, 1972.

Hughes, Thomas P. *American Genesis: A Century of Invention and Technological Enthusiasm*. New York: Viking Press, 1989.

Hugill, Peter J. *Global Communications since* 1844: *Geopolitics and Technology*.

Baltimore: Johns Hopkins University Press, 1999.

Hunt, Michael H. *Ideology and US Foreign Policy*. New Haven, CN: Yale University Press, 1987.

——. *The Making of a Special Relationship: The United States and China to* 1914. New York: Columbia University Press, 1983.

Hunter, Jane. *The Gospel of Gentility: American Women Missionaries in Turn-of-the-Century China*. New Haven, CN: Yale University Press, 1984.

Huskey, James. "The Cosmopolitan Connection: Americans and Chinese in Shanghai during the Interwar Years." *Diplomatic History* 11.3 (1987): 227-42.

Hutchison, William R. *Errand to the World: American Protestant Thought and Foreign Missions*. Chicago: University of Chicago Press, 1987.

Ienaga, Saburo. *The Pacific War: World War II and the Japanese*, 1931-1945. New York: Pantheon Books, 1978.

Iriye, Akira. *Across the Pacific: An Inner History of American - East Asian Relations*, rev.ed. Chicago: Imprint Publications, 1992.

——. *After Imperialism: The Search for a New Order in the Far East*, 1921-1931, rev. ed. Chicago: Imprint Publications, 1990.

——. *Power and Culture: The Japanese American War*, 1941-1945. Cambridge, MA: Harvard University Press, 1981.

Iriye, Akira and Warren I. Cohen, eds. *American, Chinese, and Japanese Perspectives on Wartime Asia*, 1931 - 1949. Wilmington, DE: Scholarly Resources, 1990.

Israel, Jerry. *Progressivism and the Open Door: America and China*, 1905-1921. Pittsburgh: Pittsburgh University Press, 1971.

Jacobson, Matthew Frye. *Barbarian Virtues: The United States Encounters Foreign Peoples at Home and Abroad*, 1876-1917. New York: Hill and Wang, 2000.

——. *Special Sorrows: The Diasporic Imagination of Irish, Polish, and Jewish Immigrants in the United States*. Cambridge, MA: Harvard University Press, 1995.

Jesperson, T. Christopher. *American Images of China*, 1931–1945. Stanford, CA: Stanford University Press, 1996.

John, Richard R. *Spreading the News: The American Postal System from Franklin to Morse*. Cambridge, MA: Harvard University Press, 1995.

Johnson, Chalmers A. *Peasant Nationalism and Communist Power: The Emergence of Revolutionary China*, 1937 – 1945. Stanford, CA: Stanford University Press, 1962.

Johnson, David, Andrew Nathan, and Evelyn Rawski, eds. *Popular Culture in Late Imperial China*. Berkeley: University of California Press, 1985.

Jones, Andrew F. *Yellow Music: Media Culture and Colonial Modernity in the Chinese Jazz Age*. Durham, NC: Duke University Press, 2001.

Jordan, Donald A. *China's Trial by Fire: The Shanghai War of* 1932. Ann Arbor: University of Michigan Press, 2001.

——. *Chinese Boycotts versus Japanese Bombs: The Failure of China's "Revolutionary Diplomacy,"* 1931 – 32. Ann Arbor: University of Michigan Press, 1991.

——. *The Northern Expedition: China's National Revolution of* 1926–1928. Honolulu: University Press of Hawaii, 1976.

Kaplan, Richard L. *Politics and the American Press: The Rise of Objectivity*, 1865–1920. New York: Cambridge University Press, 2002.

Kasza, Gregory. *The State and Mass Media in Japan*, 1918–1945. Berkeley: University of California Press, 1988.

Katz, Elihu. "Deliver Us from Segmentation." *A Communications Cornucopia: Markle Foundation Essays on Information Policy*. Ed. Monroe Edwin Price, Roger.

G. Noll, and Lloyd Morrisett. Washington, DC: Brookings Institution Press, 1998.

Keller, Charles A. "The Christian Student Movement, YMCAs, and Transnationalism in Republican China." *Journal of American–East Asian Relations* 13 (2004–2006): 55–80.

Kern, Stephen. *The Culture of Time and Space*, 1880–1918. Cambridge, MA: Harvard University Press, 1983.

Kessler, Lawrence D. *The Jiangyin Mission Station: An American Missionary Community in China*, 1895–1951. Chapel Hill: University of North Carolina Press, 1996.

Kirby, William C. "The Chinese War Economy." *China's Bitter Victory: The War with Japan*, 1937–1945. Ed. James C. Hsiung and Steven I. Levine. Armonk, NY: M.E. Sharpe, 1992.185–212.

——. "The Internationalization of China: Foreign Relations at Home and Abroad in the Republican Era." *Reappraising Republican China*. Ed. Frederic Wakeman, Jr. and Richard Louis Edmonds. New York: Oxford University Press, 2000.179–204.

Kirwin, Harry W. "The Federal Telegraph Company: A Testing of the Open Door." *The Pacific Historical Review* 22.3(1953):271–86.

Lacy, Walter N. *A Hundred Years of China Methodism*. Nashville, TN: Abingdon–Cokesbury Press, 1948.

LaFeber, Walter. *The Clash: U. S. –Japanese Relations Throughout History*. New York: W.W.Norton, 1997.

"Technology and U. S. Foreign Relations." *Diplomatic History* 24. 1 (2000): 1–19.

Lee, Leo Oufan and Andrew Nathan. "The Beginnings of Mass Culture: Journalism and Fiction in the Late Ch'ing and Beyond." *Popular Culture in Late Imperial China*. Ed. David Johnson, Andrew Nathan, and Evelyn Rawski. Berkeley: University of California Press, 1985.

Lenthall, Bruce. *Radio's America: The Great Depression and the Rise of Modern Mass Culture*. Chicago: University of Chicago Press, 2007.

Li, Peter, ed. *Japanese War Crimes: The Search for Justice*. New Brunswick, NJ: Transaction Publishers, 2003.

MacKinnon, Stephen R. "Toward a History of the Chinese Press in the Republican Period." *Modern China* 23.1 (1997): 3–32.

Marchand, Roland.*Advertising the American Dream: Making Way for Modernity*, 1920–1940. Berkeley: University of California Press, 1985.

Marshall, Jonathan.*To Have and Have Not: Southeast Asian Raw Materials and the Origins of the Pacific War.* Berkeley: University of California Press, 1995.

Marx, Leo and Merritt Roe Smith. "Introduction." *Does Technology Drive History: The Dilemma of Technological Determinism.* Cambridge, MA: MIT Press, 1994. ix–xv.

McCord, Edward. "Local Militia and State Power in Nationalist China." *Modern China* 25.2 (1999): 115–41.

McCormick, Thomas J.*China Market: America's Quest for Informal Empire*, 1893–1901.Chicago: Quadrangle Books, 1967.

McMillin, Divya C. *International Media Studies.* Malden, MA: Blackwell Pub., 2007.

McQuail, Denis, *Mass Communication Theory: An Introduction*, 3rd ed. London: Sage Publications, 1994.

Meo, Lucy D. *Japan's Radio War on Australia*, 1941–1945. Melbourne, Australia: Melbourne University Press, 1968.

Mews, Stuart, ed.*Religion and National Identity: Papers Read at the Nineteenth Summer Meeting and the Twentieth Winter Meeting of the Ecclesiastical History Society.*Oxford: Basil Blackwell, 1982.

Miller, Edward D.*Emergency Broadcastingand* 1930*s American Radio. Philadelphia: Temple University Press*, 2003.

Naficy, Hamid.*The Making of Exile Cultures: Iranian Television in Los Angeles.* Minneapolis: University of Minnesota Press, 1993.

Nathan, Andrew.*Chinese Democracy.* New York: Columbia University Press, 1985.

Negroponte, Nicholas. Being Digital. New York: Knopf, 1995.

Neils, Patricia.*United States Attitudes and Policies Toward China: The Impact of American Missionaries.* Armonk, NY: M.E.Sharpe, 1990.

Nickles, David Paull.*Under the Wire: How the Telegraph Changed Diplomacy.* Cambridge, MA: Harvard University Press, 2003.

Noble, David F. *The Religion of Technology*: *The Divinity of Man and the Spirit of Invention. New York*: *Alfred A. Knopf*, 1997.

Nord, David Paul. "Teleology and News: The Religious Roots of American Journalism, 1630-1730," *Journal ofAmerican History* 77.1 (1990): 9-38.

Nowell, Gregory P. *Mercantile States and the World Oil Cartel*, 1900 - 1939. Ithaca, NY: Cornell University Press, 1994.

Nye, David E. *America as Second Creation*: *Technology and Narratives of New Beginnings*. Cambridge, MA: MIT Press, 2003.

——. *American Technological Sublime*. Cambridge, MA: MIT Press, 1994.

——. *Electrifying America*: *Social Meanings of a New Technology*, 1880 - 1940. Cambridge, MA: MIT Press, 1990.

——. *Technology Matters*: *Questions to Live with*. Cambridge, MA: MIT Press, 2006.

Patnode, Randall. "'What these People Need is Radio': New Technology, the Press, and Otherness in 1920s America." *Technology and Culture* 44. 2 (2003): 285-305.

Peters, John Durham. *Speaking into the Air*: *A History of the Idea of Communication*. Chicago: University of Chicago Press, 1999.

Peterson, Jr., John H. "The International Origins of Alcoholics Anonymous." *Contemporary Drug Problems* 19.1 (1992): 53-74.

Price, Monroe Edwin, Roger G. Noll, and Lloyd Morrisett, eds. *A Communications Cornucopia*: *Markle Foundation Essays on Information Policy*. Washington, DC: Brookings Institution Press, 1998.

Price, Monroe Edwin. *Television*, *the Public Sphere*, *and National Identity*. New York: Clarendon Press; Oxford University Press, 1995.

Purdy, Roger W. "'Information Imperialism' and Japan." *Journal of American-East Asian Relations* 1.3 (1992): 295-325.

Rawlinson, John. "Frank Rawlinson, China Missionary, 1902 - 1937: Veteran Deputationist." *United States Attitudes and Policies Toward China*: *The Impact of American Missionaries*. Ed. Patricia NVeils. Armonk, NY: M.E. Sharpe,

1990. 111-32.

Reed, James.*The Missionary Mlind and American East Asia Policy*, 1911-1915. Cambridge, MA: Harvard University Press, 1983.

Robbins, Jane. "Presenting Japan: The Role of Overseas Broadcasting by Japan during the Manchurian Incident, 1931-7." *Japan Forum* 13.1(2001):41-54.

Rosen, Philip.*The Modern Stentors: Radio Broadcasting and the Federal Government*, 1920-1934. Westport, CT: Greenwood Press,1980.

Rosenbaum, Arthur Lewis. "Christianity, Academics, and National Salvation in China: Yenching University, 1924-1949." *Journal of American-East Asian Relations* 13 (2004-2006):25-54.

Rosenberg, Emily.*Spreading the American Dream: American Economic and Cultural Expansion*, 1890-1945. New York:Hill and Wang,1982.

Rossi,John P. "A 'Silent Partnership'?: The U.S. Government, RCA, and Radio Communications with East Asia, 1919 - 1928." *Radical History Review* 33 (1985): 32-52.

Rubin,Joan Shelley.*The Making of Middlebrow Culture*. Chapel Hill:University of North Carolina Press, 1992.

Sampson,Anthony.*The Sovereign State of ITT*. New York: Stein and Day, 1973.

Schaller,Michael.The U.S. Crusade in China, 1938-1945. New York: Columbia University Press,1979.

Schoppa, R. Keith.*Blood Road: The Mystery of Shen Dingyi in Revolutionary China*. Berkeley: University of California Press, 1995.

Schwoch,James.*The American Radio Industry and Its Latin American Activities*, 1900-1939. Urbana: University of Illinois Press, 1990.

——.*Global TV:New Media and the Cold War*, 1946-69. Urbana: University of Illinois Press,2009.

Scully, Eileen P.*Bargaining with the State from Afar: American Citizenship in Treaty Port China*, 1844 - 1942. New York: Columbia University Press, 2001.

——."Still Strangers at the Gate: Recent Scholarship on Pre-1900 Sino-American Relations." *Pacific Passage: The Study of American-East Asian Relations on the Eve of the Twenty-First Century*. Ed. Warren I. Cohen. New York: Columbia University Press, 1996.

Slack, Edward R. *Opium, State, and Society: China's Narco-Economy and the Guomindang*, 1924-1937. Honolulu: University of Hawai'i Press, 2001.

Smith, Merritt Roe and Leo Marx, eds. *Does Technology Drive History? The Dilemma of Technological Determinism*. Cambridge, MA: MIT Press, 1994.

Smith, Merritt Roe. "Technological Determinism in American Culture." *Does Technology Drive History? the Dilemma of Technological Determinism*. Ed. Merritt Roe Smith and Leo Marx. Cambridge, MA: MIT Press, 1994.

Smulyan, Susan. *Selling Radio: The Commercialization of American Broadcasting*, 1920-1934. Washington, DC: Smithsonian Institution Press, 1994.

Sobel, Robert. *ITT: The MIanagement of Opportunity*. New York: Times Books, 1983.

——.RCA. New York: Stein and Day, 1986.

Speier, Hans. "International Political Communication: Elite vs. Mass." *World Politics* 4.3(1952):305-17.

Spence, Jonathan D. *The Search for Modern China*. 2nd ed. New York: W.W.

——. *To Change China: Western Advisers in China*, 1620-1960. New York: Little, Brown, 1969.

Stanley, Peter W. *A Nation in the Making: The Philippines and the United States*, 1899-1921. Cambridge, MA: Harvard University Press, 1974.

Strand, David. *Rickshaw Beijing: City People and Politics in the 1920s*. Berkeley: University of California Press, 1989.

Stryker, Sheldon and Peter J. Burke. "The Past, Present, and Future of an Identity Theory." *Social Psychology Quarterly* 63.4 (2000):284-97.

Sulzbach, Jr, Jacob J. "Charles Crane, Woodrow Wilson, and Progressive Reform: 1909-1921." Ph.D. Diss., Texas A&M University, 1994.

Sun, Youli. *China and the Origins of the Pacific War*, 1931-1941. New York: St.

Martin's Press, 1993.

Swanson, Jeffrey.*Echoes of the Call: Identity and Ideology among American Missionaries in Ecuador*.New York:Oxford University Press, 1995.

Tate,E.Mowbray.*Transpacific Steam:The Story of Steam Navigation from the Pacific Coast of North America to the Far East and the Antipodes*, 1867–1941. New York: Cornwall Books,1986.

Thoits, Peggy A."Personal Agency in the Accumulation of Multiple Role–Identities."*Advances in Identity and Research*. Ed. Peter J. Burke, et al. New York: Kluwer Academic/Plenum Publishers, 2003.179–94.

Thompson, Robert Smith.*Empires on the Pacific: World War II and the Struggle for the Mastery of Asia*. New York: Basic Books, 2001.

Thomson, Jr., James C. *While China Faced West: American Reformers in Nationalist China*, 1928 – 1937. Cambridge, MA: Harvard University Press, 1969.

Tindall,George Brown and David Emory Shi.*America: A Narrative History*.Brief 7th ed. New York:W.W.Norton,2007.

Tosaka,Yuji. "The Discourse of Anti–Americanism and Hollywood Movies:Film Import Controls in Japan, 1937–1941."*Journal of American–East Asian Relations* 12.1–2(2003):59–80.

Trent, Bill. "Dr. Robert McClure: Missionary–Surgeon Extraordinaire."*Canada Medical Association Journal* 132 (1985):431–37,441.

Tuohy, Susan."Metropolitan Sounds: Music and Chinese Films of the 1930s." *Cinema and Urban Culture in Shanghai*, 1922 – 1943. Ed. Yingjin Zhang. Stanford, CA:Stanford University Press, 1999.200–21.

Varg,Paul A.*The Making of a Myth:The United States and China*, 1897–1912. Westport, CT: Greenwood Press, 1968.

Wagnleitner, Reinhold. *Coca – Colonization and the Cold War: The Cultural Mission ofthe United States in Austria After the Second World War*. Chapel Hill:University of North Carolina Press, 1994.

Wakeman, Jr., Frederic, and Richard Louis Edmonds.*Reappraising Republican*

China.New York:Oxford University Press, 2000.

Wakeman,Jr., Frederic.*Policing Shanghai* 1927 – 1937. Berkeley: University of California Press,1994.

"A Revisionist View of the Nanjing Decade: Confucian Fascism." *Reappraising Republican China*. Ed. Frederic Wakeman Jr and Richard Louis Edmonds. New York:Oxford University Press, 2000. 141–178.

——.*Shanghai Badlands: Wartime Terrorism and Urban Crime*,1937–1941.New York: Cambridge University Press, 1996.

Waldron,Arthur.*From War to Nationalism: China's Turning Point*, 1924–1925. New York:Cambridge University Press, 1995.

Walker, William. *Opium and Foreign Policy: The Anglo – American Search for Order in Asia*, 1912 – 1954. Chapel Hill: University of North Carolina Press,1991.

Wang,Peter Chen–main. "A Patriotic Christian Leader in Changing China–Yu Rizhang in the Turbulent 1920s." *Chinese Nationalism in Perspective: Historical and Recent Cases*. Ed. C.X.George Wei and Xiaoyuan Liu. Westport, CT: Greenwood Press, 2001.33–51.

Wasserstein,Bernard.*Secret War in Shanghai: An Untold Story of Espionage, Intrigue, and Treason in World War II*. Boston: Houghton Mifflin Company, 1999.

Weber, Charles. "Conflicting Cultural Traditions in China: Baptist Educational Work in the Nineteenth Century." *United States Attitudes and Policies Toward China: The Impact of American Missionaries*. Ed. Patricia Neils. Armonk, NY: M.E.Sharpe,1990.25–45.

Wei,C.X.George and Xiaoyuan Liu, eds.*Chinese Nationalism in Perspective: Historical and Recent Cases*.Westport,CT:Greenwood Press, 2001.

Wei,William.*Counterrevolution in China: The Nationalists in Jiangxi during the Soviet Period*. Ann Arbor: University of Michigan Press, 1985.

West, Philip.*Yenching University and Sino–Western Relations*, 1916–1952. Cambridge,Mass:Harvard University Press, 1976.

Wilbur, C. Martin.*The Nationalist Revolution in China*, 1923-1928. New York: Cambridge University Press, 1983.

Wilkenson, Mark F. "The Shanghai American Community, 1937 - 1949." *New Frontiers: Imperialism's New Communities in East Asia*, 1842 - 1953. Ed. Robert A. Bickers and Christian Henriot. New York: Manchester University Press, 2000.231-49.

Williamsen, Marvin. "The Military Dimension, 1937 - 1941." *In China's Bitter Victory: The War with Japan*, 1937-1945. Ed. James C. Hsiung and Steven I. Levine. Armonk, NY: M.E.Sharpe, 1992.135-56.

Wills, Garry.*Under God: Religion and American Politics*. New York: Simon and Schuster, 1990.

Winkler, Jonathan Reed.*Nexus: Strategic Communications and American Security in World War I*. Cambridge, MA: Harvard University Press, 2008.

Wong, Kevin Scott and Sucheng Chan.*Claiming America: Constructing Chinese American Identities During the Exclusion Era*. Philadelphia: Temple University Press, 1998.

Wood, Herbert J. "Nelson Trussler Johnson: The Diplomacy of Benevolent Pragmatism." *Diplomats in Crisis: United States - Chinese - Japanese Relations*, 1919 - 1941. Ed. Richard Dean Burns and Edward M. Bennett. Santa Barbara, CA: ABC-Clio Press, Inc., 1974.7-27.

Wood, James.*History of International Broadcasting*. London: Peregrinus, 1992.

Wu, T'ien-wei. "Contending Political Forces during the War of Resistance." *China's Bitter Victory: The War with Japan*, 1937-1945. Ed. James C. Hsiung and Steven I. Levine. Armonk, NY: M.E. Sharpe, 1992.51-78.

——."The Chinese Communist Movement." *China's Bitter Victory: The War with Japan*, 1937 - 1945. Ed. James C. Hsiung and Steven I. Levine. Armonk, NY: M.E.Sharpe, 1992.79-106.

——.*The Sian Incident: A Pivotal Point in Modern Chinese History*. Ann Arbor: Center for Chinese Studies, University of Michigan, 1976.

Xiao, Zhiwei. "Constructing a New National Culture: Film Censorship and the Issues of Cantonese Dialect, Superstition, and Sex in the Nanjing Decade." *Cinema and Urban Culture in Shanghai*, 1922–1943. Ed. Yingjin Zhang. Stanford, CA: Stanford University Press, 1999. 183–99.

Xing, Jun. *Baptized in the Fire of Revolution: The American Social Gospel and the YMCA in China*, 1919 – 1937. Bethlehem, PA: Lehigh University Press, 1996.

Xu, Xiaoqun. "National Salvation and Cultural Reconstruction: Shanghai Professors' Responses to the National Crisis in the 1930s." *Chinese Nationalism in Perspective: Historical and Recent Cases*. Ed. C.X. George Wei and Xiaoyuan Liu. Westport, CT: Greenwood Press, 2001.53–74.

Yang, Daqing. "The Technology of Japanese Imperialism: Telecommunications and Empire Building, 1895 – 1945." Ph. D. Diss., Harvard University, 1996.

Young, Louise. *Japan's Total Empire: Manchuria and the Culture of Wartime Imperialism*. Berkeley: University of California Press, 1998.

Young, Marilyn B. *The Rhetoric of Empire: American China Policy*, 1895–1901. Cambridge, MA: Harvard University Press, 1968.

Yu, Renqiu. *To Save China, to Save Ourselves: The Chinese Hand Laundry Alliance of New York*. Philadelphia: Temple University Press, 1992.

Zhang, Yingjin, ed. *Cinema and Urban Culture in Shanghai*, 1922 – 1943. Stanford, CA: Stanford University Press, 1999.

Zhang, Zhong. "The Transfer of Network Technologies to China, 1860–1898." Ph.D. Diss., University of Pennsylvania, 1989.

Zhao, Yuezhi. *Media, Market, and Democracy: Between the Party Line and the Bottom Line*. Urbana: University of Illinois Press, 1998.

Zhou, Yongming. *Historicizing Online Politics: Telegraphy, the Internet, and Political Participation in China*. Stanford, CA: Stanford University Press, 2006.